社會團體工作

Social Work Practice with Groups：
A Clinical Perspective

Kenneth E. Reid／原著

劉曉春、張意真／譯

曾華源／校閱

SOCIAL WORK PRACTICE WITH GROUPS

A Clinical Perspective

Second Edition

Kenneth E. Reid

Copyright © 1997 by **BROOKS/ COLE**

A Division of International Thomson Publishing Inc.

Chinese edition copyright © 1997
by Yang-Chih Book Co., Ltd
Printed in Taipei, Taiwan, R.O.C.
For sale in Worldwide

ISBN:957-8446-47-0

主編序

在台灣社會工作專業的存在已有三十多年歷史，然而，近幾年來台灣社會快速發展與社會問題不斷增多下，社會工作才受到重視與需要。目前可說是台灣社會工作專業發展真正的契機。

一個專業要能夠培養真正可以勝任工作的專業人才，專業的地位與權威，才會受社會所認可(sanction)。因此，學校的教育人才、教學方法與教材，對社會工作在專業的發展上都具有關鍵性影響。我們在學校任教，對教學教材與參考書不足深感困擾。環顧國內社會工作界，社會工作各專業科目的專業書籍實在不多。因此，在一個偶然相聚的機會中，揚智文化葉總經理願意出版社工叢書，以配合當前社會及專業的需要。

從去年開始，在出版社的協助下，我們選購了國外一系列評價較高的社會工作書籍，由社工領域中學有專長且具實務經驗的社工菁英來翻譯，另由我們邀請國內各大學中教授社會工作專業科目之教師撰寫書籍。湊巧的，今年正逢社會工作師法的通過，我們希望規劃出版之各專書，有助於實務工作者證照

考試，以及學校課程的教授與學習。最重要的，也期望藉著這些書籍的撰寫與翻譯，使專業教育不再受限於教材之不足，並能強化社會工作專業人員的能力，使我國本土的社會工作與社會福利服務實務能有最佳的發展。

最後我們要感謝許多社會工作界的同道，願意花時間和我們一起進行此一繁重的工作，並提供意見給我們，希望此一社工叢書能讓大家滿意。

曾華源、郭靜晃　謹識

原　序

　　《社會團體工作》這一本書的第二版與第一版相似，是寫有關於個人和團體的書，也是為我們這些同時從事個案工作與團體工作的實務工作者而寫的。更精確的說，這是一本關於團體領導的藝術，討論如何以小團體的方式從事治療、激發成員成長，以及促進成員生活的書。它是一本嘗試瞭解人的行為和行動，並且對於複雜的人類問題尋求解決的書；也是關於治療的真實世界的書，在這個真實世界中，有些案主痊癒了，而有些案主卻無法痊癒。它也是關於提供服務的機構的書，在這些機構中，有些提供人們協助和支持，然而有些卻阻礙了治療的過程。它也是一本關於理論和實務技巧的書；也是一本討論集熱情、人性、專業技術於一身的實務工作者，也就是被稱為社會工作師的書。總而言之，這本書是關於社會團體工作實務的書，一種透過清晰可見且動態的方式影響人們生活的書。

　　我寫這本書主要有兩個目的：指導實務工作者如何將社會工作運用到團體中，以及將小團體理論與治療原則整合，使得這些技術變得有意義且容易使用。這是一本實務工作者的書，

是為了想瞭解社會團體工作全貌的社會工作學生所寫的。同時本書也是為那些有豐富臨床經驗，以及那些嘗試以小團體的方式，為案主的生命帶來一些有意義的改變，而每天精疲力竭的社會工作師所寫的。

由於書中所談及的概念和技巧可以被廣泛的應用在臨床工作中，所以這本書也適合其他相關專業的臨床工作者和學生使用，這些專業包括：心理師、護士、諮商、以及教育界的人士，因為這些專業都在臨床機構中，透過面對面團體的方式提供協助。

在越戰期間，美國的士兵間流行一句話，「他是一個你可以和他一起併肩而行的人」，這句話的意思是指，當前面的道路是不熟悉或是險象環生時，這個人是你可以依賴的對象。我希望這本書能兼具多功能、實用性、誠實性，以及可靠性等特徵，也就是一本你能和它一起併肩而行走下去的書。同時，我堅信單單擁有技術和技巧是不夠的，因此為了建構這二者之間的橋樑，我將理論和實務加以整合。這也是這本書最大的嘗試，也就是人和技術二方面的融合。

這整本書所談論的都是工作的技術和策略，我知道這種說法有點老掉牙，但是這卻是事實。書中關於社會團體工作實施的內容，都是由不同機構中的臨床工作者，在協助許多有不同問題案主的工作經驗中萃取出來的。這些技術和策略對於團體的發展，以及成員的生活，都有著重大的影響。我希望讀者們能夠以您帶領團體的風格和特色，運用書中所談的內容。

作為本書的作者，在經過許多年之後，能夠在過去努力的基礎上重新編輯和更新過去部分的內容，並且維持過去書中的長處，延伸和澄清一些不清楚的部分，實在是一件令人興奮的

事。在修訂本書的過程中，我盡可能的將在過去五年中，許多同事、臨床工作者和學生所提供的寶貴想法和建議納入書中，這些建議包括團體領導者在團體中促成團體改變時，可使用的具體技巧和實施過程的例子。這些例子對於大部分團體都會出現的一些棘手情境，提出了一些實際可行的建議。

在第二版的書中作了較大更動，並且值得注意的部分是：團體工作與社會工作間的關係；臨床機構中的團體工作與團體治療；團體工作者建立案主強度的方法；團體衝突的管理模式；團體工作者個人直覺的使用；團體過程的錯覺（當成員依據團體工作者的指示做動作，但卻沒有真正的參與團體時的現象）；處理抗拒行為的方法。第二版同時也增加了面對不同文化和種族案主的篇幅，並且在附錄的部分也增加了一些很有用的量表，以及團體計畫書的大綱。

在這本書中你會發現有許多臨床的實例，這些實例使得所討論的內容更加生動。就如同本書的初版一樣，在每一章的開始都有一篇我個人的故事，或者可將它稱作是「給自己的話」，這些故事傳達了社會工作實施過程中所累積的小小的智慧。最令我高興的是，這些短短的故事曾引起許多讀者的共鳴。很明顯的，就如同團體工作者和案主一樣，作者與讀者間也擁有許多的共通性，二者都是有豐富經驗的人，而且都能夠在某些方面彼此的學習。

為了避免名詞的重複使用，在撰寫上我選擇使用成員、參加者、案主和病患這些名詞，並且將它們視為同意字；同樣的，在本書中我也使用團體工作者、領導者、治療師和實務工作者這些名詞，它們也都被當成是同意字使用。

為了使讀者可以逐章的閱讀，也可以挑選任何一章開始閱

讀本書，我以我認爲最合邏輯的方式編輯本書。它的順序是由最基礎的部分開始，而前面的章節可作爲後面章節的基礎。如果逐章閱讀，你會注意到一種透過閱讀所累積的效果。然而每一章都自成完整的一章。因此你也可以依據你碰到的情境和需要，而選擇閱讀的順序。

這本書由討論社會工作中的團體是什麼開始，一直延續至如何帶領團體做結束。本書最大的特點是呈現實務工作者的人格特質和生活情境，以及影響治療的關係和改變的過程。

在第一章中，我簡介了團體的使用和討論本書的重要想法。在這一版中我加了二個想法，一個是社會工作者使團體和個別成員產生作用的重要性，另一個想法是社會工作者需要重視個別成員的強度。第二章則是社會工作中使用治療取向團體的歷史回顧，並且描述了一些目前使用的團體工作模式。在第三章中，我整理了在小團體中較常使用的治療因素。在第四章中，我介紹了一種描述團體發展的新方式，它被稱爲生命週期模型。我在第五章中，將團體成員當作是生物的、心理的和社會的整體來討論。團體領導者與成員間的相互影響，以及治療過程中許多非理性層面的情況，在本書的第六章中有詳盡的討論。在第七章，我闡述和說明一個成功的領導者所需具備的人際技巧。本書第八章討論促進團體互動的介入方法。第九章說明一個有效的團體計畫的要素。第十一章舉出一些在團體中實用的活動。在第十章、十二章和十三章，清楚的闡述團體初期、中期以及結束階段的過程。

我希望對一些在完成本書過程中的個人表達我的感謝，Linwood Cousins、Thomas Blakely、Gary Matthews，以及 Havala McCall 等人，他們對我的手稿提出了許多的建議。同時也要感

謝西密西根州立大學選修進階團體治療中團體動力課程的二年
級學生，他們同意我使用他們每週所寫的團體觀察和感想。這
些個人的感想和評論，對團體工作者本身和團體活動都具有參
考價值，就如同透過團體成員的角度重審視一遍團體一樣。

　　我也要感謝編審委員，他們對第二版的手稿提出寶貴的評
論和建議。他們是：加州州立大學洛杉磯分校的 Roger
Delgado、南卡羅來納大學的 Gerald Euster、密西根韋恩州立大
學的 Bruce Friedman 、俄亥俄州立大學的 Gilbert J. Greene 和
Jim Lantz、馬理蘭大學的 Carlton Munson、伊利諾大學芝加哥
分校的 Eric Ornstein，和卡格雷大學的 Barbara Thomlison 等。
我也要感謝 Brooks/Cole 出版社辛勞的工作者們，從開始一直到
結束，與他們工作都是一個愉快的過程。最後，我要謝謝我的
妻子伊芙（Eve），以及我們的女兒海樂（Heather），他們持
續的給我鼓勵、支持、以及耐心。

Kenneth E. Reid

譯　序

　　隨著酷熱的暑假過去，這本書的翻譯工作終於也告一個段落，回想整個翻譯的過程中，有不安也有感謝。不安的是擔心翻譯時有所疏漏，未能完全表達作者的原意，影響讀者閱讀此書的正確性及效果。而要感謝的人很多，一時之間似乎很難完全有所表達。

　　首先要感謝東海社工系主任曾華源老師。曾老師是我倆社會團體工作上的啓蒙老師，老師大二時上課的情境與話語，如今在翻譯過程中似乎一一都浮現出來。而也由於曾老師的信任、支持與指導，此書的翻譯工作才能順利完成。

　　此外東海學生諮商中心主任武自珍老師，不但是關懷我們的主管、師長，多年來在實務工作的提攜指導、授課經驗的分享，更讓我們受益良多，在此也要致上萬分的感謝。

　　而我們親愛的工作夥伴呂素卿老師，在工作忙碌之餘的鼓勵，也是不可或缺的動力。

　　當然，如果沒有家人的包容以及支持，這本書也不可能在很短的時間內就能夠完成，在這邊也要跟我們親愛的家人們道

聲感謝。

　　整個翻譯過程中，一面嘗試暸解作者所要傳遞的內容，一方面也是一個省思自己實務工作的機會，深覺這是一本兼具理論與實務內涵的書籍，清楚的理論架構，加上作者生動的實例解說，使讀者可以很容易洞悉社會團體工作的全貌與精髓。當然這是我們的感覺，最重要的是讀者的想法與感受，也希望讀者們讀完此書後不吝賜教指正。

劉曉春、張意真　謹識
一九九七年十月于東海大學

校閱序

　　在大學教授社會團體工作已有十多年時間，然而，深感國內社會工作界沒有一本較佳的中文教科書。所謂較佳的教科書是指能兼顧社會工作專業特質，並且需要有系統、有結構的介紹說明團體工作的理論與實務，以及應具備之執行能力。今年三月有機會看到Reid (1997) 所寫的 *"Social Work Practice with Group : A Clinical Perspective."* 第二版原文書。發現該書有下列優點：

一、明確解說團體工作是屬於社會工作的一種方法，而且其屬性在協助人們增強社會生活功能。

二、詳述團體工作的發展史，使社會工作系之學生能增進對專業的認同。

三、清楚地指出影響團體功能之主要因素，使團體領導者能夠有效地掌握團體工作方向。

四、不僅說明團體中個人行為，也說明團體工作者在團體中的表現行為有人的本質和專業期待二方面共存。

五、舉例說明團體工作者應有的溝通技巧和治療技術，使
　　團體工作者能有效地自我訓練，養成專業自主與獨
　　立。

六、說明團體工作應如何準備及團體工作中常見的團體狀
　　況，並舉例說明和提出因應原則。

　　深感本書有助於國內教學和社會工作專業證照考試之用。
因此，趕緊請揚智文化公司葉總經理購置版權，並請本系負責
團體工作課程的劉曉春和張意真兩位老師立刻著手翻譯。他們
兩人以其豐富的實務經驗和學術背景，很快的在三個月內通力
合作完成翻譯初稿。我初步閱讀文稿，發現譯文內容在信與達
二方面皆很不錯，但有些地方不夠流暢，乃動手修改部份章節
以為示範，並且請他們再做修正後，我再校稿，做最後校閱修
正工作

　　本書比較偏向於臨床上帶領小團體的實務工作描述，較少
觸及工作者的哲學背景與文化價值偏好對團體工作之影響，以
及未提及各種團體工作模式之運用，但是相當有助於實務工作
者和初學者研讀。實務工作者在熟悉團體工作實施之後，如能
輔以社會工作價值與哲學為實施基礎，相信更能得心應手。

　　　　　　　　　　　　　　　　曾華源　謹識
　　　　　　　　　　　　　　　　於東海大學社工系

目　錄

第一章
團體工作的治療性

當我初次修習團體課程時，我學到一個似乎是錯誤的概念，那就是帶團體只有一種正確的方法。我之所以稱為正確的方法，那是因為這是教授所贊同，或是教科書特別強調的。當我帶領的團體和這個正確的團體不一樣時，或是團體潰散時，我會很快下一個結論，一定是在我缺席的那一堂課沒有學到，或是沒有讀到教科書中隱藏的意涵。

在我修了由另外一位教授所教授，與先前取向不同的團體課程時，我更加困惑了。自己好像變得有一些無知，「那一個是對的，而那一個又是錯的呢？」成為我困擾至極的問題。當時我的團體離完美的標準還很遠，所以無法瞭解其中的奧秘。

幾年後，在重讀了這些書和許多泛黃、破舊的課堂筆記後，我得到一個結論，要分辨出一個對或錯的方法，事實上是我自己作為一個新手的焦慮，而不是教授或是不同作者的問題。這種差異是風格的差別，而不是本質的差別。由於我的不安全感，我渴望有人告訴我應該做些什麼，和我應該如何去做。

經過了幾十年，帶領了無數次的團體，而且在我的頭髮變得灰白後，這個疑惑變得清晰了。並非只有一個正確帶領團體的方法，而是基於團體的目的、成員社會和情緒的能力、成員目的的不同，領導者會有許多不同的選擇。一個團體是否成功決定於這些因素的整合，還有許多的努力。

在這一章中我們將討論四個重要的問題：第一、團體工作與社會工作的關係是什麼？第二、在我們的想像中，團體結束

後，團體成員會有些什麼改變？第三、一般而言，團體治療的一般性目標是什麼？第四、這本書所依循的治療原則是什麼？

社會工作── 一個社會心理取向

社會工作是一門專業，致力於協助個人在所處的社會環境中，發揮個人本身的功能。如果必要的話，改變個人所處的環境，使環境能更適合個人的生存。

社會工作所有的基本目標，在於釋放個人的能量，協助個人充分發揮個人的社會功能，釋放社會能量，創造一個能使個人自我實現的社會或組織。

社會工作的特質在於關注處在環境中的個人和他的社會功能。在這裡，個人是一個集合名詞，例如生物的、認知的、精神的、心理的、經濟的和互動性的自我的集合。同時，這個集合名詞代表了如何與他人互動，他的目標和渴望是什麼，以及需要哪些技術才能夠達成這些目標和渴望。社會工作實施的知識基礎，源自於不斷成長和發展的生物、心理和社會的要素，以及瞭解這些要素的交互影響。

環境這個名詞是指個人的周遭環境，包含了周遭環境中，對個人有影響力的物理與社會結構、過程和影響。每一個個人都依賴與環境有效的互動，來達到個人的生存；也透過與個人的家庭、朋友、小團體和社區的認同和關係，來發揮個人的潛能。這裡所指的潛能包含自我價值、認同、界域、責任和參與，這些都可以轉換為對家庭、對團體和對社區的價值、認同、界域、責任和參與。其中團體領導者最感興趣的，就是影

響個人日常生活功能最頻繁且最直接的因素，例如家庭關係、親近的朋友、鄰居，以及所使用的社區服務。

社會工作的基礎：目的和價值

　　社會工作的目的是促進社會功能。社會工作者使個人、團體、家庭和社區能更有效的在個人所處的環境中發揮功能。他們在人與人之間推動並且根植一個互利性的互動方式，以增進社會中每一個人的生活品質，和努力減少破壞性的因子，以創造一個正義的社會環境。

　　社會工作者抱持著下列的信念：

- ・環境，包括社會環境、物理環境、和組織環境，必須提供個人機會和資源，以便個人發揮最大限度的潛力和渴望，並且滿足個人共同的需求，減低生存的壓力和痛苦。
- ・個人必須盡可能的在所處環境和集體的社會環境中，為個人自身良好的生存和他人的福利而貢獻心力。
- ・個人與環境中他人情感的互動，必須能增進個人的尊嚴、個人性，和自我決定。人們必須被人性化和公正的對待。

　　當許多專業專注於個人存在狀況的單一面向或部份情況時，社會工作的關心焦點是全人（whole person）。全人的概念需要社會工作者關心個人的過去、現在和未來。領導者必須要超越個人目前呈現的立即性問題，並且能夠謹慎察覺其他可能存在的因素，例如食物和住處的缺乏。領導者不僅關心立即性問題的解決，同時也關心如何促進個人的適應力強度。因

此，領導者不僅注意立即性的問題，並且也注意造成立即性問題的其他潛在的可能因素。

領導者堅信個人擁有大量的，且常是未經整合和覺察的儲存能量，這些能量包括了生理的、情緒的、認知的、人際的、社會的、精神的能量、資源和能力。

價　值

社會工作繼承自猶太基督教的價值體系，強調個人存在的尊嚴和價值。人被認為擁有實現自我最高價值的潛力，但同時也擁有會犯錯，且需要來自於環境的保護和支持的本質。依循著這樣的脈絡，社會工作致力於增進個人和環境潛能實現的工作。

社會工作者在臨床機構或提供其他服務的機構中，運用團體工作的方法實現社會工作專業的價值：

- 社會工作專業關係的建立是為了個人成長和自尊的緣故。透過相互的參與、接納、保密、誠實和對於衝突的負責任態度，這個專業關係不斷的增進。
- 社會工作者尊重個人在協助過程中，擁有自我決定和積極參與的權利。
- 社會工作者應致力於協助個人得到需要的資源。
- 社會工作者應努力使社會機制更人性化，且回應人們的需求。
- 社會工作者應示範對不同種族特徵的尊重和接納。
- 社會工作者應對於個人的工作倫理、工作品質，以及不斷追求個人專業知識和技術的持續成長負責。

由於社會工作的目的在協助個人與周遭環境更有效的互動，因此，社會工作專業的範疇是廣泛的。社會工作者關注的焦點，是問題的互動性和人際間的面向，也就是人們的內在以及個人和所處環境內涵之間發生了些什麼。

團體工作—— 一種社會工作的方法

由社會工作者帶領的團體，已經成為一種被接受的協助方法，特別是在提供臨床服務的機構中。這種由一個有能力的專業領導者所帶領的團體，集合二個以上的個人，共同為減低個人所遭受的痛苦，或是增進個人幸福的目標而努力的服務方式，已逐漸被人們認為是具有功能的。這種小規模而且面對面的協助團體，充滿了信任、接納、尊重、溫暖的特徵，增進個人達成人生目標、減低壓力、瞭解個人和集體渴望的能力。甚而，團體具有增進問題解決能力、預防社會問題產生，以及復原和維持成員社會功能的力量。

這些力量來自於團體同儕間的壓力、支持、回饋和影響。小團體形成了一種半封閉的系統，有其規則和規範。成員認為其與團體外的成員是不同的，就某種程度而言，團體就像一個家庭，成員彼此連結於某一社會環境內，這個社會環境提供成員支持、接納，以及經驗的合理化。社會工作者管理這些力量，並使之成為成員解決個人問題的有效因素。團體提供一個合理的安全環境，讓成員願意冒險並嘗試原本具威脅的事務。在開始的時候，成員會認為他所關心的個人事務是獨特的，與其他人的關心是不一樣的。當這些個人性的問題被拿到團體中

討論時，很顯然的，成員會發現其他人也面臨相同或是類似的問題。透過對於共同問題和感受的分享，嘗試或實施可能的解決方案和策略，以改變所處的情境，因此，個人能得到更有效的適應。

在提供臨床服務的機構中，使用面對面協助團體的優點包含下列各項：

（一）提供一種歸屬感

團體提供一種人最基本的需要和發揮——歸屬感。個案諮商會自然而然提供成員一種被接納的感受，這種服務的本質在團體過程中是不同的。在團體中，被其他成員接納並非自然產生，甚至不是一定會產生。當成員感受到被接納時，成員會彼此認同，並且感覺自己是團體的一份子。他們會開始認為自己是重要並有價值，也可以是有貢獻的。當達成接納的目標時，歸屬感就油然而生，並成為個人生命中的一種本質。

（二）提供驗證事實的機會

團體如同一個真實的社區，在某種程度上反映了團體外的真實世界。在這一個模擬社區中，成員在將新行為和想法運用到真實情境前，有機會嘗試新的改變行為和想法。緊接著他們新行為的嘗試，他們會得到團體中其他成員的評價，而瞭解此一新行為是否在團體外會被接受。本質上，在團體中經過了一段時間的互動後，成員會瞭解到其他人對自己行為的真實感受和反應。

（三）得到互助合作的資源

團體工作提供團體成員幫助他人，和被幫助的機會。成員透過誠實和真誠的對其他成員成長的回應，表達了個人對其他人負責的態度。同樣的，當一個人感覺越安全時，他越願意接

受來自於其他成員的協助。在團體中，社會工作者並非扮演專家或權威者的角色，社會團體領導者是成員解決問題過程中的合作者和同伴。

(四)團體是賦予成員能力的工具

　　許多成員會參加團體，是因爲對於要改變個人所處的情境有無力感和無助感。團體領導者使成員有能力在個人、人際間和政治等層面採取行動，因而改善個人所處的情境。賦予成員能力是基於相信人們是有能力的，並且相信人們的失功能，是由於缺少使個人能力成功發揮的資源。對於個人所處的情境和問題而言，案主個人是唯一的專家。因此，案主對於問題的定義和對於問題應該如何解決的想法，是問題能有效解決的關鍵因素。

　　不論團體的大小，團體領導者依循社會工作的基本工作原則，作爲個人實施團體工作的基本原則。這些工作原則可能包括：個別化、有目的的情緒表達、控制的情緒投入、接納、非評價的態度、案主自決，以及保密原則。這些來自於專業知識、專業倫理、實務智慧和常識性的概念集合的整體，組成了社會工作實施的基本原則，這些原則包括：

- ・認爲每一個案主是獨特的，且值得被尊重和關懷。
- ・瞭解表達情感是人的基本需求，其價值在於情感表達提供人類成長的工具。
- ・基於其他成員的成長目的，適當的使用個別成員對情感和情緒的表達。
- ・人類有依他們原來的樣子被接納的權利。
- ・避免評價他人。

・盡可能尊重案主自我選擇的權利。

・對於案主的資料保密。

・在專業關係中維持適當的界線。

定　義

　　以下一些摘錄自《社會工作辭典》（*The Social Work Dictionary*，Barker，1991）的相關定義，在本書中會不斷的出現。心理治療是指存在於社會工作者，或其他心理衛生專業人員，與案主（包括個人、家庭或團體）間的特殊化且正式的互動關係。這個治療關係是基於解決心理症狀、社會心理的壓力、有問題的關係，和對於環境適應的困難而建立的。治療師是指協助個人克服或緩和疾病、失能或問題的人。心理治療師是執行心理治療的心理健康專家。

　　團體治療是一種干預的策略，透過將二個以上遭遇困擾的個人集合在一起，由社會工作者或是其他專業的治療師帶領，用以協助受情緒困擾或是社會不良適應個人的方法。在這一個治療過程中，透過成員超越他們彼此的差異，而與團體中的其他成員分享他們的問題，一同討論解決問題的方法，並且交換解決問題的資源和技術，在控制的情境中分享情緒的經驗。團體心理治療是心理治療的一種形式，透過強調團體中的互動性和相互性，同時治療個人情緒上和行為上的困擾。團體心理治療被視為是一種使用團體治療的技術，協助個人解決情緒困擾的干預方法。然而，團體治療則是使用較廣泛的干預技術，協助個人同時解決情緒和社會適應不良的困擾。

　　社會團體工作被視為是一種社會工作的治療取向和方法。透過一小群有共同興趣或問題的人頻繁的聚集，並且參與為達

成共同目標而設計的活動。在《社會工作辭典》中認爲，相對於團體心理治療，團體工作的目標並不一定是治療心理困擾，有可能包含了資訊的交流、發展社交技巧、改變價值觀和導正偏差的反社會行爲成爲正向的情緒抒發管道。

當用社會團體工作爲協助遭遇情緒和行爲困擾的工具，並且在協助過程中強調互動性和相互性時，這種干預方法可以被稱做是團體心理治療，它的意義與團體治療是一樣的。

社會工作的理想：一個完全發揮功能的個人

當我們回想那些至診所、機構、團體服務處所和醫院尋求協助的個人時，案主所遭遇問題的嚴重程度和複雜程度是無法想像的。有些案主的情況完全符合了傳統的診斷類型，例如藥物濫用、邊緣性人格、精神官能症、精神病，或是人格偏差，但是有些案主的問題卻難以用一個簡單的臨床習慣加以定義。造成這些案主問題的原因，似乎是心理和環境因素的組合，而且這二個因素彼此相互影響和牽制。

有一些前來尋求協助的案主，則是因爲生活中不斷重複出現的困難，例如，他們可能對親密關係感到挫折；他們可能因爲家中親人的死亡而感到失落；他們可能因爲疾病的後遺症而痛苦；他們可能因爲班上一個學習障礙的孩子而感到失望；他們可能因爲失業所造成的個人經濟和情緒壓力而感到力不從心；他們可能因爲種族歧視而感到生氣和憂愁。

有些案主前來尋求協助，是因爲他們想要解決問題；有些人是因爲法院、配偶或是老闆的要求，且因爲會遭到處罰，而

不得不前來尋求協助。有些案主是醫生、律師、專業者或是心理治療的從業人員，然而有些則是失業者、領救濟金的人或是遊民。

有一些案主在心理和生理上有明顯的障礙，使得他們後半生需要接受住院式的照顧；有些案主是前來探詢相關資訊；有些案主則僅需要短期的治療，他們的問題即可解決。

有些人帶著高度動機和承諾前來尋求協助，且希望解決所遭遇的困難。他們身處痛苦中，希望得到解脫。也就是說，有一些案主就像是手腳遭到綑綁，而透過語言或是身體語言傳達自己是需要協助的。

由於前來尋求協助的案主，在生活型態、動機和問題上的差異，衍生出一個非常棘手的問題，那就是我們希望透過治療的過程達到什麼效果。不論是團體治療、家族治療或是一對一的個別心理治療，我們用非常抽象的字眼，像是治療、解救、實現和強化，來形容我們對他們需要的回應。然而，這些都是非常複雜的字眼，需要解釋得更精確一些。

社會科學家為了以更具體的方式來定義人，逐漸重視人在發展過程中的光明面。例如，Rogers（1961）曾提出「完全發揮功能的」概念，Combs & Avila（1985）提出「自我實現的人」的概念，以及 Bonner（1965）提出的「積極人」（proavtive person）的概念等。這些概念都是一種對人的理想和目標的動態描述，而不是指一種固定的狀態。事實上，沒有人能達到這些狀態，我們每一個人都處在成為「一個完整的人」的過程中。

一個完整的自我

　　到底什麼是一個完整的，或完全發揮功能的人？答案是一個不斷增加自我功能的人。更精確的說，一個完整的人就是一個人能：

- ・對於新經驗開放
- ・依循內在引導
- ・擁有正確的概念
- ・建立親密的人際關係
- ・覺察自我的感受和高峰經驗
- ・自動自發且具有創造力

　　無庸置疑的，一個理想的完全發揮功能的人，是能與人親近的人。對其他人而言，一個完全發揮功能的人是獨特的。一個半身痲痺、腦傷或精神異常的人，他們可能終其一生在生理上都不會改變。然而，他們的人生目標和其他人是一樣的，也就是盡自己最大的可能，協助這些人能過圓滿的生活，去愛、去工作，以及玩樂。

(一)對於新經驗開放

　　一個能高度發揮功能狀況的人會信任自己，但是他也能重視各式各樣的資訊。雖然這些新資訊有時候是惱人或痛苦的，但是他都能夠採納而不加以扭曲。也就是說，不會因個人先入為主的觀念，而改變新資訊的屬性。這個人在面對世界時，僅容許最低限度的虛假，且持有真實無偽的自我概念。

　　所謂開放，是指不論事實是什麼，都願意去面對自身以外的真實世界。也就是把真實和生命的持續看做是生活的最高指

導原則，並且嚴格的自我檢驗。

(二)內在引導

　　一個瞭解生命意義和目標的人，不會被他人引導，也不會因為克服了他人期待所造成的壓力而自我肯定。他會透過不斷的自我分析和覺察，以避免做出會造成別人抗拒，或是攻擊行為的自我行為或面具。遵循內在引導的人，在心理上是充滿自信的，不會以長輩、親人或是社會的期待來做為自己人生的引導。能內在引導的人，知道自己生命中的選擇標準，並且會依循著這些標準，選擇能達到自我滿足的生活型態。

(三)正確的概念

　　擁有正確概念的人能完全接納自己的限制，並且能以同樣的態度接納其他人。同時，他也會努力在模糊不清的狀況中，找出正確的事實，而且他能夠分辨一般狀況和真實狀況間的差異。當因為自己疏忽或扭曲事實資料而造成錯誤時，他們會適當的改變自己，而不會因此感到罪惡或是自我懲罰。

(四)親密的人際關係

　　完全發揮功能的人能夠去愛和被愛，他會允許別人與他親近而不會害怕。依據Maslow（1954）的觀察，雖然這些人可能不一定會有許多的私人朋友，但是他們會與這些朋友維持親密、安全且持久的關係。相較於未完全發揮功能者的交友圈，完全發揮功能的人的交友圈子比較小、比較健康、比較親密，而且他們之間的友誼比較具有建設性。

(五)覺察自我感受和高峰經驗

　　完全發揮功能的人會對自己的存在、美善、恐懼和懷疑，抱持高度感恩的態度。他們會更真實的感受傷痛的情緒，但不會感受較少的情緒傷痛，他們也不會否認生氣、氣憤、受傷、

失落和悲傷等情緒感受。同樣的，完全發揮功能的人的喜悅也是加倍的，他們以欣喜若狂、得意洋洋、歡天喜地的方式經驗快樂和高興的情緒。因為他們自然而然可以感到情緒的興奮，所以不需要藉著藥物或酒精來得到情緒興奮的經驗。

他們不會嘗試逃離快樂或悲傷的情緒，而會自願面對這些情緒，並且將這些情緒視為是生命中的一部份。他可能由別人憤怒的反應中，學到憤怒是一種不適當或不道德的情緒表達。

(六)自動自發且具有創造力

完全發揮功能的人會自動自發的做一些事，並且有彈性的面對改變，而不會感受到拘束。相對於自動自發的態度，是拘謹且抗拒改變的態度。完全發揮功能的人會和其他人合作，而不依賴其他人；可以經由自己的經驗而有自我肯定、情緒健康和生存的感受。

完全發揮功能的人或是完整的人，是一個能愛、能工作、也能遊戲的人。他是一個能對新經驗開放，遵循內在引導，對於世界擁有正確概念，擁有親密的人際關係，能覺察自我感受和高峰經驗，而且能表現自動自發和創造力的人。

團體工作的目標

在本質上，團體工作能提供人們機會，在其中得到獨特的成長、學習、治癒、變得更完整的經驗。例如，對行為偏差的成員，團體可用來達到矯正的目標；對一些失功能，且有潛在危險的成員，團體可用來預防問題的發生；對於某一些成員而言，團體也許可用來促進個人的功能；除此之外，團體也可用

來達到教育和增進社區參與的目的。

　　Klein（1972：31）指出，爲了符合社會工作發展的宗旨，在協助個人適應環境中的人際關係和所遭遇的問題上，團體工作有八個明確的目標。

（一）復健

　　復健是指恢復某人或某件事，使個人達到先前的能力或狀態的過程。對人而言，復健可能是指情緒、認知和行爲上的復健，復健也可能是指改變態度或價值觀的方法。

（二）建立

　　建立是指成長和發展的過程，而不是一種治療的過程。建立的意思是形容因爲年幼時失去學習的機會，造成無法恢復的功能損傷，而成爲某些人的困難，如同復健所代表的含意。

（三）矯正

　　矯正是指協助無法遵守社會規範、社會道德，侵犯他人或是成爲犯罪者的過程。

（四）社會化

　　社會化是指協助個人學習符合社會標準和人際關係技巧的過程。另一相關的說法——再社會化，則是指協助那些退化且需要再學習的人的過程。

（五）預防

　　預防是對可能發生的困難做預測，並提供人們所需要的環境支援。團體的預防性目標是指防止團體成員遭遇個人功能，以及社會功能退化的危險。

（六）社會運動

　　鼓勵成員參與社會運動，是指在協助個人因應和適應環境以外，協助成員學習改善所處環境的過程。透過積極的參與團

體，成員學習領導、服從、參與決策、擔當責任，並且分配社區責任。

（七）問題解決

問題解決是指透過團體達成任務，協助成員做決定，並解決社會問題的過程。

（八）社會價值

鼓勵成員社會價值的發展，是指協助成員發展與日常生活相關，且符合實際需要的社會價值。

一個團體可能同時達成一個或多個以上的目標，並且，當成員的需要改變時，領導者的團體目標也可能改變。

團體的類型

當我們談到臨床機構中的團體時，通常是指針對遭遇困難的個人所實施的團體諮商或團體治療。然而，治療團體僅是實施在臨床機構中眾多團體類型中的一種類型而已。領導者要實施團體工作時，需要先考慮一些因素，這些因素包括團體領導者擬定的團體目的和目標，潛在成員的需要，贊助機構的機構目標和資源。

Corey 和 Corey（1992）指出有六種團體的類型：團體治療、團體諮商、自我成長、訓練團體（T Group）（針對短期訓練和實驗性質的團體）、結構性的自助團體。Jacobs、Harvill 和 Masson（1994）將團體分為七種類型：相互分享性團體、教育性團體、討論性團體、任務性團體、成長性團體、治療性團體、家族性團體等。Toseland 和 Rivas（1995）將治

療性團體區分為四種類型：教育性團體、成長性團體、矯治性團體、社會化團體等。此外，在他們的團體分類中，將任務取向的團體也分為六種類型，包括委員會、行政管理團體、代表委員會、工作團隊、治療會議、社會行動等，並且將這些任務性團體也包含在團體類型中。

最基本的團體分類是將團體分為人為組成團體和自然形成團體。人為組成團體的形成是經由外力的影響而建立，用來達成特定的目標。社會工作者所帶領的大部分團體也是屬於這一類的團體，例如，團體諮商、俱樂部、委員會，以及相關課程。

參加人為組成團體的成員有些是自願的，有些是非自願的，例如監獄裡的囚犯，他們常被規定要參加某一特定的團體，如果拒絕，可能會遭到不能會客或是喪失某些權利的處罰。在毒癮治療中心的案主，則可能被要求每天出席治療團體，如果拒絕參加時，可能會遭到被要求退出治療的後果。

自然團體的形成，常是因為一些已經存在的狀態，例如友誼、共同居住的地區，或其他自然發生的狀態。簡單的說，自然形成團體就是一群成員，在沒有外力影響下的聚集。自然形成團體包括：同輩團體、幫派、派系等。住在同一個機構中的一群人，例如醫院的病友團體，也是屬於這類型的團體。由此可以發現，人為組成團體通常是經由組織的運作和支持而形成的，而大部分的自然形成團體，則沒有外力的支持或合作。

本書的重點雖然是組成的團體，然而，自然形成團體的運作卻一直是社會工作的傳統，而且不應該被忽略。本書有關形成團體的技術和概念的討論，同樣的也可以運用在帶領自然形成團體的過程中。

以下所介紹的每一種團體是依據它們最重要的目標加以分類。在討論團體類型時，還須要注意一點就是，各類型的團體並非是彼此互斥而獨立存在的。在臨床機構所實施的所有團體中，很少團體是屬於單一目標的團體。事實上，大部分的團體是二種以上團體類型的組合，它同時滿足了多樣性的目標。

教育團體

助人專業者常接受到有關離婚、精神疾病、沮喪、個人發展和兒童教養等主題有關的詢問，這些詢問有時不是為了解決問題，而是為了獲取相關的知識和資訊。市民到相關的機構中，常是希望能透過課程、研討會或是讀書會的方式，得到機構中的專業人員或是其他相關專家的指引。

· 教育團體的例子包括：

- ·父母親學習管教子女
- ·父母親瞭解藥物
- ·懷孕的青少年學習教養嬰兒
- ·成年子女處理年老的雙親
- ·分居者學習處理離婚的過程，以及瞭解離婚生活

是否教育團體可以被視為是治療團體？如果我們認為所謂的治療團體，是處理成員有關情緒和行為的問題時，教育團體就不是治療團體。然而，有時教育團體也有治療的內涵。例如，當團體成員分享共同的感受和關心時，他們同時也學到相關的知識和技術。

成長團體

　　成長取向團體的焦點是在促進個人的正常發展，其中並不包括對發展障礙的處理。成長團體的主題包括：人際關係、價值觀、問題解決、溝通、思考和感覺等。

　　成長團體的例子包括：

- 大學生的馬拉松坦誠（會心）團體
- 青年認知覺醒團體
- 兒童的價值澄清團體
- 由一般學生和視障生組成的社會化團體
- 教導如何帶領團體的訓練性團體（一種訓練或實驗性訓練團體）

　　一些兼具俱樂部和活動性質的成長取向團體包括：利益團體、討論團體和表演團體，例如，戲劇、藝術和其他創造性藝術的團體。這類團體所提供的經驗，能協助成員發展個人的自信，以及提供成員豐富的感受。

分享團體

　　通常分享團體（也就是所謂的支持團體）是由一群有相同問題或經驗的人所組成。在分享團體中，成員瞭解其他人遭遇的問題，並且產生相似的感受或相同的想法。在團體中，透過成員分享個人的感受和經驗，產生了成員間的一致性。每一個成員會發現自己並不孤單，進而成為其他成員的一部份，使得團體中的每一個成員好像都面臨相同的問題。分享團體的例子有：

- 新近喪偶團體
- 囚犯家屬團體
- 失業退伍軍人團體
- 父母離婚兒童團體
- 殘障大學生團體

在分享團體中，團體領導者的角色主要是鼓勵成員分享、嘗試、彼此協助解決問題。領導者並且協助成員做直接表達、針對主題討論，或是對說故事的成員設限。支持自助性團體的重點，是以成員共同的生命經驗爲基礎，建立成員共識。領導者協助成員共同解釋所處的情境，尋求解決方案，彼此支持和彼此學習。

治療團體

治療團體又稱心理治療團體，可被分作三個類型：支持性的治療、人際關係的成長和內在心靈的成長（Levin, 1991）。基本上，支持性的治療團體強調重建、增進或維持成員功能和問題解決的能力；以人際關係成長爲目標的治療團體，強調促進成員在人際關係中覺察、成長及改變的能力；以內在心靈成長爲目標的治療團體，則以培養能促進成員成長和改變的自我覺察能力爲重點。

治療團體的例子包括：

- 戒毒中心爲毒癮青少年所設立的團體
- 有生氣控制困難，或有毆打妻子或丈夫傾向者所組成的團體
- 精神病院的憂鬱病人團體

‧日間留院治療病人的活動團體

任務團體

在有些時候，雖然任務團體並不被認為是治療團體的一種類型；然而，在一些住院式的治療機構中，任務團體卻可達到明顯的治療功能，例如精神病院中的任務團體。任務團體包括：委員會、社會行動團體，以及病人的自治團體。一般而言，這些團體的目的在完成管理單位所分派的特定目標，或是「工作」。

Harlow（1961）和Reid（1968）在梅寧格診所使用任務取向團體的經驗中看到，在任務團體中，病人參與活動計畫以及討論職員與病人關係時所扮演的積極性角色。在這個任務團體中，不同病房的病人代表病房的病友，每週參加一次有職員參與的病人自治會議。自治會議由病人當主席，會議中討論的議題包括：食物的量和品質、每週的活動，以及機構中職員與病患的衝突等。機構中的護士和團體領導者帶領的其他任務團體，則負責規劃機構的夜間活動，包括：社團活動、俱樂部、跳舞、電影，以及戶外活動等。醫院的工作人員將病人自治會議視為是領導者訓練病患技巧，增進病患自信心、得到自尊感，以及發展新的且合法的過程。

一致化知覺

團體治療的目的是增進成員的適應能力，以及高度自我功能的實現。團體透過表現出類似社會事實的小型社會，提供成

員有機會瞭解並改善自己的人際關係、扭曲的概念，以及偏差的溝通方式的機會。

這些學習過程可透過團體中的自我觀察，以及團體中其他成員的回饋而達成，也可以透過成員在團體中和團體外嘗試新行為的過程而獲得。

在團體中，領導者的角色就像成員一樣，創造一個溫暖的氣氛、促進團體的凝聚力和團體規範、挑戰成員，並且使成員能以更真實的方式來看待個人周遭的環境。基本上，領導者的焦點在團體的此時此刻，提供成員回饋，增強成員負責任的行為，以及鼓勵冒險的行為。

以下是本書將會在以後各章中討論的治療概念。

㈠有不同的領導風格、不同的團體工作方式，以及不同形式的團體

有能力的團體領導者，必須依據成員的社會心理需求設計團體。然而，事實的情況卻正好相反。實務領導者通常先有一個操作團體的計畫，然後調整成員的行為去適應團體領導者的需要，而不是先瞭解成員的需要，再依據需要去計畫和調整既有的團體計畫，滿足成員的需要。在社會工作中，團體領導者有不同的社會工作目標和團體工作的目的，也面對不同社會情緒狀況的成員，所得到的機構資源也有所不同，因而產生許多不同的團體工作取向。

㈡實務領導者並不能勝任所有的團體

領導者痛苦的組成了一個團體，並且在第一次的團體中，常因為成員的情緒發洩而對其他成員造成負面影響，產生團體失控的情形。對一些團體領導者而言，這種情形也許發生在第一次團體，也許會在其他時候突然發生。

由於有些成員的心理狀態不佳，使得團體過程對他們而言，會刺激太大。如果成員沒有辦法控制自己，其他成員或是領導者就會擔心自己的安全。有些成員也許非常害怕親密的感受，因此在自己的周遭築起一道牆，以避免其他人的親近。由以上這些例子之中，我們發現實務工作中有一個兩難的問題就是，這些在團體中看來非常難以處理的成員行為，卻是最需要團體治療的行為，而且就這些行為而言，團體治療是最有效的方式。治療性的團體提供成員學習並練習新的行為技巧，同時得到學習控制它們的機會。

　　一般說來，每一個團體都有不同的個性，因此團體治療只是治療上的一種選擇。選擇某一特定的團體，也許對成員而言，並非是最正確的治療方式。團體領導者也會發現，其他機構舉辦的團體也許更能夠滿足成員的需要。

㈢團體領導者對團體要保持雙焦點的觀察（Bi-focu-observation），也就是既敏感於個別成員的需要，同時也注意團體此時此刻的團體動力

　　對沒有經驗的團體領導者而言，常會將大部分的精力放在個別成員的問題上。領導者會將關注的焦點放在瞭解個別成員的談話內容和表達方式，傾聽並理解個別成員表達和沒有表達的內容。沒有經驗的團體領導者嘗試藉由傾聽成員的問題，以達成解決成員問題的目的，並且把所有的焦點放在個別成員的問題。

　　然而，有時領導者過份關注個別成員的問題，會阻礙領導者瞭解正在進行的團體狀況，也會對領導者之領導能力有負面影響。這種過份關注個別成員問題的情形，也會使得成員因為擔心自己被懲罰或嘲笑，而阻礙了成員分享與團體不同的想法

和感受。此種情況的產生，也可能是因為團體成員扮演代罪羔羊的角色，使得其他成員得以逃避自己的行為或自己。

領導者必須同時關注團體中個別成員的狀況，也關注團體整體。雙焦點的關注需要領導者覺察個別成員，以及團體目的和發展模式，如果失之偏頗而顧此失彼的話，對團體的發展會造成潛在的影響。

㈣團體的結構過程會影響團體的結果

大部分的人可能會認為，團體領導者對團體最有影響力的時候，是由團體的第一次聚會到最後一次聚會的這一段期間。然而，事實並不盡然是這樣。團體是否能達到預定的目標和既定的目的，大部分決定於團體第一次聚會之前的團體計畫。因此，團體領導者必須謹慎思考團體的目標、團體的組成、其他機構或工作人員提供的資源、團體的形式，以及團體領導者在團體中的角色等。

㈤團體中所發生的每一件事，都能提供成員學習的機會

在助人專業界流行著一個古老的笑話：如果案主遲到了，表示他們抗拒；如果他們早到，表示他們焦慮；如果他們準時到達，表示他們有強迫傾向。在這一則笑話中卻隱含一個真理。

在實務工作中，我們經常忽略一些不顯著，但對成員卻深具意義的行為或行動。有一些成員，因為無法找到托嬰的人，每一週的聚會都遲到；有一些成員則是因為害怕在團體中分享自己的感受和想法而遲到；另一些成員因為想要成為團體的重要人物，每一次都早到二十分鐘；有一些成員為了得到團體領導者的稱讚，而提早到達團體。在團體開始的時候，成員大多會像小孩子一樣，希望自己是領導者最喜歡的一位成員。

另外有一些成員因為非常謹慎的計畫自己每天的行程，不希望浪費時間，而準時到達團體。有一些成員對待生活的態度，就像他們對待時間的態度一樣，每一件事和每一樣東西都有一定的位置，一絲不茍非常精準。只要遲到一分鐘，或是東西沒有歸位，都會使他感到非常焦慮。

在團體中，成員在團體動力過程中，得到許多瞭解自己和他人的機會。如果一些成員總是早到、遲到或是非常準時，這些行為就值得領導者關注。其他值得領導者注意的現象包括：

- 成員缺席的理由。
- 個別成員或團體對於改變團體聚會場所的感受。
- 個別成員或團體的沈默現象。
- 個別成員出現難以解決的問題。
- 個別成員或團體對領導者生氣。
- 領導者拒絕某一成員參加團體的機會。

團體領導者的治療有無窮的可能性，然而，選擇哪些情況要處理，哪些情況要忽略，卻是困難的。在某些情況下，某一問題發生時，立即加以處理是有益的；然而，有些情況發生時，實務領導者則應該注意它，但不處理，並留待以後的團體再行處理。成員的想法和行為是不斷重複的，有些已經被忽略的想法和行為，會再度出現在以後的團體中聚會。

(六)領導者的創造力對協助團體的實務工作很重要

沒有兩個團體是完全一樣的，每一個團體都有自己的個性。因此，在某一個團體中成功的技巧或活動，在另一團體中可能會失敗。坊間許多描述詳盡的團體領導實務手冊，經常是由一些團體實務工作經驗不多的專業者所完成。

領導者必須勇於嘗試立即性的反應和處理。例如，在談話性的團體中，特別是由成人所組成的團體，成員的溝通經常流於咬文嚼字而令人感到喘不過氣來。領導者面對這樣的狀況時，必須能隨機應變的引進活動，使成員由語言的互動轉而注意非語言的溝通。總而言之，領導者必須具備評估情境，以及提供創造性解決問題策略的能力。

㈦領導者在團體中必須使用具說服力的團體干預方法

在團體中，領導者不能僅以隨意的態度帶領團體，在團體中嘗試一些自己覺得不錯的方法，或是看起來不錯的技巧，這樣是不夠的。領導者必須調整自己的團體干預技巧，所謂調整包括建立行動的理由和目的。

對得過且過和沒有經驗的團體領導者而言，要達到這樣的境界是相當困難的。他們很難說出自己在團體中行動的原因，他們的回答經常是「這樣做感覺不錯」。總而言之，團體領導者需要覺知自己行為的意義。沒有經驗的團體領導者可透過訓練課程，帶領團體的經驗，長時間練習，使自己能逐漸理解自己的行為目的和團體的治療過程。

團體工作經過這麼多年之後，有意識的使用自我（conscious use of self)的概念，激發專業者不斷的自我覺察。團體領導者所使用的策略和處遇方法，是經過深思熟慮且深具目的性的。為了澄清自己的專業動機和使用的方法，團體工作者必須不斷反覆思量三個問題，包括：此時此刻團體中發生了什麼？藉由團體的執行，領導者希望完成什麼？領導者希望完成的團體內容，是為了滿足誰的需要？提出這些疑問的目的，並不會降低領導者的自主性或是真誠的表現，但能預防領導者使用自我滿足和不適當的行為。

㈧團體協助過程的基本核心，主要有八個基本的要素：同理心、溫暖、尊重、眞誠、具體、自我表露、面質、立即性

這八個要素看似簡單，實際上卻是非常複雜。當領導者在某一個要素上有缺失時，他的團體治療的效果就會受到影響，並且也會減低團體對成員的治療效果。

一位有效領導者的溝通是高度同理的溝通。同理的意思是，領導者不僅能夠正確瞭解個案所傳達的訊息，而且能夠敏感的覺察出案主訊息中的感受；然後將這些瞭解和覺察，以案主能夠瞭解的語言傳達給案主。領導者也是溫暖並且尊重案主的，也就是說，領導者能對案主表現出無條件的正向關懷。領導者能在適當的時候，以開放且眞誠的態度表達自己的感受和想法。同時，領導者也能具體的表達真實的感受和經驗，並且邀請團體成員面對團體中的問題和情緒衝突。有時候，領導者需要面質和挑戰成員的行爲和感受；領導者並且可以將成員所表達的過去那時的感受，轉換爲此時此刻的感受。

領導者有時候爲了要達到治療的效果，會表現出諷刺但不正確的治療師角色。夠聰明的案主通常會摘下這個領導者的面具，而且改變而向其他的機構求助。而繼續留在團體的案主則會變得更堅持自己的想法，更抗拒領導者，而領導者則會感到更加的挫折。案主表現抗拒的行爲，並不表示他不想得到幫助，而是案主除了感受到領導者所傳達的「相信我，我能夠幫助你」的模糊不清訊息外，他們無法感受到自己對領導者的信賴感。

㈨領導者強化成員和整個團體以自己爲主採取有效的行動

不論領導者採取個別的方式或是團體的方式，都是爲了使成員能控制自己的生活和命運。能使成員和團體採取有效行動

的決定性條件，主要取決於使個人能夠自動自發和自我肯定。這樣的概念認為，人們如果能夠被激發，他們對會自己產生好的感受，進而發展更好的自我尊嚴、自我尊重和自尊心。也因此，會增加個人的知識、自信、技術和機會。而且自我尊嚴、自我尊重和自尊心能夠使人採取更有效的行動，並且改善個人的人際關係。因此，團體工作干預的目的，不僅在提升個人的自我功能，同時也在解決造成問題的外在因素。

增進成員行動能力的目的與「人們應該有作決定和採取行動的能力和機會」的信念是息息相關的，它並且與維持社會正義和經濟正義的想法一致，而專制政治則和增進成員行動能力的目的是相對立的。增進成員的行動能力是使成員參與集體創造、執行政策和決策的過程。

㈩團體治療的效果決定於成員在團體外的正向改變

如果成員在團體中有好的表現，然而成員在團體外的環境中，無論在心智面、情緒面或社會面都沒有改變，這個團體治療的效果是無效的。團體必須是行動取向的，團體的目標在於使成員覺得在生活上、工作上或社交生活上更有活力，並且使成員感覺自己的生活有意義且圓滿。

治療團體像是一個人際關係的實驗室，成員在團體的環境中，經驗到與真實生活相似的情境。團體成員在團體中經歷問題解決、社會影響力、同儕壓力，以及被認同的情境。當這些生活情境發生在一個充滿安全和支持氣氛的環境中，成員會比較願意省察自己的行為反應，學習與人建立關係新的方法，並且嘗試新行為。在團體中，領導者不斷的鼓勵成員將這些新的學習運用在日常生活中。因為團體領導者在開始的時候，就設定了團體目標和行動的計畫，所以團體能達到這些結果。成員

在團體中所得到的支持和回饋，會鼓勵成員做更多自我表露和自省，並且提供成員較多的自信心，以便勇於嘗試新的行為。

團體中發生的行為就是在運作處理，包括真誠的自我表露、面質、情緒宣洩和傾聽，這些都是非常消耗能量的工作。對成員而言，所消耗的能量並不是生理的能量，而是會造成心理枯竭的情緒能量。每一次的團體都會有許多的笑聲和快樂，而這些笑聲和快樂的功能，是為了平衡在團體過程中經驗到的悲傷、痛苦、生氣和沮喪等情緒。

㈩在充滿信任和接納氣氛中，成員才最可能產生有意義的改變

如果充滿信任和接納的氣氛的團體，能夠允許成員和領導者產生任何狀態的關係，即使團體在充滿生氣和衝突的期間，成員依然能夠感受到安全感。這種安全的感受是指，當成員將先前不被接納的個人和事件表達出來，而依然能夠感受到被無條件的接納和支持時，我們就說成員能感受到安全。此時，成員被接納的感受降低了威脅的感覺，使得成員更願意在日常生活中，透過嘗試冒險的行為，檢視真實的自己。

Rubin（1970）指出，團體氣氛是團體情緒的產物。他認為當這種情緒產物達到一致和適當性時，會使成員更瞭解自己真實的感受。這種氣氛允許有任何的感受，以開放且自由的方式接受每一個人，而且成員不用擔心被威脅或報復。建立這種團體氣氛並不是要塑造罪人或聖人，而是所有的人能夠充滿情感的、自由地表達自己。這種團體氣氛要傳達的是：這裡歡迎你的所有情緒，表達愛是可以的，表達生氣也是可以的，而且我們希望知道它們是什麼。在這裡，現在擁有任何感覺的你是被愛、被接納，而且是安全的，你不需要壓抑你的感受來討好我們。

㈡團體領導者必須無時無刻關心成員的個人長處

臨床機構的工作人員，大多專注於人的軟弱、問題、缺點、病徵、疾病，例如醫院和心理診所的工作人員。隨著《心理疾病診斷和統計手冊》（DSM）頻繁的被提起，使得這種強調人的軟弱、疾病、和缺點的診斷工作一再地被強調。因此，在這些機構接受訓練的社會工作初學者，對「什麼是真正的健康」感到非常困惑。他們無法肯定案主個人的資源，也不太肯定案主的智力和能力，因此，面對幫助案主這個工作，僅抱著很小的動機。以人的病態為治療焦點，使臨床工作愈來愈依賴醫療模式，且強調服務輸送體系的管理，以便由私立醫療保險和國家醫療保險中獲得經濟的賠償。

當團體工作者強調案主的個人長處時，他不是忽略案主的現實限制和病徵，而是能夠瞭解案主未使用的能量、正直、勇氣、堅毅和渴望改變的力量。社會工作師嘗試瞭解案主的生存方式和成長方式，以及因應壓抑和混亂環境的策略，並且協助案主覺察自己已經擁有的豐富個人資源來走自己所選擇人生的路。

摘　要

在這一章中，我們討論社會工作師在臨床機構中，使用團體技術的基礎，它同時也作為以下各章討論的基礎。這一章由探討社會工作和團體工作的關係，以及團體工作與團體治療的關係開始，強調工作師開始進入團體和經驗團體，使成員學習新的技巧和行為，並且學習處理生活中的困難。社會工作師受

到個人價值觀和專業價值觀的影響，而決定實施社會工作內容的方法。社會工作師使用團體技術的目的，在支持成員使成員更有功能，也就是使成員成為一個開放、立即、創造力，以及有能力建立親密關係的個人。領導者依據個別成員的社會經濟地位和團體的目標和目的，透過面對面的互動和引導，使成員在團體中得到回饋、照顧、彼此支持合作，和學習建立親密關係的新方法。

第二章
社會團體工作的歷史脈絡

當我還是個小男孩時，我的父親常常在晚上我正要入睡時，走進我的房間。我不記得他是否像我一樣地說故事給我的孩子聽，我們好像只是說話。

　　我們談論著自己，以及在我生活中所發生的事。當我與他分享我週末的計畫，希望聖誕老人送的禮物，或是瑣碎的說著我和鄰居間的問題，我長大後的志願時，他都非常有耐性的聽著。最後，我告訴他我要當個牛仔。

　　他則會回憶自己的過去，像他曾經歷過的短暫拳擊手的生涯，從伊朗來到這個國家的過程，以及在經濟蕭條中所遇到的困難。

　　他會告訴我有關伯父、祖父母、家族英雄、小淘氣，和家族傳統的事；他也會說一些讓我發笑的事，以及一些讓我作惡夢的事。他告訴我關於古老國家和其紛擾的過去。

　　這些舊時光經常讓我感到溫暖和快樂。我們在一起的時光中，基本上，父親給了我全部的注意力。但是，父親告訴我的故事中有一些更重要的東西，那就是給我一種個人的延續感。

　　我不再只是個躺在舒適床上的小男孩，我是一個獨特的個人，有過去的根源，然後延伸至世界的其他部分。因為環境的力量，我緊密的與一些事件和人連結。他們之中有許多人是我不認識的，但是我們卻與他們有相似的遺傳。

　　也就是這種對自己根源和遺傳的瞭解，使我們感受到我們是誰；也基於同樣的瞭解，我們知道在自己的人生旅程中，是如何走到現在這一刻。除非我們知道我們來自何

處，否則我們如何知道要往何處去呢？

在社會工作發展史中，以團體工作做為協助方法是不是很久遠的事。團體工作直到一九三〇年代才正式被社會工作專業接納，並且成為社會工作的一部份。到了第二次世界大戰開始，社會工作才將團體工作使用在臨床機構，像是醫院、診所和相關的服務機構中。然而，在社會工作專業中，團體工作的歷史卻是深遠的，如果我們想瞭解現在，掌握未來的話，我們更應該瞭解過去。本章的主題是以臨床工作的觀點，討論什麼是團體工作的根源。

英國的傳統

團體工作的起源是十九世紀的英格蘭—— 一個因為工業革命而造成巨大改變和不穩定的地方。由於自動化工廠林立，將許多鄉村的男女吸引至當時的生產中心城市，例如普利斯敦 (Bristol)、伯明罕 (Birmingham)、雪菲爾 (Sheffield) 和倫敦 (London)。這些突然湧入城市的大量勞工，為城市帶來了許多嚴重的社會問題，例如居住、公共衛生和犯罪問題，當時的公共政策和服務對這些問題卻束手無策。

自動化工廠所造成的問題

隨著自動化工廠的林立，經濟上完全依賴資方的勞工數量大量增加，勞工不再擁有生產工具，他們以販賣自己的勞力維生，完全依賴資方所提供的薪資過活。如果資方提供的薪資過

低或是工作減少，他們就完全沒有其他的資源能夠倚靠（Reid,
1981）。

　　對其他國家而言，英國向來是一個強大且擁有無限權力的
國家。然而，在這一個光鮮的外表下，它內部嚴重的社會問題
卻危及英國數以百萬計的家庭。雖然少數資本家的自動化工廠
為英國帶來了急速增加的財富，但是英國國內的貧窮問題卻迅
速蔓延。

　　直到十九世紀末和二十世紀初，為了解決工業革命所造成
的居住、教育、犯罪和童工等的問題，英國國內發生了許多社
會運動。多元化的慈善基金會相繼成立，提供金錢和食物給需
要的個人和家庭。這些帶著宗教色彩的慈善機構如雨後春筍般
的在英國境內成立。

人本主義的刺激

　　當時大部份參與社會福利工作的人都受過良好的教育，他
們來自上層富裕的家庭，讀貴族學校或私立學校，並且充滿宗
教熱忱。他們認為自己是人們的保護者，覺得自己有道義的責
任，將社會變為更適合居住的環境。他們有社會責任感，而且
相信人在信仰上的表現，是決定他未來是榮耀或罪惡的關鍵。

　　源自於這種宗教情操，他們成立了許多社團和機構，透過
團體的方式來協助人們。例如社會救濟院、基督教青年會
（YMCA）和基督教女青年會（YWCA），這些機構成立的基
本宗旨，即是以地區性的團體方案和活動提供人們協助。而男
童軍、女童軍、全民學校(Ragged School)等其他機構，則透過
非定點式的服務方案來提供協助。這些機構由於缺乏相關的設
施和設備，僅能以多樣化的活動來吸引人們接受他們的服務。

在當時，最著名的機構式服務應屬與劍橋和牛津大學有深厚淵源的社會救濟院。救濟院的領導者，湯恩比館(Toynbee Hall)的建立者 Samuel Barnett 相信，受過大學教育的學生與貧窮人一同生活和分享，能提供貧窮人一種較高生活的典範，並且激發貧窮人達到較高的生活標準。

他並且相信大學生與社會中勞工階級的接觸，能提供學生體驗對他們不熟悉的困難經驗，並且瞭解人的生存狀況和生活內涵。就更實際的角度而言，有許多學生未來將在政府機關和企業中任職，救濟院的經驗有助於他們同理貧窮人的感受和需要（Barnett，1918）。

湯恩比館是英國境內設立的第一個徙置中心，它設立於西元一八八四年。它就像是在貧民區設置大學一樣，提供住在當地的窮人欣賞藝術、成人課程，和一些特別的課程。繼之創立的牛津院，將社團服務更廣範的使用在小孩和成人身上。除此以外，他們還為兒童設立儲蓄銀行，並且提供窮人閱讀訓練的課程。

徙置中心運用團體的方法，達到教育窮人和有需要者的目的。YMCA 和 YWCA 則用團體工作拯救靈魂。基督教青年會創立於西元一八四四年，成立的宗旨，是透過聖經研讀團體以宣揚基督教義。它早期的領導者將遊戲和運動視為是娛樂，而懷疑遊戲和運動活動的效果。然而，另一些基督教青年會的領導者們則認為，如果青年會想要吸引基督徒和非基督徒的青年，青年會就必須以課程、休閒和社團的方式提供相關的活動。到了西元一八八八年，倫敦的基督教青年會決定在教室以外建造圖書館和體育館，這個改變平息了基督教青年會中關於服務形式的爭論。

基督教女青年會是由倫敦一群致力於宣揚基督教義，和關心年輕婦女福利的人，於西元一八七六年創立的。早期女青年會關心的對象，是剛由鄉村遷移到城市無法找到安全的居所，無法滿足基本需求，或是缺乏良好休閒活動的婦女。除了提供這些婦女安全的居所和聖經研讀外，女青年會還提供這些婦女廣泛的課程，例如烹飪課和縫紉課。

雖然缺乏青年會的教室和體育館等硬體設施，童子軍提供的製服、徽章、戶外活動和露營活動，一樣吸引著窮人。男童軍是由軍中英雄 Robert Baden-Powell，於西元一九〇七年創立的。它成立的宗旨是希望透過露營、、健身、狩獵等活動，建立青年人健康的人格。Baden-Powell 是一個社會達爾文主義的擁護者，他深信英軍在波爾戰爭中所以會失敗，是因為年輕的英國人沒有健康的身體並且道德淪喪。Baden-Powell 認為如果英國想要繼續生存下去，不像羅馬一樣衰敗的話，英國青年人應該在身體和道德上受到良好的訓練。

男童軍與英國的軍方有密切的關係。童子軍早期的領導者大部份是軍中退役的將領。童子軍穿的製服是由軍人的舊製服修改而成，童子軍將這些穿著軍人舊製服的青年人集合成小團體，稱作分隊，從事登山、行軍、打旗語和大地追蹤等活動(Reid, 1981)。

美國經驗

隨著快速經濟的發展，城市快速的繁衍，工業革命為美國帶來了社會和文化長足的進步，但是也帶來了都市更新的需

要。人們離開原來長期居住的家園，來到城市的新移民遭遇到與自己截然不同的文化，造成了城市新移民族群間的猜忌和不信任。

隨著工業不斷的發展，林立的工廠裡充塞著願意接受低工資和危險工作環境的勞工，平均一星期工作五十至六十小時，有技術的勞工一小時大約可獲得二十分美金工資，無技術的勞工則僅能獲得十分美金。

由於社會的快速變遷，美國成為機構、團體、社會運動和社團發展的沃土。Alexis de Tocqueville 在西元一八三〇年觀察當時的美國社會發現，當時的社會傾向鼓吹成立不同的團體：

> 歷年來，美國因為其特有的社會狀況，一直傾向於成立許多不同的團體。它們習慣於為了休閒娛樂成立社團，為了教育成立教育機構，設立學生宿舍，派遣宣教士到各地建築教堂，普及知識。稟持著這個理念，他們也設立醫院，監獄和學校。

Tocqueville 相信美國這種習於成立機構的傾向，與其強調平等的社會原則有關。Tocqueville 認為，這種強調平等的社會基調是民主社會的基礎。

美國複製了源自英國以團體為服務取向的機構，作為美國機構的基本模式。例如湯恩比救濟院的服務模式，成為美國東岸救濟院的原型，這種服務模式並且由美國的東岸，擴展至全美和加拿大的大城市。Jane Addams、Ellen Gates Star 和 Stanley Coit 等美國救濟院的拓荒者們，都曾經長途跋涉至英國的湯恩比救濟院與 Samuel Barnett 會面。一位退役的海軍上尉 Thomas V. Sullivan 拜訪倫敦的基督教青年會之後，回到波士頓設立了

美國境內的第一個基督教青年會；William Boyce 拜訪英國後，回到美國擬訂了美國版的童子軍設立計畫；而 Juliette Low 則是在拜訪 Baden-Powell 和他的家庭後，回到美國喬治亞州的 Savannah 設立美國第一個女童子軍團。

　　這些以一群人為服務單位的機構，如童子軍團、基督教青年會、基督教女青年會、猶太教中心和社會救濟院等，在美國的大城市中逐漸繁衍開來。隨著這些機構的成立，團體工作逐漸成為一種正式的服務方式。而其中一些人將團體視為是協助人們社會化的有效方法；另一些人則將團體視為是維持民主社會的工具。隨著機構對這二個團體目標強調的不同，而有不同機構目標。而社會救濟院則將這二個目標整合，將這二個目標均視為機構的宗旨 (Reid , 1981) 。

　　這類型的機構以位在多倫多大學內的救濟院為代表，多倫多大學將自己定義為一個能同時提供休閒、社會和教育的中心。自從西元一九一〇年創立救濟院以來，多倫多大學一直鼓勵學生參與救濟院的工作，以增加學生瞭解不幸人們生活情況的機會。到了西元一九一九年，多倫多大學更設立了十二個社團和課程，以服務居住在多倫多地區二百三十九個家庭的四百名成人和兒童。多倫多大學的救濟院提供的服務包括：為男童設立的運動社團、為成人所設立的英語課程、為兒童設立的友誼社團，以及為工作男童所開設的學校。

個人的社會化

　　團體工作將社會化當作是服務目標，相信透過社團或是童

子軍小隊，團體能建立健康的人格和促進兒童正向的發展。透過富愛心和負責的團體領導員，兒童能夠學習社交技巧和社會的價值觀。團體的領導者則提供兒童學習的榜樣，並且協助兒童達到團體的目標。

到了九○年代，隨著人們對遊戲和休閒態度的改變，社會化的目標也因此有所改變。在早期，兒童和成人用遊戲來填補休息時間；到了九○年代，則認為可以藉著遊戲，學習處理現實生活、適應新的道德價值觀，並且學習社交技巧。

Lee 在一九一五年寫了《在教育中的遊戲》(*Play in Education*)這一本書，成為各救濟院和休閒中心領導者的工作手冊。Lee 認為休閒活動能預防和治療生理和心理疾病。因此，救濟院和社區中心開始在地方設立兒童遊戲區，以提供兒童一個安全的遊戲環境。Hull House 設立了第一個遊戲區，並且雇用一名受過訓練的幼稚園老師和警察，提供經過設計的遊戲和活動。到了一九一一年，Theodore Roosevelt、Jane Addams、Luther Gulick 和 Jacob Riis 等人創立遊戲空間和休閒協會，也就是日後的全國休閒協會(National Recreation Association)。

例如基督教青年會和童子軍等致力於服務青年人的機構，由地方的一小群居民開始，逐漸擴大機構的服務範圍，最後成為國家性甚至國際性的機構。這些機構一旦發現社會中流行某一活動時，就會以這些活動來吸引居民參與。

一些機構強調發展忠誠、榮譽感和健康的身心，培養社會和種族意識和社區國家的民族情操。另外一些機構則將發展兒童智力和培養藝術欣賞的能力視為是機構的主要目標。機構通常以一般性的字眼來表達這些目標，像是建立個人的人格發展。

位於多倫多的 Evangelia 救濟院，就是提供這一類型服務的例子。它與當地的女青年會合作，在西元一九〇四年設立了五個社團，平均每一個社團有五十個成員的。其中三個社團是提供六歲到十四歲的學齡女童課後服務，教導年齡較小的女孩有關簡單家事操作技巧、體操和生理教育，教導年齡較大的女孩縫紉、刺繡和烹飪。另外二個社團對於白天在工廠工作的女孩，提供有關生理教育、烹飪、縫紉、衣服製帽、速記等訓練課程。Evangelia 救濟院最後終於建立了自己的中心，這個中心有一個專門執行扁桃腺的切除手術的小型醫院，還有一個一般性的醫療診所，一所兒童醫院，和夏令營服務。

　　女童軍團是社會化目標的最佳實踐者，在發展早期，女童軍團的領導者認為女童軍團必須能夠提供彈性的團體經驗，一方面滿足成員的需要和渴望，另一方面又能增進成員自我瞭解和瞭解他人的能力，以及富有社會責任感。女童軍團提供的服務方案包括：家事服務、戶外活動、國際友誼建立、藝術和陶藝、戲劇、音樂和舞蹈等。

民主社會的維持

　　成員透過團體活動和鄰里社區的決策過程，能維持民主社會的主旨，使成員成為一個更成熟的城市居民。不論在英國或是美國，救濟院的設立都強調服務身處貧窮和社會劣勢的人。例如西元一九二九年美國股市大崩盤時，位於芝加哥的 Commons 救濟院就致力協助身陷失業困境的勞工。一些在股市崩盤之前就參加救濟院休閒活動的義大利裔、波蘭裔、希臘裔

和墨西哥裔的成員們，開始研究產生經濟蕭條的原因，以及這些現象對他們生活的影響。

當時的社會對於如何解決經濟蕭條帶來的問題，產生了許多的討論和爭論，包括是否由政府單位提供更多的工作，以及透過老年年金和失業保險來提供更安全的生活條件等解決方案。西元一九三二年 Taylor 在芝加哥 Commons 救濟院提出的工作報告中指出，透過參與社區委員會和相關的團體，失業的勞工開始創立方案，並且重新掌握他們自己的生活。失業勞工成立許多自助方案，並且嘗試與立法委員們直接接觸。Commons 救濟院居民組織了一次至芝加哥市政廳的抗議遊行，是透過這次的遊行活動，他們使市政府瞭解他們所遭遇的問題。

實務工作的教育

團體工作成為社會工作學院正式的課程之前，人們習慣以所屬機構的性質來看待團體工作，而非將它視為是一個方法或實務工作的方法。例如將在救濟院工作的人，稱為救濟院工作人員；將 YMCA 和 YWCA 工作的領導者，稱為青年會領導者；將在休閒和遊戲場所工作的人員稱為休閒領導者。早在一九〇六年，紐約慈善學校就提供了相關的團體研讀課程，目的是訓練學生能勝任救濟院的工作。到了西元一九一三年，學生開始能夠正式在學校中註冊，並且成為研讀休閒領導者專業課程的學生。

位於俄亥俄州的 Western Reserve University (也就是後來的

Case Western Reserve University)是第一個提供團體工作訓練課程的學校。這個課程原是為了訓練遊戲場指導員而設立的，但是到了西元一九二三年，為了訓練俄亥俄州克里夫蘭地區的團體領導者，學校特別設計一門團體工作課程，它的課程目的是：

> 透過社團和課程的帶領訓練領導者運用團體的方法和原則；透過在社會救濟院社區中心推廣和管理工作的過程，學生學習如何透過團體的過程來帶領團體成員尋找其生活的方向。(Western Reserve University,1923, p.2)

社會工作學院開設團體課程之初，課程內容主要是引用著名的理論家，像是 John Dewey、William James、Robert McIver、Charles Horton Cooley 和 George Herbert Mead 等人的理論。團體不再被視為是一群人的組織而已，它是一個動態且活生生的組織體，能夠被研究、被影響和被操作。

尋求團體共同的方法

到了西元一九三〇年代，美國或加拿大境內的救濟院運動、休閒活動運動，以及成人教育的推動，都已經非常成熟。同時，基督教青年會和女青年會、希伯來女青年協會、希伯來男青年會、女營火會、男童軍團和女童軍團等全國性的組織中，都雇用了經過訓練的工作人員和義務工作人員。這些機構的工作人員透過正式和非正式的討論和集訓，發現彼此之間有許多的共同點。

除了以上的發展外，團體工作的目標和目的卻依然不明確。團體工作有時是社會服務機構的統稱，有時則是用來稱呼以團體的方式提供人們教育和休閒，以及人格建立服務的機構。團體工作無論是用在救濟院或是一般機構中，如青年會、學校或是醫院，這個名詞都是代表一種教育方法。當「團體工作」之前被冠上「社會」這二個字後，團體工作成為社會工作專業中的一種工作方法。

　　由於愈來愈多社會工作學院提供團體工作的專業課程，以及愈來愈多社會工作學院的學生希望能在救濟院、休閒中心和青年服務中心工作，而修習團體工作的課程，團體工作與社會工作的關係變得愈來愈密切。

　　雖然團體工作與社會工作的關係日益密切，有一些特徵使團體工作方法有別於傳統的個案工作(Pernell , 1986)，這些特徵包括：強調接受服務的是成員而非案主；強調領導者與成員一同工作，而非領導者為案主做些什麼；強調成員實際去做而非僅是問題的討論；在治療過程中，其他成員和活動是改變的主要媒介，而非領導者本身是改變的主要媒介；強調個人和社會的發展，以及社會對個人成長改變的義務，並非以個人為治療和復健的焦點；強調個人長處和健康，而非疾病和挫折。

　　討論團體領導者和個案工作者之間的關係是非常困難的，有一些團體領導者認為，雖然個案工作者口口聲聲強調社區改造，以及貧窮和失業問題的解決，他們已經失去社會工作所強調領導者社會改造的責任。團體領導者更進一步指出，個案工作者真正的工作重點，是以一對一的工作方式為基礎，達到個人問題的解決。並且認為個案工作者當時致力於社會工作專業化的努力，是拒絕堅持社會工作傳統的表現。團體工作者甚至

提出批評認為，個案工作者過度參與個案的問題，忽略了造成貧窮和居住問題的根本原因。

　　個案工作者則對團體工作是社會工作的專業方法提出質疑。事實上，個案工作在發展的初期，也曾經遭遇與團體工作相同的專業認同困境。當時，許多個案工作者認為，不以心理學為基礎的社會個案工作，都是不適當的服務工作。団體工作被個案工作者當作是休閒活動，他們不相信團體工作中的遊戲、藝術、捏陶，以及舞蹈活動，能夠協助人們發展健康人格，或是有效地解決他們所遭遇的問題。然而，另外一群個案工作者則認為，団體工作與個案工作是相似的工作方法，甚至他們相信，団體的小團體心理學觀點提供個案工作新的看法，並且有助於個案工作專業的發展。

　　Wilson 在一九四一年所寫的《團體工作與個案工作》（*Group Work and Case Work：Their Relationship and Practice*）這一本書，是最早嘗試討論團體工作與個案工作關係的專論。許多個案工作者閱讀了這本書之後，都發現個案工作與團體工作使用的一般性技術是類似的，並且認為這本書鼓勵個案工作者，使他們願意開始使用團體工作的方法。因此，隨著這本書的出版，過去以個案工作服務案主的機構也開始使用團體工作方法。這本書同時也提醒團體領導者，在團體工作的過程中，不論是在團體中或團體外，有大量的時間是用在處理與個人有關的事物上，因此，團體領導者也需要瞭解案主身心間的關連。

早期治療方法的發展

　　雖然在第二次世界大戰以前，幾乎所有使用團體工作的機構，都是提供與休閒、旅遊、青年服務有關的機構，但是依然有一些團體工作實施的目的是治療。Jane Addams 在一九○九年所寫的《青年與市街之精神》(*The Spirit of Youth and the City Streets*)中，關於在 Hull House 中實施的團體工作的記載，是第一個以團體工作提供治療性服務的例子。這個團體是由一群有毒癮且住在戒毒所的青年男子所組成，在 Addams 的書中她這樣寫道：「如果這些男孩在戒毒所和恢復階段未被允許參與團體的話，他們是否能成功的戒除毒癮是值得懷疑的。因為我們利用他們的幫派精神，並且將這樣的精神轉化成一種克服毒癮的集體力量，才能成功的幫助這些孩子戒除毒癮。」

　　到了西元一九一八年，位於芝加哥的一家州立醫院，將實驗性的團體休閒方案用在精神病患身上。這個實驗性休閒方案選了大約九百名患有嚴重精神疾病的病患成為這個實驗團體的成員。研究者與這些病患的看護員共同將病患分配至不同活動內容的團體，這些團體的活動內容包括徒步競走的運動，以及鋼琴彈奏的藝術性活動等動靜皆宜的活動。當成員熟悉團體內容後，他們就會被安排至更複雜的活動團體，例如團體舞蹈和遊戲。研究者所抱持的研究假設為，透過觀察較穩定病情的病患和治療師的行為，嚴重精神疾病患者會受到影響，因而增加他們對團體的參與。

　　西元一九二九年，伊利諾州立啟智教養學校與伊利諾州青

少年犯罪研究中心合作,規劃了另一個實驗團體。這個團體由二十名孩子組成,團體的內容包括舞蹈、運動和遊戲。在這個實驗團體結束時,研究者認為小團體的互動對團體成員的行為有正向的影響。在未被監督的狀況下,這些小孩的爭吵行為減少,並且可以更和樂的玩在一起,且逃跑、破壞傢俱和衣服等行為都比參加團體之前減少。總而言之,研究者認為,相較於過去的課程而言,休閒性質的團體活動提供這些智能障礙的孩子更有效的協助。透過選擇對成長最有幫助的活動,研究者能夠協助成員達到更高的個人功能。

在西元一九三二年,伊利諾州的 Geneva 女子少年監獄訓練學校實施了另一個實驗性的團體工作。這個團體的目標是針對機構中被貼上不能改變標籤的女孩,增進她們計畫並有效使用休閒時間的能力。團體的結果顯示,成員們更能夠在彼此之間使用面質的技術,而且處理自己日常生活中行為問題的能力也增加。在一次團體聚會中,這些女孩要求團體領導者離開,一位機構職員因為好奇她們這麼做的理由而問她們,結果女孩告訴這名職員,「因為團體中有一位成員對團體領導者做了一件不好的事,基於不讓領導者知道這件事,並且要公開討論如何處理這件事情,所以成員要求團體領導者暫時離開」。

雖然這些實驗團體的規模並不大,卻對團體目標的意義提出了疑問。當時一些在非正式教育和休閒機構工作的團體領導者認為,醫院和訓練學校提供的團體服務內容,已經偏離團體工作過去鼓勵市民參與,以及提供某些少年服務的目標。其他一些團體領導者則認為,提供給精神病患的實驗性團體應該被稱做團體治療而非團體工作,並且團體領導者並未接受過團體治療的相關訓練。

社會學家 Bogardus(1937)對於這種說法提出反對的意見，他反對團體領導者參與比團體工作需要更高技術的團體治療工作。以人格偏差的問題爲例，他認爲團體領導者可以防止成員的問題惡化、預防問題變成長期問題，或是預防問題變得更加混亂。由於團體工作處理偏差行爲案主的成功經驗，他認爲相對於個案工作而言，團體工作是一種更有效的工作方法。他更進一步指出，每天參與一些創造性的活動，例如手工藝和藝術活動、參與聚會和討論，並且參與強調民主的聚會，能夠協助成員達成人格的平衡（Bogardus, 1939）。

第二次世界大戰的影響

Nazi Germany 強調，團體過程對於瞭解成員社區參與、內增強個人長處，以及在團體中長處要是很重要的。這些經驗也同時強調團體具有潛在危險性，因此使用團體過程必須非常小心。Nazi 對青少年團體的經驗證明，團體可以蠱惑青少年，同時也可以協助青少年自由的參與社會活動。

當第二次世界大戰爆發後，紅十字會提供休閒和諮商服務給參與戰爭的男性和女性。紅十字會將過去用在健康成人的休閒性團體服務方案，引用至戰時的醫院和世界各地的軍事基地，專門提供服務給醫院中的傷兵和基地的服務人員。這種團體工作焦點的改變，驗證了過去許多團體領導者的工作挫折。這些團體領導者指出，他們在面對傷兵時，由於缺乏處理傷兵社會心理的基本技巧，使他們在工作過程中遭受很大的挫折。

第二次世界大戰的經驗，也迫使團體領導者思考團體工作

的假設、方法，以及實施的問題。在當時，同質性曾經被視為是組成好的團體的重要因素；而異質性、短暫的接觸、成員不斷的變換則被視為是不好的因素。然而，團體領導者在戰爭期間，必須帶領由短暫停留的軍人所組成的團體，這是過去不曾發生的狀況。團體領導者經常面對團體成員因為變換基地、離開醫院，或是調往海外的基地，而必須離開團體的情況。

因此，在軍醫院中，安排給每一個病患一個由精神科醫生、心理醫生、社工員所組成的工作團隊。醫院要求工作團隊發展出新的方法，以精簡過去冗長的個案病史、記錄和候診名單。這個團隊嘗試將團體心理治療用在非精神病患的身上。在第二次世界大戰以前，同樣的治療方法僅被心理醫師和精神科醫師用在患有精神疾病的成人和小孩身上。

在第二次世界大戰期間，來自歐陸國家的難民也對團體工作造成影響。例如 Fritz Redl、Bruno Bettelheim 和 Gisela Konopka 將一項結合傳統心理分析與團體經驗的方法帶入美國境內。他們來自歐陸國家權威式家庭文化的成長經驗，使他們更強調團體中自由參與的過程，以及自由參與對個人發展的影響。

雖然如此，心理分析在歐洲卻未像在充滿高度個人化和清教徒文化的美國一樣，對人們造成戲劇化且顯著的影響。許多美國人將分析性的心理治療視為是解決個人問題的仙丹。然而，對於歐陸的心理專家而言，分析性的心理治療則只是眾多可使用的治療方法之一。Konopka（1983）將他當時工作中的想法記錄如下：

就我個人的經驗而言，如果我曾經以某些方式提到這些移民的團體，都應該與我在西元一九四一年第一次接觸

社會團體工作的經驗有關。那一次的經驗對於一個來自於個人和團體之間隱藏著鴻溝的社會，也就是對認為個人必須為團體利益而放棄個人利益的社會文化傳統的我而言，經由這些令人愉悅的團體經驗，使我更加真切的瞭解所謂的個人化的概念。

臨床機構中的團體

到了一九四〇年，愈來愈多的心理衛生機構和醫院，開始將團體工作當做是服務的一部份。首先是賓州匹茲堡兒童發展醫院，接受了修習團體課程的學生作為機構的實習生；Aspinwall 榮民醫院也接受實習生至醫院中實習，並且將團體工作的方法運用在生理和精神疾病病患的處理上。

在醫院接受實習生之後不久，紐約社會工作學院開始將學生安排至紐約社區服務協會中實習。在這個實習方案中，團體實習生和個案工作者與精神科醫師合作，以團體工作的方法治療一群有嚴重適應困難的兒童。社會團體工作實習生執行了三年之後，將這個團體方案移轉至一個鄰里中心繼續實施（Coyle, 1960）。

延續這些早期的工作，以團體工作治療有適應困難的兒童和成人的風氣逐漸在美國境內廣泛蔓延。至一九四七年，明尼蘇達大學與聖保羅的 Amherst Wilder 心理衛生診所共同建立了一個團體工作方案；一九四八年，堪薩斯州托必克郡的 Menninger 心理衛生診所在一群醫院病患的要求下，開始實施日間留院的團體社團，這個團體方案開始是由一位個案工作者

負責，之後則由一位接受過團體訓練的治療師負責執行。

　　雖然如此，由於缺乏精神疾病的知識，而且不瞭解醫院的工作方式，團體領導者進入精神醫療院所的過程，並不如想像中的順利。大部分的團體領導者過去是在機構或是救濟院中工作，面對的大部份是健康的案主，使得團體領導者花了許多時間，才逐漸適應精神醫療機構的工作環境。R. Fisher 於西元一九四九年曾經寫出他在俄亥俄州州立精神病院工作的經驗：

　　　　我們必須與病患有足夠的相處經驗，基於這些經驗，我們才能夠習慣與病患的關係，基於這樣的關係，我們才能夠更進一步的談到治療的工作。之前，我們相信過去的工作方法是有效且能夠運用到病患身上，事實上我們也發現它真的能夠適用在病患身上。當然，我們也瞭解，運用這些方法在有情緒困擾的精神病患身上，為了滿足機構中病患的特殊需要，調整原來的工作方法是必要的。值得慶幸的是，我們在與精神科醫生一同工作的過程中得到莫大的鼓勵，同時我們也學到許多。

　　任教於密西根州 Wayne 州立大學社會工作學院，同時也是一名精神分析師的 Fritz Redl 教授，他在一九四二年對底特律情緒障礙的兒童提供診斷性的服務。這個方案的目的主要是蒐集有關在壓力下兒童行為和症狀的第一手資料。透過觀察兒童在團體中的行為，專業人員能夠避免在一對一蒐集診斷資料過程中，人為猜測的資料。

　　Redl 教授不願意將這個兒童實驗團體稱做是團體治療，而將這個團體取名為臨床團體經驗。他說這個名稱不僅包含兒童情緒障礙的狀況，並且強調這個團體不是一個只提供教育性經

驗的團體。Redl 教授指出，「我不願意將它稱做是治療，因爲我無法在一個夏天裡修正孩子所有的狀況，而且這些孩子有許多的問題，而我從未假定自己要完全解決它們」（Gottesfeld & Pharis，1977：80）。

四年之後，Fritz Redl 和 David Wineman 針對有嚴重情緒障礙的兒童，創立了一個住院式的治療機構，稱爲先鋒村(Pioneer House)。在這個住院式的治療機構中，除了專業的工作人員外，個案領導者和來自 Wayne 州立大學的團體實習生一同爲院童和他們的家人提供服務。他們並且將工作的過程集結成冊，書名是《孩童所恨的人》(*Children Who Hate*，1951）和《來自內心的控制》(*Controls from Within*，1952）。

一些露營活動也將團體工作包含在活動的過程中，並且將團體工作視爲是協助有情緒障礙孩子的工具。例如，西元一九四七年，多倫多市的大哥哥協助方案（Big Brother Movement）爲具有嚴重情緒障礙而無法參加一般露營方案的兒童，創立了一個三星期的露營團體方案（Aldridge, 1953）。當他們發現這個露營的團體經驗具有治療的效果後，就逐漸捨棄露營過程中的活動，而愈來愈強調兒童的個人需要和態度的重要。

對於有興趣從事協助適應困難青少年工作的人而言，露營同時也是一個好的團體工作的起點。年輕的領導者在露營活動中扮演諮商員的角色，這些露營活動包括 Camp Wel-Met、Bronx House Camp 和 Educational Alliance Camp。許多社會工作學院也將這些露營活動納入課程中，而成爲團體工作課程的一部份。

社會工作的一部份

　　曾經在早期出現的團體工作專業認同危機，持續發展到一九五○年，它所受到的質疑同樣是：團體工作是一種休閒、教育、或是社會工作？一些團體領導者仍然認為，團體工作是一種社會運動，透過促進市民的參與，以增強社會中的民主。另一些人則堅持團體工作是協助人們規劃休閒生活。當然，其中有一些人依然相信，團體工作是一種社會工作的方法，它能夠增進人格特質持久的改變。

　　「團體工作」逐漸與「社會」這個詞連結，顯示團體工作對社會工作專業的認同。到了一九五五年，美國社會工作專業人員協會（National Association of Social Work）將社會團體工作視為是社會工作中一個正式的分類，解決了團體工作專業認同的危機。

一個多元化的工作模式

　　團體工作發展到了一九六○年代的中期開始有許多不同的工作模式，包括預防模式、復健模式、互動模式和社會目標模式。在社會工作和團體工作的發展歷史中，這些團體工作的模式都有深遠的歷史根源。

　　Papell 和 Rothman（1966）在討論團體工作的這些工作模式時指出，觀察團體工作的發展過程可以發現，團體工作一直不斷的質疑其焦點到底是個人、團體或是整個社會。當新的模式產生，並且效果超越先前的工作模式時，對於贊成先前工作

模式的專業者的批評聲浪也隨之而起。

另一個對團體工作社會功能的質疑則是：團體工作的功能是提供和預防、重建和復健，或是二者兼而有之？

預防和復健的模式

預防和復健模式是一個與醫療模式有關的團體工作取向，它是基於社會工作歷史傳統，提供服務給需要的人而發展出來的。預防和治療模式的目標是治療或預防會對個人造成不利影響，且造成個人偏差行為的有害情況。基於 Fritz Redl 和 Gisela Konopka 的說法，預防和治療模式是由 Robert Vinter、Paul Glasser 和 Charles Garvin 所發展出來的工作模式。

基於預防和治療模式的說法，最適合以團體處理的案主類型包括：生理或心理殘障者、法律上的侵犯者，以及情緒障礙者等案主，對其他類型的案主則不適用。案主所處的文化和社會規範提供了行為的一般性標準，使得人們得以定義哪些行為是問題行為，並且瞭解團體方法對這些行為應有的治療標準。

預防和治療模式最重要的概念是組成團體的概念。在這個工作模式中，團體成員在團體開始之前就已經決定，或是團體領導者已經選擇完成。就治療工具和治療內涵而言，預防和治療模式團體是被用來影響成員的參與，並且提供領導者和成員互動的機會，以創造成員的改變。就目標而言，預防和治療模式改變的焦點是成員的行為。

預防和治療模式的干預過程由接案開始，而一直到團體結束為止。此種模式的干預過程包括：第一、領導者依據成員的行為問題為基礎，評估每一個成員的狀況，瞭解問題的成因，並且擬定治療目標；第二、領導者依據對成員的評估，擬定行

動計畫;第三、領導者執行所擬定的行動計畫;第四、領導者評估在干預過程中的行動,同時也對成員所處的情境,達到改變目標的可能阻礙和資源,加以評估,並且在協助成員擬定個人目標的過程中,將這些原因一併加以考慮。

團體領導者擬定的團體目標和目的,提供團體組成的方向。團體領導者選擇對其他成員有最大影響效果的成員,並且要能夠發展出適當的團體凝聚力、一致性和相互性,也必須能夠維持一個有效的內在結構,例如領導和決策工具。

在預防和治療模式團體中,團體領導者是一個改變媒介,主要的工作在對個人、團體和社會系統等不同層面進行干預,以達成個人的治療目標。團體領導者所使用的影響工具包括:直接的、間接的或是團體以外的工具。直接的影響工具是指領導者使用與團體成員能直接立即的互動,以造成影響的效果;Vinter(1974)認為,領導者可扮演下列的角色:

・團體中心人物——確認和推動團體的主體
・象徵和發言人——團體合法的規則和價值的媒介
・激發者和刺激者——個人目標和任務的定義者
・執行長——團體成員角色的管理者

間接團體工具的使用是指,團體領導者透過改變和創造團體的狀況,協助團體成員達成目標。領導者透過行動的過程,造成希望在團體成員身上產生的影響。間接影響工具包括:決定團體目標、選擇團體成員、決定團體的大小、建立團體執行和管理的程序。

團體外的影響工具包括:指定成員在團體以外情境的活動,團體外影響力的使用包括:影響會對成員在團體外的行為

具有影響力的人，例如成員的配偶和父母，或是影響成員團體外的情境，例如工作場所、教室或家庭。

　　預防和治療模式團體的知識基礎，大部分來自社會個案工作中的個人心理學理論，同時也強調角色理論、小團體動力學、和學習理論的重要性。

互動模式

　　互動模型（或稱交流模型）的發展主要包含 Grace Coyle 早期的一些見解，而由 William Schwartz 進一步發展而成。近年來，互動模型又經過 Lawrence Shulman 和 Alex Gitterman 的發揚之後，才逐漸發展完整。互動模型的團體取向主要強調在理想團體的協助過程中，有類似問題的成員聚在一起，彼此協助發展有利於問題解決任務的技巧。這個模式強調問題的解決主要決定於團體的彼此協助過程。彼此協助的團體過程不僅是互動模型希望產生的過程，同時也是解決問題的必要過程。這種彼此協助團體過程的產生，並不是依靠成員共同的問題而產生的。

　　互動模型認為，個人和社會間存在著一種有機的、系統的和符號性的關係，並且認為團體和每一個團體成員間也存在著這一種相互影響的關係。社會工作師在二者之間扮演著中介者或使能者的角色，負責導正或預防關係中的不平衡產生。

　　在帶領團體的過程中，領導者不僅影響領導者和成員間的關係系統，同時也被此一關係系統所影響。領導者在工作過程中，並非「為」成員或是「向」成員做，而是與成員「一起」做。成員在契約所規範的關於個人、團體和機構關係範圍內，表達他的渴望、知識和情緒。

Schwartz（1961）提出，領導者在團體中應該達成五個任務：

- 在團體過程中，領導者尋求並發現滿足成員需要和社會期待的共同基礎。
- 消除共同基礎形成的阻礙，以及成員瞭解自己需要、瞭解他人需要的障礙。
- 提供成員解決問題所需要的資訊、想法、事實，和價值觀。
- 提供成員「新的觀點」。
- 界定領導者和成員嘗試解決的問題情境，並且瞭解解決問題所需要的資源和限制。

互動模型取向最重要的部份是，強調關係與互助合作的關連性。領導者在團體過程中，協助成員與其他成員建立有目的的溝通方式，並且達到彼此增強的目的。這種工作模型要求成員討論自己生命中的重要事件，並且表達經驗這些事件時的情緒感受。

社會目標模型（Social Goals Model）

社會目標模型是源自於團體工作發展初期，社區睦鄰中心和青年服務中心等的團體工作模式，它並不認同單一的工作方法，或是某一理論家。社會目標模型是接近於社區發展中心的團體工作方法，嘗試在小團體中處理與社會規範和社會價值有關的問題。

社會目標模型強調個人的社會意識和社會責任，團體領導者的角色是培養有知識和受過訓練的市民。這一個團體模型強

調，有社會責任感的市民所組成的團體會造成社會的改變，並且認為社會行動是心理健康的表現。這一個團體工作模式認為，每一個人都能夠以某種形式有意義的參與主流社會的活動，而且認為每一個社會團體都有影響社會改變的潛能。

領導者在團體中是一個有影響力的人，負責培養團體中的社會意識。領導者對社會意識並未抱持特定的觀點，然而卻希望團體能孕育出一種價值體系。領導者個人實踐社會責任的價值，並且提供成員積極參與社會的角色模範。

主流模型

Papell 和 Rothman (1980)發現，隨著社會工作中新的工作方法，和專業知識的急速發展，早期清楚分隔的工作模型逐漸瓦解。到了一九七〇年代，團體工作逐漸發展出一種強調與這些模型相似的工作模式。他們指出強調模型間的差異對工作模型的建立雖然是非常的重要，然而卻忽略了不同模型間的共同點。

Konopka（1983）指出自己在認同某一工作模型過程中的挫折：

> 我常常被同事或學生問到，我主張哪一種團體工作模型，是社會目標模型、治療模型或是互動模型。撇開我個人對於這種分類的厭惡外，我的答案非常清楚：既不是其中一個模式，也不是所有模型的折衷模型。然而，要將其中任何一個模型的目標排除於外，也是不可能的。

隨著這樣的發展趨勢，Hartford（1971）、Lang（1972）、Roberts 和 Northen、Konopka(1978)，以及一些其他的團體理論

家,開始整合早期的發展工作模型,並將整合後的工作模型稱爲主流模型(mainstream model)。主流模型強調團體工作的特徵是共同的目標、領導者、成員主體和互助合作。主流模型的團體目標是個別成員和領導者目標的整合。領導者和成員共同參與決定團體目標、界定團體範圍,以及解決問題的過程。

主流模型與其他模型最大的不同,在於主流模型提出團體發展的概念,並且認爲透過領導角色出現的過程,團體會出現自己的結構。領導者藉由團體結構和領導角色的培養,提供成員滿足自己和團體需要的機會。理想上,經由領導者的努力,團體中的領導將從開始時由領導者獨自扮演,逐漸變成由所有成員共同負擔的境界。

主流模型將成員視爲是協助過程中的積極參與者,期待成員參與整個團體過程,彼此支持,並且對團體的發展負責。無論團體目標是什麼,成員也是一個社會學習者,透過團體情境,擴展自己社會功能的技術。團體是一個試驗場所,成員能夠在團體中嘗試新的行爲、角色和溝通的方式。同時,他們也能夠在團體中瞭解事實,並且得到其他成員和領導者的回饋。

領導者在主流模型中的角色則隨著團體的情況、團體的需要,和個別成員需要的差別,而有不同的變化。領導者可能是治療師、促進者,或是老師。主流模型中的領導風格具有開放、尊重、溫暖,和真誠的特徵。只要領導者認爲自我表露是有效的,且對團體過程和成員是適當的時,領導者在團體中會透過自我表露,以縮短自己與成員間的社會距離。

臨床社會工作的擴展

在一九六〇和一九七〇年間，許多社會工作師進入臨床機構中工作，社會工作界開始出現臨床社會工作（clinical social work）這一個名詞。在當時，雖然臨床社會工作是一個新的名詞，但是社會工作在臨床機構的發展歷史卻並不短。數十年以前，精神科社會工作師就已經在精神科、醫院或是其他機構從事臨床工作。同時，醫療社會工作師也很早就在醫院和復健中心工作。

到了一九八四年，社會工作專業人員協會將臨床社會工作定義為：運用社會工作的理論和專業，以預防和治療社會心理的失功能、殘障或傷害，包括情緒和心理的偏差。

作為社會工作的一部份，臨床社會工作認同社會工作促進和維持個人、家庭、小團體的社會心理功能的目標。實務工作者的干預目標包括：人際間的互動、個人內在心理動力，和生活支持和生活管理有關的問題。社會工作師所提供的服務內容包含：評估、診斷、治療（包括心理治療和諮商）、支持案主中心原則、諮詢服務，以及評估。

臨床社會工作與心理學和精神醫學最大的差別在於，臨床社會工作者較關心個人和家庭問題產生或改變的社會情境，這樣的關心包括個人、情境，以及個人和情境的互動。在人與情境的關係中，個人會影響所處的環境，同樣的，環境也會影響個人。

個人的、人際間的，和社會的功能被兩股力量所推動，一

股力量是來自內在的，另一股力量則是外來的。內在的力量包括驅力和防衛力，而外來的力量則包括家庭、學校、鄰里和社區。因此干預的焦點可能是個人，或是社會情境，或是二者的整合。基於被視為是超心理治療（psychotherapy plus），臨床社會工作師嘗試調整案主不適當的防衛，並且增加案主的個人強度。同時，社會工作師從未忽略案主和社會生活範疇的互動關係和情感轉移，並且嘗試調整案主所處環境中的阻礙力量。

團體工作和團體治療—名稱的內涵是什麼？

團體工作與團體治療的爭論一直存在於團體工作中（Goldberg，1991，1992）。簡而言之，如果社會工作中的團體工作是協助有情緒和行為問題的個人，那麼團體治療的目的是什麼呢？

爭論之一是關於所用的名詞，對大多數的社會工作師而言，治療師、臨床工作者、治療和處遇等名詞的使用，在語意上有一些自我貶抑的意味，因為這些名詞常被視為是對社會工作傳統價值的背叛。然而，一些認同於醫療、心理、精神醫療等專業的社會工作師則認為，使用這些名詞有助於社會工作專業地位的提昇。

然而，一些社會團體工作的實務者則對以上的說法提出反駁，他們認為團體工作所用的名詞必須忠於社會工作，而由其他專業處理有關改變人格特質和精神治療方面的工作（Berton，1990；Falk，1990）。一些團體工作者擔心社會團體工作進入臨床機構，會導致社會工作失去與其他專業區分的獨特性（Lang，

1979a, 1979b; Middleman & Wood, 1990）。這些獨特性包括：
(1)強調個人的強度和能力，而非強調病態和疾病；(2)與案主一
同工作而非為案主工作或向案主工作；(3)強調領導者是一個積
極參與的使能者、促進者和教師，而非觀察者和分析者；(4)強
調團體的本身和團體的自主性，而非個別案主的行為；(5)強調
人在環境中，而非個人或團體；(6)強調提供服務給需要的人，
而非憂急的中產階級。

　　其他一些社會工作者提出，雖然在團體工作和團體治療之
間確實存在一些不同之處，然而它們之間的相似處卻遠比相異
處更為重要（Garland,1973; Northen, 1988）。認為團體是用來
達成治療目的時，無論是治療、心理治療或是諮商，團體工作
與社會工作一樣，都致力於協助人們更瞭解自己，調整人們的
行為和態度，改進自己的生活情況等。他們認為團體工作並不
是專屬某一專業的工作方法，並且不同的專業使用團體工作方
法時，會有類似的團體目標、知識和技術的來源，以及實施的
方法。他們發現，特別是在心理衛生機構中，社會工作近年來
和其他專業的差別愈來愈小，因為其他專業也愈來愈強調個人
和環境的重要性。

　　然而，雖然社會團體工作與其他專業的差距愈來愈小，由
於名詞使用的問題，使得團體工作與團體治療間的衝突遲遲未
解決。問題的原因包括：第一、很少實務工作者對團體治療、
團體心理治療、社會團體工作、治療師和心理治療師等名詞間
的定義上有一致的看法，每一個人都對這些名詞賦予個人的解
釋和意義。第二、事實上，無論領導者的背景是什麼，我們並
不瞭解領導者實施團體過程的真實情況，除了一些創造出來的
描述和故事外，很少有研究者系統化的評估團體領導者在團體

中的行為。

　　即使在許多不同的助人專業中，對於團體領導或是理論取向上並未存有一些普遍被大家都接受的原則。例如，在心理學、社會工作和精神醫學領域中，都有許多關於實務工作取向的資訊，像是社會心理、案主中心、完形、理性情緒、交流分析、認知行為、心理分析等，在這些不同專業研讀的學生們使用類似的教科書，而不同領域的教師們也閱讀其他領域的研究。

　　由於政府裁減社會服務的經費，使得所有的助人專業開始發展服務管理，也使得社會工作、心理學、精神醫學等專業，大量在工作過程中使用團體的方法。由於這樣的發展，各個專業逐漸減少與其他專業的不同點，而發展出類似的工作方法。這些不同專業間的界限會愈來愈模糊，而且這些專業會透過分享、模仿、複製彼此的特徵，減少彼此的獨特性。當助人專業間逐漸融合時，實務工作者一定不能忽略社會工作與其他專業間不同的特徵。

　　為了增加成員的參與，團體要素需要強調的包括：

・彼此協助
・致力於達成個人的圓滿，包括情緒、心理、社會和精神
・對會影響團體發展的事件做出決定
・強調自我決定
・在個人的限制下，達成團體共同的福利
・轉化並且運用團體中的學習到團體以外的日常生活中
・在團體中積極的參與，而非被動的參與
・誠實而直接

　　在團體過程中，團體要素需要強調的包括：

- 促進成員的社會功能
- 基於成員的需要和能力，提供個人成長的機會
- 整合個人和領導者的目標
- 滿足不同族群的需要
- 包容異質性的成員，而非刪除異質性的成員
- 提供有目的的非語言和語言活動
- 使成員有能力影響自己所處的團體內和團體外的情境
- 提供成員一個安全的環境，使成員願意嘗試新的行爲

團體領導者帶領團體時，所強調的團體要素包括：

- 使用相關資料時，需遵守保密的專業倫理
- 有意識的使用自己
- 由團體此時此刻的情境開始
- 建設性的限制和愛護成員
- 同時強調互動的過程和內容
- 接受成員但不是接受他們所有的行爲
- 與團體和成員建立有目的性的關係
- 與成員共同分享權力
- 真誠且真實
- 在團體中支持差異的存在

　　社會團體工作強調人的尊嚴、社會責任、個人自由和自我決定，因此以上的所有要素在社會團體工作中，均是社會工作實施的基礎。

摘　要

　　社會工作使用團體的傳統源於十九世紀的英格蘭，實施團體的機構包括社會救濟院、童子軍團、女童軍團，以及基督教青年會等。這些機構所使用團體的方法，達到強化民主社會、建立良好個性、促進個人社會化的目標。這些機構後來被移植至美國，使團體在美國逐漸發展，也讓人們更加佩服及瞭解團體改變的效果。到了一九四〇年代，醫院和心理診所等臨床機構開始使用小團體的方法，作為協助病人的技術。

　　團體的治療過程包括：做決定、完成任務、達成目標、分享感覺。然而，團體的工作模式並非只有一種，而是包括許多不同的工作模式，每一種工作模式都根植於社會團體工作的發展歷史。團體工作的目標是透過提供一個支持不同適應模式的團體環境，促進個人生活的意義，擴展個人行為的選擇，促進個人的社會功能。

第三章
團體中的治療要素

在我和妻子有孩子以前，對父母提供諮商是一件相當容易的事。無論問題是什麼，例如上廁所訓練、教育，或是手足間的競爭，我都有答案。Freud、Spock 和 Erikson 的言論都被精確的提出，而且，我的解答一定會讓我的教授感到驕傲。我怎麼這麼有智慧！

　　我的智慧只延續到我女兒的出生。海樂帶著抱怨進入這個世界，而且在出生以後的六個月還是沒改變。她對牛奶過敏，而且有嚴重的疝氣。

　　她日以繼夜的哭泣，使得我和她的母親，一個專業的護士，快瘋狂而且累垮了。我記得，有一夜當我將自己的無助感清除。我發現我們是如此想幫助她，但是似乎沒有辦法。

　　我們去找小兒科醫師，但他的建議似乎沒有多大用處；接著，我轉而求助受過訓練的同事，而他們的建議卻不適當。他們似乎無法瞭解，我們覺得自己孤立無援。

　　作為一個專家的我，好像使事情變得更糟糕。我斥責自己的無能，連自己的孩子都無法幫助，「如果我沒有辦法幫助她，我如何能幫助其他人？」

　　真正帶來幫助的，不是醫師或是同事，而是那些有相同經歷的父母。他們沒有給建議，而是瞭解和支持我。因為他們曾經付出過代價，所以能完全瞭解我的感受。

　　感謝神，就和我和孩子的母親一樣，海樂活了下來。她現在已經是個成人，而且是一個特別的女性，然而那些痛苦和絕望的記憶卻仍然鮮活存在我們的腦海中。

　　現在，當父母因為困難兒童而前來求助時，我不會給建議，我們會討論他們的處境，以及他們的挫折和無助。

我的反應並非出自機械化，而是自己曾經處在類似的狀況，我也付出了我的代價。

　　為什麼我們的助人知識和智慧會導致破碎和痛苦？真正的同理不只是學習來的，它是努力得來的。而且，作為一個助人的專業者，我們都是受過傷的治療者。

　　這一章討論的焦點是團體治療中最重要的治療要素，並且嘗試回答：團體工作如何改善個人的狀況和環境？更精確的說，也就是想要回答，相對於其他助人方法而言，團體工作的優點是什麼？

團體的優點

　　團體領導者需要面對一個最基本也最重要的問題就是：是否某一種助人的方式優於其他方式。然而，這個問題的答案有許多的選擇和可能。這些助人方法，隨便列舉都可列出一大串，包括：行為修正的技術、理性情緒治療、案主中心治療法，以及支持治療法等。廣泛的說，對於助人者而言，無論是從事個人治療、家族治療，或是團體治療，助人方法的選擇都是不可避免的。大部分專業助人者在選擇助人方法時，會很自然的選擇一對一的個案工作方法。這種自然選擇一對一助人方法的傾向一點也不足為奇，因為大部分助人專業者都是在一對一或兩兩的助人工作過程中，習得其助人的專業經驗；即使對一些人而言，一對一的助人方式並非典型的訓練經驗，一對一的助人關係依然被視為是一種理想的助人關係。這樣的心態也協調了

領導者和案主間對彼此的期待和行為。

因此，在這樣一個自然反應的狀況下，對於助人方法和取向的選擇就忽略了案主的需要，甚至並非基於領導者的專業技術、知識、能力、或是領導者感到舒適程度的考量。專業者有可能僅選擇那些令他感到有信心的工作方法，而不在乎這個方法對於案主的問題是否適當。也就是說，假設領導者習慣的工作方法是鎚子的話，那麼每一個案主就必須變成釘子。

工作方法和取向的選擇，有時候可能是因為領導者擔心失控或是失去權力的感受。家族治療或是團體工作的本質，是放棄了一對一治療關係的安全感，而選擇安全感較低的一對二的家族治療，或是一對八的團體工作的人員比例，並且提升一對一或是領導者對案主的比例的安全感受。

超越領導者所受專業訓練經驗的限制和其個人的擔心，真正治療性的考慮應該是：什麼是案主的最大利益？事實上，不論是個案工作、家族治療，或是團體工作，都是有價值的治療方法，並且基於其方法本身的特質和獨特性，對於案主的情況都能夠造成某種程度的治療效果。

雖然，個案工作、家族治療或是團體工作擁有一樣的治療要素，這三個方法卻是獨特的，並且提供了不同於其他二種方法的治療因素。例如回饋這個技術，是在團體工作中使用非常多的技術，同樣也被使用在個案工作和家族治療中。所不同的是，相對於在個案或家族治療中，案主僅能獲得來自領導者或是一至二名家庭成員的回饋；在團體的過程中，案主能夠得到更多人的回饋。

團體中的改變

　　團體的本身並無治療效果，團體所造成的個人改變也並非是自然發生的。改變的產生，來自於領導者所創造並且盡力維持有效的團體安全氣氛。這種安全氣氛的發展是來自人與人之間基本信任感的培育，而處在這個孕育的環境中，人也是脆弱而易受傷害的。這個說明中隱含著一個臨床工作的兩難：對成員而言，在團體過程中，為了使成員能夠自由的表露想法和感受、冒險，和經驗到團體治療的效果，信任的氣氛是必要的；然而對於信任氣氛的發展而言，成員又必須要願意真誠的冒險、分享他們是誰、他們眼裡的世界又是個什麼樣的世界。

　　Corsini 和 Rosenberg 在西元一九五五年第一次有系統的嘗試去辨認團體中的治療因素，他們提出了一個問題：治療情境的本質是什麼？他們自三百篇的專業論文中歸納出九個治療因素，為了達到治療的效果，治療的情境必須能夠使案主經驗到：

- 接納──一種屬於團體，並且由團體中感受到情緒性的支持和接受。
- 利他主義──透過協助其他團體成員，感受到自己對其他成員生活的重要性。
- 一般化──具有瞭解案主並非特別的，其他人也有相同問題的認知。
- 智能化(intellectualization)──學習和獲得知識的過程。
- 現實性的驗證──在團體中能夠公開而真實的評價自己

的個人價值觀、家庭價值觀、內在衝突、挫折，以及個人的防衛機轉。

- 情感轉移——對於治療師或是其他成員能夠發展強烈的情感連結。
- 互動——在團體中有機會與其他成員產生關係。
- 觀察者治療(spectator therapy)——在團體中能夠透過觀察或是模仿其他成員的行為而有所收穫。
- 情感疏通——能夠表達先前所壓抑的感情和想法。

為了清楚的瞭解團體中的治療因素，Corsini 和 Rosenberg 又加入了一些其他的團體治療因素，包括使成員有機會實驗其他成員的建議，昇華、分享相同的經驗和自動自發。

因為受到 Harry Stack Sullivan 的影響，Irving Yalom 於一九九五年發展了一項在團體治療過程中的十一項治療機轉（therapeutic mechanisms）或稱治療因素（curative factors）的調查表，這十一項因素包括：

- 植入希望（instillation of hope）——當成員觀察到其他成員進步或是成長時，心中產生一種釋放和樂觀的個人經驗感受。
- 一般性（universality）——認知到其他成員與自己有類似的經驗、想法、反應和生活經驗時，產生一種自己並不孤單的感受。
- 資訊的告知（imparting of information）——指領導者提供心理衛生、心理疾病、一般心理動力的教育性課程內容，並且對於生活上遭遇到的問題提供忠告、建議，或是直接的引導。

- 利他（altruism）——當成員提供支持、再保證、建議和新的洞察時，心中所產生一種正向的感受。
- 對於初級團體，例如家庭，作正確的解讀——當成員與其他成員和領導者產生和成員與家人間類似的連結時，成員對於原有的家庭關係產生一些新的學習。
- 社會化技術的發展——學習基本的社交技巧，像是問題解決能配合過程，並且能解決衝突。
- 模仿行為——透過觀察團體對其他成員所遭遇與自己類似問題的處理過程，對於自己的問題產生新的洞察，並且將這些洞察運用到自己的問題上。
- 個人的學習——在成員彼此的互動過程中，成員獲得有關自我的瞭解。
- 團體凝聚力——團體與其他成員對成員的吸引力，並且透過互動，成員感受到被接納和被支持的經驗。
- 情緒淨化——成員在團體中伴隨著來自其他成員的接納，能夠作深度的情感表露。
- 個人存在感的因素——當個體面對生活存在的一些現實狀況，例如死亡、孤獨、自由、生活失去意義。

　　整合 Yalom 對於團體治療因素的分類時可以發現，Yalom 的概念主要是將團體當成一個小的社會縮影。也就是說，團體經過一段時間之後，成員與領導者和其他成員的互動方式，會類似於成員在現實環境中的互動方式。最後，每一個成員人際互動的風格，無論是適當的或不適當的行為，都會顯現於團體中。當成員人際風格出現於團體中，領導者能使用此時此刻（here and now）的技術，較有力於領導者評估成員的人際風

格，並且對於這些表現出來的人際風格直接加以處理。

經過了這些年的發展，某一些治療要素被視為較其他的治療要素更為重要，特別是在那些由社會工作師所帶領的團體。這些社會工作師視為是較重要的治療要素包括：植入希望、自我瞭解、模仿、在互動中學習、將經驗一般化、事實的驗證、接納、自我表露、利他、引導等。這些要素並非分別獨立的，而是緊密相關連的。雖然這些要素不容易被分離，然而每一個要素在團體中的重要性或強度，則會隨著機構功能、團體目標、成員尋求協助問題的本質，以及領導者的訓練和經驗的改變而有不同。

植入希望

除非成員能夠感到希望，否則治療是無法產生效果的。當成員在團體中談論感受和經驗而顯得不自然而具威脅感的時候；當成員要信任全然陌生的團體成員而有深深的恐懼時，或是心中所保有的秘密受到脅迫而失去自己的風格時；當成員對自我價值產生懷疑時；對團體可能會造成潛在的改變感到壓力時；當成員對於人性產生懷疑，對於在團體過程中什麼該做，什麼不該做，應該做些什麼感到疑惑時；在這些情況下，希望會支持案主走過團體在最初階段的這些恐懼、擔心和疑惑。

當團體發展至中期，成員面臨要做出抉擇時，希望能夠提供成員需要的養分。當僅是談論做些什麼已經不再是適當的行為，而必須要超越自己的舒服程度，做出具體的行動計畫並加以執行時，當供給生命能量而非自我破壞成為必要時，採取較

專業的行動角度就變得必要。當團體發展到某個階段，成員需要表達他們真實的感受，而不是忽略或搪塞他們的感受，或是裝出一些他們沒有的情緒時，在這些情況下，希望也協助成員能夠走過這些階段。

　　當團體治療即將結束，成員需要離開曾經信任的領導者和關心他的其他成員，獨自面對生活時，希望同樣也支持著成員走過團體的結束階段。當成員不再有一個固定的時間和地點，他在那兒可以分享他的經驗和掙扎，也沒有一群會傾聽和瞭解的領導者和朋友會與他一同掙扎時，希望的感受能夠協助成員在面對這些改變時有較好的調適。

　　在個人或家族治療中，是由領導者給予希望。領導者透過信任、樂觀、語言和行動，將只要願意參與治療過程，你的生活會更好的訊息傳達給案主。治療師要求案主表達自己的感受和想法、開放、傾聽、冒險、嘗試新的行為，治療師透過點頭、微笑和同理心的表達，傳達治療師的關心，並且告訴案主他並不孤單。更重要的是，治療師傳達了一個訊息，那就是案主的問題，至少在某種程度上，可以被解決或是修正。領導者可能會說：「是的，我曾經處理過其他與你有類似狀況的人，而結果都很成功。」或是說：「治療對於像你這樣的狀況的人是非常有效的。」

　　在團體工作過程中，希望有時也來自於其他的團體成員，這種情況特別是在結構式的自助團體、戒酒團體、同伴朋友團體，或父母親團體中更可以清楚的被發現。例如，在戒酒團體中，一個新進的成員感覺他一定不可能持續二十四小時不沾一滴酒，當其他人分享了他們戒酒的經驗，並且其中坐在他鄰座的一位成員，分享自己十二個月以前也經歷與他相同的經驗，

但現在卻滴酒未沾時，這個新的成員會感到前所未有的鼓勵。

通常當治療團體發展到一個相當成熟的階段時，通常會有成員表現出一些治療的成效，並且獲得成功的經驗。有時，領導者過去的團體成員會被邀請參加團體，不僅能夠持續過去的治療，同時對新的團體也會產生潛在的貢獻。

自我瞭解

團體治療延續個人心理治療的信念，將自我瞭解奉為治療過程的核心。相關的名詞，例如自我覺察、自我瞭解、自我發現和覺察，都反應與自我瞭解有關的學習過程。簡而言之，透過自我瞭解的過程，個人能夠獲得重要的自我覺察。團體中有關自我覺察的學習，有許多不同的模式。首先，成員有可能經由發現過去不知道的感覺和特徵，而對於自我內在的動力有所覺察；第二，成員透過人際間的互動，例如某一成員在團體中嘗試新行為時，其他成員表達對於有關的行為、想法和經驗的感受，而得到自我瞭解的學習。

Yalom(1995)觀察到成員在團體中可以產生許多不同層次的自我覺察。其中之一是成員對於自己在人際互動中如何影響到其他人，能夠抱持更客觀的觀點；例如，在團體剛開始，一個婦女可能瞭解到，在他人的眼中，她是一個冷漠、孤立或是像刺蝟一般；然而，在一個更深層次的自我覺察中，她可能瞭解到某一個問題的狀況，例如發現自己由於害怕被傷害，而拒絕與人親近；或許，經由這樣的覺察過程，她同時瞭解到，什麼原因使得自己會有這樣的反應。一言以蔽之，成員透過自我

覺察的過程，瞭解到行為背後的機轉，以及行為產生的原因。

模　仿

　　尋求個人協助的案主中，他們大多有一個共同的特徵，那就是在他們的生活中缺乏正向的角色模範。他們的父母或是其他重要親人對他們的發展而言，可能是具傷害的、不可信賴的、軟弱的、吸引人的，或是缺席的。這些人在表達自己的情緒上會有困難。例如，對於所發生的事件或環境，他們有時傾向於過度表達自己的情緒，然而，有時他們又傾向於隱藏自己的情緒。在情緒的表達上，他們不用語言來表達，而是直接以行為來表達。

　　在個人的諮商過程中，對於案主而言，領導者提供了一個角色模範，透過對領導者言行的觀察和反應，案主建立自己一套的評價標準。案主觀察領導者的穿著，辦公室的擺設，並且思考這樣穿著和擺設所隱含的意義和價值，無論在意識上或潛意識上，案主觀察領導者的一言一行，並且將其中的價值觀、期待、態度和個人特質內化。案主對領導者的模仿行為的來源主要有二個：一是來自於對其他成員成功處理個人問題過程的觀察；二是對自己思考、表達和行為方式的改變。

　　藉由多種的互動和關係，團體治療提供給成員更多模仿學習的機會，也因而提供案主較個案治療更多改變的機會。在團體中成員獲得更多的機會，觀察不同的互動方法、問題解決策略和關係的形式。除了提供更多觀察的機會外，團體的成員也可以得到許多的角色模仿的對象，而領導者僅是其中之一而

已。例如， 當一位成員有表達自己情緒的困難時，在團體中能看到一些成員以肯定和開放的方式表達自己情緒，當這個成員逐漸發現表達自己的情緒並不會受傷的事實時，這個成員就愈來愈願意嘗試表達自己的情緒。

基於間接學習或是觀察者的治療（spectator therapy），成員藉著在團體中對其他成員或是領導者的觀察，經驗到一些有意義的學習。這些學習來自於觀察其他成員的治療過程；成員對於其他團體成員的認同，並由這些認同經驗得到學習；成員認知到領導者行為中的正向特質。

在團體的過程中，成員不斷的將自己與他人做比較（Lieberman，Lakin，& Whitaker，1968）。他們比較自己與其他成員對於父母、配偶和小孩的態度。他們也比較自己與其他成員對團體中所發生事情的立即性感受，他們也比較自己與其他成員在感受悲傷、快樂、生氣和罪惡感的差別。同時他們也比較每一位成員在生氣、愛和愉悅典型的表達和處理的方式。對於這些情緒表達和感受的比較，使得成員重新思考自己一直視為理所當然的反應和感受，並且釋放出新的情緒、感受和行為的可能性。

基本上示範由二個步驟所組成：接受和呈現（Rosenthal & Bandura，1978）。第一步是接受，成員觀察一個行動，並且將它儲存在記憶中。在呈現的步驟中，如果給予適當的動機，成員會開始表現行動的動機。例如，假設一個成員的行為中潛藏著焦慮的特質，直到他觀察到一個成員有同樣的焦慮行為，但並未因此而受到傷害時，他會開始期待能夠表現出有效的行為。他會下決定改變，而且願意冒險去適應這些對他造成威脅性的情境。在這一個學習的過程中，先前所害怕表現的行為，

成為一個促進成員瞭解自己，並且孕育出更高的自信媒介。

　　Buchanan(1975)在討論一個由腎臟移植病人所組成的團體治療時指出，腎臟病人經由觀察其他成員，而得到鼓勵和獨立的經驗。在一個年輕的腎臟移植病人，為了做就業的準備，而加入這個教育性的團體後，一個五十五歲的自營商人決定回去經營自己的公司，而之前他一直因為擔心自己的體力和能力，而不願意繼續經營自己的公司。

　　在團體的初期，許多的學習來自於模仿（Rutan & Stone, 1984）。一些有困難忍受或分享強烈情緒的成員，觀察到一些比較強烈的互動方式，而其他的成員不但並未因而受到傷害，反而會產生更深的關係，當成員逐漸瞭解到這一點時，成員希望改變的慾望會增加。這個成員會開始戒慎恐懼的嘗試表達自己的感受，並且模仿真實表達自己感受成員的行為。當團體中每一個成員都能夠發展出成功的模仿行為時，這個團體就愈能夠吸引它的成員，促進成員成為團體一份子的慾望，增進團體凝聚力。

　　團體工作者必須瞭解自己的行為對於團體成員的影響力是如何（Corey & Corey , 1992）。領導者的行為和態度傳達了開放的規則、目標的重要性、對於他人的接納、傾聽的重要性和在團體中冒險的慾望。Corey 夫婦表示，領導者大部分是透過例子來教導，也就是透過在團體中示範他希望成員表現的行為。雖然領導者的角色與成員的角色不同，但是領導者也不需要隱藏在專業面具的背後，透過誠實、適當、有限度的自我表露，團體領導者能夠一方面參與團體的過程，而另一方面也能滿足領導者提供成員示範行為的功能。

由互動中學習

　　成員透過與其他團體成員互動中學習，這種學習主要有二方面：(1)當成員嘗試新行為，並開始以正向的方式與其他團體成員互動時；(2)對其他團體成員的行為，成員以一種正向的方式反應（Bloch & Crouch, 1985）。例如，成員能夠以分享的方式，澄清他與某一位成員的關係；成員嘗試澄清其他成員所要表達的內容，以正確地瞭解所要溝通的內容；成員表現出明顯的努力，與一個或多個團體成員建立真誠而開放的關係；成員較以往表現出更多積極且自我肯定的表達方式；成員甚至對領導者提出挑戰。

　　Joan 在團體中是一個沈默的成員，只有在被要求的時候才會開口說話。雖然沈默，但是她對團體卻相當的投入，當被問到是否不希望被要求回答問題時，Joan 回答說，似乎要求是唯一能要她他開口說話的方法，因此她同意領導者可以繼續要求她開口表達意見。但是當領導者要求時，Joan 則可以選擇說或不說。到了團體的後期，Joan 自願提出他願意更投入團體中，同時她也接受領導者的建議，Joan 開始在每一次的團體中主動分享一件事情。而在接著的一次團體中，Joan 甚至向一位成員提出一個問題。在下一次的團體中，她主動的在團體開始之前協助擺設團體需要的椅子。

　　在團體中，有時學習也發生於其他成員對某一成員所說的話，或所做的事，所給予的口語或非口語的反應。團體治療提供一種獨特的形式，在這一種形式中，成員可以彼此給予回饋、

真誠的交流、真實而清楚的表達。相對的，在一對一的諮商過程中，回饋的產生，僅能來自一個權威的形象──領導者，這是與來自同輩的回饋非常不同的。

　　成員對成員的回饋有三種類型。第一種是一個或多個成員，對於某一位成員在團體中的行為給予具體的描述。例如二位團體成員告訴團體的一位成員，他在團體中的行為是不禮貌的、冷漠的、安靜的、有魅力的，或像小丑的。第二種回饋指在團體中，成員對某一成員在某一時刻的狀況給予回饋。例如，某一個成員被告知他身上有異味、拉鍊沒拉、衣服沒穿整齊，或臉上有鼻涕。第三種回饋是指在團體中，成員描述他個人對於某一位成員行為的反應。例如，成員可能對某一位成員說：「你讓我感到生氣，當你……」；「我喜歡你……」；「當你……時，讓我感到佩服。」

　　如同先前有關回饋的例子一樣，回饋的內容非常不同。事實上，成員對成員回饋的內容並沒有限制。同樣的，相對應的回饋也是沒有限制的。另外，回饋有口語和非口語的二種，先前的例子幾乎都是口語的回饋，非口語的回饋可能是臉部的某一個表情、一個聲調，或是一個點頭。

　　給予回饋的過程中，時間是一個很重要的考慮因素（Bloch & Crouch, 1985）。當回饋的給予時間不在事件發生的當時，可能會造成一些影響。如果回饋給得太早，甚至發生於團體信任氣氛形成之前，回饋可能被當作是一種威脅或是拒絕的表示。當回饋的給予時間較接近事件發生時，回饋就較具有價值。

　　在團體中，回饋很少有一致的看法，它的產生與每一個人的概念和特別的喜好有關。然而，有時候回饋來自於全體的成員。更值得注意的是，對成員而言，領導者的回饋是具有顯著

影響力的，而且成員對領導者回饋的態度與對其他成員回饋的態度是不同的。

經驗的一般化

　　一個處在痛苦經驗中的人，常常覺得自己是孤單的，而且認為沒有人像他一樣遭遇到這麼糟糕的事。例如，遭到性侵犯的婦女會感到自己被分離、被孤立、與別人不同。受到性侵犯的婦女不僅不會向其他的成員分享感受以尋求支持，相反的，她們傾向逃避與他人的接觸，而將這些感受留在自己的心中。

　　所謂一般化是指案主瞭解到自己與其他人是一樣的，而且自己並不孤單。這種感受通常來自於發現了彼此問題的共同點，其他人也有一些奇怪的想法，會感到焦慮，也會衝動（Foulkes, 1964）。一般化會使得人們採取一種較中立的觀點，更客觀的看待自己和他人的問題。

　　近年來，隨著自助和支持團體的出現，人們開始對一般化的概念有更深入的瞭解。自助團體的組成就是希望能夠藉著擴張成員共同的經驗，提供團體成員支持。在這類型的團體中，成員大多持有一些類似或相同的經驗，不論是努力的維持冷靜、規範不守規矩青少年的行為，或是因為失去一個孩子而感傷，團體中彼此支持的成員不僅分享她們的痛苦，也減低了被孤立、覺得自己與他人不同的感受，同時，成員與和他有相同情形的成員在一起時，成員的自我概念也會產生改變，並且因而減低了被別人貼標籤的感覺。

　　以下是一位三十五歲職業婦女 Lori，在參加一個團體後的

筆記，它是這麼紀錄著：

　　我持續的與孤寂搏鬥，在團體中我們分享了如何選擇自己的專業，我聽著其他人的故事，像是他們的小孩、把流浪的動物帶回家、聽別人訴苦、幫別人解決問題。這真是一群由拯救者和問題解決者組成的完美團體，而團體領導者更完美，他好像是救生員一樣。當輪到我說的時候，我竟然發現自己的故事和先前其他人說的故事都不同，我痛苦的說著自己的故事，並且發現它們是這麼不同。在生活中，我也是一個拯救者，一個問題解決者，唉！但是我卻是一個比他們都更嚴重的拯救者！或許，我更喜歡控制，所以我會選擇演講治療成為我的專業，或者是因為社會工作所面對的狀況都太過一般性，而我喜歡較具體的問題。當我分享完了之後，我感到自己的心在顫抖，我居然分享了這麼多關於我自己的事，他們會怎麼想我呢？雖然在面對其他成員的回應時我可能會難以面對，但是我會很高興來自其他人的回應，並且接納這些回應。

在接下來的一次聚會後，Lori 這麼寫著：

　　團體中，我們花了一些時間討論關於我們每一個人對於某些事都有一些不同，態度常常是我們視而不見的東西，我們對態度視若無睹，不檢查它，也不感覺它。在這一天中，我們似乎又靠近了一點，「我也一樣」的感受愈來愈強烈，除此以外，我們也發現了彼此的一些差異，雖然我們依然小心謹慎，但是在我們安全而接納的安靜氣氛中，信任逐漸建立起來。

簡而言之，當成員感到其他成員與自己有類似的問題和感受時，一般化的感受就產生了。當一般化的概念產生時，案主覺得自己被分離的感受降低，成員也就覺得自己不那麼孤單了。

現實性的驗證

　　許多作者都曾經提及，團體就像是一個小型的社會，或是社會的縮影（Dinkmeyer & Muro, 1971; Jacobs, Harvill, & Masson, 1994; Yalom, 1995）。透過與團體中其他成員的互動過程，成員經驗到恐懼、生氣、懷疑、緊張、嫉妒，經由同樣的過程，成員以他們在團體以外的行為來反映這些感受。一開始，成員可能不太敢表達，或是表現出其他人期待的行為，當團體達到更舒服的氣氛時，所謂的好行為減少了，取代虛假自我的是真實的自我。

　　例如，一個在團體外有困難與人建立親密關係的成員，在團體中也會有困難與其他成員建立親密關係；在家人、朋友或是上司面前很難自我肯定的成員，在團體中也會有自我肯定的困難，特別是面對領導者時；一個愛吹牛的成員，在團體中他們也會很愛講話。

　　在團體中每一個成員都必須面對需要協調的情況，他們需要表達自己的想法和感受，解決問題，冒險，並且嘗試與他人溝通。這個情況提供團體領導者二個有力的觀察點，第一，這種情況提供領導者立即的評估資料，這個資料是最新的、第一手的、而且未受到其他人觀點或是轉述的污染，這些資料是此

時此刻而非彼時彼刻。第二，這個過程提供團體領導者立即介入的機會，而不用到事過境遷之後才開始處理。

例如，如果一個成員說，其他成員說他是一個糟糕的傾聽者時，一旦他開始與其他成員互動，就立刻證明他是不是真的就是一個糟糕的傾聽者。如果他打斷其他成員的談話、說得太多、誤解其他成員的談話，領導者可立即指出這些情況，這樣也能避免其他成員以他們自己觀點提供回饋時所可能造成的負面影響。

接　納

大多數的學者都認為，在團體中感到有所屬和被接納的感受是一個最重要的治療因素（Lieberman, Lakin, & Whitaker, 1968; Ohlsen, 1970; Yalom, 1995）。案主會注意在團體中「被認定，被承認，和被團體接納」和「能夠作自己」的經驗。Bloch 和 Crouch(1985)認為，接納是指當成員在團體中：(1)感到屬於團體，溫暖，友善，自由自在；(2)被其他成員認為有價值；(3)感到被關懷、被支持、被瞭解、被接納。

接納最重要的是，即使在成員表現出其他成員先前認為無法接受的行為時，他依然能夠在團體中感到被無條件的接納和支持。一個參與團體動力研習會的學生將這樣的感受記錄如下：

當看到其他成員能夠真誠的分享感受和經驗時，對我而言是非常震撼的。特別是當我看到因為 Bill 分享他受

傷、生氣、感到自己沒有用的經驗時，Helen 也開始分享自己類似的痛苦經驗，我特別的感動。對我而言，那一次的團體經驗是感受最強烈的一次。我認識 Helen 已經三年了，在我的記憶中，她從未在課堂中主動發言過，她這一次的舉動讓我非常佩服她的勇氣，而她勇於嘗試分享自己過去經驗的舉動也讓我對她產生敬意。

另一個團體成員的紀錄則如下：

由於 Bill 分享自己痛苦而鮮活的生活經驗，引發了團體顯著的改變，團體的每一個成員都非常支持 Bill，他的分享和成員之間的關係建立，提升了團體中的信任感，並且使得團體變得更有意義，也激發了成員分享的動機。

某一些人在團體中很少有機會分享並獲得接納的機會，特別是那些精神病患。由於他們大多有人際關係方面的困擾，並且很少有親密關係，加上因為病情而產生的幻想和恐懼，使得這些問題在精神病患的身上變得更加複雜。對於一些隔離的病患，團體也許是他們獲得與人有意義接觸機會的唯一來源。雖然如此，即使團體結束並且成為褪色的記憶，成員依然能夠記得在團體中他們感受到被接納和屬於團體一份子的感覺。他們會記得團體是一個特別的地方，在那兒他們能夠單純的扮演自己而不需要偽裝。

自我表露

自我表露(self-disclosure)是指成員在團體中分享與個人有關的資料，這些個人資料可能與個人的親密關係有關，且從未在其他場合中表露過。這些資料通常是成員過去刻意隱藏的，一般將這種資料稱為長期的秘密。

Sue 是一個曾經被父親性虐待的九歲女孩，被安排參加一個專門為曾經遭受近親猥褻女孩設立的一個八星期的團體，領導者形容 Sue 在團體中的行為非常容易被激怒、衝動和無法預測，當其他成員分享他們的經驗時，Sue 的行為開始變得像小丑一樣，或是作一些奇怪的事，以改變團體討論的焦點。她很清楚地表示她拒絕分享她的經驗，她也不想談論她的父親。

當這一個團體結束時，領導者覺得 Sue 有一些改變，所以建議她參加一個已經形成的類似團體，在這第二次團體的中期時，她開始在團體中分享她的遭遇，她說她被很「糟糕」的對待，而且覺得自己應該要為父親的性侵犯行為負責，她當時非常害怕，並且擔心如果她告訴任何人這一件事情，她的母親會非常生氣，而且把她送到其他地方。當 Sue 在說這些事情時，臉上佈滿了淚水，及生氣和挫折的表情。

當 Sue 願意在團體中開放後，其他成員表現出支持和接納的態度，並且表示自己也有與她一樣的害怕，擔心如果她們將這件事說出去時，父親或母親會報復。經過了這些分享之後，Sue 逐漸能夠專心面對團體中或團體外所發生的事。除此之外，Sue 也變得比較不衝動，而且更放鬆自己。這個團體成功

的處理了 Sue 過度的自責和罪惡感。同時，這個團體也提供 Sue 一些保證，它向 Sue 保證她所經歷的痛苦並不是因為她的行為所造成的，而是由於她父親無法控制自己的衝動所造成的結果。

在團體中，當領導者嘗試加速成員的自我坦露時，結果往往會適得其反。面對像 Sue 一樣經過嚴重創傷的成員時，需要時間去建立信任感。即使是在一種最好的狀況下，成員願意嘗試冒險，也是需要慢慢發展的。團體的優點在於它能夠提供一個環境，成員能夠在其中與和他們有類似經驗的人分享自己的經驗，以減少成員因為事件所引發的孤立、痛苦和罪惡感。

自我表露與心理健康之間，似乎存在著某些治療的關連性。一些無法在團體中作自我坦露的成員，可能會無法與其他成員建立關係，或是有自我孤立的傾向（Jourard，1971）。而另一方面，在團體中對自我作過度自我坦露的成員，則可能有適應不良的情形，他們可能是自我中心，或是有自戀的傾向。依據 Cozby (1973)的說法，一個有正向心理健康的個人，可能僅會對少數特殊的他人，做出高度的自我坦露；而對一些其他的人，做出中度的自我坦露。適應能力差的個人，則傾向於對每一個人，都做出偏高或偏低的自我表露。

自我表露是發生於社會情境中的狀況，含有某種冒險程度。對團體成員而言，自我表露可能集中於對某些痛苦的經驗且隱藏的秘密，這些秘密可能與性、暴力或健康問題有關。這些秘密可能是：

・婚外情
・自慰

· 同性戀傾向

· 性虐待

· 自殺的想法和傾向

· 非法使用藥物

· 得到社會性的疾病(social diseace)

· 害怕瘋狂

當這些事情被表明了之後，分享這些事的人對於聽的人的反應，會無法產生正確的期待，分享的人可能會懷疑：「我會不會被嘲笑？」、「他會不會瞭解我的痛苦？」、「他會不會告訴其他人？」、「現在他們知道了我的秘密，他們會不會傷害我？」事實上，這些懷疑都可能發生，也可能都不會發生。

在團體中所分享的一些特殊的資訊，並不會比洩漏一些個人的資訊還要重要（Lieberman，1981）。對一些人而言，這樣的分享是健康且有自信的表現，並且會感到被接納，因為自己的自我表露，成為引發改變的重要因素。作為一個自我表露的接受者而言，他並不是被動的接收者而已，如果接收者表現出接納且非評價的態度時，會增進分享者健康的感受。

然而，在團體治療的過程中，並非所有的自我表露都是有幫助的。有一些案主會表露一些個人的隱私，這種分享較適合在告解中說出，而不適合在團體中表露。Bloch 和 Crouch(1985)在說明二者的差異時指出，告解包含了一個人洗滌罪過和潔淨，而另一方提供評價性的反應。然而，心理治療中的自我表露可能包含了一些羞恥行為的表露，但並不是為了得到解決或是評價。

另一個不具備治療功效的自我表露形式，是將案主的防衛

和隱私剝除的舉動。隱私和自我表露並非是相對的，案主不需要「說出所有的事」，或是將「自己的靈魂完全的裸露」，因此並不會產生防衛的態度。案主也不需要做出非常深度的自我表露，使得案主之後無法再自我表露。

利他主義

團體成員會因為自己對他人的支持，而對自己產生較佳的看法。透過對他們的協助，他們發現自己對他人的價值性，並且轉而增進自我形象。根據 Bloch 和 Crouch(1985)的說法，當案主表現出以下的行為時，這些利他的狀況會產生：

- 提供支持、建議，或是意見，以幫助團體的其他成員。
- 分享相似的問題，以協助其他成員。
- 感到自己是被需要且有助於人的。
- 為了其他成員的緣故，可以忘記自己的需要。
- 感到自己要為其他成員做一些事

在治療團體中，因為施與受間的相互循環性，成員會透過協助其他人的過程，而得到幫助。透過社會交換過程協助他人的同時，自己也得到他人的協助。

有時候，在某一個情況下，人會變成一個永遠接受幫助的人。這個人可能由習慣給予的家人和朋友處得到幫助，離開了之後，又得到關心的職員、醫生、社會領導者，或是其他的領導者的協助。在一些重要的節日，像是聖誕節和感恩節，這個人接受來自社區中義工團體的禮物和其他一些物品。但是，這

個人幫助了誰呢？

　　病人覺得自己是一個負擔，且沒有東西可以給人時，對他的給予可能會使案主感到無助和無力感。這可能會造成成員只專心於自己的需要，而忽略了他人的需要。協助其他的團體成員，會使這類的成員恢復精神，並且提高他們的自尊心，特別是當他們感到自己也能夠給予時。

導　引

　　導引，資訊的提供或是給予直接的建議，在團體治療中已經存在很久。早在十八世紀末，Joseph Pratt 曾經對一群肺結核復原的病患提供課程，協助案主學習如何自我照顧；到了四○年代，Maxwell Jones 曾經對病人提供連續數星期有關精神疾病的症狀，以及神經系統的結構和功能的課程。

　　資訊的交流是自助團體的主要要素。團體成為是一場資訊交換的會議，透過相關資訊的提供，使得成員能夠對問題的本質更加的瞭解。一個中途之家的團體提供這類型團體是一個非常好的例子。這個中途之家有一個針對精神耗弱問題的自助團體，在每一次團體聚會中，團體成員依據既定的程序進行團體。在一開始，團體成員會閱讀由團體設立者，Abraham Low 所著的《經由意志訓練來達成心理健康》(*Mental Health Through Will-Training*)這一本書；接著，由五或六個成員提出造成他們生氣的事件，以及經過團體的教導之後，他們如何處理這些事件的經驗。依據成員記憶的一些簡單原則，對相關心理疾病提供一些解釋。

精神病院通常會使用小團體的方法，幫助新的病患適應醫院的文化，並且減低醫院對他們所造成的不必要壓力。透過護士和社會工作師的解說，新病患瞭解住院規則和期待。除此之外，新病患由一些病友處，獲得有關病房生活和活動的相關資訊。這些提供資訊的病友，通常是一些曾經經歷過類似的會議，而現在他們的治療有進展的病人。

Murphy 小姐是一個二十三歲的學校老師，在為新病患舉辦的第一次會議中，她抱怨病房中一個有攻擊行為的病患，她說：「我知道我病得不像 Thelma 般嚴重，但是，如果我一直和他同病房的話，我擔心我會變成他那樣。」領導者接著詢問其他的病患，他們是否有相同的害怕，經過了一段沈默後，一個已經住院數月，且很快轉入照顧家庭的病患，Brown 先生說當他第一次住院時，他也有相同的感受。但是，他說：「我逐漸瞭解每一個病人都不相同，而且如果我病得更嚴重時，事實上與其他病人無關，而僅與我自己有關係。」另外一些病人表示他們也感到害怕，但是當聽到其他人也有類似的問題和焦慮時，他們心中感到解脫（Reid, 1968）。

在紐約一家 ST. Vincent 醫院中，團體則是用在燒傷病房中。在這些團體中，討論的主題包括：營養在治療中的角色，燒傷對於病患身體形象的影響，以及對痛的因應等。領導者發現，病患的家屬對於痛，以及病患所接受的治療有許多的疑問。當團體經過一段時間之後，成員開始談論對醫院領導者的罪惡感和生氣，因為覺得他們沒有盡力幫助病患。這些感受的表達、對痛和治療的教育，以及領導者所表現的關心，將協助這些團體成員減輕罪惡和焦慮的感受，並且增進了他們的因應能力（Lonergan , 1982）。

治療性學習的轉移

　　唯有當團體成員在日常的行為和與他人或社會系統的關係，產生正向的改變時，治療的努力才算達成。如果成員的自損行為和無效行為持續，無論團體的經驗多麼美好和有效，對案主本身和其家人的益處並不大。換句話說，小的人際關係團體必須協助案主將團體中的學習，運用到團體和領導者以外的人，如果僅是在團體過程中運用，則成員的學習依然是有限的。無論團體的效果看起來如何，這種將學習經驗一般化的過程，不是也不應該是一般的團體過程就能達成的。

　　成員在團體中或團體後的行動，可以被分為三個彼此相互影響，且彼此重疊的行動類型。第一類的行動可被稱作內在的行動，也就是人在腦海中出現的行動；第二類是人際間的行動，指在生活中，與有關的人和情境間的行動；第三類是指政治性的行動，成員可能透過個人或集體的力量，影響大的環境，例如影響個人生活的組織或社區。領導者如何使用或鼓勵這些行動，主要受到一些因素的影響。這些因素包括：團體的目標、團體的目的和成員社會情緒的能力。

（一）內在的行動

　　內在行動是指影響個人腦中想法的過程，包括一些活動，像是思考、對行為的檢視、想像、記憶、計畫和決定。依據Ellis(1973)和一些學者（McMullin，1986; Wodarski & Harris，1987）的說法，當案主被舊錄音帶或是負面的自我對話所控制時，諮商的目的是協助案主對自己內在的行動產生控制力。一

些例子包括：鼓勵案主對自己的某一個推論提出挑戰；當一個青少年依據與事實相反的狀況作結論時，協助他挑戰自己對事實的扭曲。

（二）人際間的行動

人際間的行動是成員以他人所能看見的方式，嘗試一些新的行為。例如，一個沮喪的成員，對於要經常出席團體感到矛盾；一個已經失業六個月的人，最近開始嘗試找工作；一個因為擔心被拋棄而顯得無精打采的婦人，開始面質她那有虐待傾向的丈夫；一個輟學一年的青少年，重新回到學校。在這些例子中，每一個人都超越了過去自我傷害的行為，表現出新的充滿生命力的行為。

（三）政治的行動

政治的或集體的行動是指，案主以個別或團體的方式獲取影響力，以對自己的環境擁有更大的控制（Cox, 1988）。當社會資源逐漸減少的此時，領導者瞭解在賦予個人或團體力量間，並非是一種全有或全無的狀況，是一件非常重要的事。因為二者力量的增進，對增進團體每一個成員的幸福都是必要的。然而，諷刺的是，政治行動的目標，可能是案主獲得支持和資源的來源，也就是那些公立和私立的社會服務機構。

學習的轉化，通常是透過正式和非正式的活動而產生。正式的活動像是技巧訓練、肯定訓練、角色扮演和行為練習等；並且在這些活動中，包含了一些困難的情境。而在活動中，其他的成員和領導者則扮演教練，或是成員生活中有意義的他人的角色。其他所謂正式的活動，是有系統的使用家庭作業。這些家庭作業包括要求案主收集自己與環境間關係的相關資料。此外，在完成作業的時候，領導者會給案主一些建議，並且案

主要將完成家庭作業的經驗帶回團體。

　　非正式的活動是指成員自己完成的活動，通常是未經計劃，或伴隨團體產生的。在活動中，領導者很少給成員引導，透過在團體中的互動，個人發展解決問題的技巧、支持，和行為的選擇性。他們擴展自己的視野，對自我感到更加堅強和真誠，更願意冒險，以及過一個自我檢視的生活。

摘　要

　　因為要分析每一個要素的原因，我們將希望、自我瞭解、模仿、由互動中學習、經驗的一般化、事實驗證、接納、自我表露、利他、引導等治療要素加以分離。然而，在實務工作中，這些要素是彼此重疊，而且很難清楚的指出應該以哪一個技術開始，而以哪一個技術結束。有一些團體會強調某一特定的要素；然而，在其他的團體中，這個要素可能就不太重要。例如，在教育取向的團體中，常常使用的引導和一對一的說明，在其他強調自我察覺的團體中，可能就不太使用。

　　非常重要的是，領導者瞭解這些要素，以及它們對團體成員的影響。領導者同時也需要覺察哪些要素是存在整個團體過程中。最後，這些要素的產生並非偶然，領導者有責任創造一個促進成長，以及鼓勵自我瞭解和改變的氣氛和互動。領導者對於這些治療要素的知識，以及使用這些治療要素的能力，是決定一個團體成功與否的重要因素。

第四章
團體動力

團體發展常被認為是直線式的，也就是由開始一直到結束。這種直線式的發展模式認為，團體的發展過程是以拋物線的方式往前發展，而沒有下降和彎道的阻礙。我真心希望團體是這樣發展的，因為如果團體是這樣發展，團體過程對成員和領導者而言，都會是一件較容易的事。

　　然而，就我自己的經驗，團體的發展更像是坐雲霄飛車一樣，剛開始是緩慢而辛苦；就像是蜜月結束，爬上車子，往未來前進，然後日子就一路的走下來。高的時候是極為刺激的高，而低的時候，又是可怕的低。

　　在下降逼近時，好像有一些看不見的規則，它提供一些能量，使雲霄飛車能夠往旅程的下一個部分前進。如果沒有這個下降所帶來的能量，我很懷疑，飛車是否有足夠的自我能量能夠往上推進。

　　有些人不喜歡坐雲霄飛車，有一些人在坐了雲霄飛車後一直無法平靜。另外有些人則咬緊牙關，緊緊握著扶手，心裡祈禱著趕快結束。

　　然而，依然有一些人願意為了冒險，而放棄自己的控制力。他們就是坐在那兒，隨著雲霄飛車上升而擺動身軀，當它急速下滑時，則緊緊的抓著扶手。即使在大部分時間，他們都害怕得要死，然而他們依然迎向挑戰。他們深深的相信，除了令人飄飄然的上升，和恐怖的下降外，他們會安然度過。

　　更重要的是，一旦他們抒解了緊張的情緒後，他們還會再進入隊伍中，等待下一次的乘坐。被上一次的經驗鼓舞，他們知道乘坐雲霄飛車會帶來非常興奮和無與倫比的感受。

團體動力這個名詞是用來形容團體在達成目的的過程中，所產生的複雜且互動式的動力。在這一章中，我們將討論團體動力，並且提出二個問題，第一、團體如何發展和成功？第二、領導者要如何影響團體動力，團體才能夠產生凝聚力，並且達到團體目標和成員個人的改變？

團體發展

無論個人的發展或團體的發展，發展的過程都呈現了一種有順序且連續的改變模式。相對於無規則變化的不可預測性，有順序的連續改變模式蘊含著較多的可預測性，人們可以基於發展過程中，前一個發展階段的行為或順序，而預測下一個發展階段的行為和順序。在這一個有順序且連續改變的發展模式機制中，一種處於不斷變動的情境，不斷以不同的方式，在不同的時間產生變化。

團體發展的基本概念是瞭解團體發展過程中，可能面臨的障礙和困難的工具，同時它提供領導者一個參考架構，以評估需要採取的行動。實務領導者經常過分專注團體中所產生的狀況，而忽略了這些狀況都是自然的，而且在團體中是可以預測的。團體動力學的知識提供領導者瞭解成員需要，以及團體發展過程中可能的困難；團體發展的知識則提供領導者預測團體狀況，設定團體目標，以及設計團體的干預策略。

數十年以來，社會科學家們不斷的爭論團體發展的順序。雖然，一些理論家和團體領導者同意團體的發展會經過一些不同的階段，但是對於團體發展過程有多少階段，以及這些階段

的真實狀況卻沒有共識。更不幸的是，幾乎所有有關團體發展階段的研究，都是在實驗室中進行有關任務性團體的研究，對住院病人或是機構外病患團體的研究則相當稀少。

在團體工作和團體動力的領域中，專家們不僅對團體的發展階段有不同的看法，他們對於團體階段的命名也抱持不同的意見。早期的小團體理論學者 Bales (1950)，提出團體發展有三個階段：說明、評估和做決定；Tuckman(1965)提出團體四階段的說法，包括形成、激盪、規範、呈現等；Sarri and Galinsky（1967）指出團體發展的七個階段，包括起點、形成、中介階段 I、修正、中介階段 II、成熟、結束等。到了一九七〇年代，Hartford 將當時一些團體的重要發現整合到團體的發展階段中，提出了另一個團體發展七階段的說法，這七個階段包括：團體前的計畫、聚集、團體形成、整合或解散或重組或組織化、團體運作和團體維持、結束前期、結束。Garland、Joan 和 Kolodny（1973）指出團體的五個發展階段：同盟前期、權力和控制、親密、分別、分離。Northen（1988）列出五個發展階段：計畫和引入、說明、經驗和測試、問題解決、結束。Levine（1991）則建議了四個團體的發展階段，分別是：平行關係、包含、互動關係、結束。除此之外，Levine 更進一步指出，團體過程中三個持續存在的危機，包括權威、親密感和分離。

如同前面所描述的，由於許多學者對團體的發展階段提出不同的看法，並且發明許多專有名詞來說明這些不同的階段，要在他們之中發現類似的用法幾乎是不可能。在**表 4-1** 中，嘗試將團體工作文獻中較常提及的七種團體發展階段的說法，做一個概略的比較。在**表 4-1** 中，同時也將這一章我們將討論的生命週期模式一併列入。

表 4-1　團體發展階段對照表

生命週期模型	Bales(1950)	Tuckman(1965)	Sarri 和 Galinsky (1967)	Hartford (1971)	Garland, Jones, & Kolodny (1973)	Northen (1988)	Levine (1991)
概念形成期				前團體計畫階段		計畫和招募	
出生期 趨近/逃避 依賴/獨立	團體說明會	形成團體	團體形成	聚集階段	前聯盟期	團體說明會	平行關係階段 權威產生
兒童期			中介階段 I	團體形成			融入階段
青少年期	評估	團體風暴階段 規範形成階段	重整階段 中介階段 II	整合、崩解和衝突：重整或重組、一致化	權力和控制 親密	嘗試和試探	親密危機
成年期（成熟期）成年中期	做決定	實現階段	成熟	團體發揮功能 團體維持	分化	問題解決	共存
死亡			結束	結束前期 結束	分離	結束	分離危機 結束

爲什麼團體發展階段要達到一致看法如此困難？其中一個原因是因爲，在治療團體中，沒有人爲操作且很少遵循嚴格實驗控制的團體現象，與在實驗性團體中所觀察到的團體現象非常不同。在實驗性團體中，團體發展的資料通常是由團體治療師的觀察，以及團體的參與觀察者所蒐集，他們大部份是接受訓練的人，或是所謂的研究人員。在性質上，這些蒐集的資料大部份是一些個人經驗的記錄，裡面並且反映了觀察者本身的臨床偏見。而且這些資料通常是對一個團體，且是在團體結束後所記錄和蒐集的（Tuckman，1965）。

　　另一個團體發展階段的問題是，大部份的團體發展知識，是對有時間限制和封閉式團體的研究，而且不加修改的將它們應用在持續且開放的團體。這二類的團體當然存在著一些共通性，然而這兩類的團體並不全然相同。例如，治療團體有一個明確的起始點，當新的成員加入時，團體又會出現一個新的開始，每一個新的開始都伴隨著它獨特的內涵，以及與團體剛開始時類似的行爲。可以預見的是，在每一次新的開始時，團體會出現一些退化的現象。團體階段的概念不能全然照本宣科，一些有經驗的領導者提出，依據團體過程中隱含的組織狀況和重點，團體發展的確經歷像個人生命發展一樣的階段。每一個團體階段都有其特徵，可用來將此一階段與前一個階段和下一個階段作區別。每一個更高的發展階段都繼承了前一階段的收穫，並將這一些收穫用在下一階段的發展中。

　　團體的每一個階段皆以不同的速度發展，每一個階段的進展也不同，團體前後搖擺的往前挪移，向前面更高階段的功能發展。有一些團體似乎在一次的團體聚會中，就快速的經過了好幾個階段；然而有一些團體似乎如一灘死水，因爲發展的方

式無法被歸類，而很難把它想像成一個團體。

　　領導者無法阻擋團體的發展過程，也無法改變它的發展方向。然而，事實卻不一定如此！透過直接或間接的干預方法，領導者積極的參與團體的發展。簡單的說，團體動力的過程並非如理論般井然有序，更明確的說：

- ·團體並非以一定的順序發展。
- ·團體有可能倒轉，回到先前的階段。
- ·每一個團體階段不是僅有一種形式，而是有多種的混合和組合的形式。
- ·團體生命週期的發展會受到領導者和成員的影響。

　　最後，大部份的人對團體治療都有一個的錯誤想法，那就是團體必須達到且維持在一種持續發展的狀況，否則就不能稱為是所謂的好而且有效的團體。如果這是對的話，領導者可能會因為挫折而放棄團體。因為事實上，團體的發展階段是受到成員的社會心理能力和人格特質的影響。

　　要使團體的發展階段符合成員的社會心理能力和人格特質，領導者需要非常的謹慎。本書中討論的許多狀況，都只是團體的一般情況，也就是在團體開始之前有計畫階段，之後有團體中期，而最後會達到團體的目標，然後是結束階段。關於團體的內容部份，本書討論了成員典型的行為和概念，以及有關團體發展的理論和想法。然而，事實上並沒有典型的團體存在。一般性是一個比較方便的字眼，可以用來表示一組由許多不同概念組成的整體，讀者必須記住，每一個團體都是不同的，有它自己的特質，而這些特質與一般性是不同的。

　　一般而言，在臨床機構中所實施的團體，通常是由許多不

同專業背景的人帶領，這些不同專業背景的領導者也扮演不同的角色。有些領導者專注於增強成員的社會心理能力，而使某些成員感到受威脅和壓力過大。由於成員特質的差異性非常大，有些臨床機構中的團體，可能無法超越團體最初的發展階段，或是由於成員在團體都很安靜，而使得團體被迫於三至四次的聚會之後就結束。有些團體可能持續了許多年，成員都覺得厭煩，但卻始終無法對彼此或領導者真誠的分享。

生命週期模型

生命週期模型是一個系統的概念，它包含在團體發展過程中，各個階段的各個面向，並且預測這些不同面向間的相互關連性。這一個模型主要是以人的發展階段來比喻團體的發展過程。這些發展階段的概念包括出生、兒童期、青少年期、中年期、老年期、死亡期。這個模型強調在團體的各個發展階段中，團體均會產生一些獨特的經驗，以及這些經驗如何在以後的發展過程中發揮作用。同樣的，就像人的發展過程一樣，團體可能在發展過程中的任何一個階段結束，有時甚至尚未發展至成人階段或是成熟期，團體就面臨死亡。

生命週期的概念是生命週期模型的一個重要的概念，原因有四：第一、生命階段強調每一個階段都有特點，這些特點使每一階段都不同於它的前一個階段或後一個階段。生命階段的理論提供一個清楚的團體發展方向，也就是每一個更高的發展階段，都奠基在前一個階段的發展結果。雖然如此，團體發展的概念依然比直線性的發展更加的迂迴。當一個團體努力達成

目前的階段任務時，它同時也在爲下一個發展階段作準備。

　　團體在不同的發展階段間迂迴前進，然後一直不斷的往前發展。它蜿蜒前進，並且總是向著團體目標的方向前進，團體目標就是它蜿蜒前行的核心。當團體越來越深入核心時，也就是愈來愈接近團體目標時，團體蜿蜒的路就愈來愈寬，速度也就越來越慢。問題似乎越來越清晰，但卻以不同的深度和形式出現。

不斷重複的主題

　　團體治療的過程中，一直不斷重複著二個主題：趨近/逃避；依賴／獨立。雖然這二個主題一直不斷重複出現在團體的不同階段，但是在某些階段它們較清晰，而在某些階段則不易被察覺。

(一)趨近／逃避

　　趨近／逃避這一個主題的內容包括：親密感、分享和自我表露。當成員開始掙扎是否要真正成爲團體的一份子，趨近／逃避的主題就開始出現了。成員必須要回答一個問題，那就是：「我要不要參與這個團體？」當成員的回答是肯定的時候，表示成員願意在團體中表達他是誰，並且願意對團體中可能的拒絕和傷害開放。當答案是否定的時候，表示成員想要維持在原來的狀況，並且願意放棄可能成長和解決問題的機會。

　　當團體中其他成員分享自己的故事，而成員掙扎著要向團體分享自己多少的時候，趨近／逃避這個主題又再度的衝擊著成員。「我應不應該說出我正在想些什麼？還是我應該保持沈默？」在這個情況下，其他團體成員似乎表現樂意分享，並且在分享之後感到非常愉快。當團體中的成員願意分享他們的感

受、經驗和想法時，團體中就已經建立了某種基礎，這個基礎使團體成員可以建立親密感。包括那些原先不太願意分享自己的成員，也願意與團體其他成員建立親密關係，也就是成員開始自我坦露。

趨近／逃避的主題在很多方面都與 Erikson 所提出社會心理發展階段的第一個發展階段的信任／不信任類似。首先，成員必須能夠有足夠的安全感，使他們願意真誠的分享自己的懷疑、害怕和一些不適當的行為。其次，成員必須在團體中感到安全，以至於願意嘗試冒險，並且分享那些被隱藏的自我。

然而，有時在團體中分享一些重要的個人資料時，對成員並不一定是有益的。因為，並非所有的團體都值得信任，而且有時對個人有意義的資訊，在團體中可能會被其他成員誤用或是誤解。更諷刺的是，在不信任的團體中，成員最健康的反應是不去信任這個團體中的其他成員，有時甚至包括領導者。

(二) 依賴／獨立

依賴／獨立的主題是指成員對團體領導者的權威和權力提出挑戰。在團體中，團體成員會渴望能夠認同團體領導者，但心中又擔心會被領導者拒絕或討厭。這種衝突和矛盾是由二種不同的情緒所組成，第一種情緒是「我真高興你在這兒，因為你能夠瞭解我和保護我，請幫助我！」，第二種情緒是「我希望你能不要管我，不要讓我感覺或思考。」

在團體的初期，這種衝突矛盾的現象較少，然而隨著團體逐漸發展，團體成員越來越認同團體，並且相信與領導者不一樣的意見能夠被團體成員和領導者接納時，這種矛盾衝突的情緒會逐漸增加，成員虛假的良好行為逐漸被充滿爭吵、試探、防衛和拒絕等行為所取代。

處在此種團體情況下，領導者可能感受到明顯或不明顯的壓力。團體成員可能在團體中出現情緒性或語言性的缺席，他們可能將自己對其他權威者的感受投射到領導者身上。他們也可能迫使領導者對他們表現出更多的控制，他們甚至對領導者所提的意見或處理方法採取拒絕的態度，來隔絕領導者與他自己（Glassman Kates，1983）。

概念的形成

一個領導者想要建立一個團體的想法，通常在團體的第一次聚會之前就已經開始醞釀。團體概念的產生是由於一個人或許多人共同認為，團體能有效的處理某一問題。這個想法產生的階段有許多不同的名稱。Northen(1988)將這一個想法凝聚的階段稱為計畫和接案階段；Sarri 和 Galinsky(1967)則將這一階段稱為團體開始階段；Hartford(1971)稱做團體前考慮和計畫階段。要成立一個團體的想法可能由領導者、機構主管、其他的專業者、社區中的居民，或是案主提出；這個想法可能來自於某一位領導者在檢查機構的等待名單後發現，許多的案主都遭遇類似的問題，而在機構的會議中提出，認為此類問題能夠以團體的方式處理。

這個想法也可能是領導者發現有許多案主面對類似的情況和問題，而提出建立團體的想法。許多年前，當我檢查我的案主資料時，我驚訝的發現，在當時每個星期前來找我做個別諮商的案主中，有許多是遭遇離婚的婦女。雖然這些婦女的年齡、教育程度和生活型態並不相同，她們卻有一些共同的重要特

徵。

　　第一、她們都有輕微的沮喪，但都維持著起碼的健康；第
二、這些婦女在經濟上都有困難；第三、她們在滿足孩子的需
要上都有困難；第四、這些婦女在她們過去的生活中，都曾經
遭遇男人的遺棄，這也影響了她們與其他人的關係。當這些婦
女被個別詢問是否有興趣成爲團體的一員時，她們都表示樂意
參與。

　　要建立團體的想法也可能來自於案主的請求，甚至要求，
希望領導者針對特殊的問題形成一個團體。例如，一些青少年
的母親，由於關心社區中藥物濫用的狀況，而與社區心理衛生
中心的工作人員討論，請求領導者協助他們組成一個團體，並
且協助他們找尋適當的藥物專業人員成爲他們的講員。

　　Hartford(1971)則將團體前的階段稱做是隱性的階段，在這
一個階段中並未有團體產生，甚至並未開始招聚成員。在這一
個階段中，領導者開始凝聚一些有關未來要建立的團體的想
法。然而，這一階段中領導者需要思考的內容，對未來團體的
實施卻有很大的影響。這些思考的內容包括：由誰決定團體是
否要實施行、團體實施的目標是什麼等。

　　領導者也會開始思考一些與團體實施有關的實際問題，例
如對領導者本身的考慮。這一類的問題包括：自己是否有足夠
的時間來帶領團體，是否有足夠的精力、技術和資源來擔任團
體領導者的角色。與機構的資源有關的考慮，包括：實施團體
的空間、工作人員的時間、督導等問題；其他的考慮還包括，
團體的組成，以及是否有潛在成員足夠形成一個團體。

　　最後，建立團體的想法被領導者具體化，形成一個團體的
計畫，並且領導者將這一個決定傳達給機構中其他的領導者知

道。這一個團體前的想法公開階段包含了：基於某一特定目的而建立一個團體的承諾；為一些領導者認識或不認識的案主設定一些目標。同時在這一個時期，領導者開始邀請一些人參與這個新的團體。例如，在機構中散發有關團體目標、團體聚會時間和地點，以及邀請領導者轉介符合標準的案主的宣傳和公文。同時，領導者可能與其他機構的專業人員聯繫，請他們轉介適合團體目標的案主。在一些公共場所，例如百貨公司，張貼相關的海報，以及在區域性的報紙刊登有關團體的消息，這些海報中均包括團體的目標和目的。

廣告宣傳的行動結果有時會比預期的效果好。例如，一個研究生要組成一個為協助象人症病人和家屬的自助團體。這個研究生原先預期在這個區域內可能僅有少數的病患，而擔心對這個自助團體有興趣的人會很少。為了引起人們的興趣，她寫了一篇相關的文章投到區域報紙，並且接受一個午間脫口秀節目的訪問。她很驚訝的發現，參加第一次聚會的人數超過她所預期的，並且塞滿了整個團體室。

團體計畫階段的公開階段，團體計畫已經相當具體，包含了團體聚會的地點、成員的組成、團體的目的，和活動內容等。然而，在一些狀況下，團體前的階段中，也需要決定團體所需要的資源。同時，在這一個階段中，領導者需要詢問有興趣參加的人，關於團體時間、團體地點的喜好和想法，以及他們過去的團體經驗。

在團體第一次聚會之前，領導者實施的招募會談，可以教育潛在的成員，使他們瞭解團體的目標，以及對團體應有的期待。招募會談也可以協助領導者篩選出一些不適當的成員。並非每一個成員都適合某一類型的團體，領導者透過引導不適當

的成員尋求其他適當的協助，以預防團體未來問題的複雜化。

此時，決定參加團體的人都會同時感到恐懼和希望。在這一個階段裡，有一些技術性的問題需要被解答，例如關於團體的目的、領導者的期待，以及團體應如何執行。然而，就更深一層而言，團體潛在的成員對自己是否會被接納、瞭解和尊重感到焦慮，他們也會對誰會參加團體感到好奇，並且會因為在團體中遇到一些新的人而感到興奮。

有一些正向的因素使得人們願意接受協助，其中最重要的原因是，人們認為可以從不舒服、不滿意和痛苦的狀況中解脫。或許人們會自己認為有一些問題需要解決，或是他們的家人或朋友鼓勵他們尋求協助。雖然，成員的問題可能已經存在許多年，然而通常是因為這個問題產生了一些嚴重的變化，使得成員前來求助。例如，一個有十四歲男孩的暴力行為被他的父母忽略多年，直到他因為毆打老師，而被處罰二星期不許到校上課後才被父母正視；一個有三個孩子的中年母親一直有酗酒的問題，但是沒有人覺得事態嚴重，直到她因酒醉撞車而傷及其中一個孩子後，大家才將她的酗酒行為當作是問題。

許多人都相信，自己不需要其他人的協助而能夠解決個人的問題。直到發現問題依然存在，且對問題的解決一籌莫展時，才開始尋求其他人的協助。即使如此，人在尋求協助的過程中，還是充滿了矛盾的想法，「我需要協助，但是我不想要尋求協助」。這種矛盾的想法有許多不同形式，從輕微的抗拒到強烈的抗拒求助。

在概念形成的階段中，領導者決定團體要做什麼、為什麼要成立團體、誰要參加團體、團體在什麼地方進行、何時進行團體等。團體要做些什麼涉及到團體的目標，以及領導者希望

藉由團體達到什麼結果？誰要參加團體，包括了誰能夠或是必須要參加團體？是否有一些成員可能在團體中表現不佳？團體在什麼地方進行？何時進行團體是指團體進行的時間是什麼時候？團體會持續多久的時間？是要每一個星期聚會一次，然後連續進行幾個月，或是團體比一般團體進行的時間要短？

出生階段

團體出生階段的開始是指團體成員第一次正式見面。這個階段同時又有許多不同的名稱，Bales(1950)將這個階段稱做是定向階段(orientation stage)；Tuckman (1965)稱做是團體形成階段(forming stage)；Levine(1991)則將它稱為平行關係階段（parallel relations phase）。

對領導者和成員而言，第一次團體聚會可能充滿了興奮，同時也充滿了威脅。這是因為在概念形成階段中所凝聚的點子、想法和計畫都成為事實，套句 Ernest Hemingway 的話，團體的開始也就是「真實的片刻」。

團體是指兩個人或兩個人以上，透過團體的互動彼此影響，並且成員在某種程度上彼此依賴。事實上，很少有一群人第一次聚集在一起就符合了團體的定義；真確的說，這一個階段的團體僅能稱為是集合，或者說是一群人的聚集而已。因為這一群人注意的焦點是自己，而非團體中的其他人。甚至，這時團體的內在組織，成員的團體感和成員間互動的動力很少，或是根本尚未形成。團體中存在著一種不確定性，團體中也僅有相當少的團體規範可以依循。

此階段的團體成員因為對新的團體情境，以及其他成員對自己的期待不清楚，而會產生焦慮的感受。伴隨著這種焦慮感，成員在心中會提出以下的疑問：

- 我在團體中需要做些什麼？
- 我會不會喜歡其他的成員？
- 其他的成員會不會喜歡我？
- 其他成員會不會嘲笑我？
- 團體會不會強迫我去做一些我不喜歡的事？
- 我會不會認識一些人？

成員過去的團體經驗，會影響他在團體中的分享。如果成員在過去的團體經驗中曾經遇到困難，或受過創傷，他對於參加新的團體會非常的謹慎小心。在一九六○年代非常盛行的一種強調領導者面質的團體中，由於一些成員曾經經驗過攻擊治療（attack therapy），或是曾經聽說過攻擊治療，使領導者經常需要向一些想要參加團體的成員說明，他們不會在團體中使用「攻擊治療」。

成員在團體中產生的恐懼、想像或是期待等感受，也受到電影和電視的影響。一些流行於六○和七○年代的電影，像是「飛越杜鵑窩」，都提供人們對領導者和團體治療事實的一些想像的空間。然而，電影和電視提供的通常是負面的例子。許多年前，一齣描述一個心理治療師與團體成員間訴訟和困難的電視劇，The Bob Newhart Show，劇中曾經描寫一個精神病人在公共場所的滑稽行為，這個描寫使得當時人們認為參加團體治療的都是這一類的病人。多年之後，當我的案主或是學生被問及他們所知道的團體治療是什麼時，有一些人仍然舉這一齣

連續劇當作例子。

　　大部份的人在進入一個新環境時，例如新的班級和社會情境，人會習慣性的以過去的經驗和社會習慣處理中心裡的焦慮。例如告訴別人自己的名字，或是向鄰座的人詢問一些簡單的問題。這些問題包括：他們的工作、計畫，還有未來的希望。詢問這些問題的目的，是希望能依據人們所扮演的社會角色和地位，將這些人加以分類，像「你的工作是什麼？」「你住在那裡？」這一類簡單的問題，可以協助人們瞭解其他人。

　　同樣的，成員參加第一次團體聚會時，也會使用相同的行為來減低自己的焦慮，這種情形在成員剛走進團體室的時候尤其明顯。成員會嘗試將其他成員分類，以決定自己在團體中的位置。成員會透過詢問一些問題，例如：「你認不認識某某？」「你讀哪一所學校？」，以建立自己與其他成員間彼此的興趣。

　　在團體初期，成員會對領導者非常的依賴，成員會探詢領導者的期待，團體的規範、角色和限制，以及團體會如何進行的問題。成員也會關心團體中的保密，以及在團體中可以討論的問題。成員會想知道領導者的角色，以及這個角色是活潑的或是不活潑的。在團體剛開始的時候，成員會將領導者視為是治療的唯一資源，而忽略了其他成員對治療的可能貢獻。

　　「信任」在整個團體發展的過程中，都會是一個重要的要素，而對團體初期的發展更是重要。有一些成員因為在團體開始之前已經認識領導者，因而對團體領導者和其他成員產生信心。例如，有一些成員在過去的團體裡，或是其他的社交場合中已經認識團體領導者。在典型的團體狀況下，成員對彼此大多會感到陌生，因此會採取比較謹慎的態度，而不容易對團體產生信任感。他們希望與領導者和其他成員建立關係，但又不

確定這樣做是否安全。因此，成員開始在團體中冒險以前，他們需要以一種有意義但又安全的方式與其他成員互動。有一些成員會擔心，如果自己希望由團體獲得一些什麼時，他們會因此而變得容易受傷或是被傷害，也會擔心自己會被其他成員控制。相反的，有一些成員可能因為對團體單純的信任，而將團體的治療效果理想化，並且深信在團體中不會受傷，因而過早表露自己的感受和需求。在團體的初期，對團體不信任的成員會讓那些信任團體的單純成員感到挫折或受到傷害。

團體領導者必須牢記，成員在團體初期會感到的焦慮。即使成員對參與團體表現出高度的渴望，並且努力的朝著團體的目標前進，他們依然會對團體的未知感到擔心和恐懼。因此，領導者必須以一種開放且正向的態度，向成員強調團體初期可能產生的正面和負面的感受。在團體初期鼓勵成員分享彼此的焦慮，會增加成員對團體的投入，並且減少成員孤立的感受。

兒童期

團體的兒童期是指成員開始熟識的階段。自成員在團體中第一次接觸後，成員就開始認識彼此，且一直持續到以後的團體發展。Hartford(1971)將這一個團體階段稱為團體的形成階段（group-formation phase）；Sarri 和 Galinsky(1967)將它稱為團體中間階段（intermediate phase）；Levine(1991)則稱為是團體的融入階段（inclusion phase）。在這個發展階段中，成員對領導者的期待和團體規範感到不確定，對團體中出現的矛盾情境則感到焦慮；成員會透過向領導者尋求指導，要求建議，以及

提出活動建議的方式，來減低自己的焦慮感受。

在這個階段中，成員彼此之間產生的有效連結很有限。雖然成員在這個階段所建立的互動模式，是團體以後發展的基礎，然而，成員的互動在這個階段則呈現較表面且不具承諾性。如果在團體的兒童階段有成員退出團體，其他成員會很容易接受。如果成員過分專注自己內在的焦慮和困擾，且不容易與其他成員接觸時，成員會缺乏團體一體的感覺，無法與其他成員有效的連結。

團體的開始階段會觸動成員過去的衝突經驗，以下是一段參加團體動力讀書會研究生的個人記錄：

在一開始的二三次團體中，一直有一些新的成員加入團體，這讓我感到很不安，我很難解釋這種感受，但是我記得，當我還在寄養家庭時，每當有新的兒童加入寄養家庭時，我也會有同樣的感覺。每一次有新的兒童進入寄養家庭時，我都必須改變並且調整我在寄養家庭的位置，我總覺得我的地位被那些比我外向、有趣或是比我好的兒童所取代。當 Helen、Douglas 和 Karen 加入我們的團體時，我也有同樣的感受。他們三個人都有較鮮明的人格特質，而我的人格特質好像就被遮蓋住了。

趨近／逃避的主題在團體的兒童期最為明顯，團體成員不知道他們應該表露些什麼，同時也害怕自己分享太多。團體的行為規範尚未建立，所以成員會害怕被拒絕，或是擔心自己與眾不同。當成員開始彼此分享後，團體間的信任感才會建立。

· **假性的互動**

團體的假性互動會在一些團體情境中出現。當一位成員提

出一個問題，而引起團體的討論時，其他成員會因為團體在動而且有討論的焦點，而感到鬆了一口氣。如果有一位成員提出問題，其他成員給予一些看似有用的建議時，在團體中同時也會產生一些未被說出來的結論，另一位成員則為了增加團體的互動，而提出反駁這個結論的問題。這種假性互動的情況可能會持續發生，直到成員對這種假性互動的情況感到倦怠，並且成員出現一些較真誠的分享，成員假性互動的行為才會停止。

　　成員的假性互動也具有正面的功能。成員透過向提出問題的人發問和詢問細節的過程，將關注的焦點由自己身上轉移到其他成員。因為這種行為對成員的威脅性較小，使得成員願意嘗試新的互動行為。在假性互動中，由於一些人已經成為團體注意的焦點，使得其他成員僅需做出有限度的表達，同時也減低了他們需要分享的壓力。在假性互動中，提出問題的成員會感到自己實現參加團體時所簽訂的契約，也同時得到了其他成員的關注。

　　無可避免的，領導者可能在不知不覺中參與了假性互動的過程。就像團體中的其他成員一樣，領導者可能會將假性互動的狀況，視為是團體成員開始面對問題，並且因為自己不再是團體注意的焦點而感到解脫。透過假性互動，團體成員逐漸開始自發性的談話，而且團體也有了方向。團體中的沈默逐漸減少，成員開始接受其他成員的影響和支持。領導者的角色開始隱退，甚至在給予建議時也採取較不積極的角色。

　　Levine(1991)引用兒童遊戲發展階段中的平行遊戲(parallel play)，提出團體的平行關係階段（parallel-relations）。在平行遊戲階段中，兒童會與其他兒童一起遊戲，但他們之間僅產生很少的互動，事實上，他們之間並未產生任何的關係。團體中

也會出現同樣的情況，成員分享但並未彼此傾聽和提出問題，但並不聽從其他成員的答案，甚至在成員要求給予回饋之後，忽略他人所給的回饋。

對團體曖昧不清的反應

在團體的兒童期，團體是缺少架構的，且對成員應有的行為也很少給予提示。成員必須以嘗試錯誤的方式，使自己瞭解在團體中應該表現的行為。Rutan 和 Stone(1984)認為，團體曖昧不清的情況會引起成員的退化行為。成員面對團體的曖昧不清時，會退回到他自己發展過程中的重要階段。成員對團體曖昧不清的情況，會投射出在某一發展階段中的發展狀況。在臨床上，成員的退化行為有助於治療師瞭解成員處理焦慮的方法。

在團體中，每一個成員都以自己的方式，嘗試減低這種曖昧不清的感受。有一些成員會表現出非常安靜，並且害怕表現自己，直到他們清楚自己所處的情況；有一些成員會退回自己的世界中，一些成員可能會提出許多的問題，迫使領導者澄清團體的狀況；而另一些成員則會很有自信，以他們自己的瞭解，對團體的情況提出解釋。

面對曖昧不清的狀況，團體的反應也與每一個成員的反應相似，團體也需要減低新情境所造成的曖昧不清。團體的成員可能會致力於決定團體運作的方式，成員可能會給領導者很大的壓力，要求領導者改善團體的情況，甚至當領導者無法達成時，成員可能會解雇領導者。

在這個團體階段中，領導者協助每一個成員分享個人的目標，使成員瞭解自己希望達成的改變，以及瞭解自己希望團體

提供的資源。領導者可以鼓勵成員勇於嘗試分享自己；領導者也可以邀請成員更積極的參與團體，將自己的社會我放在一旁，而分享真正的自我。領導者透過示範開放、真誠、誠實的行為，建立重要的團體規範。

青少年期

當團體成員開始進入團體，並且關心團體的目標時，團體會進入另一個發展階段。團體在青少年期，成員的互動關係會出現震盪。成員彼此的壓力和摩擦會增加，成員與領導者的衝突也會增加。團體開始缺乏一致性，成員也開始挑戰團體之前所建立的架構。在這個階段中，領導者可能會在前一個星期覺得團體進行得非常順利，而在後一個星期卻抱怨成員抗拒且不滿足，領導者因而認為團體在退步。

專家們對於團體的這一個階段有許多不同的命名。Sarri Galinsky(1967) 將這一個階段稱為修正階段（revision phase），因為成員和領導者在這一個階段中，會挑戰已經存在的團體架構，並且會修正團體的目標和進行的方式。Tuckman(1965)認為這一個階段是風暴和規範建立時期（period of storming and norming），因為成員對彼此和對領導者都懷有敵意，藉此表達自己的個人性，以及抗拒團體架構的建立。

Hartford(1971)則將此一階段稱為是整合、瓦解和衝突、重整、團體組成的時期（phase of integration，disintegration and conflict，reintegration，or reorganization and synthesis），認為此時成員的防衛性較低。成員在團體早期的好行為，逐漸被成員

間彼此敵意的舉動所取代;成員為了成為團體的一部份,而放棄個人自主性。簡單的說,此階段的來臨象徵團體蜜月期的結束。

如同人在青少年期會產生自我認同和角色混淆的危機一樣,團體發展到青年期也會經驗到改變和衝突。雖然在整個發展過程中,團體都會經驗到樂觀和悲觀的發展狀況;然而,團體在青少年階段特別會經驗到挫折,以及悲觀的發展狀況。在此之前,團體一直是領導者的團體,到了青少年階段,成員開始要求自己對團體的所有權,並且對團體產生了新的看法。

團體在青少年階段的特徵包括,成員情感的表達和強烈的情緒發洩。成員藉著這些行為,表達抗拒自我表露,以及維持自我的控制。Parker(1958)認為這個階段是團體的危機階段(crisis period)。因為在這個階段,團體的摩擦增加,焦慮升高,規範被打破,爭執浮現,而出現團體架構崩解的現象。

當成員對彼此和自己的角色感到安全時,他們逐漸在團體中發展出自我。兒童期的服從和好行為逐漸減少,且被退縮、氣憤和敵意所取代。Sarri 和 Galinsky(1967)發現,領導者在團體青少年階段面對挑戰的多寡,取決於領導者在團體前幾個階段,對成員表現領導角色的反應而定。但是無論如何,在這一個團體階段中,因為越來越多的成員表現領導的功能,因此團體中角色分化的現象會增加。

在團體的青少年階段,並不是所有的成員都會表現出明顯的氣憤、反叛或自我肯定的行為,有一些成員則會表現出退縮、被動和服從的情緒反應(Rutan ＆ Stone, 1984)。有許多的案主不容易以明顯的方式表示氣憤,他們通常以被動或攻擊行為來表達心中的氣憤。當這些成員努力平息自己的氣憤和退縮,

並表現自我肯定和妥協的行為時，他們也學習到自我覺察，以及學習表現建設性的行為。

雖然每一個人都會經歷八歲到十二歲的危機，但不是每一個團體都有一段不穩定的風暴階段。有一些領導者會以較和緩的方式處理成員的問題和挫折，使成員將團體視為是有幫助的，並將領導者的領導權當作是一種關懷和親切的表現。另外有一些團體成員則會花較短的時間，重整自己的功能和團體的架構；而花較長的時間處理團體此時此刻的問題。就如同人與父母分離的過程一樣，團體成員也必須與團體領導者分離，成為獨立的個體。在整個團體發展過程中，成員逐漸增加他們的自尊，也增加對於自己生活的掌握程度。

Power 和 Rogers(1979)記錄了美國一所榮民醫院的日間病房，為患有多重硬化症病人所舉辦的團體經驗。他們指出在第六次團體中，每一個成員能夠以自己的速度參與團體，並且可以選擇自己所關心的主題。成員不再對團體領導者提出直接的建議，取而代之的是成員開始彼此交談，並且在成員彼此瞭解和協助解決困難的過程中，也建立了團體固定的溝通模式。

> 經過了六次的團體，成員向領導者提出「你現在認為團體的未來會如何，你的期待又是什麼？」來面質領導者。這個問題不僅代表成員開始關心團體過程，同時也代表成員對團體的參與。成員對團體領導者的態度也由一個「領導我們的權威象徵」的觀點，轉變成「團體需要你，但是當我們需要你的引導時，我們會向你提出請求」。(p.121)

以上的記錄指出了一個事實，團體發展任務的達成是基於所有成員參與的整合，而不是一成不變的團體步驟。因此，對

團體動力的研究是一個不確定的科學，因為沒有兩個團體的動力是一樣的。

團體的青少年階段不僅是團體的一個發展階段，也可能是團體的結束階段。因為，如果沒有領導者積極的努力，團體可能會因為遭遇困難，而變得無法完成團體目的。造成這種狀況的原因有很多，包括：錯誤的團體組成，團體缺乏足夠的資源，錯誤預估成員的能力，以及領導者有限的能力。不論是哪一個原因，團體領導者必須與成員一同討論團體是否需要結束。在適當的狀況下，領導者也可以協助成員瞭解他們在團體中的情緒和行為。領導者也需要協助成員尋求其他的服務，並轉介他們至新的服務機構，或社區服務團體。

在團體的青少年階段之前，團體一直都是由領導者所主導。領導者建立團體，設定它的目標，並且選擇參與團體的成員。到了團體的青少年階段上，領導者需要開始以不防衛的方式傾聽成員，並且在需要的時候能夠具有彈性。唯有領導者能夠放手讓團體發展，團體成員才能夠發展一種真實的「我們」的感受，並且發展到成員屬於團體的階段。

成人期（成熟階段）

相對於團體之前的發展階段，團體的成人期階段象徵團體達到一個完整、凝聚且更真誠投入的階段。成員更願意解決問題，表達自己的感受，並且彼此面質。團體已經建立習慣性的實施步驟、團體傳統，以及達成任務的模式。也就是成員開始主動將團體的桌椅排好，擺上咖啡等習慣，這些習慣會不斷的

持續著。

Northen(1988)將這一個階段稱為是問題解決階段(period of problem solving)；Hartford (1971)稱為團體工作和團體維持階段 (group-functioning and group-maintenance phase)；Levine(1991) 則稱做是成熟階段(matuality phase)。

在這一個階段中，成員和領導者可以預測團體的溝通模式，團體成員開始能夠預期其他成員會說些什麼，以及自己對問題會有什麼反應。當有一些成員說了一些與團體主題不一致或是不正確的言論時，成員較容易對他們提出挑戰。此時，成員討論的內容也變得較廣泛。大部份的成員在每一次的團體中，分享自己的想法、感受和問題。

當團體達到成熟階段時，團體也會發展出獨特的管理和解決衝突的方法。在團體的出生期和兒童期，成員對於團體中的衝突會感到非常困擾，因為成員不確定應該如何去反應。在團體成熟階段，成員開始瞭解不同意見的表達，不會造成團體關係的結束，或是造成團體的崩解。

Durkin(1981)就系統理論的觀點說明團體的界域，成熟的團體能平衡自己界域的封閉和開放。如果界域過分開放，它就無法有效保護個人；如果界域過分封閉，也會阻礙與必要的資訊和感情產生交流。成熟團體的界域是具滲透性的，能使團體取得有用的資訊。由於團體的界域具有滲透性，成熟階段的團體中，存在著一種安全的氣氛，允許成員的資訊自由交流，以及冒險和取得權威。

動態的平衡

團體達到成熟期的另一個重要指標，即是團體成員有足夠

的能量，達成團體的目標。依據 Barrten(1974,1975)的說法，當
團體達到成熟期的發展階段時，團體的目標和目的變得非常清
晰。此時，團體的溝通會更有效率，而治療的效果也變得明顯。
團體的治療效果更為具體，成員開始處理更深入的個人和人際
關係的問題。這些問題包括：成員的自主性、害怕被傷害的感
覺、沮喪、敵意、親密感和親密關係等問題。團體成熟期階段，
成員會放棄他們的面具，而使團體中的自我表露達到新的高
峰。

　　隨著在一起時間的增加，成員對團體界域、凝聚力和團體
一體的感受更為強烈。成員用來形容團體的名詞，由「這個團
體」變成「我們這個團體」，這個改變也使成員更深刻的感覺
自己是團體的一員。有些專家將團體比擬成家庭結構，認為成
員在這個階段的感受，與成為家庭的一份子的感受是一樣的。
Beukenkamp(1952)形容團體的成人階段就像是家庭重生的過
程。基於 Beukenkamp 的說法，透過成員的情感轉移過程，團
體成員以家庭成員的方式彼此對待，特別是當團體的領導者是
由一男一女組成時，這種現象會更加明顯。

　　在團體稍早的各階段中，團體成員因為沒有得到足夠的注
意，而出現退出團體的行為，在這個階段中不會再發生。此時
團體成員會為退出的成員留下空位，即使成員並不喜歡這位退
出的成員，他們依然會懷念退出的成員。成員會為過去曾經說
過傷害退出成員的話而感到罪惡，覺得自己沒有同理他的特殊
需要，或是自己沒有表現出支持的態度。

　　在團體成熟階段才加入團體的成員，可能會感覺自己像一
個局外人，就像是加入一個已經有自己的規範、習俗、期待和
歷史的系統一樣。Northen(1988)指出，雖然成員可能無法用言

語來表達，成熟階段的團體已經有共同的參考架構，而且團體的價值已經成爲每一個成員的一部份。新的成員必須要察覺和瞭解這些價值，否則他無法在團體中找到屬於自己的位置。

在團體的成熟階段，成員會比以前感到更多的自主性，同時也表現出更多的相互依賴。成員在團體中分擔了更多的責任，也更加的彼此瞭解。由於成員彼此的興趣和關心，團體中會出現配對或產生次團體。成員表現出更多的同理心，真誠的瞭解每一個人的困難。成員不僅期待領導者的協助，也期待其他成員的協助。

同時，在團體的成人期中，成員能夠更真實的面對團體領導者，而不會將團體領導者的行爲視爲是毫無瑕疵。在這階段中，成員和領導者能夠以更和諧的方式，處理領導者和成員之間的衝突。雖然在團體中，團體領導者依然是一個積極的參與者，團體成員則彼此更積極的挑戰和支持。

團體成人階段的特徵是：團體凝聚力和團體認同感的增加。領導者協助成員分享和表達心中的想法和感受，並且鼓勵成員彼此面質和支持。領導者協助成員擬定實際的計畫和具體的行動，以達成他們希望在生活中或是團體外的改變。

一般而言，團體成熟階段的團體發展也開始變得遲緩（Kadis，Krasner，Weiner，Winick，& Foulkes，1974）。因爲團體成員依然在整合團體討論的主題，而尚未準備好面對新的東西，使得團體的發展顯得停滯不前。這種團體停滯的現象，可能在治療產生效果之後發生；也有可能在一段假期之後，或是在假期中出現，例如聖誕節和感恩節；也有可能在一個成員退出團體，或是其他團體組成的改變之後出現。

成年中期

　　團體可能因爲成員在情緒上疏離過去所設立的團體目標和目的，而發展到團體的另一個階段──成年中期。處在成年中期的團體中，雖然團體會持續的進行，但是成員對團體的參與減少。此一階段成員所表現的面質行爲，在質和量上都與先前有所不同。團體變得較平淡、無趣，並且缺乏生氣。

　　成員出席團體像是在盡義務，成員的分享大多是對於家人和朋友的抱怨。每當成員出現建議團體結束的念頭時，就會產生「如果此時我退出團體，所有的成員都會被傷害，而且會對我生氣」的想法，而感覺自己對團體領導者和其成員不忠。成員會產生一方面想要團體結束，但一方面又想要團體繼續的矛盾感受。成員會一方面表達希望繼續團體，但一方面又出現缺席的行爲，來表達這種矛盾的情緒。團體成年中期的另一個特徵是，成員對彼此出現冷漠的態度，例如對成員的缺席不關心。他們會有一些不明顯的行爲，像是每次都坐同樣的座位，拒絕分享相同的感受。成員在每一次團體中所說的話，也開始變得一成不變。

　　Levine(1991)將這個現象稱爲是「分離危機」(separation crisis)，並且指出，成員害怕被拋棄的擔心，可能使得成員不願意離開團體。這種害怕被其他成員拒絕或處罰的感受，使成員無法表現出自我肯定的行爲。對團體非常依賴的成員，會因爲自己想要結束團體的想法，而感到非常困擾。結束團體對團體成員而言，代表他們必須去發掘其他情緒支持的資源，並且需要面對建立新關係所帶來的威脅感。

當成員感覺在團體中缺乏責任和任務，而不是對團體缺乏渴望時，領導者需要鼓勵成員分享面對團體未來的感受和困難。這種分享可能會使團體解決目前團體所面臨的困境，而決定以現有的團體為核心，重新加入一些新的成員，以達到重新組合團體的效果。然而，當思考團體未來的選擇時，領導者需要抱持著開放的態度，允許團體選擇，或幫助團體選擇一個讓團體自然死亡的過程。

死亡期

　　造成團體結束的原因很多。有時，團體一開始就決定了團體結束的時間。例如一個有時間限制的團體，可能在一開始就決定團體有二十五次的聚會。在學校實施的團體的結束時間，可能被訂在重要假期之前的一星期，或是學期結束。

　　另一些團體的結束，可能是由於團體枯竭，或是團體的特殊事件所造成的結果。例如，團體成員不再出現在團體中，而目前出席團體的成員人數不符合成本效益。團體結束也可能是成員發現團體與預期的不同，並且決定不再參加團體聚會。

　　面對團體的結束，成員可能會出現所有趨近／逃避的反應行為。面對團體的結束，成員一方面會感到高興，而另一方面也會產生不舒服的感受。他們會因為不需要每次勞頓奔波至機構，不再需要花費時間和金錢，並且不再需要討論自己的問題而感到高興。也會因為不再需要作痛苦的自我坦露，或是面對面質的焦慮而感到高興。

　　另一方面，團體成員也會因為面對團體的分離，以及必須

切斷過去已經發展的連結而感到不舒服。每一個成員都必須和一些過去是陌生人，而現在已經是朋友的人說再見。團體結束也象徵著結束成員可以得到肯定和接納的時間。團體的結束象徵著要與一群願意傾聽並提供支持的團體說再見，雖然這些人有時與自己的意見並不一致。

當團體面臨結束時，成員通常會經歷否認和逃避的階段。Bennis and Shepard(1956)指出，有一些團體會以團體評估為理由，或是以共同約定定期見面的方式，來達成團體結束的目的。Garland、Jones 和 Kolodny(1973)指出，有一些團體的成員會刻意忘記領導者曾經宣佈的團體結束時間，而在面對團體結束日期逼近的時候，感到受騙上當。另一些團體的成員可能會後悔參加團體，並且表現出退化的行為。這些退化的行為好像在告訴領導者：「你怎麼可以在我沒有比以前好的狀況下離開我？」有一些成員可能出現缺席，或是在團體結束之前退出的行為。

在成員已經產生明顯連結的團體中，成員面對團體結束時的哀傷過程，可能類似 Kübler-Ross 在其所著《邁向死亡》(*On Death and Dying*)書中所描述的過程一樣：

- 拒絕——一定有錯誤。
- 氣憤和生氣——為什麼是我？這一點也不公平。
- 討價還價——我們可不可以延長一個月就好？
- 沮喪——我覺得團體結束糟糕透了。
- 接受——每一件美好的事都會結束。

接下來，我們將以一個每星期見面一次的青少女的團體，來說明成員面對團體結束時可能產生的反應。當領導者提醒成員還有二個星期團體就結束時，有二個成員表示太好了，她們

等不及團體結束。有三個積極參與團體的成員則表示,她們不會出席最後二次的團體;對這三個成員而言,她們用團體結束之前的退出行為,來減輕說再見的痛苦。

當團體結束時,每一個成員處理分離的方式都不同。最明顯的是,成員向團體說再見,並且與團體和其他成員分離。較不顯著的部份是,成員回想過去分離所帶來的痛苦和失落的經驗。

由於團體的結束會引發成員許多不同的反應,例如:煩燥、拒絕、沮喪、緊緊黏在一起,以及生氣,領導者必須協助成員一一檢視自己的反應。同時,領導者也需要協助成員作自我評估和團體評估。團體如何由開始的陌生,發展成現在的團體;成員如何從團體開始時的狀況,達到現在的成長。領導者需要鼓勵成員展望未來,並且將團體中所學習到的知識和技巧,運用到自己的生活中,也就是團體以外的世界。

摘　要

團體的發展需要經過一些階段,這些階段就如同人的發展階段一樣。首先是概念的形成階段,此時領導者開始著手計劃團體;之後是出生階段,也就是團體成員聚集,並且開始第一次的團體聚會。接下來是團體的兒童期,團體成員努力瞭解團體和團體的目標。青少年階段的特徵是成員出現差異性,試驗性行為,以及出現衝突。到了成年階段,團體中有許多的分享、凝聚力和開放的氣氛。成年中期階段,成員出現情緒上與團體目標和目的分離的情況;團體的最後一個階段是團體的死亡或

結束。

　　團體發展的過程決定於領導者的技巧和風格、團體的目的，以及團體週期的長短。沒有所謂的標準團體存在，沒有二個團體是以一樣的速度發展。

第五章
成爲團體成員

我們使用外在強迫式的診斷、分類、類型化的情形，一直讓我感到非常困擾。臨床工作者成為決定對或錯、健康或不健康、以及有功能或沒功能的仲裁者。

　　無論我們是否願意承認，社會工作師就像社會中的其他機制一樣，透過增進個人的社會化和社會控制的方法，使個人遵循社會規範，甚至當符合社會規範會造成個人的分裂時，我們依然執意去做。

　　可笑的是，我們有時候鼓勵人留在不快樂的婚姻中，持續過去不滿意的狀況，或是贊同他們的虛偽和不真誠的行為。我們說服個人放棄他們認為最好的，而去接受和適應目前的情境，甚至阻礙他們誠實的做選擇。

　　我作為一個在精神病院、社區心理衛生中心和教會機構工作的社會工作師，我瞭解如何扮演助人者的角色，知道如何教人調整和適應，但是我並不喜歡這樣。

　　我比較喜歡解放者的角色。

　　做一個解放者，我們引導個人由緊握的過去中解放；由衝動和情緒主宰的控制中解放；由過度的社會壓力中解放；由強烈的罪惡感中解放；也從沮喪的睡夢中解放。

　　做一個解放者，我們協助個人瞭解內心深處的感受，變得不害怕和衝動，並且從內心尋求解答。我們引導他們朝一種正向叛逆的方向發展，而不是適應得更好。畢竟，生氣和憤怒，特別是個人面對的是屈辱、不公平、和不正義的時候，是比接受和調適，安靜而絕望生活方式的結果更好。

　　自由代表自我決定，也就是個人以自己的方式決定自己；然後，以這種方式熱烈的或安靜的去生活，也就是與

自己一致，以有自我風格的方式生活。

　　有一個似是而非的觀念，案主可能被其他人殘酷的認定是不適應的，而不被認為是適應良好的。同樣的，批評我們工作的人也可能殘酷的評定著我們。

　　有一個正在找工作的朋友告訴我，現在這個社會上，沒有太多的社會福利機構願意雇用解放者了。

　　團體的成員，一個生理、心理、社會和精神的整體，他帶進團體的包括他的過去、現在和未來。每一個成員都內含一組被生理特徵、家庭歷史、價值觀、支持系統、防衛機轉，以及因應環境壓力和壓力源的方法所影響的動力。在這一章中，我們將討論社會工作師要瞭解個人在情境中時，所需要的基本知識，以便在團體中從事團體計畫、團體執行和個別化的治療。

人在情境中

　　臨床社會工作的基礎在於瞭解人的內在、人際，以及與環境互動所產生的動力，這三者之間的關係是相互影響的，而且當社會工作師影響其中一個系統時，連帶也會影響到其他二個系統。三者中，如果有一個系統出現問題，也會造成其他二個系統的問題出現。

　　人在情境中（person-in-situation）是指人和所處情境間的關係。這些情境包括：家庭、工作環境、社團、鄰里、教室。個人影響情境的同時，也會被情境所影響。Woods 和 Hollis（1990）利用家庭當作情境為例，觀察人和情境之間的關係發

現，人對外在壓力做出反應，而這個人的反應則成為另一個人的壓力來源，而這一個受到他人壓力反應影響的人，則以他對壓力的概念和需求來對此壓力做反應。這個情境通常不僅指一個人，而是包含了在這個人生活中，佔有不同份量的多個人的組合。

為了瞭解案主所處的情境，社會工作師以及其他的助人專業者，需要觀察案主過去的弱點和症狀。這個觀察必須超越僅只是對症狀作標籤，還必須強調個別化。社會工作師不能只是對個人的問題做出社會環境的解釋，並錯誤的認為每一個問題都有一定的解決方案，或是治癒的方法（Weick, Rapp, Sullivan, & Kisthardt, 1989）。因為這樣的結論會受限於怪罪受害者的認知，也就是認為案主是造成其問題的原因。

雖然，這種問題個人化或是個人缺陷化的取向依然有其價值；然而，在採用這種觀點時，社會工作師必須將個人的能力和資源納入考量，以求取觀察的公正性。特別是思考解決方法時，社會工作師需要瞭解案主個人的長處和所需要的能力，加上對於案主個人個性特徵強度的瞭解。這些瞭解包括：哪些是接受過治療的部份，哪些是值得稱許的部份，這二者都是同等的重要。同時，實務工作者有義務瞭解案主所擁有的資源，這些資源包括：在面對阻礙時，可以激勵案主的人；對於他所愛的人，案主的忠誠度如何；案主表達感受的語言能力和信任他人的勇氣等（Weinberg, 1984）。社會工作師不能將這些資源視為理所當然，而應該認為案主擁有這些長處，並將這些特徵視為是案主的人格傾向。

社會工作師過份關注案主特徵中優點或缺點的兩極化傾向，會造成忽略案主是一個完整個人的結果。依據

Maslow(1968)的說法，如此做就如同戴上有色的眼鏡，而無法看到案主現在的症狀、軟弱、無法成長的原因；或是如同戴上另一種眼鏡，而無法清楚看到案主恢復健康的可能性。其中，「一個就像是邪惡和罪的神學；而另一個像是無罪神學。二者同樣都是錯誤且不正確的」(p.48)。

一個較公正的觀點是同時強調人的缺點和優點。一方面強調人現在的生活狀態，而另一方面也同時強調這個人想要擁有的生活狀況。這樣的公正觀點，使人和環境的資源都能夠被視為是達成目標的資源。

逐漸浮現的自我

自我（ego）是指管理一個人想法和互動的基本功能的組成。這些基本的功能可能是內在控制或是外在控制，而且這些基本功能會隨著個人的目標而調整或因應。自我被視為是內在需求和外在世界妥協之後的人格結構。

基於Goldstein(1995)的說法，一個人適應的能力是與生俱來的。由出生到死亡的過程中，人的自我是一股積極的動力，不斷的從事生理的、心理的和社會的發展，以使得個人能夠因應和適應，並且調整外在的環境。自我介於個人和環境間，同時也介於許多不同人格特質的內在衝突之間。自我能夠引導防衛機轉，保護個人免於焦慮和衝突，而防衛機轉則可以造成良好的適應或適應不良。

自我功能是個人發展成熟，以及生理、心理和社會影響力的互動結果。這些影響力中最重要的因素包括：個人的遺傳和天賦才能、趨力、人際關係的品質（特別是在兒童階段），以及個人立即環境的影響（包括：社會文化中的價值和道德、社

會經濟狀況、社會和文化的變遷，以及社會組織）。

做為個人人格特質的一部份，自我必須與個人內在的需求和驅力、內化的特質、期待，與環境中其他人互動後產生的自我價值等一起被瞭解。同樣的，環境被個人所改變，同時也持續的影響著這個人，並且提供了培養或是破壞個人成功因應的條件。

因應的要求

作為社會工作的一部份，團體工作是一種以個人社會功能為考量，協助個人更有效因應問題的過程。這個問題可能是新的，也可能是舊的。無論問題是新或舊，治療希望達成的目標都是一樣的，那就是自我控制、問題解決，以及壓力的抒解。作為治療家族的一份子，團體治療師刻意協助團體成員，對於他們的問題採取一些新的，或是不同的行動模式。

「因應」這個詞被廣泛的使用在一般的演講中。在臨床上，因應是指個人在面對環境壓力，而且這個環境壓力無法以個人的自然反應，或是既有的技術加以克服時，所採取的許多不同的努力。這個環境壓力也就是需要透過掙扎、嘗試，以及持續集中力量，才能夠達成目標的壓力。因此，因應是指當人們面對威脅、危險、挫折、失敗、阻礙、失落、不熟悉的情境，以及來自其他人所提出新的或不熟悉的要求時，所做出的一組反應。

因應這個概念的前提，是相信案主有能力知道自己的問題，瞭解問題的癥結，以及能夠使用情緒支持和社區中具體的

資源，並且具備運用這些資源以解決問題的能力。因應強調自我的適應能力，而非強調自我的防衛機轉。自我的適應能力使人有能力忍受問題，面對外在對其尊嚴粗暴的攻擊，面對具傷害性的個人經驗，達到生命的意義和舒適。直到個人無法因應時，個人就會尋求或是接受協助（Perlamn, 1975）。

（一）案主的強度

案主有潛在的能力使自己變得有勇氣、愉快和堅強，同時也有能力使自己自我破壞、悲觀和控制。案主的強度包括：

- ·愛自己以及他人，是指建立穩定且持久的關係，在關係中能夠給予和接受。
- ·謹慎的採取冒險的行動，以造成改變。
- ·能夠覺察且表達愛和生氣的感受，在適當的時候，表現出對他人的情感、憐憫和關心。
- ·對工作感到滿意，有生產力和成就感。
- ·表現出合理的自信，並且對自己有能力的行為感到有信心。
- ·能夠享受休閒生活和娛樂，放鬆心情，並且能夠自由的參與社交情境。
- ·能夠表現自我控制的能力，並且能夠做出思考周延的決策和計畫。
- ·能夠以有彈性且接受的心態適應不能改變的情境；同時，對於有可能改變的情境，能夠採取有效的行動以改變情境。
- ·能夠以最少的扭曲對事實給予評價。

(二)因應能力的不足

因應能力的不足有許多不同的狀況，有時是嚴重但短時間的因應能力不足，例如危機的狀況；有時可能是慢性，且侵入案主人格特質內的因應能力不足。有些人出現因應能力不足是因為顯而易見的原因，例如資源的不足，例如缺乏適當的居住處所，或是缺乏經濟資源。有一些因應能力不足的原因則不易察覺，例如個人的缺陷、障礙，或是對事實的扭曲，而造成對個人與他人關係的負面影響。另一些因應能力不足的成因，則是個人與日常生活中社會心理事實互動的影響。

有一些作者指出（Bloch, 1978; Brenner, 1982; Glasser, 1977），無論多麼混亂、困惑或是支離破碎，案主的偏差行為都能夠被視為是一種積極的因應行為。有一些被視為是精神疾病的因應行為，也可以被當作是處在壓力狀況下，所產生的「健康」的因應行為。Cameron(1963)曾提出，甚至一些被認為是嚴重偏差的病徵，像是妄想或幻想，也最好將它們視為是「案主積極嘗試的因應行為——案主真的試著要康復」的象徵。對社會工作師而言，他的工作在於協助案主瞭解透過這些困擾行為所要達成的目標，進而協助案主採取較有效的方法來達成這些目標。

因應行為是一個人面對遭遇的新問題，或碰到有困難的人或事時，所採取的努力；或是嘗試以新的方法面對舊問題的努力（Perlman, 1975）。因應也是一個過程，人自出生開始即在潛意識、前意識，以及全部的意識層面，參與了這個因應過程。在因應行為中所使用的能力和策略的整體，就是所謂的自我。

身為社會工作師的我們，瞭解案主解決問題的過程，以及

這個過程中所達成的效果為何是很重要的。我們可以詢問案主下列的問題：

- 在嘗試解決問題的過程中，你曾經做些什麼？
- 告訴我你過去曾經處理類似這個問題的成功經驗。
- 你覺得到目前為止，你過去嘗試過的努力有何效果。
- 除了你目前的困難之外，你對於生活中哪一部份感到滿意？

　　這些資訊可以讓我們瞭解案主所擁有的資源和案主的因應機轉。同時也提供社會工作師預估案主在小團體、人際關係或其他治療中的可能效果。這些資訊使社會工作師注意到案主人格特質中較健康的部份，而不會僅注意案主的病徵。除此之外，這些資料也使社會工作師瞭解案主問題的細節，以及解決問題過程的困難，並且更肯定案主解決問題的努力。

適應行為的機轉

　　適應或是因應的機轉是指人面對事件時，影響人組織和反應經驗的態度。為了瞭解案主所使用的因應機轉，社會工作師必須試著尋找一些問題的答案，像是：這個人是否能夠為了長遠的目標，而放棄短暫的舒適？這個人是否覺得生活有意義？這個人是否有基本的信任感？這個人是否認為他的努力總會有好的結果？

　　適應機轉與防衛機轉的差異有二個：第一、人選擇防衛機轉的傾向，決定於人面對會引發焦慮感受的情境；而人採取適應機轉的原因，不僅基於人過去的經驗，也受到一些先天個性因素所影響（Weiner, 1975）。

第二、防衛機轉是遵循保護法則，用以減除或約束焦慮，使焦慮不會擴大造成正常功能的損傷。人的因應模式則是由處理各種事件的經驗所組成。雖然經驗有時也可能是防衛性的，甚至是偏差的，但是經驗同時也包含了建設性、自我完成的行為，以及面對挑戰的方式。

　　因為因應模式是由許多反應和組織個人經驗的方法所組成，因此它能夠有效的減少人對治療所產生的抗拒行為（Weiner, 1975）。例如，一些人天生就對生活非常的積極，而另一些人面對生活時則傾向較被動。一個由較積極的成員所組成的團體，成員在團體中會期待持續的交流、動態的覺察，並且產生快速的改變。對於這一個團體成員，領導者需要專注於成員細微的反應。然而，逐漸擴展自我覺察的團體活動，則可能成為難以忍受的活動。

　　較被動的團體成員經常認為治療的產生，主要是由於領導者行動的結果。被動傾向成員較多的團體中，積極傾向的成員可能會抱怨團體進行得太慢；而被動傾向的成員則可能會抱怨領導者的引導太少，並且認為如果團體能夠更有架構，團體就能有更多的效果。

　　重要的因應機轉包括：行為原因的決定、依據自由意識決定行為、依據行為的結果決定責任的歸屬（Weiner, 1986）。其他的因應機轉包括：尋求動機、自我控制、昇華、壓抑、利他主義、盼望，以及幽默感。

社會文化因素

　　社會文化在治療的過程中，常常會成為治療的障礙。特別明顯的社會文化因素包括：文化、種族和民族的差異。Lum(1986)曾經指出，在面對少數民族的案主時，領導者需要瞭解案主個人的能力、適當的行為，以及行為差異；而不是認為他們天生就是有缺陷和不適應的。

　　社會工作師必須平衡外在客觀的社區特徵，以及個人內在主觀的反應。民族的信仰、家庭的連結、社區支持網絡，以及文化的資產等，都是影響治療的因素。

　　少數民族的案主是依據其民族的特性，對所處的社會環境感受和反應。一些獨特的次文化因素，例如價值觀、信念、態度等對治療也具有影響力。領導者需要對成員的外在因素，以及內在主觀的反應加以區別。領導者需要瞭解成員的反應與社區中其他人的反應是否相同，成員社會經濟壓力對於這個問題的影響程度如何，成員如何取得所需的資源和支持。

　　領導者在評估和瞭解不同文化背景的成員時，最重要的要素就是語言的使用。領導者必須瞭解每一個成員的文化，並且將這些知識融入對成員的專業評估中。領導者尤其需要瞭解案主所持有的信念、情感的表達，與他人的關係。案主所使用的語言，幫助社會工作師瞭解案主所瞭解和經驗到的事實。

　　根據Green(1982)的說法，社會工作師需要瞭解案主定義和經驗問題的過程。為了決定案主的問題和協助案主解決問題，社會工作師可以依據案主在描述問題時所使用的語言，發

現並使用案主社區中的資源,並且依循案主的文化標準,以決定問題解決的標準。

社會心理功能

　　領導者對團體成員的評估工作,自團體的初次見面就已經開始,並且在治療過程中持續進行評估。領導者傾聽成員對自己的成長過程和關心的描述,並且觀察和經驗案主的溝通風格。對於案主情緒和感受的直接觀察,通常能提供社會工作師許多有關案主功能有價值的資訊。同時直接的觀察也使社會工作師瞭解,案主面對一些特定情境時,表達經驗和情緒的能力(Hepworth & Larsen, 1993)。案主對於時間、地點、人物,以及對外在事件的概念,使社會工作師瞭解案主的事實驗證和自我概念。案主對自己所扮演角色的感覺,以及他們如何看待這個角色,也使社會工作師瞭解案主與環境互動過程中,案主的自我功能。案主的目的和目標,以及達成這些目的和目標的意願,使社會工作師能夠觀察到案主的動機。

　　瞭解潛在團體成員的第一步,是瞭解引發案主尋求協助的問題。案主在面對這樣的詢問時,通常會自動說明尋求諮商的原因。然而,有一些案主可能會開始抱怨人際關係中的困難(例如,「在婚姻中,我很不快樂」);另一些案主可能會提出一二個使他們尋求協助的明顯症狀(例如,「我無法專心,我好像常常很緊張」)。有一些案主用很模糊的字眼描述他們的問題(例如,「我就是不快樂」)。為了能夠瞭解案主,領導者必須問潛在的案主一些問題:

- 這個問題已經多久了？
- 這個問題已經很久了，還是才剛開始？
- 現在來尋求協助的原因是什麼？（不是上個月，或是二個星期之前的原因）
- 面對這個問題，他覺得能夠做些什麼？
- 案主能夠用來解決或減輕問題的資源有那些？
- 案主的動機有多少？

這些問題的答案，使領導者能夠瞭解案主擁有的因應資源，以及問題的複雜程度，並且瞭解案主是否有信心解決問題。

促發事件

除了案主已經遭遇一段時間的問題之外，通常還有一個促發的事件或是經驗，作為案主尋求協助或是被幫助的催化劑。通常我們將它稱做「爆發點」。這個突發事件使得個人（或是他的朋友和家人）的焦慮和關心升高，以致於案主需要採取一些行動。在這個時候，個人開始尋求資源，並且懇求其他人的協助。

促發事件有許多種，可能是孩子住進了兒童病房（Cofer & Nir, 1976）；病人開始接受血液透析（McClellan, 1972）；遭受嚴重灼傷（Abramson, 1975）；一個新寡的婦女（Crosby, 1978）；或是剛中風的男性（Oradei & Waite, 1974）。

生活中的問題

在評估潛在的團體成員時，最重要的問題是：在一個特定的情境中，這個人需要做些什麼，以增進他的社會功能；換句話說，也就是：這個人應該要如何有效因應目前的生活。

Gitterman 和 Shulman(1986)指出，人被物理和社會環境所改變，並且透過持續的彼此適應，進而改變了環境。在這個複雜的相互影響過程中，個人的需求和能力，以及所處環境間一種適應性的平衡而產生困擾。這些障礙會逐漸破壞個人習慣性的因應機轉，並且造成個人的焦慮。

案主問題的產生，來自於生活中三個相互關連的面向。第一個面向是與案主生命發展階段轉變有關的問題和需求；例如入學、結婚、離婚、退休和死亡。第二個面向是與案主使用和影響的社會和物理環境，例如學校、醫院、社會服務機構和社區有關的問題和需求。第三個面向是與案主克服會造成家庭和團體壓力的人際關係障礙有關的問題和需求。

領導者在評估成員個人的同時，也必須考量幾個重要的因素。這些因素包括：個人對於事實的適應、評價、趨力和情緒的控制、客體的關係、思考過程、自我防衛、因應機轉、支配（自我控制）和自信。

事實的適應

人對日常生活有效因應，必須在內外在的概念，以及生活中的客觀事實間取得一種和諧。爲了瞭解一個人是否達到這種

和諧，社會工作師需要能夠回答下列問題：這個人如何瞭解所處環境，並且與環境妥協？這個人如何區分概念和想法？這個人是否能夠適當的使用他人的回饋，以調整自己對事實的想法？人必須在個人的概念、評估和評價，以及真實生活的情境間取得一致，才有可能有效的因應事實。

個人對事實做出適當評價所需要的基本能力，主要是在個人的初級團體中培養，也就是在家庭中培養的。當人隨著生命週期而發展時，面對的是不斷擴展的經驗。他們會採取開放或是封閉的態度來面對這些經驗，決定於在家庭中所養成的適應方法（Mackey, 1985）。如果在幼年，這個人認為外面的環境是危險的時，這個概念會影響他在次級團體中，採取冒險行動的意願。將外在的環境視為是安全的概念，能夠激發個人投入新的環境。這種對新環境投入的正向結果，會擴展這個人對家庭環境以外不熟悉環境的瞭解機會。

有效的界域

界域是隔離的藩籬，使得個人能夠抵抗有害的刺激，同時也允許養分或經驗進入個人。就如同人的皮膚一樣，界域的主要任務在控制人和社會環境間，內在和外在的交流。當一個人的界域出現問題時，可能會成為受害者。他們可能會習慣去討好人，未獲得允許就觸碰他人，甚至讓其他人主導他們的生活，而無法察覺別人侵入他的空間。

為了生存，人需要界域以有效的將自己與其他的人和事分開。如果一個團體成員的界域較弱，當其他成員表達生氣或是面質時，這個成員會覺得受到威脅、挑釁或傷害。在成長的過程中，界域弱的成員會有容易受傷強烈的感受。例如，當界域

弱的成員在團體中被無理對待時，他可能會表現出孤立或是沈默，以作爲保護自己的方法；而界域太厚的成員，遭受傷害的情況則相反。似乎沒有任何的東西能夠穿過他的界域，這個人無法感受到任何的情緒，包括愛、需求、快樂。當其他人表現得太親近時，這個人就會在情緒上和身體上的互動中退縮。

　　一個有健康界域的個人，會允許自己感受經驗。這個人在團體中能夠表現出感情和同情，會表現出對自己的行爲負責，並且嘗試瞭解他人和他們所處的情境。這個人有時也會感到受傷，但是受傷的感受是有限度的。作爲團體領導者，我們需要持續的協助成員調整他們的界域，也就是發展出一些控制界域的方法，使得一些刺激能夠進入個人，但又不允許過多的刺激進入。同時，領導者也需要協助成員學習防止遭受生理和情緒的侵入，以預防自己成爲受害者。

覺知刺激和考驗現實性

　　覺知刺激的能力和考驗現實性的能力是不同的，我們以二個團體成員來說明這個差異。卡拉是一個二十一歲的離婚婦女，她對朋友和熟人的沈默非常敏感。在團體中，當其他的成員對她面質，或是對她感到不耐煩時，她經常表示覺得情緒上受到傷害。除了她的不舒服外，她發現自己從很久以前就有受傷害的感受。這是她自己的問題，而不是因爲其他人對她的侵犯所造成的。「即使我知道他們所說的都是對的，我還是想哭，從我還是一個小女孩的時候，我就一直是這個樣子，它就像是自然的反應一樣。」她這樣告訴其他的團體成員。

　　愛娜四十八歲且有二個孩子，她是一個具有攻擊性又很囉唆的母親。她經常與團體中其他的成員發生衝突，她常常以很

不雅的語言評斷其他人，像是笨、王八蛋、懦弱鬼等。當其他的成員挑戰她的行為時，她通常會以過當的防衛態度加以反應，並且認為其他人誤解她，忽略她的需要。她無法理解她的行為和他人的反應之間的因果關係。當她被團體成員挑戰時，她通常會在下一次的團體中缺席。

對卡拉而言，被藐視或是面質的感受是痛苦的，然而她知道，她的反應是因為她敏感的個性所造成的，而不是其他人的行為和意圖所造成。另一個例子，愛娜堅固的界域使她無法得到其他人的新資訊和幫助。她的主觀世界是如此的易碎，使得承認自己有錯變成是一件頗具威脅的事。她的反應是防衛的，因此無法真正傾聽人們所要傳達的訊息。這樣的情況，更進一步限制了她瞭解事實的能力。

無法考驗現實性並且嘗試適應的極端例子有二個，一個是妄想——強烈的相信一個錯誤的信念，而又無法加以承認；另一個極端的例子是幻想——強烈的相信無法看到，或是錯誤的想法和感受，而又無法加以承認。例如，一個患有幻聽的人，常常會聽到一些他們認為是真實存在的聲音，而其他的人很清楚的知道，這些聲音並不存在。由於內在過程的損傷，使得現實性對這些患有幻聽的人是有限制的。對患有幻聽的人而言，現實性的驗證是不正確的，因為在他們的主觀世界與外在的客觀事實間，缺乏一種平衡存在。

· **被動性的依賴**

有一些成員無論在團體中或團體外，都會表現出對問題感到無助，並且無力改變生活狀況的行為。讓別人知道自己的無能，是他們對改變生活狀況所做的唯一努力。如果領導者相信成員所說的話時，則剝奪了成員為自己行為負責的權利和機

會。領導者同時也使成員喪失學習管理自己，以及面對事實的機會。

評　價

　　領導者透過瞭解成員處理日常生活的方法，以及對環境刺激的反應，可以瞭解成員如何做評價。這個瞭解包括：這個人是否有能力照顧自己？這個人是否有能力衡量行為的結果？這個人是否對某些事情做出正確的決定，而對於其他的事卻做出錯誤的決定？簡而言之，就是這個人是否做出一些**激勵**自己，而不是自我打擊的決定？

　　在人的思考過程中，評價的能力是很重要的部份，評價能力包括：對於行為結果的預測能力，以及決定適當行為的能力。例如，當一個母親因為女兒對她無理的行為感到生氣時，對自己說：

> 　　我很氣女兒對我頂嘴，我真想要殺了她。我想如果我用藤條揍她，她就不會再這麼壞了（而我就會好過一點）。但是，如果我打得太重了怎麼辦？雖然她讓我感到很生氣，但是我很愛他，不希望傷害她。不只是這樣，而且如果我傷了她，我可能會因此坐牢，也許我應該轉身，離開這個房間。

・預期的結果

　　好的評價意味著對事件結果做出適當的預期和反應。這需要個人具備延遲衝動決定的能力，使得個人有足夠時間重新思考所有的選擇，並且選擇最適當的反應。也就是說，有能力衡量許多不同的選擇，瞭解每一個選擇的優缺點。

Redl 和 Wineman（1957）指出，一些有情緒障礙的兒童，透過妄想而認為就算自己在危險情境中也是不會受到傷害，而去忽略他們行為的真正因果關係。有一些人會出現更極端的狀況，並且揚言「我永遠不會被抓」。

> 他們不僅無法察覺行為的結果，他們甚至會認為自然法則和社會的懲罰不會對他們造成任何的影響。就像人們在他們的頸項套上了一個具有魔法的符咒，使得事實無法進入他們內心中。（p.164）

這些兒童為了保有犯罪的樂趣而放棄了自己，以接受那些明顯錯誤的幻想，做為自己生命的基調。

驅力、情感和衝動的控制

控制、延遲、調整和表達衝突和情緒的能力，與評價有明顯的連帶關係。為了瞭解案主自我控制的能力，社會工作師可以詢問以下的問題：對於一般的事件，案主是否有過分反應的情形？案主衝動的行為是否是反社會的，或是對自己和其他人具有危險性？案主是否能夠忍受挫折和失望？罪惡感是否再也無法發生作用？

理想上，一個人是有能力去控制自己的驅力、情感和衝動的，並且能夠忍受不愉快的情緒，像是生氣、挫折和沮喪，而且不會因為自己有這些情緒而感到生氣，或是感到無法忍受。一個人是有可能感到生氣和挫折，但是他們有一個延遲的機轉，使得人可以忍受這些情緒。

社會工作師在評估案主時需要瞭解案主的衝動、禁止和壓力之間的相對強度（Goldstein，1995）。雖然，一個人對衝動

和情緒的維持、調節和控制的功能，是由個人的自我來執行，但是這些功能則受到衝動（本我）強度，以及所感受到的不愉快情緒的影響。這些自我功能同時也受到個人對抗衝動的自制力（超我），以及個人生活中產生的挫折、危險和不愉快事件的影響。

(一)衝動和驅力

在一般人內心不同的問題之間，一直存在著持續性的內在戰爭。例如，一個擁有三個孩子、生活正常的家庭主婦，因為遇到了另一個男人，而決定離開有虐待傾向的丈夫。在她的想法中，她的男友更符合她的需要，同時更能體會她的感受。當她與她的男友在一起愈久，與她的丈夫在一起時，她就愈感到挫折。

她打算找一個新的公寓，並且找一個專辦離婚的律師。然而，當她這麼想的時候，罪惡感油然而生，她開始覺得自己沒有遵守婚姻的誓言，她擔心孩子們對於離婚的反應，也不知她的男友會如何對待她的孩子。她為著可能的經濟問題而掙扎，也害怕第一次婚姻中出現的問題，會再度出現在第二次的婚姻中。她開始感到沮喪並且失眠，她因為暴飲暴食而增加了二十磅，她發現自己疏忽了孩子的需要，並且常毫無理由生氣。

就以上的情況而言，這個婦女的行為並非出於自己的衝動或驅力缺乏控制力。除了她希望逃離原有的婚姻外，其他強而有力的力量，則是來自於對抗這個逃離渴望的自制力。

另一方面，有一些人因為無法忍受挫折，而利用逃避的反應，來面對長久的焦慮情緒。這些逃避的反應包括：酗酒、影響心智的藥物，或是逃避。一個內在的聲音不斷的呼喊著：「我現在就要得到我想要的，這是什麼狗屁結果！」這種人忍

受挫折的能力是有限的，延遲快樂的能力也是有限的。這種人會作計畫有困難，也很難留在關係、工作或是治療等情境中，而無法等到效果的出現。

（二）內在的批評

團體成員通常以演講的方式，分享他們的經驗和感受。而這些分享中充滿了一些，像是：「我一定要」、「我應該」、「我不應該」的陳述。這種情況的產生，是因為每一個人的內在心理，都帶著某種程度的內在批評和感應器。當將內在批評與超我或是良心對照時，批評和感應器是由這個人過去生活中學習到所有我們必須和一定不可以所組成。超我則是這個人由個人的角色模範，像是父母、特別的老師、選擇的同儕等處，所學習到的禁令、想法、社會標準和價值觀所組成。對許多人而言，宗教的訓練、組織的參與，例如男童軍、女童軍或其他的青年組織等，同樣對每一個人心中對或錯的概念，造成了重要的影響。

人最基本的超我是罪惡感。當一個人做了一件事，且違反他心中的對或錯標準時，這個人就會覺得不舒服。在一些宗教信仰的懺悔過程中，可抒解個人心中的罪惡感，同時也增強個人的良心。有一些人透過與諮商員談話，向朋友承認罪惡感，或僅是將罪惡感說出來，都可以得到相同的抒解。

一個人的超我對自己或是他人也具有潛在的處罰和破壞性。有一些人因為對自己的行為、想法或感受感到極度的罪惡，因而受到傷害。他們並非缺乏節制，而是因為過分的節制，反而限制了他們的行動和情感的表達。他們的罪惡感成為每日生活的陰影，同時也影響了他們所做的每一件事。

對實務工作者而言，區分案主所表達出來的道德罪惡感、

假的罪惡感、存在的罪惡感之間的差別是非常重要的。

(三)道德的罪惡感

道德的罪惡感是指一個人違反了所持有的，明顯的或不明顯的，道德的、倫理的，或是約定的標準。我們用Walter的例子來說明道德的罪惡感。Walter是一個四十歲，擁有執照的會計師，同時也是教會的出納。他承認自己由雇主處貪污了數千元。他無法睡覺或是集中精神，對於自己的偷竊行為，他感到非常痛苦和罪惡。在他被抓之前，他知道為了自己心中的平靜，他應該還回那些偷來的錢。在團體中的另一個成員，決定要協助Walter解決這個問題。Walter的罪惡感在此處成為一個爆發點，隨著他承認自己的行為，並且開始還回那些錢後，他的罪惡感逐漸減輕。

(四)假的罪惡感

有時候人感受到罪惡感，與事實的情境是有差距的。例如，有一個人因為自己對同伴生氣；或是因為對某人的死亡而感到快樂；或是一些特別的幻想，像是殺了配偶，做了一件性侵犯的事；或是因為特殊的行動，像是自慰，或是偷了一個玩具，他們因為這些事而感受到極端的罪惡感。雖然對這個人而言，罪惡的感受非常真實，但是罪惡感的程度與這個人的感受、幻想或行動是不相稱的。

一個假的罪惡感的極端例子是，一個人承認自己犯了罪，像是謀殺，然而事實上他卻完全沒有參與這個罪行。他們沒有能力將自己承認錯誤行為的衝動，與事實的事件分離，因而承認自己犯了罪。

道德的罪惡感與假的罪惡感的差別在於，道德的罪惡感與事件是相符合的，且可以透過贖罪和償還的行動加以減輕。假

的罪惡感則與事實是不符的，且不容易被消除。

（五）存在的罪惡感

存在的罪惡感是指一個人因為出賣自己，而產生的不舒服感受。當他真正的意思是「不是」時，他會說「是」；當他生氣的時候，臉上卻帶著笑容；當他感到被侮辱時，他卻接受。Kavanaugh(1985)曾指出：

> 我們可以將感覺說出；用喝酒或抽煙將感覺發洩；或是將它吼出來；更常用的方法是用否認的方式，當它根本不不存在。但是，這些感覺會很有耐心的等待，使我們心理上或生理上產生障礙，直到我們否認自己是一個活生生的人。（p.11）

一個在自我意象中拒絕感受生氣和恨所帶來的快樂的人，這個拒絕的感受將會對他自己造成傷害。有時候，幫助一個人的第一步，是協助這個人承認自己內在存在的罪惡、侮辱、生氣等的感受。這個人精神上的逃生門可能關得太緊，以至於不太可能承認這些無法接受的情緒。基於Greenspan(1993)的說法，這種情形在一些女性身上特別明顯，她們常常否認自己生氣，轉而責難自己。對社會工作師說出或是表達出這些情緒，常常成為案主洞察這些情緒的第一步。

客體關係

客體關係是指一個人有能力建立滿足的、成熟的及持久的人際關係，而同時也能維持內在擁有自己的感受。為了瞭解案主是否有這種能力，領導者必須試著瞭解以下的問題：這個人

是否能夠與他人建立有意義的朋友關係，同時在互動中又能維持彼此的界域？這個人是否能與人建立親密的關係，而同時又不會變得很混亂，以至於很難決定誰開始，或是誰結束？也就是說，這個人是否有能力與他人維持一定的距離，而又不會產生情緒的疏離？

當人缺乏這個能力時，對客體關係品質的影響最為明顯。當一個人缺乏這些能力時，他無法尊重他人的感受，或是無法察覺自己刺激或傷害了他人。同時，他會有困難表達同理，以及無法瞭解他人的痛苦。他僅能經驗到表面的親近關係，而無法真誠的關懷和承諾。

Wilma是一個四十五歲的研究生，在自我實現團體的一開始，她表示自己非常高興能參加這個團體。然而，當其他成員開始表達自己的痛苦、表達情緒，和彼此面質的時候，她開始變得挫折，她懇求團體「為什麼我們不能彼此很友善，並且彼此支持」。有時候，當她被其他成員挑戰時，她會逃到洗手間。當其他成員分享他們過去一些痛苦的經驗時，她會表現出表面的同理，這個行為激怒了其他的團體成員。她對於自己的表露也是表面而不深入的。

像Wilma一樣的案主，不適合使用強調自我察覺的治療。雖然他們可能會從事內在的省察活動，但這種內在省察會像是在自憐，或是有自戀性質（Woods & Hollis, 1990）。只有當他們覺得團體是安全的，領導者是支持的，而且自己會被其他人認同時，他們才會加入團體。

領導者可以透過點明案主的自我貶損行為，來協助像Wilma這樣的案主。這些自我貶損的行為包括：堅持自己意見的反應，告訴其他人應該如何做，或是如何說，以評價性和批

評性的口氣回應他人。

思考過程

對於一個完整的人而言，具備合邏輯的思考和能以語言溝通想法，是很重要的能力。決定案主是否具備這樣的能力時，領導者需要能夠回答以下的問題：案主接受奇妙或初級的過程思考進入自己的程度如何？這個人是否能夠免除其他的想法和刺激，而專注於一個主題？這個人是否有能力和有邏輯的思考問題解決的方法？這個人是否能夠處理象徵性或抽象的概念？

對於正常的嬰兒而言，因為受到快樂原則的激發，主要受到初級過程思考的控制。無論在生理上或心理上，無論結果如何，兒童都會尋求立即且本能的快樂。這種狀況例如「我現在就要得到我要的東西」，初級過程思考的特徵包括：

- 欲望滿足的幻想
- 不管想法與想法間的邏輯關係
- 對時間沒有概念
- 相衝突的想法同時存在
- 慾望等同於真實的滿足
- 自我中心

當一個人逐漸成熟，變得較少初級思考，而次級的過程思考會增加。事實的重要性增加，而且人也能夠延遲立即性的快樂，直到適合的時間和地點再滿足。脫離反應性能作更深思的成熟個人，能夠敏銳的覺察自己對他人，或是他人對自己所造成的影響。會逐漸變得更目標取向，也比以前更能夠以有效的態度去解決問題。一個內在「觀察力敏銳的自我」逐漸養成，

使人能夠看到自己對於一些事件的內在衝突和掙扎。

　　成熟思考過程的發展對於更好的適應和因應是很重要的
（Goldstein，1995），一個被內在偏見所控制而無法參照事實
的人，無法與外在的世界產生連結。一個無法以符合邏輯和一
致的方式，組織自己內在想法的人，無法與他人做有效的溝
通。一個無法使用社會共同同意的象徵的人，他無法提出一致
且合理的說法。當一個人處在壓力之下，而無法專心、回憶、
預估的人，解決問題上會有困難。當一個人的感情和情緒的表
達與想法和行為分離，或是以一種模糊而無法被理解的方式表
達衝突和情緒的人，無法與人分享真實的想法和感受。

　　社會工作師還可以詢問案主另外一些問題，例如：案主的
思考是否曾經遭到嚴重或慢性的損傷？案主解決問題的謹慎程
度？案主是否察覺自己的行為？案主是否將某一情境中的感受
轉移到另一個情境中？案主是否能夠延遲快樂？

自我防衛

　　防衛機轉是自我減低對事實情境產生焦慮反應的方法。社
會社會工作師需要知道案主所使用的防衛機轉，並且瞭解案主
使用防衛機轉規避責任的狀況。為了瞭解這兩個問題，社會工
作師可能需要瞭解案主一些狀況：案主否認外在事實的程度如
何？案主以什麼方法避免、扭曲事實真相？案主是否將自己的
行為和情緒歸罪於他人？案主不察覺想法和感受，或是將想法
和感受壓抑於意識之外的程度如何？

　　隨著個人的成長，一個人的自我不斷面對內在驅力和超我
的衝突，以及對環境的需要和缺乏的衝突。為了達到一種平
衡，以維持個人情緒的完整，個人的自我會採用一些防衛機

轉。這些防衛機轉是自我的正常功能，而且是必要的功能。然而，當這些防衛機轉變得非常沒有彈性且有限制性時，會使個人無法自由的表達，因此就造成了個人的偏差。

Vaillant(1977)曾指出，防衛機轉可以被分成三種類型：精神性的、不成熟的、神經性的。

(一)精神性的防衛(psychotic defenses)

當一個人事實驗證的能力遭受嚴重的損傷，無法分辨真實的、期待的、害怕的，或是想像的事實之間的差異，而成為一個退化且固執的人時，通常會使用精神性的防衛機轉。當自我鬆懈對潛意識的控制時，一般人也會在夢中使用相同的防衛機轉。精神性的防衛機轉包括：否認外在事實、扭曲外在事實，以及幻覺的投射。

(二)不成熟的防衛(immature defenses)

兒童和青少年經常使用不成熟的防衛機轉。不成熟的防衛機轉包括：幻想、發洩、憂鬱症（例如慮病症）、被動或攻擊行為。和其他的防衛機轉一樣，不成熟的防衛機轉能對抗不舒服的想法、感受和衝動。

(三)精神官能性的防衛(neurotic defenses)

神經性的防衛是指人下意識的對具體的衝動和慾望逃避責任，以面對日常生活中的壓力。神經性的防衛機轉包括：壓抑、合理化、孤立感的轉移、反應的修飾和意識分離。

常見的防衛機轉

當防衛機轉成為面對壓力的主要反應時，防衛機轉就變成不適當的防衛了。領導者可以透過團體前的會談，以瞭解成員的防衛機轉，並且在團體的進行過程中持續進行瞭解（Clark，

1992；Page & Berkow，1994）。通常團體領導者在瞭解一個人的防衛機轉之前，必須先與其他的團體成員互動。團體工作一個最獨特的特質，就是可以在小的人際互動團體中，清楚觀察到個人過去的學習行為和習慣性的行為反應模式。個人使用這些防衛機轉的方式非常具有一致性，也就是人會將日常生活中所使用的行為運用在團體中。

（一）否認

當成員潛意識拒絕承認某些事實的存在時，他會否認這個事實，並且向團體強調某些問題已經解決。如果否認的行為持續，團體成員可能會挑戰這個成員的錯誤和不一致，也就是挑戰他的防衛機轉。如果這樣的挑戰無法停止否認的行為，成員會持續的要求減少或消除這個行為。

（二）合理化

成員透過玩弄邏輯，或是以社會可接受的理由，來為自己不適當的行為辯護。成員常常指出問題的原因是無法控制的，其他團體成員的建議通常會被成員抗拒或拒絕。雖然有明顯扭曲事實的情形，合理化與說謊是不同的，因為這個防衛的使用是習慣性的，很可能連使用的人都沒有察覺。它並非是成員有意的行為，而且也並非是成員在意識層面去修飾自己的錯誤。藥物濫用的人最常使用否認和合理化這二種防衛機轉。

（三）投射

使用投射防衛的人，通常會認為其他人要為他的錯誤負責。例如，當一個成員在團體中與有敵意的成員接觸時，他潛意識中的敵意就被引發出來。此時，他可能會閃避這個人，或是對這個人產生強烈但潛在的敵意。一般成員被誤解時，通常會產生憤慨的情緒，並且以立即且堅定的方式表達憤慨的情

緒。

（四）理智化

理智化是指以抽離的方式，來避免不受歡迎的感受或情緒傷害。在互動中使用理智化防衛的人，會以不具感情的態度與人互動。在剛開始時，其他的成員可能會對這個人使用精確的語彙、廣博知識，以及理論性的意見感到印象深刻；然而，當他們感覺到自己被當作是物件時，他們的態度就會開始轉變。

領導者必須鼓勵成員將討論集中在與自己有關的事件，並且將焦點集中在團體上。清楚而明確的團體目標，可以用來限制成員使用合理化的防衛，因此團體成員可以討論與自己有關的事，同時也間接促進了團體的過程。

（五）情感轉移

轉移是指將對引發自己敵意或攻擊的人的感受，轉移到一些較不具威脅性的人或事情上。敵意或攻擊的感受可能來自家庭的成員，或是其他的人，例如老師或是警察。在團體中，成員可能會將對這些人的感受，轉移至團體中一些較沒有權力的成員和社會工作師身上。其他的團體成員則可能會採取防衛，或是參與對易受傷害成員的攻擊，也就是情感轉移的主體。

（六）情緒的隔離

成員有時候會在情緒上將自己隔離起來，以避免失落、痛苦和失望的感受。例如，一個常常更換寄養家庭的年輕男孩，可能不願意與團體成員和社會工作師發展親近的關係，他會以一種表面化的方式與成員接觸。團體中可能會因此而瀰漫著一種無助感，因為無論任何人的努力，都無法改變這個成員的情況。

（七）認同

　　團體成員會對他欽佩的人產生認同的行為，這個人有可能是其他的團體成員。人對於一個理想中的特質，也會產生類似的行為，以表達他們的羨慕。認同經常被成員用來獲取有影響力的人的讚許。然而，當一個人無法保持自己的彈性，或是驗證事實的能力時，認同行為也會造成問題。團體成員的認同行為包括：學習其他成員的幽默感、嘲笑案主、真誠和關懷。

（八）投射性的認同

　　投射性的認同有時也是一種防衛機轉。當個人或是整個團體將一些無法接受的事，投射到其他成員的特質或是問題時，他們就使用了投射性的防衛行為。在團體中，特別是團體中的大多數人，一起對抗某一個成員時，我們稱為代罪羔羊。透過投射或是情感轉移，成員將自己的問題歸罪於其他成員，藉以逃避自己應負的責任。這個受害者通常是自願的，或是感到自己需要去負責，並且為整個團體贖罪。當投射性的認同產生時，領導者通常需要去阻擋、保護，並且面質其他成員，以保障被迫害成員的福利，並且使其他成員面對自己的行為，同時也為自己的行為負責。

掌控和勝任

　　是指一個人能與所處的環境做有效的互動。領導者必須透過對成員一些相關的問題作思考，以察覺成員的掌控和勝任的特徵，這些問題包括：成員是否能夠持續工作或是上課？成員是否覺得自己有權力影響生活的不同面向？成員面對日常生活中的壓力時是否有彈性？成員對自己的成就是否感到自豪？

　　一個人必須依靠認知的技術、內在的行動，以及行動的技

術等，才能夠達到目標。在Murphy研究兒童的因應行為時得到一個結論，他認為「我做」是感受「我是誰」的先決條件。他同時也指出，這個現象不僅適用於兒童的身上，當成年人完成了一些成就時，也可以運用同樣的說法。例如，當成年人拼完一個拼圖，組合一件家具，學習一樣樂器時，也會產生同樣的效果。如果完成事件的人，將行為結果評價為好的時候，會增進他對自我的想法和感受；如果其他人也對結果表示讚許時，也會增強這個人好感受。

　　人對生活中不同力量的影響能力，會引發一個人的勝任感和控制感。掌控感透過激發個人的因應能力，而消除個人的無助感。相反的，當人覺得自己受到看不見的力量影響時，人會覺得被拒絕、絕望和沮喪。人會感到自己被陷害，而無法產生建設性的行動。若個人認為自己的行為是外在力量的結果時，這個人會覺得自己受到其他人、命運、社會、儀式、強迫性觀念，或幸運的操控。

　　當團體成員的掌握和勝任行為非常明顯，當團體成員或整個團體以一種直接且積極的態度去因應問題時，他們會覺得自己是有控制力的。透過行動的過程，他們證明自己可以有能力消除沒有希望和無助的感受，認為自己是有希望且有能力的人。Mary Jane在一次團體評估中曾提及：

> 　　今天的團體是有幫助的，我嘗試……。作為一個成人，我一直不斷的瞭解，在關係中我必須冒險且敏感。我瞭解到，我不是一個在親密關係中掙扎的人。更重要的是，我瞭解到自己是多麼願意持續的在團體中或團體外嘗試冒險。

簡而言之，感受和想法會影響行為，同樣的，行為也會影響感受和想法。

改變的動機

一個人是否能夠成功的改變，主要決定於他們尋求幫助的意願、使用幫助的能力、他們的社會能力，以及生活環境中的壓力和不舒服的程度。

案主使用幫助的意願是指案主對治療有意識。願意參與瞭解自己，是一種達到目標的潛在力量，也就是願意改變自己，並且積極的做出任何的改變；激發自己以一種必要且適當的方式去行動；不將自己當成是受害者，而將自己視為是問題的製造者。

成員使用幫助的能力，主要決定於他的情緒性格和人格特質，以及智力和生理的遺傳。在團體中，成員忍受不舒服的能力，包括面對具有破壞力的潛在壓力的能力是特別重要的。成員能瞭解和同理其他人，並且能夠忍受人際關係中的壓力、潛在的攻擊、批評或是親近行為，是成員在團體中很重要的能力。

成員的社會智能（不可與人的智力混淆）包括正確的概念，也就是能夠在自己內在或是與他人之間，看到人際脈絡和溝通，以及能夠專注於一個主題的能力。成員必須願意被評價和嘗試冒險，而且他也必須準備好犧牲時間，而能持續的參與團體的聚會。成員必須能夠保密，並且遵守團體規範和期待。

除此之外，成員在討論一些困難主題的過程中，一定會經

驗到不舒服和壓力。成員要能克服困難或是完成任務。在表面上，成員是自我維護的，以至於他覺得一定能夠克服困難。人們為得到想要的狀況所付出的努力，提供人們希望的來源，使人們認為事情總會變好，或是情況總會改變。壓力會在不同的狀況中呈現，例如焦慮、對於生活不滿意、罪惡感，甚或是一個無望的夢境，或是幻想性的渴望，都有可能造成壓力。如果成員改變的動機有限，領導者在嘗試協助這些成員的時候，將會遇到非常大的挫折和挑戰。

一般而言，成員愈困擾或是愈想改變現狀，他愈會有意願承受團體中的人際關係壓力。因此，成員愈願意改變，表示成員在目前情況中愈不快樂，因此成員就愈傾向於準時出席團體，分享自己，思考一下挑戰他所持的想法和說法，並且留在團體中。

為了決定成員是否準備好接受幫助，領導者必須瞭解成員改變的動機如何？成員是否希望在內在或外在做改變？成員所要的改變是否有現實性且可達成的？更具挑戰性的問題是，成員是否會留在團體中，或是離開團體？

非自願性成員

如果成員是在父母、醫生、法官、校長的約束下，而接受治療或參加團體，或因為其他人的建議而參加團體，這個成員的動機是有限的。然而，有限的動機不代表成員在團體中的效果會有限。Weiner(1975)曾指出，一個內心接受且自行前來接受心理治療的成員，可能對於治療僅願意付出很少的努力和承諾，並且當領導者指出成員這種傾向時，成員可能會很快的反駁。相反的，一個非常需要治療，但非自願接受治療的成員，

一旦當他感到治療的效果時，他會對治療產生極大的興趣。

當團體成員被要求參加團體時，應該鼓勵他們表達對這種要求的感受。例如，他們可能對於領導者不信任；擔心他們的分享可能會被他人知道，或是被用來對抗自己；可能認爲治療是另一種形式的教化；他們可能很在意其他人的閒言閒語。在團體中，一個非自願性的成員表達參加團體的熱切和挫折時，並非是一件不尋常的行爲。雖然，在保護性機構工作的領導者，可能沒有權利允許成員退出團體，但是他可以協助成員瞭解自己的害怕和抗拒，可以鼓勵成員分享生氣和挫折的感受，以及對自己生活無法控制的感覺。同時，領導者也可以讓成員自己決定如何運用團體的時間。

如果成員對在團體中建立關係感到猶豫和不確定時，領導者可以用團體以外的時間單獨與成員見面，討論關於成員不願意的原因，而非立即要成員做出決定。如果領導者帶給潛在成員過大的壓力，要求成員參加團體時，成員可能會有被動／攻擊的反應。例如，成員可能會答應參加，但卻不出席團體。領導者可以邀請成員在真正做出承諾前，以嘗試的態度參觀團體。

摘　要

這一章的重點，在討論領導者如何評估成員的人格強度和因應能力。實務工作者的評估應考慮成員對所處環境的適應狀況，這個評估幫助領導者瞭解成員關係的品質，以及成員整體的情緒功能。

在評估潛在團體成員時，領導者需要考慮成員的一些狀況：成員對事實的適應如何？成員如何協調自己內在的需求和外在環境的要求？成員控制內在驅力、感情和衝動的能力如何？成員是否能與他人維持滿意的、成熟的和穩定的關係？成員的自我認同堅定嗎？成員如何反應挫折和達成內在願望的阻礙？同時領導者也需要瞭解潛在成員的動機，以及團體工作對成員的效果。

團體工作者的角色不僅是協助成員調整，更重要的是協助他們由過去的經驗、社會壓力、自貶行為和環境中阻礙因應的因素中得到釋放，而使成員成為一個完整的人。

第六章
團體中的團體工作者

對我而言，轉移總是帶著一些神秘。雖然，它在理智上是可理解的，但當我將它運用在自己的生活時，它似乎變得捉摸不定。也就是，直到我的兒子David的老師要求我或是我的妻子，至學校參與一個會議。

　　當我回憶自己小學六年的時光時，我必須承認，那是我生命中最糟糕的幾年。因此，為了作一個好父母並且幫助大衛，我去見了他的老師。

　　走進那個建築物，就好像回到我自己小學的神聖穿廊一般。那個鎖，林肯總統和華盛頓總統的畫像，甚至那些由餐廳傳來的刺鼻甘藍菜香，也好像和當年一樣。

　　David的老師，一個高高、瘦骨嶙峋的婦人，大約五十多歲，領我進入會議室，牆上還保留著為了九月回到學校的孩子和緊張的父母所準備的歡迎詞：「喔，雷先生，真高興你能夠來。」她盛情的說著。空氣中飄著一股甜香花的香水味，就是那種每一個老師會在聖誕節收到的禮物。

　　她給我的木椅是那種縮小的，就像她坐著的一模一樣。當我恭敬的坐下時，我六尺二百磅的身軀好像開始縮小，下巴頂著膝蓋，看著她的眼睛。那些家俱看起來開始不一樣了。

　　David的老師顯得關心但很失望，「David並沒有努力去表現出潛能，」她說，「而且我很擔心他。」

　　這個世界開始搖擺起來，就好像我在水面下往上看一樣，除了這些話以外，我記不起她說的任何話，我也不記得我說了些什麼。或許，我一直點頭，以表示同意她的說法。然而，我卻一直記得坐在椅子的感覺，而久久不能忘

記。

　　我是一位三十五歲且擁有博士學位的大學教授，此刻卻逐漸退回去成為一個六歲的頑皮小孩。當David的老師再一次的說「我希望我們能一起幫助David，他是一個這麼善良的孩子」後，時間好像突然就結束了。因此，我伸了伸腳，喃喃自語的說了一些話，和她握了手，搖晃著走出那扇門，而每走一步我就長高一些。當我坐進車裡，我的心智和身體就變回到原來的我。很奇妙而且很不合理的，我可能被這個婦人吸引住了，大約五到十分鐘。她不只是David的老師，她像是我過去友善和不太友善的老師的混和體。而我坐在那兒，對她投射出一些我未曾解決的感受。這並不理性也不合邏輯，但那卻是非常真實的。

　　做心理治療的人很難不相信有鬼魂。

　　在這一章，我們將開始討論團體工作者這個人，以及團體領導者與成員間的相互關係。在團體中，不僅是作為團體工作者的我們在影響團體的成員，我們也同時被團體成員所影響。在這一章中，我們要討論的問題是：團體工作者如何能夠維持客觀，而同時又能進入他人混亂的主觀世界中？團體工作者如何預防自己的人性，造成團體偏離它的治療目標？

有效的團體工作者—— 一個理想

　　臨床社會工作在團體中的理想狀況是否存在？答案可能是肯定的，但是對於這個理想的狀況卻很難達到共識，更困難的

是發現一個符合這些標準的團體工作者。任何的理想都是被發現，但卻很少被達到。或許比較有用的思考方式是這樣的說法：必要的專業和個人特質，而非一些完美的標準。

在有效的帶領團體的團體工作者中，我們發現有八個顯著的特徵。這八個特徵是：勇氣、誠實、創造力、自我瞭解、同理、行動取向、熱心、人性化。

(一)勇氣

有效的實務工作者能夠堅持自己的理念，並且不會被暫時的事件所動搖。他們願意在適當的時候冒險，願意亦步亦趨的跟隨團體成員，並且知道自己會遭到成員的反對和生氣。他們願意告訴成員一些他們不願意聽的話，在超過他們自己舒服的限度下，依然願意面對困難和會引發情緒的情境。當團體出現玩弄遊戲、煙幕障礙、面具和防衛時，他們願意向個別成員和整個團體提出面質。他們願意去愛，但有時會去限制愛的程度。

(二)誠實

有效的團體工作者是真實的，並且會對團體成員做出誠實的回饋。他們基於案主的利益，願意將心中的想法和感受說出。他們示範自己已經準備好，要討論團體關心的任何事。他們傳遞自己，不比真正的自己多或少。他們具體的表達，談論真實的感受以及具體的行為，而不是模糊的形式，不清楚的推論，或是曖昧的心理動力。當自己錯的時候，他們會願意承認；當受到挑戰時，不會擺出防衛的姿態。

(三)創造力

有效的團體領導者會遵守治療的基本原則，在適當的時候會調整自己的技巧，而不會改變他們的目標。如果他們的經驗

對團體的發展是有益的時候，這些團體工作者不會害怕分享。他們會和其他人一同嘲笑自己，他們願意對舊的情境做出新的反應。這些團體工作者會立即反應，但不會是強迫性的。他們是有創造性的，而不會拘泥於習慣的技術和活動。

（四）同理心

有效的實務工作者依據案主瞭解事情的參考架構來做反應，因為他們能透過案主的角度看世界。他們能夠經驗他人的情緒感受，如同自己親身經歷一般，並且將這種瞭解正確的讓案主知道，這些過程都是根植於事實的基礎。他們不評價他人，而是分享他人在痛苦、生氣、快樂中的感受。他們把自己完全全心投入其中。

（五）自我認識

有效的團體工作者不是道德的典範，也不是心理健康的典範。他們願意自我檢視，以開放的態度認識自己的堅強和軟弱。他們將自己視為是一個生活的、成長的、掙扎的個人，就如同案主一樣，也處在改變的過程中。他視自己是令人喜歡、滿意、且可接受的人，有自己的尊嚴和完整性。他們不懼怕生活，充滿感情和熱誠地活著。

（六）行動取向

有效的團體領導者瞭解覺察和知識上的瞭解，只是改變過程中的一小步，他鼓勵團體成員為自己設定目標，並且努力去達成目標。他們瞭解團體真正的成功，在於團體成員們能夠在團體外的生活中有建設性的改變。

（七）熱心

有效的團體領導者會熱心帶領每一次的團體，對於團體的活動熱心、對團體成員熱心、對於團體過程的價值熱心。他們

不僅在語言上,也在非口語的行為上表現相信自己所做的事,相信完成事情的方法。這並不意味著團體領導者一定是個興高采烈的領導者;而是他們必須相信團體過程,並且將這個訊息清楚的傳達給團體的成員。

(八)人性化

　　一個理想的團體工作者的最後一個特質是人性化,這不是一個可以藏匿自己的面具,而是對自己真實的概念,自己的狀態,自己內心有深入的瞭解。人性化的產生是由於團體工作者對自己真實而且誠實尋求的結果。人性化中沒有自大、虛偽或假裝,也沒有像神一樣的能力,這個想法曾經困擾著許多助人的專業者。他們常常述說著,當被他們的案主邀請進入他們的人生旅程,分享他們的痛苦和快樂時,自己感到無比的敬畏和榮耀。人性化使他們知道自己的創傷,而避免這些痛苦再度成為他們的阻礙。他們也會對自己改變過的傷害提出面質,而不會讓這些創傷改變自己,或是影響他們與他人的關係。他們並且能夠在表現非常專業和表現謙卑的人之間尋求一個平衡點。

　　理想的臨床工作者套句莎士比亞的名言,「把眼光投注在每個人身上」,是融合了Carl Rogers的溫暖,Fritz Perls的堅毅,Albert Ellis的邏輯,Jane Addams的社會承諾,Grace Coyle的理想。和案主一樣,團體工作者也在尋求他們自己生命中的完全和整合。團體工作者願意以他們鼓勵案主生活的方式來生活,同時團體工作者也願意向成為一個有完全功能的人類,這一個永無止境的目標努力。

治療中無理性的動力

　　團體治療中存在著許多錯誤的概念，依據一些人的說法，團體治療是由一個助人的專業者，以及一群有問題的個人聚集在一起，聽取對於他們問題的建議。由於個人或家庭的困難，每一個人需要人們協助他們管理自己的生活。改變的過程產生於成員分享他們的問題，而團體工作者以廣博的知識和智慧，協助成員發現解決的方法，並且提供建議。

　　基於這樣的信念，當成員願意裸露他們的靈魂，以發現問題的根源時，治癒才會產生。而其中案主與治療者之間的關係是單向的，也就是團體工作者給予，而團體成員接受。

　　無論在個別治療、家族治療或是團體治療中，協助的關係並非如此簡單而理性的。除了認知層面外，像記憶、意義、評價、概念等；治療關係也包含了明顯的非認知的要素，這些非認知的要素是感受、態度、行為的既有模式，這些非認知的要素並非被治療的情境所引發，它們不是理性的一部份，且還包括潛意識的反應，並且在治療情境中是不適宜產生的。

　　關於治療關係，更重要的是，它並非只有一個給予者和一個接收者的單一面向關係；事實上，治療關係在本質上是一種相互影響的關係，所有的參與者都會彼此的影響。參與的專家和團體工作者會影響成員，同時也被成員影響。當然，團體工作者必須記住，案主的需要永遠是最重要的，而且是治療關係的焦點，因為治療關係是為案主而存在的。

受傷的治療者

當一個社會工作師和團體成員聚集在一起形成一種治療聯盟時，每一個人都帶著自己全部的生活經驗，進入這個治療的情境。每一個人也都帶著自己的包袱，像是價值觀、先入為主的觀念、軟弱、盲點、堅強，每一個人也帶著與他人關係的經驗，這些經驗有時是成功的，有時不是成功的。在這一個治療的聯盟中，團體成員對團體工作者的反應，就如同他是自己家中的重要份子一樣；同樣的，團體工作者也可能以同樣的方式對待成員，將一些未被解決的感受和衝突投射到成員身上。

有一種說法，聲稱專業的助人者就如同他們的案主一樣，甚至有時比案主更像案主。我們都是受傷的治療者，我們需要社會的同伴、認同、名望、安全感。我們需要被人喜歡，我們也同樣會害怕，擔心沒沒無名。這些都是非常人性的，使我們更容易進入案主的生活，瞭解他們的痛苦，在案主的成長過程給予支持。然而，這些人性也可能會傷害我們與需要幫助的案主間的關係。

作為一個專業的慈善家，無論是受雇於機構或是自行開業，所得到最大的報酬，就是感到自己被需要。除此之外，實務工作者可能在不知不覺中被權威的地位、被他人的依賴、被行善的形象、被可能得到的奉承，或是被透過幫助他人而幫助自己的希望所吸引（Maeder , 1989）。

當然，沒有一個人願意向他人承認自己是因為這些原因，而成為一個社會工作者；然而，這些動機的存在的確是一個事實。在助人者的角色中，透過對案主的認同，我們因為滿足自己的需要而得到象徵性的快樂。很幸運的，經過時間的歷練，

團體工作者能夠在提供他人照顧和接受照顧之間得到一個平衡。

自我照顧和照顧他人這個議題，成為工作師專業態度中不可分割的一部份。Towle(1975)曾經指出：

> 我們不知道那些一直需要被瞭解，卻被團體工作者誤解的兒童，現在開始去嘗試瞭解其他人的狀況如何；我們也不知道那些曾經是孤單的個體，而在現在在助人工作中以替案主尋求親密關係作替身，而尋求自己親密關係的團體工作者的狀況如何。同樣的，我們也不知道那些曾經因為需要被憐憫，而被團體工作者傷害，現在卻能夠表現敏感，不會因為感情脆弱而容易受到他人傷害的兒童的情況如何。（p.80）

基於Towle的說法，社會工作師能夠表現出對這些感受和動機敏感，並且察覺案主具有潛在的影響深層的需要。同時，這個不穩定的平衡也可能是悲觀的，當團體工作者利用機構和案主的情況，達到一種具傷害性且非治療性的時候。

團體工作者在這一方面可以誤用的例子如下。團體工作者超時工作，案主和機構成為團體工作者生活的重心，團體工作者扮演一個超能力團體工作者的形象。團體工作者對工作表現出過度的承諾和努力，就像一個工作狂一樣。這種模式的團體工作者會陷入一個非常不幸的結果，他最終會產生工作疲乏，且在外觀和行為上都非常僵化。這種行為模式也會造成團體工作者工作角色和家庭角色間的緊張關係。很諷刺的是，當助人者瘋狂的嘗試去支持其他人的時候，他的家庭可能正面臨崩解的危機。

平衡的參與

　　當團體工作者的教育、專業價值觀、態度、方法和技巧加在團體工作者的人性上時，新進的實務工作者被教導必須要是非評價的，且不可強將個人的價值觀套在案主的身上。一個初階的工作者被鼓勵表現出客觀和企圖心，不要過分認同或反對案主；實習團體工作者被告知，治療關係是為了案主的利益，團體工作者的需要要以其他的方法滿足；學生被教導，資料的蒐集是為了案主的利益，而不是為了滿足團體工作者的好奇心。

　　但是，與案主在一起時，是否真的能夠做到客觀而沒有偏見？答案可能是否定的。在與人互動的過程中，每一個人都帶著許多不同的濾網，我們都下意識的選擇了要注意哪些事情而不注意哪些事情。這些來自於家庭、文化、個人歷史的濾網，提供了我們與周遭環境互動的模式。當這些濾網愈堅固的時候，偏見就愈容易產生。一個中產階級的白人團體工作者，在傾聽他人的時候，會傾向使用中產階級白人的濾網。這個團體工作者與同樣來自中產階級白人的團體成員間，所產生的問題會較少。團體成員有可能是個政治的極端主義者，無論是右翼或左翼；一是個相信正統派基督教義者；一個波多黎各的黑人婦女；或是來自香港的富有華人，或是一個女同性戀，且依靠救濟金的母親；團體工作者持有與種族、階級、膚色、宗教信仰、性別、性傾向、政治癖好等等有關的濾網，都可能引起偏見，而阻礙了團體工作者對案主的傾聽和瞭解。

灌輸給專業工作者的工作實施模式以及關於疾病和健康的參考架構，也同樣可能成為濾網的一部份，而造成團體工作者的偏見。接受行為修正學派訓練的團體工作者，和接受理性情緒或是心理分析學派訓練的團體工作者，可能會有不同的治療主題。就像其他人一樣，作為團體工作者的我們也傾向於聽我們想要聽的，聽我們認為會被說的，並且看我們認為會發生的。如果我們接受評估案主時強調心理疾病的訓練時，我們可能會對看似不正常的行為做出過度的解釋，而忽略了傾聽關於案主的強度和因應能力的資訊。

在治療關係中，我們很難隱藏自己的價值觀。它會在我們對案主的陳述做反應時，透過非口語的方式呈現出來；透過說出的和沒說的；也透過在團體過程中，對於要反應和不反應的選擇表現出來。案主學習去瞭解我們皺眉、微笑、改變姿勢、沈默的意義。如果我們無法察覺自己的價值觀和反應，而嘗試要加以偽裝時，團體成員可能會因為我們所傳達的雙重訊息而感到迷惑。瞭解那些會扭曲我們與他人互動的偏見和先入為主的觀念，是非常重要的。當我們個人所持有的價值觀，會影響我們與案主的關係時，與案主討論二者間的差別是很有價值的。如果經過一些考量，二者價值觀明顯的差異依然存在時，轉介案主可能就變成必要的考慮了。

自戀的陷阱

除了專業的訓練和個人對工作的承諾外，團體工作者也很容易遭受四個自戀陷阱的傷害：渴望去治療所有的人，瞭解所有的人，愛所有的人，被所有的人所愛。

（一）渴望去治療所有的人

　　在專業的社會化過程中，初階的團體工作者可能認為他所使用的技術和知識，會對案主的生活改變有直接的影響。因為教科書的例子中指出，團體工作者只要在適當的時間，使用正確的方法，就能夠成功的協助團體成員解決他們的問題。就如同電視中三十分鐘的連續劇一樣，無論成功的結果有多少的勝算，結尾都是好的。

　　很不幸的，因為缺乏適當的答案和快速的解決方法，治療的過程很少如此單純。尋求機構或私人服務的個人，常常對於協助的過程感到生氣和挫折。在團體工作者與案主見面的之前，案主可能已經面對過許多不同的助人機構了。案主可能已經經歷了繁瑣的官僚系統，而嘲笑那些想要幫助人的人。案主也可能對費時且需要耐性的改變過程感到挫折。這些情況都指出一個事實，團體工作者所面對的不是一個具有高度求助動機的案主，而是充滿防衛、生氣、挫折和抗拒的案主。

　　如果一個機械工程師的工具出了問題，工程師可以丟棄它們，再買新的工具。如果一個會計師覺得所使用的會計程式已經過時，他們很容易在市場上發現新的會計程式。但是專業的助人者卻沒有這樣的好處，就大部份的狀況而言，專業助人者的自我就是治療的工具，因為這個理由，治療的工具是不可能與人格特質分離，團體工作者可能會因為自己專業能力在協助個人成長上的限制，而感到困惑。

（二）瞭解所有的人

　　與去治療所有的人有密切關係的自戀陷阱，就是瞭解所有的人。團體成員常常有一個錯誤的想法，認為團體工作者可以讀出別人心中所想，因此可以瞭解成員的任何想法和感受，甚

至不需要案主將它清楚的表達出來。成員臉不紅氣不喘的告訴團體領導者，「你在我想到以前，就已經知道我會如何想」。要達到這樣的境界，需要全知的能力和千里眼，僅憑專業的能力是無法做到的。團體工作者持續的使用專業直覺和徵兆時，依然需要以臨床的資料作為基礎。

人們很容易陷入這種奇幻想法的陷阱。我們不得不承認，被認為具有洞察別人內心和動機的能力，是一件多麼令人高興的事；而且讓人感到自己有連團體工作者也沒有的力量和長處。然而，這種想法卻會造成團體工作者和團體成員間一種不健康形式，團體成員會期待團體工作者知道所有的事，團體工作者被誘惑而相信這是真的，甚至當工作者知道得更多的時候。

這些未被說出口的猜測，通常會帶來負面的結果。當成員開始懷疑團體工作者並沒有解決方法時，成員的反應可能會質疑團體工作者的能力。成員可能會產生這個想法：「如果你是一個好的團體工作者，你應該能解除我的痛苦。」即使對一個非常有能力和技術的團體工作者而言，這樣也會對他帶來很大的壓力，而導致於他對自己能力的懷疑。

這種將團體工作者偶像化的負擔，直接落在團體工作者的肩上，而使得成員不須為自己的生活負責。Kopp(1972)曾提及：

> 使案主堅定的相信我能夠拯救他們，其中一部份的理由是因為，如果他們不這麼認為的話，我能如何拯救他們呢？當然，在治療一開始的幾秒鐘，他們並不一定認為我們會救他們。在朝聖者和導師之間的關係是如何變得不平

等，就如同為什麼會出現不平等一樣的重要。當案主否認自己有責任使自己變得堅強，我開始變得強壯且充滿智慧，使得案主將責任放在我那不太強壯的肩膀……我常常警告我的案主，我關於全知、全能的夢想，以及那些無與倫比的快樂經驗，將會因為他們把我變成完美先生，而使得我達成這些夢想。如果我不放棄這些對快樂的幻想，案主通常會使事情變成很糟糕。（p.133-134）

這種情況，就如同團體工作者來了，但摧毀了一個重要的基礎一樣，成員會感到自己被欺騙和出賣了。經過一段時間，他們在驚慌中學習到，團體工作者所給予的啟發並非提供一個完美，而是提供自己一個學習與那些可接受的不完美共同生活的方法。

(三)愛所有的人

第三個自戀的陷阱是有關團體工作者的信念，他相信自己應該愛所有的案主，以及所有可能前來尋求協助的人。如同其他的助人專業者一樣，帶領團體的社會工作師需要關心案主是不容置疑的，團體工作者的知識、技術和時間都是治療過程的一部份，並且用以協助案主完成他們的目標。然而，有時候關心的給予卻並不是真正所謂的關心。

團體成員可能會對團體工作者所造成的改變產生抗拒，有時這些抗拒會伴隨著「我不需要你的幫助，不要管我」的意涵，以口語甚至是行為的方式來發洩。較不自我肯定的案主，以及較無法以口語表達感受的案主，則可能以非口語的暗示行為讓團體工作者知道他們是不適當、不瞭解和無法滿足他們的期待。有些團體成員可能會在參加一次團體之後，沒有任何理

由的不再出席團體聚會。

　　Slivkin(1982)舉自己與一個發展有障礙和成人團體的工作經驗為例指出，團體成員需要試驗團體工作者會被影響和妨礙的限度。例如團體成員發洩自己的憤怒，通常是由於成員內在產生的需求，而這些憤怒案主通常無法對團體情境反應。然而，團體成員也可能以發洩憤怒，或是使用其他的防衛，像是否認問題、投射、情緒上的孤立，來與團體工作者維持一個合理的距離。如果團體工作者將這些行為當成是成員蓄意造成的，團體工作者可能會喪失成為重要他人的機會，而無法對案主做治療。

(四)被所有的人所愛

　　團體工作者需要愛所有人的需要，可能因為需要被所有的人所愛而變得更複雜。Bach 和 Goldberg(1974)曾經諷刺的指出，一個被全體案主所愛的「好團體工作者」，可能對案主生活的影響是有限的。因為這些治療者看起來是甜美、仁慈、溫柔和充滿愛的，以至於案主無法對他們生氣，甚至在治療過程中，也無法表達生氣的感受。

　　由於團體工作者自己的需要，「好團體工作者」傾向於獎賞和增強案主對他們的依賴，並且會延長治療的時間。為了適應這樣的治療者，案主總是說他們已經改變很多，但是事實上案主的改變卻很少。這種團體工作者透過培養依賴、壓抑攻擊，甚至是肯定的行為，來複製過分保護父母的行為，以表達他直接的攻擊傾向。

反情感轉移

實務工作者被案主所激發的意識反應或潛意識反應，被稱為是反情感轉移（countertransference）。在心理治療發展的早期，這個詞主要與心理治療有關，並且被認為對治療過程是有害的。經過最近幾十年的發展，反情感轉移被當作是個總稱，代表助人者對案主表達過度的態度。簡而言之，也就是助人者對案主的情緒反應，而這些反應都是來自於團體工作者自己的生活經驗。當使用適當時，內在的反應是一項瞭解個人和團體動力，以及支持個人和團體的有效工具。

團體工作者碰到明顯的是針對某一個人的一些反應，例如，某一個案主的外表、年齡、人格結構、社會經濟階層和態度，會引發團體工作者潛在的內在的感受和行為。這些反應的狀況並非固定不變，且會隨著不同案主而改變。

青少年特別容易引發團體工作者對於事件產生非理性的感受和反應（Marshak, 1982; Reid, 1980）。對於年輕人的反覆無常、自戀、無理和發洩的行為，團體工作者就如同青少年的父母一樣，會感到混亂不安。團體工作者如果沒有察覺自己的感受，可能會對青少年挑戰傳統價值的行為感到挫折和困擾。這些不舒服的感受和焦慮，可能會對團體工作者造成阻礙，而無法對青少年做出有意義的努力。

團體工作者自己尚未解決的衝突，特別是與父母及其他權威形象的衝突，會使得團體工作者轉而鼓勵青少年的發洩行為。由於自己渴望像青少年一樣發洩的慾望，有些團體工作者

會因為青少年案主對性的偏差行為、對父母、老師和其他權威人士的直接洩憤等而有替代的愉悅感受。

我們會喜歡我們的一些案主，也會不喜歡我們的一些案主；對某些案主我們會希望與他們一起努力，而對另一些案主，我們則希望他去別的地方尋求協助；我們對某些案主會非常溫柔，而對另一些案主則會感到焦慮、敵意和害怕。我們所感覺到的感受大多是自然產生的，並且被我們意識以外的動機和需要所控制（Reid, 1977a）。

有一些案主會使得助人專業者感到無力和被吞沒感受。一個對於醫院團體工作者對精神病患產生反情感轉移的研究中，研究者發現，不同精神疾病的病患引發團體工作者不同的情緒反應。有人格方面疾病的病患，傾向引發團體工作者生氣的情緒反應，患有退縮精神疾的病患，則引發團體工作者無助和困惑的情緒反應。

攻擊和鬱躁症的病患，則引發醫院中不同專業工作人員，許多不同的情緒反應。精神醫師感到無助和困惑，社會工作師和護士則感到恐懼，職能治療師則感到生氣和被挑釁（Colson, Allen, Coyne, Dexter, Jehl, Mayer, & Spohn, 1986）。

在團體中產生的反情感轉移包括：團體工作者遲到（雖然他們通常都非常準時）、提早結束團體（雖然他們通常都在某一特定時間結束團體）、變得沈默（通常他們都會適時發言）、忘記案主的名字，或是忘記宣佈即將來臨的假期。

團體工作者產生反情感轉移的指標是非常細微的，例如，打瞌睡、呵欠、在中途打斷案主的陳述等，可能是團體工作者經驗到反情感轉移的指標。或是團體工作者可能注意到自己被某一位成員吸引，在團體中或團體外陷入對成員的幻想，也可

能代表團體工作者產生了反情感轉移。團體工作者在團體前一晚或後一晚所做的夢，可能暗示著團體工作者對團體成員的感受。

Corey 和 Corey(1992)提出反情感轉移的一些其他狀況，例如團體工作者做出誘惑成員的行為，利用團體工作者角色的特權，而得到團體或成員的感情。他可能為了扮演溫和的替代父母，而變成過份的保護案主。團體工作者可能因為輕視自己的一些特質，不論這個案主是否願意接受治療，或是不可能接受團體工作者的協助，團體工作者都將這種感受投射到案主身上。團體工作者也可能在案主的身上看到自己，對案主產生過分認同，因而無法有效的治療案主。

反情感轉移也可能作為治療的指引，或是提供治療的方向。Leonard是一個專門治療情緒障礙學生團體的一員，剛開始他看起來非常沮喪。在團體中，他似乎非常有禮貌、沒有自信、不敢表達他的想法。到了第四個月，他變得越來越會表達，對女性常常使用一些諷刺和傷害性的評論，通常是最具傷害性的那一種。由學校社會工作師的說明發現，他的母親有沮喪、敵意且依賴的傾向，他與母親的關係則是被動、攻擊且依賴。

團體工作者是一個中年的婦女，她對於Leonard的諷刺和敵意逐漸產生了氣憤的感受，她無法以仁慈的方式對待Leonard，團體工作者與她的關係，可能已經重複Leonard與母親互動的模式。在這種情況，團體工作者應該嘗試協助Leonard直接表達她的感受，而不是用相反的方式來發洩。

對團體工作者而言，被人喜愛的需要可能非常的大，尤其是被某個特定成員所喜愛。如果這種情況產生時，團體工作者

除了不會面質案主外，並且會刻意忽略一些他會提出挑戰的行為或評論。團體工作者可能會擔心因為引起案主的注意，而造成案主可能的敵意或是憤怒反應，因此團體工作者刻意避免具有潛在危險的主題，而僅討論安全且可預測結果的主題。簡而言之，團體工作者需要被人喜愛的需要，會阻礙他面質或討論重要的主題。

　　成員對於團體工作者造成影響之後，團體工作者接著的反應狀況受到一些因素的影響，包括：團體工作者生活中一些情境因素的組合，團體工作者未經解決的神經性問題，以及案主對團體工作者表達生氣的方式。

情境因素

　　團體領導者有其個人的生活，其中包括了人物、地點和體以外的事件。作為團體領導者的我們，無論多麼努力的將我們的專業與個人生活分開，要將這二者完全分離依然是不容易的。個人的生活會侵入助人的角色中和諮商的過程，相對的，我們與案主的工作也會影響個人的生活。

　　專業者個人生活和專業工作的融合，可以用一個例子來說明。通常一個敏感的治療師，當他在領導一個團體時，同時也面臨了一個困難的離婚過程。在團體中一個中年的男性成員，同樣也正面臨婚姻中的衝突。在評估團體工作者的工作以及對此成員的反應時，他的督導發現團體工作者的角度有些偏頗。

　　團體工作者下意識的鼓勵這個成員離開他的妻子，並且為自己找尋新的生活，而案主則對這樣的建議提出反駁，並且堅持他要繼續保有這個婚姻。當督導向團體工作者解釋他的發現時，團體工作者發現因為自己個人的處境，而產生了過分認同

案主的現象。他發現在案主的身上，他看見了自己，而運用案主的情境來解決自己生活中的困境。

　　有時候團體工作者對案主的反應是基於文化的因素。例如，一個白人團體工作者對黑人團體成員任何不敏感的表現，都會引發對團體工作者防衛的反應。爲了不承認自己的種族主義，團體工作者可能潛意識的避免挑戰黑人成員，並且對他們表現出刻意的同理。對於團體工作者而言，任何有關自己種族傾向的暗示都是痛苦的。對新進的團體工作者而言，由於已經碰到相當程度的焦慮和自我懷疑，還要面對是否種族偏見者，更是一種酷刑。爲了處理這種窘境，新進的團體工作者可能被迫使用防衛機轉作爲他的盾牌，然而這個行爲可能又會被團體所挑戰。

　　一個黑人專業者在面對黑人案主時，可能產生的問題則完全不同（Sager, Braywood, & Waxenberg , 1970）。一個黑人精神科醫師曾經指出：對於一個已經掙脫自己是黑人的陰影的治療者而言，黑人的案主可能會喚醒他們的記憶，而擔心自己會回到過去的狀況。Kadushin(1972)指出，當黑人團體工作者發現黑人案主無法符合主流文化的標準時，他們會感到焦慮，好像案主的偏差代表了整個種族的偏差。

　　當黑人團體領導者面對白人成員時，常常會貶低自己，而且覺得自己失去信心（Davis, 1984）。無論團體工作者是否勝任團體帶領的工作，團體成員都會提出與團體工作者專業能力有關的問題。團體成員甚至會表達他們對團體工作者治療訓練、知識和技術方面的懷疑。

團體工作者的問題

專業的治療者可能會帶著與成員一樣的情緒困擾進入團體中，因為他們都不能對怨恨、罪惡感、崇拜、氣憤、嫉妒、孤單和愛這些感受免疫。事實上，由於團體工作者專業工作和個人生活的關係密切，使得問題有可能浮現於團體中，阻礙了治療的過程。

有一個古老的例子，是指一個團體工作者利用案主以滿足他的性需要。一個具誘惑力或具性吸引力的案主，可能會引起團體工作者強烈的性感受，使得團體工作者在團體過程中，充滿了對案主的性幻想。以一個較不具傷害性的觀點來看，案主可能運用誘惑的語言和非語言，來魅惑團體工作者以抗拒治療。

Lawton(1958)透過觀察個案關係中的反情感轉移現象，指出不成熟或是有障礙的治療師，可能會對順服且像孩子一樣的案主，以行為或是語言的誘惑和懇求，來獲得案主的青睞。語言的誘惑意圖可能是：不經案主的同意叫案主的名字、使用感性或有特殊涵意的字眼、二人開始冗長的電話交談、詢問一些過於深入的私人問題。

基於Lawton的說法，在非語言的層面上，實務工作者可能在案主有可能產生情感轉移時，依然前去案主的家中拜訪；可能以富有感情且特殊意義的眼神望著案主；可能以富有感情的方式將手放在案主的肩上，或是像父母一樣的拍案主的肩膀；可能將團體的時間延長，而超過了習慣上對時間的限制。助人的關係不再被用來處理案主的困難，而成為團體工作者滿足自己未被解決的需要和問題的工具。

面對成員生氣的溝通

　　有一些成員將自己的生氣，以語言和非語言的方式表達在團體工作者的身上。生氣的可能是以貶損團體工作者口語來表達。在這種情況下，成員透過對團體工作者的語言，來表達對某人的生氣。一個新進的團體工作者，常會因為被團體成員罵而感到震驚。一個年輕團體工作者曾指出：

　　　　我花了很長的時間，才適應被成員用三字經罵我。如果我在街上碰到有人這樣罵我時，我一定會回罵他。我必須學會在團體中忽略這些，並且學習不去對它們反應。有時候，我會覺得團體中的一個成員，一直在等著看我爆發。

　　為了達成語言的攻擊，成員可能直接嘲笑團體工作者的外表，特別是當團體工作者有一些外在特徵時，像是種族或是生活型態。

　　成員有可能以其他的方式表達生氣，像是白眼、故意推團體工作者、提高聲音的音調和音量。有自殺傾向的案主可能會因為對生命感到倦怠，而覺得「一切都是不值得的」。像這樣的案主可能會買槍，或是攜有其他傷害性的東西，以傷害自己或是其他人。

　　作為專業工作者的我們，常常需要面臨一個兩難的情境，一方面，我們承諾協助團體成員；而另一方面，由於成員的行為，我們會有非常人性且個人的反應，像是恐懼、生氣、受傷等。我們視自己是有憐憫心的、關懷的，且不評價的人，然而有時後，案主不但不感激我們的努力，反而使我們覺得沒有能

力且虛弱。

(一)團體工作者的反應

　　對於成員生氣的自然反應有困惑、怨恨、氣憤、受傷、激憤和厭惡等。然而，在團體工作者的人格結構中，這些情緒通常是不被接受的，特別是怨恨和氣憤。Meltsberger 和 Buie(1974)指出，怨恨與團體工作者的自尊是不相合的，而且團體工作者會下意識的抗拒這種感受。基於他們的說法，一個有能力的團體工作者無法允許自己因有這些感受而做出反應，而他們也無法承擔自己與其他人有不同的想法，認為情緒是不存在的。

　　由於這些情緒存在潛意識中，團體工作者通常無法察覺這些情緒的強烈程度，而這些情緒卻以非常細微的方式，呈現在團體的過程中。例如，我們可能覺得無法專注，我們可能發現自己做白日夢，感到無聊，感到焦慮或感到無精打采。我們甚至可能感到厭惡而看輕團體，可能會以打呵欠、不斷的看鐘、或是其他非口語的方式表現，像是心中想著「我實在不想和你們在一起，真希望我現在在其他的地方」。當這些現象出現的時候，我們開始不信任自己的助人能力，而開始懷疑自己是否真的能幫助人。不幸的，這個被某成員引發的自我懷疑可能會蔓延至整個團體，甚至全部的案主群。團體工作者可能會真的對自己帶團體的能力產生懷疑。對一些工作者而言，這個痛苦的問題可能會被一般化，進而懷疑自己作為團體工作者的自信和能力，甚至懷疑自己不能勝任任何一種形式的助人專業。

　　有一些團體工作者使用反向作用（reaction formation）的方式來作為面對情緒，即以相反的感受替代真正的感受。因此，他們壓抑自己生氣、怨恨、氣憤的感受，取而代之的是過

份的愛、關心和瞭解。這個團體工作者甚至會因為要幫助案主，而感到一種焦慮的急迫性，甚至超越了團體的監督而干預案主的生活。

(二)情緒枯竭

很悲哀的，有一些團體工作者從事團體工作一些年之後，不僅對案主的問題和痛苦沒有感覺，而且他們變得更固執且憤世嫉俗。Chekhov (1964) 在他的短文 " Ward Number Six " 中曾描述這種狀況：

> 像法官、警察、醫生這一類的人面對人們的傷痛時，是抱持著非常公式化和專業的態度，隨著工作時間的增長，以及不能以專業以外的態度對待案主的壓力，這種態度逐漸變得沒有感覺。在這種情況下，他們變得和那些在後院屠殺羊和牛，面對那些血毫無感受的屠夫一樣的。（p.137）

造成情緒枯竭和壓力的原因，首先可能是來自於團體工作者職位和角色的壓力。團體工作者，特別是那些年紀輕的團體工作者，隨著專業技術的發展，可能沒有機會發展他們的因應技術。第二，可能是來自於處理負面、不合作、自殺傾向、攻擊性、敵意案主的壓力。有時候，團體成員並不認為團體工作者是一個想要幫助他們的專業者，而將團體工作者視為是敵人。第三，團體工作者可能對工作持有不切實際的期待，當他們無法達到他們不合理的期待時，他們會產生罪惡感。涉入團體過多的實務工作者，常常會因為覺得自己做得不夠，而感到額外的挫折。第四，壓力的來源是當案主過多，而又沒有足夠的資源時，所造成的非人性化的狀況。尤其是團體工作者對於

工作的要求，覺得沒有能力控制，同時機構的支持又不多的時候。第五，壓力的來源在於團體工作者面對日復一日出現在治療過程中的相同阻礙，產生與理論不一致和沒有成就感的感受。

團體工作者對融入團體的尋求

做一個團體治療的領導者，對專業者而言，可能是得到接納和融入的一種方法，一種在孩童或青少年期從未感受到的經驗。Levine(1991)指出，治療團體的領導者，可能會對遭遇人際關係困難的案主表達非常多的同理，而變成過分認同案主的情形。這種團體工作者將他們過去因為被拒絕產生的受傷害和敵意之經驗感受帶入團體，持續的討論有關生氣的主題。然而，在他們的團體中，表達生氣卻是不被允許的，因為領導者無法讓成員彼此表達拒絕和敵意，或是向團體工作者表達拒絕和敵意。一般而言，有這種領導的團體，會呈現出一種如同青少年團體的假性親密關係。這些團體的成員，可能會對彼此都有很好的感受，但同時也感到無法表達心中拒絕或敵意的感受。

對於一些在青少年時期，扮演同儕團體中心人物的實務工作者而言，他們可能會在領導團體的過程中，尋求那些現在失去的親密關係和權力（Levine, 1991）。這種團體工作者主要的問題是渴望被接受和親密感，但又害怕被拒絕。為了避免受到挫折，這些團體工作者使用一種獨裁的方式，就是在團體中採用較不會產生拒絕的方式，就像是仁慈的暴君一樣，這些領導者對於成員的需要非常的敏感，不斷的提供案主所希望得到的，同時也讓自己感到安全。

‧分享權力

對於一些強調個別諮商和心理動力的團體工作者而言，控制是一個非常複雜的主題。Williams(1966)在對個案團體工作者的團體訓練的觀察中發現，即使臨床工作者不認為自己是控制的，他們卻害怕失去控制，特別是在面對許多成員的治療情境中。

雖然個案取向的團體工作者會發展團體工作者對成員的關係，他們卻不會鼓勵或允許團體成員之間的關係，這些團體工作者傾向於將團體動力，視為對自己的權威有害，並且會對他們的自尊和個人的控制造成威脅。

恐懼和幻想

帶領團體，可能是一件充滿威脅的事。團體領導者必須一方面因應心理治療所面對的問題，同時，在另一方面要面對這一群人的共同問題，滿足他們的需要，並且達成團體的目標（Reid, 1988）。除此之外，團體工作者要處理團體的動力，而且要處理存在於團體工作者與成員，以及成員與成員之間的關係。較安全的案主和團體工作者的比例是一比一或是一比二，現在變成是較不安全的一比多的狀況。

在傳統的個案工作和心理治療中，臨床工作者可以將辦公室的門關上，專心面對自己的工作。在團體治療中，這種標準已經不再存在。團體很少在團體工作者的辦公室中進行，而常常是在機構中的其他房間，或是社區中的其他地方進行。在這些環境中，一些熟悉的東西，像是書、證書、家俱都不見了。

團體工作者被迫要在一疊紙、一個慣用的塑膠咖啡杯，或是任何唾手可得的東西上，尋求安靜的安全感。

在團體工作中，團體工作者也放棄了權力和控制，這些在個案工作中重要的東西（Reid, 1988）。在一對一的諮商過程中，社會工作師是助人者；而在團體工作中，其他的團體成員則共同參與治療的過程。雖然團體領導者依然處在一個重要的位置，但僅是治療過程中的一部份而已。如果團體工作者是脆弱的，如果團體工作者需要更多的認同，或是如果團體工作者需要扮演明星，那麼團體工作者會經驗到挫折。以下是一個剛畢業社會工作師的觀察報告：

> 無論何時，當Flora開口說話時，其他的團體成員都會非常專注，而且對他所說的話非常認真。如果這些話是我說的，他們一定不會認為很值得聽。真正讓我感到困惑的是，Flora只是一個初中畢業生，而且也沒有很好的工作。雖然我才是這個團體的領導者，而且研究所畢業，我必須很不好意思的承認，有時候他的建議和解釋比我的還要切中要點。

執行工作的焦慮

當第一次帶領團體時，團體工作者常常因為擔心自己看起來很笨拙且沒有能力，而造成情緒性的分心。在一個新進團體工作者的心中，認為自己會被團體成員看穿或嘲笑，而需要無時無刻都做正確的事。當團體出現過早的衝突，而使得團體成

員退出，或是成員離開而未再出現時，他會擔心這是他的領導技術造成，而且傷害成員對他的信心。在團體沈默的時候，團體的新手會強烈的感到需要更換主題，或是不斷的說話，以便成員不會覺得浪費時間，或是使自己變得失去信心。到了團體結束時，這些新手又會因為感到「又矇混過關」，而心中得到釋放的快感。

（一）自尊的威脅

所有團體工作者都會因為自尊受侵害，而覺得自己好像被毀滅一樣（Kottler，1983）。雖然團體工作者宣稱自己是中立的，對於治療結果沒有任何的私利存在，然而，團體工作者確實是關心結果的。無論如何，當案主沒有進步，或是團體的進行遭到困難時，新手都會感到痛苦，覺得這些是自己造成的。同時新手認為，別人會由他的案主的行為表現，來評價他的能力。如果團體成員說話太大聲，或是出現語言攻擊的情況時，新進的團體領導者會擔心在隔壁辦公的同事，或是坐在交誼廳中的案主，會認為自己做得不好。

當團體成員誠實的表達意見，或是分享心中的痛苦經驗時，新進的團體領導者可能會擔心團體失去控制，而認為團體結果會是一團糟（Reid，1988）。察覺到團體影響的力量時，新進的團體領導者可能會預期團體會產生強烈的衝突，而擔心自己會無法處理。事實上這種擔心是源自於擔心團體成員彼此合作建立共同防衛的能力，而對團體工作者直接攻擊。為了尋求面對這種威脅的方法，沒有經驗的治療師可能會藉由專業的語言和解釋，或是藉由疏遠和難以理解的知識，來表現自己的高人一等。

(二)抗拒

　　在某些時候，幾乎每一個團體工作者都會遇到需要處理來自團體的棘手抗拒情況。在與督導討論的過程中，新進的團體工作者常常會問一些假設性的問題，例如，詢問某一個成員或團體的行為可能會使他們感到無助（Reid，1988）。「如果沒有人出席怎麼辦？」「如果他們都不說話，只是望著我的時候怎麼辦？」「如果他們都不聽我的，而只是聽情況更嚴重的成員的建議怎麼辦？」

　　恐懼，特別是新進團體工作者的恐懼，通常都與在社會中是否重要性的感受相關連起來（Williams，1966）。這些團體工作者受到大眾心理病態所影響，以至於忽略了人基本的感受和思考過程。「非常明顯的，治療師對自己成為團體成員的意義有所抗拒，並且將這個抗拒投射到團體成員的身上。」

　　在一個強調種族主義、修飾感情及壓抑敵意的家庭中成長的社會工作師，常常存有團體中會有強烈的敵意的幻想（Reid,1988）。這種幻想可以從下列陳述中很明顯的發現。「如果他們對著我大吼時，我該怎麼辦？」、「如果他們開始打架，我該怎麼辦？」，他們不僅無法將團體中的衝突，視為是一種自然的、正常的、需要的團體過程，甚至將衝突視為等同於暴力。因此認為衝突應該避免，而且當它出現的時候，應該將它制止。

　　雖然在團體中有可能發生暴力，但是卻不常出現。Rappaport(1982)在形容一個監獄中犯人的團體時指出，較具暴力的團體聚會中，事實上並未出現肢體傷害，而且在事件結束後，成員會分享他們的感受，並且感到釋放。團體的壓力會使犯人的強迫行為，由行為上的表達改變成為語言上的發洩，而

團體成員將這樣的情況視爲是一種治療。

一些實務上的考量

　　助人的關係是非常複雜的，在嘗試分辨事實和投射的過程中，團體成員和團體工作者都持續的對彼此反應。同樣的，當他們嘗試分辨彼此正確的概念和錯誤的概念時，他們也在相互反應。因爲這麼複雜的過程，團體工作者和案主在治療的過程中，無庸置疑的將感到挫折和困惑。

　　作爲團體工作者，我們必須由研究自己的行爲開始，包括診斷自己的反情感轉移，並且學習去控制它。例如，當我們在團體中話說得太多的時候，我們應該學習如何不在下一次的團體中說太多的話。如果太過於堅持要解決問題，可能會變得非常折磨人，而且可能會產生錯誤。唯有當我們能夠控制自己的反應，我們才能夠開始發現案主會引發我們反應的行爲，並且也領悟能夠有效幫助成員改變的看法。

　　有可能想說話的刺激是來自團體中的沈默。焦慮和壓力則來自於內心一個聲音，「趕快填滿沈默的空虛」，「提供解答，壓力就會減低」。就某種程度上，我們需要將被情境引發的衝動維持在意識層面中。如果沒有這些意識上的察覺，我們的自我控制將會是有限的。

　　一些我們需要問的重要問題包括：

　　‧現在團體中發生了什麼？
　　‧我現在在團體中的感覺是什麼？

・如果某一個特殊的成員退出團體，我會有什麼感覺？

・如果我將最衝動的反應釋放出來，那個反應是什麼？

・在團體中，我是否扮演了某一特殊的角色？

當我們開始瞭解自己個人的反應時，我們對於自己和團體成員的瞭解就會增加。持續的嘗試瞭解自己的反應，就如同開了一扇窗戶，透過這個窗戶，我們可以看到自己的人格特質。接著，我們會知道，當我們碰到不同的人的時候，我們會如何與他建立關係，並且瞭解自己對他會有什麼反應。這扇窗戶也可能使我們有機會，一窺自己人格中未解決的衝突。

當我們瞭解到我們被一些非治療的模式所束縛，無論是對某一個成員或是整個團體，我們該問的問題是：「我如何能將這個狀況改變，成為具有學習效果的情境，並且避免進一步傷害我的案主和自己？」「如果我因為某個成員或團體而感到無力感，並且無法思考的時候，我感到要打人，那是很正常的。」除此之外，我們的反應需要被衡量、思考、延遲反應，而不是立即採取反應行動。

如果我們與情境的關係太過密切，顧問或是督導可能可以協助我們評估這個動力，並且找出可能的解決方法。我們可能需要放棄一些過去所學，在一對一諮商關係中視為是恰當，但在團體的多人諮商情境中不適當的行為。

摘　要

在本章中，我們討論了有關團體工作者的一些問題，如同

團體成員一樣，團體工作者將會對治療關係造成影響的許多個人生活經驗帶入團體中。團體工作者的人性，提供了團體工作者與成員建立關係的基礎。然而，同樣是如此，團體工作者的人性也可能破壞或是阻礙成員的改變。

團體創造了一個獨特的社會系統，它擁有有別於一對一治療關係的特質。每一個團體成員與團體工作者之間的交流，以及團體成員彼此之間的交流，形成了整個團體行動和反應的過程。其中最重要的是，團體工作者對團體所產生的恐懼和幻想。團體工作者的自我覺察，特別是對自己的強度和軟弱的真實覺察，是一項重要的資產。這個覺察可以確保對案主持有一個公平的觀點，因而促進了對於問題的平衡治療方法。

第七章
團體基本技巧

我最近接到一通電話，是由一位驚恐且慌張的實務工作者打來的，他顯然遭受到無比的痛苦。他請我針對如何帶領一個團體，給他一些立即可用的建議。我們之間的對話大致是這樣。

　　「我真的很害怕，」他咕噥著說，「我剛才才知道，我明天需要帶一個團體，而我從來沒有帶過團體。」

　　我那緊張的來電者，以一種帶著抱歉的口吻解釋著說，他機構中的一個治療師，即將外出，而他需要去帶這個團體。他說：「我一直希望修一門團體工作的課，但是我一直沒有時間。」當他聽到我說，去找其他的人來帶這個團體時，他說沒有其他的人有時間。

　　坦白的說，在過去我可能會建議一些有關團體的書籍，或是給他一些「如何」帶領團體的期刊論文，然而，這樣做就算沒有實際幫助，也給他一些鼓勵。不過，這些書刊不僅未提供協助，反而使這些可能做領導者的人感到困惑，甚至帶來更大的焦慮。

　　現在，我分享有關如何帶領一個團體的速成法。「做以下的步驟，然後你會沒事的。」我告訴他，「首先，盡可能的溫暖、關心和尊重。第二，努力的傾聽成員在說些什麼，如果你瞭解的話，讓他們知道。第三，做你自己，然後不要躲在一個專業臉孔的後面。第四，努力使成員專注於團體的任務，並且鼓勵每一個人說出他們的意思，當然包括你自己。第五，挑戰成員，讓他們說出他們真正的想法和感受。」

　　當我說完了這些，我等著對方的感謝，然而我卻聽

到一聲很大的嘆息，過了一會，他惱怒的說：「我知道這些，但是我需要怎麼做？」

　　我想Oscar Wilde是對的，他說要給建議很容易，但要給好的建議則絕對要看運氣了。

　　在本章中，我將討論以下的問題：對實務工作者而言，要成功的帶領團體治療時，所需要的基本人際關係技巧和行為有哪些？簡單的說，這些技巧是溫暖和尊重、同理心、具體、真誠、自我坦露、傾聽的能力。然而，這些都是治療定律的一部份，當這些技術單獨存在時，其效果是有限的，因為技術是緊密的結合在一起，當少了其中一個時，會影響治療對案主所產生的改變。因此，這些技術和行為是治療關係的基礎。

治療的人際關係技巧

　　要做一個有能力的社會工作師，是能將人際關係技巧使用在治療中，同時也將這些技巧使用在助人的關係中，以便帶來正面的治療結果。有不錯的人際關係技巧，不代表能夠將它們運用在臨床工作上。許多團體工作者在個人生活中，有敏銳感且關心人的，然而，他們卻無法將這些技巧使用在治療中。例如，一個團體工作者可能在瞭解人格理論方面有特殊的天賦，然而，當他面對一個有障礙的案主時，他卻無法有效的運用這個天賦。

　　其他一些團體工作者可能對於案主的需要非常敏感，然

而卻無法瞭解自己的家人、朋友和同事。有什麼情況會比一個好人和一個糟糕的社會工作師，或是一個好的團體工作者和一個可怕的案主的組合更糟糕？但是二者都不常出現！

在有效的諮商員的研究中指出助人過程上有一些重要的技術（Carkhuff & Berenson，1967; Egan，1982; Truax & Carkhuff，1967）。這些研究認為，團體工作者完成一個成功的治療過程中，最重要的要素是團體工作者對人有真誠的興趣，並且對他們的成長有承諾。就實務工作者而言，最重要的人際關係行為是溫暖和尊重、同理心、具體和真誠。

Rogers(1962)在討論治療師與案主間在治療上能彼此配合時曾經指出，他們之間保有的個人關係(personal relationship)是最重要的。有些案主僅與治療師短暫的接觸，而有些案主則與治療師維持較長且持續的關係。不論是哪一種情況，以長遠的眼光來看，他們之間個人關係的本質，對案主而言，決定了團體經驗是喪失或促進了案主的發展和成長。

溫暖和尊重

就如同前面幾章所討論的，團體的領導者嘗試創造一種氣氛，才能夠使得成員在其中感到被保護、安全和被尊重。但是，如何才能創造出這種氣氛？有一種方式是，這種氣氛透過團體工作者在團體中，表現溫暖和對每一個成員的接納而產生。透過語言和非語言，團體領導者傳遞給成員「我尊重你」、「我重視你這個人的價值」的訊息。

團體工作者同樣也可以透過非語言來傳達溫暖的態度，

例如臉部的表情、姿勢、聲音、身體的親近等。當團體工作者與他們有直接的眼光接觸，會適當的使用生動而富變化的臉部表情，和會偶爾微笑時，團體成員會對團體工作者表示更高的接納。同時，當團體工作者透過傾聽表達他們的注意，表現他們的放鬆，以及表達他們是全神貫注時，案主也比較會主動接近團體工作者。

相反的，對於一些很小的不支持行為，成員會很快的感受到，尤其是對批評和拒絕特別敏感的成員。這些行為像是不贊成、激動、責難等。一些臉部的表情，像是呵欠、眼光逃開、過度的點頭，或是僵硬的臉部表情，都可能被案主視為團體工作者是不值得信任，或團體工作者是在迴避自己的暗示。案主可能會將團體工作者的坐立不安、無精打采、用手指點作為強調的姿勢，解釋成團體工作者是不關心或不敏感的。

Egan(1982)指出，團體工作者可透過基本的友誼，來表達初期的溫暖。然而，基本的友誼與團體工作者和親密朋友間的溫暖是不同的，因為在與案主的關係中，團體工作者並非扮演親密朋友的角色。如果團體工作者變成是一個「溫暖的機器」，並且持續產生無條件的正向關懷時，對案主而言，這種溫暖會變質，而成為類似「喔，沒有關係」這種表面和沒有幫助的反應。

無條件的正向關懷

一個真正尊重案主的團體領導者，視每個成員的想法和行為為一個有價值的獨立個人。作為社會工作師的我們，必須無條件的接納案主，無論他們說了什麼，或是做了什麼，

這些都是案主的一部份，而值得被瞭解。當對案主的行為提出評價，或是要認定他對決定應負的責任時，我們需要非常的謹慎。

無條件的接納很容易被誤解，其並非意味著要寬恕案主的偏差行為，或是贊同案主的行為。在極端的立場上，就好像是贊同案主的犯罪行為，例如暴君、侵犯兒童，或是販賣毒品。然而，接納意味著案主是一個人而非一個個案。一個非評價的反應與不責怪，和不批評有相同的意義。

團體工作者要表現出對案主支持的態度，因為案主是個人（Egan, 1982）。我們對每一個案主都是可接近的，並且提供每一個案主，我們對他們是有幫助的承諾。將案主視為是一個獨特的個人，並且以他的獨特性為基礎支持案主。

有時候團體工作者並不應該表現出溫暖，包括：第一，溫暖不是同理心。團體工作者對案主痛苦經驗的反應，不應該是「喔，那真是可怕！」或「聽到這件事我真是難過」；因為，這些同情心的反應雖然隱含著溫暖和關心的意味，它們同樣也帶著評價的意味。相反的，團體工作者應該專注於案主的想法和感受。例如，可以說：「這件事一定帶給你很多困擾」，這種反應的形式強調案主的想法和感受，而非強調團體工作者的想法和感受。

溫暖並不代表著團體工作者是被動的、仁慈的、溫順的和順服的形象，需要保護每一個成員，並且使治療情境中沒有一點焦慮存在。我們的工作是協助團體成員更瞭解自己，這種增進自我覺察的要求，並不是全無痛苦的努力。當挑戰是適當的時候，我們並不畏縮去挑戰案主非理性的想法、感受和行為；我們也不畏懼告訴案主他現在的樣子，特別是當

案主出糗的時候，例如案主的臉上有東西，或是他忘了拉拉鍊。

　　一個真正關懷案主的社會工作師，對引起案主社會和心理困擾的行為和態度，會真誠的加以瞭解並提出面質。簡單的說，團體工作者傳遞一種訊息，「我是如此的關心你，以至於我願意冒險，讓你知道我所聽、所看和所感受到的」。那些沒有努力挑戰和面質案主的團體工作者，會讓案主感到他是冷淡的、不關心的、自以為施恩惠的。

對個人的尊重

　　一個尊重案主的團體工作者，會評估和挑戰成員的陳述和行為，但不會評價或是侮辱這個人。當團體工作者說：「做這件事一定是瘋了」（如果這是適當的反應的話，可能是一個具體的觀察）和「你瘋了」（這是對個人的攻擊），這二個陳述是不一樣的。

　　團體工作者通常是以非口語且微妙的方式，表達對案主的不尊重。當團體工作者一直看著鐘，望著窗外，打呵欠，或是坐立不安時，這些行為都傳達著不專心的訊息，而且缺乏尊重。一些團體工作者內在的因素，可能會阻礙團體工作者與團體成員的心理接觸。這些因素包括：對案主先入為主的評估，內心有對案主的問題提出立即解決方法的壓力。影響團體工作者的環境因素則包括：外在的噪音、電話鈴聲、一個不適當的團體空間，或是缺乏隱密等因素，這些都會影響團體工作者的心理，而無法與案主做有效的心理接觸。

(一)名字的使用

　　案主名字的使用方式，也傳達了團體工作者的尊重或是

缺乏尊重。在北美洲，以名字稱呼陌生人是一種習慣，這種立即性親密的用法，通常可在銀行、商店、學校、醫院、機構或是診所中見到，而這種親切的表示通常是單方面的。例如，一個老婦人稱呼她的男性醫師為「醫生」，然而這個醫生會以老婦人的名字稱呼她。為什麼醫師不以病人稱呼他的方式，來稱呼他的病人呢？

　　未經過對方的允許，而以他的名字稱呼他時，可能會帶來意想不到的負面結果，特別是在跨文化的關係中。許多不同的文化，以不同的態度看待名字的使用。在美國，白人使用名字稱呼他人，代表一種親切和平等的關係；而黑人，在正式的場合，則傾向喜歡使用全名（McNeely and Badami, 1984）。McNeely 和 Badami曾對這種情況提出說明：

　　　　今天，黑人不相信那些以名字稱呼自己的白人，認為白人以名字稱呼，是用來強調黑人和白人的不同，並且接受二者在地位上的不平等，而不是為了表達平等的同胞愛。除此之外，白人立刻以名字稱呼人時，通常不僅被認為不真誠，也是有意的對黑人表示不尊重，因此他們會使用姓名或是頭銜來稱呼。（p.24）

　　長久以來，白人就一直嘗試指出白人和黑人的差異。這種差異源於強調對方在語言的差異，而造成二者在社會地位上的不平等，形成一種不平等的互動風格（McNeely & Badami, 1984）。白人對於這種與黑人差異的期待，造成了白人對黑人的奴隸政策。一般而言，白人以名字稱呼黑人奴隸，而要求奴隸以小姐或先生稱呼自己，作為對白人主人的尊敬。

　　通常，居住在美國的黑人，當要稱呼他人的時候，傾向使

用正式的抬頭稱呼對方，像是使用小姐、先生，或某某博士。這種正式的稱呼，象徵著彼此關係的平等，並且維持著相互尊敬的距離。直接稱呼一個人的名字是一種特權，而不是在非正式見面的時候，因爲自然反應得到的權利。

西班牙裔的人也有類似的情況，正式的稱呼被視爲是一種尊敬的象徵，而對於未成年的人則不用正式的稱呼。應該以姓氏稱呼案主，除非他們要求使用名字(Herrerias, 1991)。經過了一段時間，案主可能會要求團體工作者，以更親切的方式稱呼自己；但是，名字的使用必須經過對方的允許。案主的名字在個人的文化和認同中，是非常重要的一部份，因此，使用時必須注意，一定要正確拼出或唸出對方的名字。而在唸西班牙裔的案主的名字時，不可因爲團體工作者自己的方便，而以英語拼音唸案主的名字。

開放和誠實的規則在西方社會中是非常重要的；然而，對於來自其他文化的案主而言，可能開放和誠實有不同的意義。例如，在亞洲文化中，自由交換意見與亞洲強調謙卑和不自大的價值觀相違背（Ho, 1976）。在美洲印地安裔的傳統中，印地安人是不用自己的名字，也不過度使用我這個字的。Edwards和Edwards(1980)曾指出，印地安裔的案主前來求助時，可能會帶著另一個人，因爲認爲這樣才會有人站在他這一邊。

當強調一個人的膚色來討論種族和國家認同時，團體工作者同樣必須將時間內涵的參考架構謹記在心。例如，在稱呼一個黑人案主時，必須要考慮這個案主是否樂意被稱做黑人、有色人種或非洲裔美國人。這個答案可能與案主的年齡和他所認同的年代有關，老一代的美國黑人，可能傾向於喜歡被以有色

人種稱呼，而年輕的黑人，則可能傾向於喜歡被以非洲裔美國人稱呼。而每一個人的偏好，可以用直接問他的方式來瞭解。

（二）眼光接觸

眼光接觸是另一個常被誤解的技巧。當傾聽的時候，白人偏愛較多的眼光接觸，而黑人則傾向較少的眼光接觸。在白人的文化中，直接望著別人的眼睛，是一種尊重的象徵，而黑人則會頻繁的將眼光移開（LaFrance & Mayo, 1976）。這種文化模式上的差異所帶來的結果，通常會造成對非語言表達的誤解。一個習慣將眼光接觸視為是禮貌的白人，當面對習慣於將眼光移開的黑人時，可能會覺得不被尊重。一個視短暫眼光接觸是尊重象徵的黑人，面對一個持續看著自己的白人時，可能會感到被侵犯和敵意。

·實務上的考量·

1. 與團體成員維持直接但溫和的眼光接觸。
2. 以開放的身體姿勢，且不會對案主封閉的姿勢，以維持自己適當放鬆的狀況。所謂封閉的身體姿勢，是指例如在坐著或站著的時候，將雙臂交叉於胸前。
3. 知道每一個團體成員的姓名，而且瞭解每一個人希望被稱呼的方式。
4. 不要假設每一個團體成員喜歡被以名字稱呼。
5. 不要期待與團體成員發展立即的親密感。

同理心

　　同理心就如同定義黃色書刊的複雜性一樣，美國最高法院的法官Potter Stewart曾經指出，他無法定義什麼是黃色書刊，但是當他看到的時候，他就會知道那是不是黃色書刊。在某些方面而言，定義同理心就像定義黃色書刊一樣，同理心這個詞很難被定義，但是當他們看到、經驗到同理心的時候，團體工作者和案主都知道什麼是同理心。同理心是指能夠以對方個人的參考架構，來瞭解對方，而不是以自己的參考架構。這是一種能力，能夠將自己放入別人的立場中（in another person's shoes），嘗試去瞭解這個人的需要和感受。同理心中最精深的層次，是一種能夠進入別人的世界中，由對方的內心來瞭解他所看到的世界，同時能夠將我們的瞭解，正確傳達給對方的一種能力，而在瞭解的過程中，團體工作者並未失去自我。

　　在心理治療中，同理的瞭解是指，治療師對病人所說和所做的事情的意義特別的敏感（Weiner，1975）。一個有同理心的實務工作者能夠正確的知道案主的想法和感受，並且覺察出它們的真義。所以，團體工作者不僅是經驗當時的狀況，並且要能夠知道在案主意識層面以外的想法。

　　雖然，同理心的反應能力，被視為是一種基本的技術，但是許多社會工作師無法正確的使用它。一些人甚至認為同理反應訓練視為是多餘的，認為自己在與案主的接觸中，已經能夠有同理心了（Fisher，1978）。在Carkuff、Kratochvil 和 Friel (1968)對諮商者的研究中發現，有三分之二的助人工作者認

為，自己表現了低層次的同理心反應。研究者認為在這些團體中，有許多同理心對案主而言是無效或是有害的。

同理心的層次

基於Egan(1982)的分類，同理心有二個層次：初層次同理和高層次同理。

(一)初層次同理心（Primary empathy）

當實務工作者使用初層次同理心時，團體工作者讓案主知道他瞭解案主的感受，以及在這些感受下的經驗和行為。初層次的同理心可以協助案主，以他自己的參考架構，表達和澄清問題的情況。團體工作者對案主所說的、所隱藏的，或所感受到的，不是採取深深的挖掘探討，而是團體工作者讓案主知道，他瞭解案主所說的。在團體的早期階段，同理心是建立關係的技巧，也是蒐集資料的技巧。同理心使團體工作者能夠建立與案主間的共鳴，協助案主發展開放和信任，也協助案主分享個人和自己問題的情況。

(二)高層次同理心

而在另一方面，當使用高層次同理心時，團體工作者傳達一個更深入和更高程度的瞭解。高層次的同理心不僅是瞭解案主的陳述，同時也要瞭解案主所隱含的，或是未完全表達出來的意思。Cartwright 和Lerner (.1963)研究發現，高層次的同理心，與案主在治療過程中的進步有關。

進入案主的世界

為了察覺案主的環境和問題，社會工作師必須先進入案主的世界，雖然有時它可能是混亂的。對於一些患有精神疾

病的案主而言，這個世界可能是上下相反的，或是前後相反的；對於一些因為遭受喪失妻子、孩子和居住處所之後，而顯得極度沮喪的男子而言，他的世界可能是灰色、憂傷，而且沒有亮光的；對一個二十三歲，育有三名子女的單親母親而言，在被醫生診斷發現患有無法治癒的胃癌時，她的世界可能變得非常恐怖；而對一個五十五歲，受過教育的黑人男子，因為他的年齡和膚色而無法找到工作時，他的世界可能是充滿敵意和不關心的。

　　如果我們從未遭遇過這些問題，我們有可能做到真正的同理嗎？有一些人的答案可能是否定的。為了做到真正的瞭解和誠實的傳達這些瞭解，有一些人會說，我們必須去經驗類似的狀況。Johnson(1951)以他與一個肢體殘障兒童的經驗指出，團體工作者無法瞭解這類的兒童是因為他們自己沒有殘障。

　　　　無論如何，我懷疑一個人是否能夠對一個有嚴重問題的人產生有意義的覺察，如果他從未遭遇過問題？這裡要指出的是，如果你沒有殘障，你所能夠有的，只是在知識上瞭解你嘗試去幫助的人，而這種知識僅是口語上的。（pp.178-179）

　　另有一些人提出不同的看法，認為雖然團體工作者沒有與案主一樣的經驗，團體工作者卻有其他的生命經驗，這些經驗使他能夠瞭解痛苦、恐懼、絕望、生氣和快樂。而且，當團體工作者能夠真正的感受到這些感覺時，他可以有效的使用這些經驗，作為開始瞭解案主感受的基礎。

傳達瞭解

進入團體成員的世界，也就是瞭解成員的感受、經驗和行為後，團體工作者所面臨的問題是，如何傳達這些瞭解。很明顯的，僅僅瞭解案主的世界中發生了什麼是不夠的，這種瞭解必須被傳達給案主。這個人需要相信和接納團體工作者是一個盟友，而且在他和團體工作者之間，有一個延伸和相連的連結。傳達這種瞭解的責任是團體領導者的義務。如果這種傳達做得不好，成員可能不會再來團體；或是他可能將團體工作者視爲只是一個能夠將瞭解說出的專家，而不是真正瞭解案主的痛苦、挫折或恐懼的助人者。

領導者需要讓案主進入一種能夠發展工作的關係，並且能夠澄清案主問題狀況的對話環境。團體成員需要被引導，使得案主的問題能夠被分解，變成是可被提出且可被處理的內容。當團體達到這種狀況時，實務工作者和案主可以專心去解決問題，並且避免因爲案主的複雜狀況，而感到無力感。

表達同理心的問題

同理心可能會遭遇許多的問題。一個團體工作者可能會誤解案主的想法和感受，可能沒有表達立即的傾聽，也可能會過份注意案主所說的內容，而忽略了案主話語中的意義。

(一)假裝瞭解

有時候，即使團體工作者非常專心的聽，團體工作者也很難瞭解案主所說的話。例如，一個精神疾病的病人，因爲

非常的情緒化，或是非常缺乏現實感，而可能會感到非常的困惑。治療師對於這個人所說的，可能沒有任何的線索。當這種情況發生時，我們不可能瞭解案主所傳達的訊息；如果我們因此而假裝自己瞭解時，對治療結果是非常具有傷害性的。一個比較誠實的反應應該是要案主把剛才所說的話重複一次。我們可能會說：「我有點不清楚，請再說一次，因為對我而言，瞭解你所說的非常重要。」

　　承認自己不瞭解的反應比讓案主繼續說，或是點頭，或是假裝瞭解的反應要好。拒絕表示自己的疑惑，可能會造成錯誤，而且接下去的會談也可能會變成沒有幫助。甚至，案主會由團體工作者疑惑的表達中得到益處。

　　例如，有一些團體成員，抗拒工作者為了瞭解他們所做的任何努力（Brenner, 1982）。雖然他們是自己要求協助的，他們似乎決定不要為進步付出代價。所有團體工作者所提出的評論或要求，都沒有得到回應，所有的解說都被拒絕，不理會，或是被這些成員岔開。團體工作者對這類案主所做的任何嘗試，都被證明是失敗的。案主可能會提出一些評論，然後在下一次的團體中，又將這個評論推翻。

　　我們作為助人專業者，常常對這種抗拒產生挫折和惱怒的感受，或是嘗試將這些案主標籤為被動攻擊、抗拒和沒有動機接受治療。這些標籤只是給我們一個可以解釋案主沒有進步，且對治療合理化的藉口。因此，我們可能會好過一些，比較不那麼罪惡；除此之外，這種反應沒有任何效果。

（二）虛偽的反應

　　有時候就像是「三塊錢的鈔票」（Three-dollars-bill）的反應一樣，團體工作者使用文字或語言，表達一些聽起來像

是同理心；但卻像是避免真誠瞭解而使用虛偽的語言一樣。像是「我聽到你說……」，接著是不經思考的，將案主的陳述複述一次。不久之後，團體工作者又說「我聽到你說……」。對於助人者玩弄文字遊戲，不加思考的對每一個案主重複相同的話，案主不需要感到震驚。

所以，案主尋求諮商，但是卻常常重複著告訴過其他專業助人者的話，因此他們逐漸對於誰瞭解，或誰不瞭解非常的敏感。同樣的，他們也很快的知道，誰是與自己站在一起，而誰又是反對他的。如果他們覺得我們不關心，或是愚蠢，他們將會退開來（可能是適宜的），或是以某種方式抗拒我們的治療。

(三)不適當的語言

當社會工作師的語言與案主一致，或是與案主的語言相似時，這個團體工作者是最有效率的。也就是說，要避免使用案主不瞭解的字，同時，也不可向案主吹牛。新進的團體工作者常常將課堂中所使用的語言，使用在治療的情境中。能夠記住老師和同學們的話與概念，像轉移、自我、防衛機轉、壓抑等，是一件聰明的事；但是，對大多數的案主而言，這些都是心理學的名詞。

團體工作者可能嘗試使用一些他們認為符合某一個年齡層，或是某一個文化的話語。例如，一個來自中產階級的白人研究生，面對一個由非常渴望被接納的黑人青少年所組成的團體時，為了帶領這個團體，他使用街頭青少年使用的俚語，像是cool、man 等，而這些都不是他談話時所使用的語言。然而，這個團體工作者並未與成員融合，也沒有與他們更接近，團體工作者甚至發現成員嘲笑和貶低他。

雖然使用非正式的語言是被接受的，但是它必須是領導者自己的語言。因為這個領導者並不是街頭遊蕩的人，更不是一個使用同樣俚語的青少年。因此，假裝自己是他們的一員，並未使團體工作者取得有力的幫助。Weinberg(1984)指出，治療師使用案主的俚語，就像是使用他們自己的專業術語一樣，是不真誠且可笑的行為。

對我們而言，扮演自己才有意義。如果一個有藥癮的人因為我一點也不瞭解他們如何比喻將針筒刺入手臂的動作，而認為我是一個局外人時，他們是很有理由的。在許多類似的例子中，案主需要他們的治療師是局外人，而且對於借用他們語言的人，就像這些人擠進他們之中一樣，會表現出不尊敬的態度。

然而，對我們而言，當案主提出一些事情時，使用案主的語言去稱呼它時，那是很有用的。例如，當案主告訴我們，他被老師「耍」，或是被老師「整」；一旦我們瞭解案主的真正意義時，我們在與案主討論這件事，或是其他情境時，也可以使用這些俚語。

·實務上的考量·

1.為了瞭解案主真正要傳達的訊息，給自己充分的時間去瞭解案主所說的話。
2.盡量使自己對案主的反應簡短，而不要是長而複雜的反應。
3.使用你認為案主容易瞭解的語言。
4.避免使用「我聽到你說……」這樣的陳述。
5.如果不瞭解案主所說的，就告訴案主。

6.以漸進的方式切入敏感的主題和感受；牢記自己可能已經準備好了，然而案主可能還沒準備好。

具　體

　　具體是指在反應中，相對於模糊的一般化的說法，而以清楚、詳盡、明確的方式來作反應。透過具體的語言，團體工作者能夠確定自己對案主的反應，不會偏離案主的經驗和感受（Carkuff & Berenson, 1967）。使用清楚、詳盡的語言，會鼓勵團體工作者更精確且正確的瞭解團體成員。因此，團體工作者的誤解可以被澄清，他的想法會被更正。同時，團體工作者具體的語言會使團體成員感到，以明確的方式面對自己的問題和情緒衝突是非常重要的。

·契約具體化

　　第一個必須要使用具體語言的地方，是團體工作者與團體成員間的契約，以及團體工作者與整個團體的契約。否則，將會出現二種團體的做法，以及團體工作者和案主間矛盾的期待。例如，一個成員可能將某一個問題視爲是團體工作者干預的目標，而團體工作者卻將另一個問題，視爲是干預的目標。或是當成員期待團體工作者對某一個問題，提供立即可行的幫助，而團體工作者提供的卻是完全不同的方向，例如團體工作者協助案主瞭解問題的原因，案主會感到挫折。對於「由案主目前的情形開始著手」這一個傳統的定律，必須再加上「而且也要讓案主知道你在哪裡，你要往哪裡去」。

比較低度和高度具體的差別時，Truax和Carkuff指出，低度具體是指對抽象和且不知來源的通則作討論，或是以抽象的層次作討論，甚至是對真實感受的討論。他們將高度具體定義爲表達明確的感受和經驗。例如，如果一個團體成員說：「我恨我的母親！」或是「……然後他會爆發，並且開始丟東西」，這個團體成員在說一個真實的情緒，或是一個明確的事件。具體的表達永遠傳達一個明確的情緒、情境或事件。

團體成員通常傾向於以一般性的方式，使用不精確的語言，以及傳達混合的訊息。因爲這個緣故，團體工作者有許多的機會，練習和鼓勵具體化。作爲一個團體領導者，我們可以藉由澄清所聽到的，來達成這個目的。例如，我們可以說：「你是說……？」或是「你的意義是……？」來作爲瞭解案主嘗試傳達的訊息。也有可能因爲沒有專心傾聽，而使得我們錯過了重要訊息。或是可能這個人的思考渙散，而他的說明又令人困惑。

澄清用詞

案主傾向使用有多重意義的字或表達，例如：

- 我快瘋了！
- 我快要精神崩潰了！
- 我再也不能忍受了！

假定團體成員和領導者處在同一觀點，因此對於大部分的表達，他們都有共同瞭解，這樣的想法是很自然的。然而，每一個人偶爾會使用不同的參考點，而對事情產生不同

的結論。一個有六個小孩而感到精疲力竭的母親，可能會說
「我快要精神崩潰了」（表示她暫時失去控制的意思），而
團體工作者可能會認為，以她所用的字眼，她是要提出住院
的要求。對這案主而言，當她說「我沒有辦法再忍受了」，
可能是表達她的疲累，並且需要暫時離開她的孩子一下；對
團體工作者而言，這可能表示案主有自殺的傾向。

　　我們需要透過要求案主解釋，以協助案主澄清這些表達
的精確意思。如果說這些話的人，以一些抽象的原則說明
時，要求他舉一個具體的例子來描述是很有用的方法。例
如，我們可能對案主說：「你說你希望快樂，告訴我們，當
你快樂的時候，會是個什麼樣子？」同樣的，解開案主的扭
曲事實，並以鼓勵和關心的態度，挑戰案主錯誤的結論，也
是團體工作者的任務之一。

「我──」

　　團體成員常常以一些用詞來替代我這個字，例如團體、
我們、你、一個等。例如，一個團體成員可能說：

- 這個團體要
- 我們都覺得
- 你總是
- 一個人懷疑一些事

　　當使用的是「我們」等複述名詞，而不是「我」時，團
體成員可能會覺得較安全，因為團體成員假定，團體其他的
人都和他有相同的感受。然而，當使用複數名詞成為團體的
規範時，對於整個團體，是一種傷害。因為它帶來一個假的

共識，或是團體的共同感，而不是成員個人的思考。它也阻礙了團體成員彼此的挑戰，因為害怕違背了團體好的精神，或是害怕破壞團體一致的感受。

團體工作者需要示範、教導和提醒團體成員，使用個人來發言，例如我。為了達到這個目的，團體工作者可能會說：「你已經說了很多次的我們，現在試著用『我』這個字，將剛才所說的再說一次。」或是團體工作者可以提出問題：「你真的覺得團體在生氣，或者是你自己感到生氣？」

有時候，當團體無法對一個或多數成員的說法提出挑戰時，團體成員會產生團體一致的幻覺。舉個例子，當這種情況產生時，你可以說：「上個星期，Tom說這個團體不快樂，你們其他人覺得如何？」不用贅言的，常常會在開始時，聲稱是整個團體的感受或意見；事實上，又是一群彼此相關連的成員所組成的次團體的意見。不論結果是什麼，瞭解每一個人的感受如何是非常重要的。

理智化

理智化是一個常常被用來逃避團體工作的技巧。當團體成員習於找藉口，或是為感受和事實找理由，而不是直接面對感受和事實時，我們稱團體成員在理智化。此時此刻的問題是痛苦的、困惑的，而且威脅到生命時，這些問題會被案主高度的抽象化，好像在其他地方和其他時候一樣。當團體成員使用理智化時，當談論「在別處」很遠的問題時，自己好像是個絕緣體一樣，而感到被保護，而不會感到此時此刻正經驗到的痛苦。例如，案主可能比較容易討論他對某一個遠方親戚的氣憤，而較不容易分享他對坐在鄰座男子的氣

憤。

案主不是唯一會理智化的人，團體工作者常常會發現他們對一個治療團體說教。這種非建設性的行為，會使團體陷入泥沼，並且對團體的成長造成阻礙。當團體領導者開始權威式的發號施令時，通常是源自於焦慮和不安全感。因此，當團體領導者不確定團體的狀況，或是懷疑自己的能力時，就會出現說教的舉動。

團體成員常常透過一些看似無侵犯意味的問題，像是「為什麼有些團體有效，而有些團體無效呢？」或是「你以前曾經帶過團體，比較起來，我們這個團體如何？」或是「為什麼現在有那麼多的婚姻都是以離婚收場？」，引發團體工作者出現理智化的行為。團體工作者常常會忘了團體的任務，而給予團體一個短的演說，主題可能是有關團體動力或是婚姻的危機。

團體工作者需要持續不斷檢視自己所傳達的訊息，並且很快的將團體帶回原來的主題。如果所提供的資訊對團體討論的主題是貼切的時候，團體工作者應該僅針對和團體目前相關的情境提出說明。

・實務上的考量・

1. 協助團體成員澄清對你而言他們所使用的看起來意思模糊或是不熟悉的字、表達、評論。
2. 透過使用「我」的陳述方式，協助團體成員將他們的評論個人化。
3. 在領導者自己的評論中，避免模糊和一般性。
4. 將團體的焦點集中在此時此刻，而不是那裡和當時。

5.避免使用長的演說，以及長而複雜的指示。

真　誠

　　作一個開放且誠實的領導者有許多的好處，第一，團體成員會認為，與這樣的團體工作者互動是不複雜、率直的，而且是合宜的。第二，因為領導者不扮演任何的角色，團體理論和方法分離的狀況幾乎不存在。第三，這個真誠協助者是看得見的，而且傳達堅忍和保證的感覺。

　　一個真實與透明的團體工作者進入他們與團體的關係是沒有戴著面具。這個意思是說，團體工作者能夠察覺自己此時此刻的經驗，並且在適當的時候，將這些感受傳達給團體。真實且透明的意思是做自己。

給予回饋

　　一致(congruence)的相反意思是指以面具或是防衛的表情面對案主。依Rogers(1961)的說法，當我們表現一致性的態度時，我們可以開放的看待我們周遭的世界，而沒有恐懼；我們可以正確和真實的看待自己；我能夠信任自己；能夠看著任何的資料，而不會產生防衛或是扭曲；我們可以接納關於世界的事實，接納我們自己，並且我們信任我們的感受，而不是害怕它們。

　　作為團體領導者，我們必須提供團體成員誠實的回饋。這並不代表，我們應該每次都說出我們的想法。有許多的狀況，為慎重起見，我們需要保留我們的想法。然而，如果案

主要改變他們的狀況，他們需要知道有關他們行為結果的真實資訊。

在評估自己治療師的角色時，Jourard (1971)指出，以大眾的角度而言，他對案主的自我表露變得愈來愈不是事先計畫好的，而是變得愈來愈是立即性的。他說他相信自己治療的行為不會阻礙案主成長，而且他對無法因應狀況的恐懼也減低了。他發現自己的焦慮通常會造成他對案主使用技術性的和非人性的反應。

當我很幸運的發現自己的焦慮時，有時候我會說：「就是你讓我焦慮的。」如果我在關心或是擔心一件事的時候，我就讓它被瞭解。

如果一個病人問我問題，而我實在不想回答他時，我會告訴他：「我不想回答。」而同時，我也會告訴他真的原因。我發現向案主描述我在做什麼的最簡潔的方式，是在當時我努力的對案主開放我自己。我相信案主有權利得到一個像我一樣專業人員的誠實表達，而這也就是我給他的。（p.147）

為了真誠的對待團體，團體工作者同時需要勇氣和能力去實現自己的承諾（Shapiro, 1978）。團體工作者需要對這些承諾，保持著堅定不移的信仰，果決的依循著他選擇的焦點，並且以一種接納的態度，面對對於他的領導的反對，有時這些反對會是有暴力傾向的表達。勇氣使得團體工作者能夠進入一個新的領域，有時候是盲目的，或是能夠鎮定沈著面對危機。

負面的示範

除了示範正面的行為，像是尊重、溫暖、具體、同理、真誠，團體工作者有時候也會示範負面的，或是不期望的行為。Egan(1970)指出，「如果領導者和成員是不相等的，而其中一方認為另一方不夠聰明時，這一方在團體中的表現將會有障礙，而不是具有成長性的。然後這個團體的參與者，將要花費許多的力氣，去學習如何面對這個人」。（p.126）

在我們的臉上有著禮貌性的或是專業性的臉孔，並不會讓我們表現出一致性，反而會減少我們為案主帶來正向改變的可能性。團體工作者選擇「精神無表情」或是「永遠的微笑」，使自己看起來像專家一樣，常常會使自己變成不可接觸、沒有感覺和無法覺察。為了能覺察並且對成員的需要作反應，團體工作者必須能夠覺察自己的需要。Reik(1956)提出要知道並瞭解其他人心中所想的，團體工作者需要先看自己的內心，「有意識的比較過我們自己的經驗，才能深刻的瞭解他人的內心世界。瞭解人類的情緒、想法的意義和動機的決定性因素，在觀察者個人……也就是他自己本身」。這個探求的過程，僅有在自己的某一部份做到這種觀察，才有可能辦到。

當我們向自己澄清了治療的功能、目標、信念和我是誰之後，我們才可能發展對案主的反應。我們需要瞭解自己適應的方式、假設和感受。或是，就如同很久以前就記載在Delphy城中阿波羅神廟上的句子一樣：「知道他們自己」。

對團體工作者直接的挑戰

當團體工作者被團體成員，或是整個團體直接面質時，團體工作者應該怎麼做？通常對團體工作者的挑戰或是語言的攻擊，都發生在團體工作者設下限制，阻撓團體成員之後；或是團體工作者在某些方面與團體成員站在相對的立場時。表現領導者的地位，可能會使得團體工作者成為團體的眾矢之的。

例如，假設一個成長取向團體的領導者，告訴團體中一個女性團員，她需要瞭解她過去三次團體缺席的原因。在團體的後半段時間裡，這個成員可能會非常生氣的說，領導者是不敏感、沒有能力、粗魯的、不專業，而且根本就是不適任的。而其他一些支持這個成員的團體成員，可能會說他們也有相同的感受。對這個領導者而言，一個所謂「正常的」反應，有可能是防衛。

作為一個凡人，當我們自己或是地位受到威脅時，我們傾向於採取對抗的方式。我們或許會尋求正當的理由來證明自己是對的，而攻擊者是錯的。我們可能會向其他的成員尋求支持，希望能勝過對方成員，以至於造成了「我們」和「他們」的情境。

(一)害怕衝突

有一些實務工作者有意識壓抑在團體中的生氣和敵意，希望能夠減低攻擊的可能性。這些團體工作者將衝突視為是危險的，而且是需要避免的。這個團體工作者的風格變成是永遠的溫柔、友善、像關心的父母，總是以一種最不具攻擊性的態度，說出正確的事。然而，不幸的是，這種像聖人一

樣的角色不僅是不自然的，而且是不具治療效果的。

專業者必須控制自己，以不計代價的方式尋求和平的傾向。這並不代表團體工作者要接受咒罵，或是成為個別成員或團體的出氣筒，而是我們需要變得堅強，設下合理的限制，而不是逃走。我們必須超越所謂正常的反應，不能表現出自我保護、防衛或是反擊。忍受面質、挑戰和攻擊的能力，對有效的領導者而言，是相當重要的能力。

(二)非防衛性的反應

除了感到恐懼、受傷和生氣等真實的感受外，團體工作者面對團體中的攻擊時，可以表現的適當反應是詢問更多的資訊。例如，團體工作者可能會說：「你對我生氣，我需要知道我做了什麼讓你生氣？」團體工作者也可以舉出明確的例子，或是描述性的資訊，「告訴我，我說了什麼？」來反應成員的攻擊。除此之外，團體工作者可以鼓勵其他成員提供意見，也是一種很有用的方式。團體工作者可以說：「你們其他人對這個狀況有什麼看法？」

在團體中出現攻擊團體工作者的頻率，比在個別治療中要頻繁，因為基本上，團體是一個提供彼此相互支持的系統（Kadis, Krasner, Weiner, & Foulkers, 1974）。對團體工作者的攻擊行為，提供機會讓整個團體去思考攻擊背後的原因，以及攻擊本身的意義。這個攻擊所隱含的象徵性功能，就像團體的內容一樣重要。

當團體成員分享他們的感受時，團體工作者仔細的傾聽案主所用的字眼，並且瞭解他們的感受是很重要的。團體工作者的身體語言必須是放鬆和開放的，而不能是防衛的或保護的。如果領導者做了一個錯誤的事或是疏忽時，向成員道

歉是適當的，但是團體工作者只需要為這個錯誤道歉。

　　團體領導者面對面質時的反應方式，會影響成員嘗試冒險的意願，以及對未來的信任感。透過開放的面對面質，而不是防衛性的面對面質的行為，我們可以扮演一個可信賴的角色。為了扮演這個角色，我們不可逃離團體成員，或是逃離衝突的事件。

・實務上的考量・

1. 覺察自己如何面對敵意的反應，特別是針對你的敵意。
2. 當團體成員表達對團體或是你的領導的關心時，不可表現防衛的態度。
3. 如果在治療團體中，你犯了一個錯誤，對團體成員承認自己的錯誤。
4. 如果對案主的問題你不知道答案時，不要捏造答案。
5. 你不用回答團體成員所問的所有問題，而是盡可能的將問題拋回給案主，並且使他們努力考量。

自我表露

　　與團體工作者的真誠緊密關連的是團體工作者的自我表露。團體工作者的自我表露有二種模式。第一種模式的自我表露是團體工作者在團體中表露對案主個人的反應，或是對整個團體的感受，而這些分享是與此時此刻有關的事。以下是團體工作者所表露的一些想法和感受的例子。

- 你一直很努力,對於你的進步我很高興。這個團體從開始到現在,經過了許多的過程,但是它的結果正開始出現。
- 在過去兩年中,你經過了許多的痛苦。你失去了你的工作,而你又離婚了,我可以感到你的悲哀和生氣。我常常在想,如果我也處在和你相同的情況中,我是否會處理得和你一樣好。
- 我很生氣!你們說你們要一個團體,然後你們一個都沒把自己表出現出來,我需要一個直接的答案,你們要這個團體繼續,還是它應該結束了?

第二種模式的自我表露是團體工作者遭遇的困難和障礙,或是團體工作者過去有和成員或團體類似的困難所組成的訊息。以下是這類自我表露的例子。

- 我過去有一次的團體,在團體要結束時也有相同的困難。那時,我們都很高興團體結束了,但是我們卻不願意向朋友說再見。
- 你現在與你孩子的問題,和我與我九歲孩子的問題一樣,他讓我好生氣,我幾乎都要尖叫了。

因為我們無法確定團體的成員會如何使用我們所提供的資訊,謹慎的表達這些資訊是很重要的。團體工作者對案主分享的一些個人的事情,案主常常會將之洩漏給團體以外的人。例如,在一個針對婦女的支持團體中,團體工作者對案主分享被性騷擾的經驗,數星期後,團體工作者發現案主將這個故事告訴他的心理醫師。而這名團體成員說他以為保密

原則僅是針對成員間而言，而不包括團體工作者所分享的事。團體工作者在團體中自我表露時，一個簡便的治療原則是，當你在隔日的地方報紙看到所表露的一些個人的經驗時，不會覺得丟臉。

平衡的個人分享

在實務工作中，團體領導者在治療團體中做自我表露的頻率，隨著每一個領導者的不同而有很大的差別。對於領導者在團體中自我表露的頻率，一些實務工作者認為團體工作者需要非常謹慎小心，不能讓成員瞭解他們（Corey & Corey, 1992）；他們會將個人的事視為是個人的秘密，而嘗試將個人涉入團體的程度限制在最小的限度內。這些實務工作者採取這種態度的原因，是因為他們將治療師的角色視為是一個螢幕，而使得成員能夠將感受投射在螢幕上。這些轉移到治療師的感受，就是成員對家庭成員中的權威角色，或是所接觸的權威人士所產生的感受。透過這種早期經驗的再造過程，團體成員能夠面對，並且處理自己尚未解決的衝突。

其他一些實務工作者他們之所以不願意在團體中表達他們自己，是因為他們不願意失去「專家」的形象，或是「醫生和病人」的這種對等關係。他們認為，如果在成員的眼中他們像一般人一樣時，對於治療關係會造成傷害。這些團體工作者對團體隱藏他們的個人生活，也隱藏他們對個別成員或是整個團體的感受。團體工作者在團體中將焦點集中於確認團體主題，澄清成員的感受，以及鼓勵成員的參與，而不是分享他們自己的感受。他們扮演著調解者、整合者和始能者的角色。

以下是一首由Tom Prideaux所寫的詩，描述團體工作者有關解除無聊感受的自我表露，這首詩叫做「我船再次相逢」(We Meet Again)。

伴隨著飄在空氣中凝固的熱情
我脫去大衣和背心
略過凝固了的空氣
我拋開了我最後的束縛
直到再也沒有什麼可以拋棄
我脫去了表皮
然而還有很多的秘密在召喚著你
我撕裂我的骨骸使骨髓外溢
當我如此坦露
我將我的骸骨掛上
而你只是遠遠的坐在那兒遙控著我
而且穿著你的大外套

另外一部份的實務工作者則認為，他們傾向於向成員表露自己的想法和感受，只要他們認為這些感受和想法是真誠且誠實的。自一九六〇年代起，由於訓練團體以及會心團體的成長，贊成此種傾向的實務工作者逐漸增加。這種傾向在沒有經驗的實務工作者中，也大量的被使用，因為他們急於讓成員瞭解他們和成員是一樣的。他們毫不保留地向成員表露個人生活，並且分享他們與家人和朋友的問題。使用這種一覽無遺式的治療的團體工作者，與一些過度控制或是面無表情的團體工作者一樣，在採取行動上是缺乏彈性且有限制的。

努力在團體工作者與成員間創造一種完全平等關係的實務工作者，可能會陷入無法建立領導者角色的困境。Maslow(1962)曾對這個問題提出看法，他認為在某些狀況中，「一個好的領導者必須將感受保留在自己的內心，讓感受在自己的心中發酵，而不應該藉由與成員的分享，來抒發這些感受，因為成員無法由沒有自信的團體工作者處得到幫助」（p.6）。

　　有另一種傾向是處在以上二者之間，也就是團體工作者會作自我表露，但是不過多或過少。團體工作者自我表露感受和經驗的意願，並不是出於被迫，而是自我表露有利於目標的達成。它能幫助團體成員模仿領導者的行為，而學習如何做自我表露。另一個目標是幫助成員發展其他有用的參考架構，這些參考架構是成員在參加團體之前沒有的。

　　以下是團體工作者在做自我表露時，可遵循的一些原則：

(一)時間的考慮

　　團體工作者在團體中的自我表露，隨著團體不同的發展階段，會對成員造成不同的影響。在團體的初期，成員是容易受傷的，且對團體工作者感到不確定，團體工作者高度的自我表露，或是表達較具爭議性的資訊時，往往會被成員誤解或誤用（Simonson, 1976）。團體工作者此時不適合鼓勵相互的自我表露，因為對成員而言，這些表露可能是具威脅性，會引發防衛或情緒的退縮。

　　團體工作者最好避免分享個人的感受和經驗，直到團體工作者和成員二者已經發展出基本層次的互動及信任感。一旦成員表現出這種信任，團體工作者可以在適當的時候做較

開放且立即的反應。

(二)適當性

團體工作者所表露的訊息，應該與當時團體的情境有關，且具有正面意義。如果所表露的訊息改變了團體的主題或團體的氣氛，而團體卻無法理解這種狀況時，這種自我表露通常是不適當的。基於Parloff(1966)的說法，一個所謂「誠實的團體工作者」，僅會嘗試表露案主能夠理解、證實和使用的資訊。因此，團體工作者在自我表露前，應該先問：「團體現在的狀況是什麼？我將要表露的會不會改變團體的方向或造成問題？」

(三)動機

自我表露的原因和需要應該要被檢查。作為一個實務工作者，誠實並非我們進入團體的主要目的，我們的主要目的是協助團體成員成長。我們並不是要在團體中依靠成員的付出，而獲得個人需要的滿足。專業關係是為案主而存在的。

我們必須反覆的問自己，「透過干預和表露的過程，我滿足了自己哪些需要？」一個女的治療師認為，自己可以用團體的方式，協助那些曾經在幼年的時候，遭遇過父親性侵犯的婦女；因而在團體中她詳細的分享自己曾經遭受繼父性侵犯的痛苦經驗，當她淚流滿面的談到一些細節時，一個團體成員建議團體工作者，她應該找一個治療師討論她的痛苦。一個已經有沈重負擔的案主，不需要再承擔團體工作者的痛苦。

‧實務上的考量‧

1.告訴每一個團體你是誰，但不要說得太多，也不要說得太

早。

2.如果你考慮表露一些痛苦的經驗，或是強烈的情緒時，確定
每一個成員，以及整個團體對你有基本的信任。

3.在你決定要向成員分享一些關於你個人的訊息時，確定你瞭
解自己的動機。

4.選擇性的分享你自己，並且不要用你個人的痛苦和掙扎，增
加你案主的負擔。

5.如果你發現自己在利用團體解決個人的問題時，提醒自己，
是應該尋求協助的時候了。

積極的傾聽

　　傾聽是一困難的工作，而且很少人能作得很好。進入治
療團體的案主，他們大部分有一個共通的特質，就是很少被
其他的人傾聽。他們覺得自己感到寂寞、不重要、默默無聞
和其他人不同。通常，他們會帶著這些感受進入團體，是因
為在他們的原生家庭中，忽略或不反應他們主觀的經驗，例
如，在孩童時期，當他們恐懼或害怕的時候，其他人對他的
反應可能是：

・你瘋了。
・你真笨會那樣想。
・你為什麼不快樂？你有這麼多值得感謝的事。
・不要哭，否則我會讓你哭個夠。
・你真是笨，去作這種事。

．不要孩子氣了！

在案主生命中的成人，可能只在他們贊同案主所說的事時，才會真正注意案主在說些什麼，而案主卻可能已經重複說了好幾遍，自己已經受傷或有困擾了。他可能因為不被重視，而經由這些痛苦的經驗，學習到自己的感受和想法是沒有價值的，或是僅有在他有錯誤的行為時，他才可能受到關注。

團體工作者和案主會談結束後，通常會得到案主極大的感謝，因為他提供了協助。對治療師而言，這個感謝可能令他非常訝異，特別是當治療師覺得他提供了一些沒有解釋、沒有建議、也沒有答案的資訊，他僅是傾聽。案主通常會說，沒有人真正的聽他們說，配偶沒有，最好的朋友沒有，甚至有時候，那些付費的治療師也沒有真正的聽他們說話。或者他們會說，當他們與那些重要的他人分享自己的痛苦、害怕或經驗時，他感覺被迫將自己的痛苦和經驗打包起來，以免威脅到那些聽他說話的人。

對於治療關係而言，傾聽是一個先決條件。一個有能力的社會工作者，無論他是從事個案工作、家庭服務，或是團體工作，都需要能夠傾聽。當我們無法傾聽時，案主可能會因為受挫，而不再做更進一步的自我表露，我們可能會因此而處理錯誤的問題；我們也可能會採取錯誤的策略，或者我們可能沒有有效的確認案主的主觀經驗。

臨床社會工作需要積極的傾聽，我們必須真正的聽案主在說些什麼，並且讓案主知道我們正在傾聽。治療性的傾聽協助案主說他們所有關心的事情，而不僅是那些表面的、立

即可見的或是安全的事。

我們可以用許多不同的方式表現我們的傾聽。第一，身體語言，我們坐著的姿勢，看案主的方式，都可以表現出傾聽。第二，我們可以透過記憶，記住案主每一次會談所說的細節。第三，我們可以詢問問題，並且透過案主的回答，而做出解釋。第四，我們可以記住案主曾經提及的人名。第五，我們可以由案主提供的一堆資訊中，發現一些共通的主題，而最後超越這些內容，對案主的情緒加以反應。

重複出現的主題

我們必須傾聽團體成員重複述說的主題。當每一個團體成員分享他們的經驗時，成員會重複一些字眼、感受、擔心和想法。例如，團體成員可能以不同的方式說：「我沒有能力將事情改變」或是「都是我的錯」。雖然成員所表達的零碎資訊，在一開始時候好像不相關，然而，對一個一直傾聽的團體工作者而言，案主說話的主題會逐漸浮現而變得清晰。

同樣的，當每一個團體成員分享經驗時，會出現一種重複的情緒或感情模式，隱藏在個人生活中的悲傷、痛苦、憤怒、罪惡或是丟臉的感受會變得更清楚。如果我們可以指出這些重複的主題，或是與案主經驗有關的重要感受，案主會覺得我們瞭解他（Teyber, 1992）。

主題並不限於個人所表達的經驗，有關團體的主題，也會在團體發展過程中重複出現。團體的無力感是一個常見的團體主題。透過語言和行為，成員會傳達以下的訊息，「無論我們多麼努力，團體完全沒有或是僅有很少的力量，情勢

是不會有所改變的」，團體另一個有關主題是成員會說「要不是為了你……」，這個你可以是一些成員，也可以是指一件事，而團體認為這是造成團體無法成功的理由。團體中也可能傳達「如果不是為了你（領導者、老師、醫師、父母、警察、法官），我會是個快樂且健康的人」。

不一致

有時候，透過對一個人專心的傾聽，會發現一些不一致的語言或是非語言的暗示。例如，一個女性成員在談論她對另一個團體成員的生氣感受時，她說這個團體成員上個星期對她沒什麼反應，當這名成員對她說：「妳喜歡抱怨你的問題，但卻不做一些有建設性的事使問題解決。」她悲傷的說，在過去的一星期，她感覺多麼糟糕後，她的臉上浮現出滿足的笑容，然後她換了個話題。她為什麼笑？她是否真的生氣和受傷，或者她這麼說，祇是為了傷害另一個成員？團體工作者應該相信哪一個訊息？也許這個成員知道她所做的，也或許她並不知情。由於這些疑問，團體工作者要求這個成員對她的行為表示看法，以便讓團體工作者和成員都能夠更瞭解她內在的感受和外在的行為。

在成員的表達和行為之間，可能存在不一致的現象。例如，在一個青少年治療團體中，一個十七歲的成員每星期都說，他將要戒酒，他說：「我知道我一定要停止喝酒，因為它會毀了我。」然後他說，有一次在喝了六打的啤酒之後，他醉得很厲害，而且幾乎撞毀他父親的車子。他說得很清楚：「我要戒酒。」然而他的行為卻說：「我選擇不要（無法）戒酒。」面對這種情況，團體領導者有許多不同的選

擇，他可以處理成員所說的話，可以處理成員所說的行為，也可以強調這二者間的矛盾。

非語言行為

團體工作者對於成員的非語言暗示，以及對整個團體的非語言暗示，也需要採取傾聽的技術。團體工作者可以透過對團體的觀察，傾聽團體中的非語言行為，以瞭解成員的不同反應，並且傾聽那些被表達的，以及沒有被表達的非語言行為。

(一)個別成員

團體成員的非語言暗示包括：臉部表情的改變、手勢、眼淚、音調和身體姿勢的改變，每一個案主的非語言訊息可能彼此不同，也可能與案主所說的話有部分的矛盾。在團體中，這些語言和非語言的矛盾訊息非常重要，因為它們象徵著案主需要處理的困惑或痛苦，團體工作者可以選擇直接對這個矛盾加以反應。例如，團體工作者可以說：「你說當警察抓你的時候，你感到非常生氣；但是，當你說這件事的時候，你在微笑。」或者，團體工作者可能選擇對部分的矛盾訊息做反應，團體工作者可能說：「我不清楚你為什麼笑，發生了什麼？」

非語言行為的確實意義，隨著不同的人而有所改變，因此團體工作者需要避免對非語言行為做過度一般化的推論，或是過度簡化的解釋。例如，對一個案主而言，充滿淚水的眼睛可能是悲傷或挫折的象徵；而對另一個案主而言，流眼淚可能是因為與眼睛的不適有關。在椅子上蜷曲、搖動或是坐立難安，對一個人可能是罪惡感的象徵，而對另一個人則

可能是因為想上廁所。當團體工作者發現成員有一些狀況時，最好是直接詢問成員，而不是自行做出對狀況的推論。

(二)整個團體

　　整個團體也可能傳達一些非語言的暗示。有時候，這些暗示是非常清楚的。例如，如果在上一次的團體中，團體曾對團體工作者提出面質，這一次可能沒有一個成員出席團體聚會。或者，一個次團體可能在團體結束後，在停車場重新討論團體已經討論過的事。

　　在團體進行中，有時候可能會出現一段沈默的時間，沒有人要提出意見、感受和想法，雖然成員並未有意的計畫要沈默，然而，就是沒有人要提出意見。

　　在一個會議中，僅是透過觀察，就能夠提供團體工作者豐富的訊息。誰和誰一起進來？成員坐的位置？哪些成員坐在一起？哪些成員早到、準時、遲到？成員是否坐得離團體很遠？當成員與其他人交談時，眼光是否看著領導者？誰先發言？誰需要被點名才說話？在團體使用的音調是友善的、生氣的、溫柔的、沮喪的，還是興奮的？

「為什麼」問句

　　臨床工作者時常錯誤使用詢問的句子，也就是使用「為什麼」問句。當我們嘗試想找出問題的原因，或是某一行為模式的解釋時，我們可能會要求團體成員分享意見和想法。例如，我們可能問：

・為什麼你打你的姊姊？
・為什麼你的丈夫離開你？

．你爲什麼離職？

．你爲什麼這麼做？

　　對一個實務工作者來說，爲什麼這個字是被用來蒐集資訊。然而，對一個團體工作者而言，「爲什麼」這個字可能代表不贊成，或是帶有評價的意味。讓人聯想可能作了一些錯誤的事，或是不好的行爲，而引發成員懷疑自己是否需要對所指出的行爲、感受或信念作調整。

　　可以預見的，以爲什麼作爲開始的問題，對成員常常造成負面的影響。特別是當成員的成長環境中，爲什麼幾乎總是隱含著怪罪和責罵時。很自然的，即使在团体工作者使用的「爲什麼」中，隱含著真誠的詢問，這個成員依然會以過去對「爲什麼」這個字的反應，來對領導者做反應。因此，無論何時當成員聽到「爲什麼」這個字時，這個字會引起成員防衛、退縮、逃避情境，或是攻擊的反應。

　　兒童和青少年特別傾向於逃避「爲什麼」問句。由過去的經驗中，他們學習到爲什麼的意思是改變你的行爲，表現出成人要你表現的方式。有一些人甚至認爲，沒有人的反應會滿足那些成人。所以，兒童和青少年一般都會以「因爲」和「我不知道」來反應。他們面對「爲什麼」這個字時，通常會感到被威脅，而採取逃避或躲避的姿勢，他們不會感到安全願意而嘗試去探問和瞭解爲什麼的真正意思。

概念查證

　　概念查證的目的，是去澄清和瞭解，成員所表達的內容。在某種程度上，它就像是將他人所說的內容，以自己方

式重新分段整理，再以你自己的話說出一樣。其中的差別在於，你加入了一些你的推論，並且邀請對方對這些推論，提出回饋。就如同是積極傾聽的另一種形式，主要的目的有三：鼓勵案主說明，更瞭解模糊和疑惑的內容，向對方確認，你確實瞭解他所傳達的訊息。例如：

團體工作者：當你描述和妻子的關係時，我感到有很多的生氣情緒在內，我好像感覺到，你開始考慮離婚這件事。不知道我對不對？

或是

團體工作者：當你談到你的老師時，我好像有一種感覺，你什麼都沒有做，但他卻總是找你的麻煩。這是真的，還是我遺漏了些什麼？

雖然概念的查證超越了案主所陳述的內容，但是團體工作者需要確定自己完全瞭解案主所說的，而且沒有任何的模稜兩可。團體工作者必須注意那些太容易獲得的答案，或是勉強同意的答案，例如：

成員：是……所以我告訴我的妻子……

或是

成員：好像是，那可能是真的……

成員可能太過於專注在陳述自己的故事，而並沒有真正的聽到你的評論，或者他可能不同意你所說的，但卻不願意表示出來。另一種情況是概念驗證可能並未命中目標，也沒

有表現出案主的情況，或是增進案主澄清的故事。在這種情況下，概念驗證依然可以幫助團體工作者將這些概念儲存起來，將成員的反應當作是未來的參考，並且對案主所做和所說的重新對焦。對於團體工作者而言，有一個很大的優勢是，如果團體工作者錯過了一些事情，或是當問題產生無法正確提出問題時，不要覺得沮喪，因為問題可能會再度出現，而另一個機會也會隨之而生。

・實務上的考量・

1.當成員說著他們的經驗時，傾聽他們的感受和情緒。
2.驗證團體成員所說的內容，以確定你真正的瞭解。
3.當你不知道該對團體成員說些什麼時，就保持沈默。
4.注意成員非語言的暗示。
5.在團體中多傾聽，少說話。
6.避免對團體成員使用「為什麼」。

摘　要

　　帶領團體時，重要的人際關係技巧包括：溫暖和尊重、同理心、具體、真誠、自我表露和傾聽的能力。在團體中，領導者可以透過對成員的接納，而傳達溫暖和尊重。團體領導者與成員互動過程中，最重要的部分是他能夠為團體創造一個不具威脅性、接納的氣氛。同理包括瞭解成員的主觀世界，並且將這個瞭解傳達給成員。具體，是指團體領導者對團體成員所表達的感受和事實，能夠有澄清和瞭解的能力，

並且以正確、清楚、明確的語言來表達反應。

　　當團體領導者能夠一致的表達，並且沒有任何假裝；當他不會躲在防衛的後面，而與團體分享真實的想法和感受時，他就是真實的。團體領導者可以使用二種自我表露：當團體中發生一些狀況時，團體領導者可以表達他個人的反應，或是他可以分享個人在團體以外的經驗。領導者必須確定，不論他作哪一種自我表露，對團體成員都是有幫助的。傾聽是團體領導者能夠進入個別成員或是整個團體所傳達的語言和非語言行為，並且由其中發覺重複出現的主題，以及由其中不一致的現象，發現成員的疑惑或痛苦。

第八章
團體工作者的干預方法

我有一位音樂家朋友，他在鋼琴店工作，他曾經告訴我一件很特別的事，他說如果鋼琴彈奏的是 F 調，在這個房間內，其他鋼琴的相同音符會開始有共鳴。

　　最近當我正在帶領一個團體第二次聚會時，我想到這件事，有一個成員分享他一個特別痛苦的經驗，那件事觸動了我們每個人內心深處的一些事，有很多人點頭，也有很多人流淚。每個人對這些話和感覺，都有很深的共鳴。雖然沒有一個人曾真正的經驗那個情境，但是我們都瞭解。

　　情緒的共鳴似乎籠罩整個團體，這位成員的表達也促使團體其他成員分享他們的經驗和感覺。在一個禮拜之前，還是陌生人的人，以一個特別的方式變成了姊妹和兄弟。套句 Martin Buber 的話來說，每個人之間的關係從我和他變成我和我們的關係。

　　成員間的距離和被強迫的感覺似乎消失了，逐漸變成自我肯定和連結，也因此他們開始嘗試作一些冒險。

　　好像已經被剝散的洋蔥皮纖維被放回去一般，人類最精髓的一刻被顯現出來，不論我們如何否認，我們中的每一個人都屬於其他每一個人的一部份，是無法分開的。

　　本章我們將更詳細的討論團體領導者的角色。有些人認為溫暖、尊重、同理心、一致性、真誠、自我坦露、傾聽的能力是最基本的技巧。在第七章中，我們也已經就此做過討論，認為這是每一個團體領導者應該具備且發展的技巧。除非團體領導者能夠結合這些人際關係的技巧，並且有效的運用，否則將使他發展出來的技巧變得膚淺、具操縱性而且無效。

問題是：何種團體領導者的干預方式可以增進互動，使團體成員的生活產生有意義的改變？這也是本章的焦點——有關領導的功能及協同治療。

領導的功能

　　一個團體領導者的功能包括：分享專業技巧及作適當的行為示範。作為一位技術的專家，團體領導者提供成員訊息、問他們問題，以及給予成員方向。作為一位參與示範者（而那是與團體分離的），團體領導者運用自己的內在過程及反應，幫助成員冒險，發掘自己成長的潛能。

　　Goulding（1975）談到每一個有效的團體領導者需具備三個 P：保護（protection）、允許（permission）及潛能（potency）。有效的團體領導者保護團體中的每一個成員，避免受到沒有幫助的面質，也避免從其他成員處得到過多的支持與過度自我批評的行為。有效的實務工作者明確允許每一個成員嘗試新的行為模式、探索感覺、誠實反應、享受樂趣。有效的團體領導者擁有潛能，因為團體成員對他的技巧、知識和敏感度有信心，將使臨床工作者提供的保護和允許變得可靠和可信任。潛能是團體領導者幫助團體作更深入的互動，並且進入真正治療過程的一個關鍵的因素。

　　要真正達到治療的功能，團體領導者必須是真誠的、率直的、人性的，而不是一副專家的樣子。團體領導者必須能夠真實的瞭解挫折和滿足、興奮和關切、愉快和痛苦。在某種程度上，不能將這些感覺的責任投射在團體上。此外，團體領導者

的誠實包括團體領導者必須有意願接受和承認人是無法避免犯錯和具有某些人性的。

　　剛開始從事團體工作的團體領導者，與身經百戰的實務者一樣，都是會犯錯的，這是任何新擔任領導工作的人都會碰到的問題。承認錯誤並不代表不專業，並且我們必須在清醒的時候，學習接受任何的挫折或尷尬。沒有缺點的表現，帶給團體成員的是一個混淆和為難的例子。團體領導者被強迫衡量每一句案主說的話，就像案主自己對自己一般，評價案主每一個行動，結果將導致虛假的真實性。諷刺的是，這是很多團體成員一開始所表現的行為，也是成員為了達到他們自己的成長需要突破的地方。

　　一個團體領導者的功能是要採取行動，使成員對於目的及目標有共識。這些行動絕不是提供一套現成的方法，而是基於團體領導者專業訓練、理論基礎、人格特質，所採取的必須干預。以下所討論的領導技巧並非是相互排斥的，在團體治療過程中是一體並且相互關連的。

引導互動

　　最基本的領導功能，是引導和促進團體中產生互動。對於團體剛開始的階段，或新成員加入一個已經存在的團體時，這個領導功能尤其重要。譬如有時候團體成員對他們的角色不清楚，或是情境曖昧不清的時候。當案主剛加入團體時，他對於在團體中該做什麼並不清楚，並且因害怕被誤解而不敢說什麼。他們期待向團體領導者問一些問題，如同團體領導者是醫

師、會計師或律師一樣，可以得到一些特別的答案。除此之外，他們可能也想分享一些有關自己周遭的訊息，但又因害怕被認爲是攻擊性或愛管閒事而猶豫不決。

在團體初期，團體領導者爲了使團體朝目標前進，並且幫助成員與成員間互動，需要扮演較爲主動的角色。團體領導者應該帶領團體討論團體的目的及目標、團體成員對團體的意義、團體領導者自己的角色，以及什麼是成員可以期待的。他們也應該討論團體的規則，及一些重要的主題，例如活動、出席、冒險、隱私權、自我表露和面質。

團體領導者若能讓團體成員感覺到舒服和安全，可以增促進團體的互動。向成員指出廁所、飲水機、電話的位置，討論咖啡或小點心的取用，都可透露出團體領導者的體貼、細心及親切。團體領導者也必須確定會議室物理環境的安排，是否提供適當的溝通，例如以圓形的方式安排座椅，比方形或橢圓形更可以鼓勵成員與成員間的互動。當成員已經跨過如Bach(1954)所稱的領導依賴階段時，成員對於他們自己的行動及成長，將更有意願負責。一旦這些情境出現時，團體領導者將減少促進互動的工作，而增加較多催化互動的責任。催化這個字是表示增進某些正在發生的事情的行動，而且這是由團體領導者開始做。團體本身提供成員行動的刺激，實務工作者提供溝通模式的方法，使團體更有效及有意義。

團體領導者鼓勵團體成員以問題可以解決的方式談他們的問題，而不以直接回答問題的方式討論。團體領導者反應個別成員的感覺，在互動過程中找出不是非常明顯的溝通型態。團體領導者爲團體成員解釋他們的溝通型態，並且提出成員自我挫敗的行爲。團體領導者鼓勵成員誠實的回饋，以及如同一面

鏡子相互對待，如此每一個成員透過他人的眼睛看到他或她們自己。

(一)連結

這是將個別成員溝通中的相同要件連結在一起的技巧，用來幫助成員彼此之間有更緊密的認同。它的目的是降低成員之間分離的感覺，以增加團體的凝聚力。我們有意識的努力強調成員之間的相似性而非差異性，藉由將成員連結在一起，我們增加成員對成員的溝通，減少領導者對成員的溝通。例如，在第一次的活動期間，我們可以邀請成員分享他們參與團體時，他們喜歡的是什麼？

> 團體領導者：每一個人可不可以談一下，當你走進這個房間時，你的感覺是什麼？
> 卡羅：我當時真的很害怕。說真的（笑笑的），我想你們有可能都瘋了。
> 團體領導者：彼得，你在點頭。
> 彼得：我也有同樣的感覺，我期待每一個人都是瘋子，而你們這些奇怪的人不會比我還瘋。

當對於相同議題有不同的看法時，連結有時候也可以用來指出次團體。

> 團體領導者：瑪麗和達玲似乎同意這個團體應該擴大，然而蘇珊和雅德想要維持我們團體目前的人數。

當我們將成員連結在一起時，我們組成一整隊的人，並且增加做有意義溝通的可能性。團體領導者藉著注意像點頭這種同意的訊息，表示成員之間有共同的關心，促使成員互動，並

增加團體的凝聚力。

（二）阻止

阻止是一種干預的技術，避免團體或某些成員做出不好的、不合乎倫理的，或不適當的行爲。此種行爲包括侵犯別人的生活、講很長的故事、一直向別人問問題、攻擊他人。

> 小莉：上一次活動期間，強尼憤怒的離開團體，現在他不
> 　　　在這邊，所以我們不能發現到底錯在哪裡，我真的對他
> 　　　很生氣。
> 成員們：同聲表示同意。
> 阿輝：對，當他遇到挑戰，他不能忍受時就出走。
> 團體領導者：我聽到有很多生氣，我可以瞭解。強尼需要
> 　　　聽到你們的反應，但當他不在這邊的時候，我們談他是
> 　　　不公平的。讓我們等到他回到團體，然後你們每一個人
> 　　　可以告訴他，你們經驗到什麼。

阻止也可以是一種保護成員的方法。有時候當團體的壓力過大，而不具治療性時，成員需要被保護。阻止經常被用於保護成員，避免成員被不適當的批評，而成爲代罪羔羊，或被他人傷害。例如，當一個成員不斷的否認，而其他成員堅持要求他必須解除這個防衛時。

> 弗瑞德：貝蒂，你從不承認自己的錯誤，你就像是一塊乾
> 　　　肉片。
> 團體領導者：等一下，弗瑞德，貝蒂讓你感到挫折，但你
> 　　　可否用其他方式，而非侮辱的方式來反應？

（三）設限

　　有時候領導者在關鍵時刻必須設定好界線，設限使團體得以在團體互動中有架構，避免逾越或偏離團體的目標。

　　　團體領導者：在報到的時候，讓我們以不超過三分鐘的時間，說一件已經發生的好事，及一件今天對你來說是一個麻煩的事。

　　當我們阻止或設限某些無效的行為時，敏銳、堅定和直接是重要的。我們也需要考慮個別成員的反應和狀況、團體可能的反應及我們自己的意圖。

融　合

　　團體領導者一個特別有效的功能，是對團體成員間的差異作聚合或結合，那可能是超過團體成員意識層次的。領導者以簡潔、有條理的態度連結有關的主題，使成員可以去處理。

綜　合

　　融合的一種狀況是綜合每一個成員口語和非口語的溝通，亦即將某人說什麼和做什麼做連結，使他的內在感情及想法更清楚，藉著指出他重複的行為，使她隱藏內心的想法表現出來。

　　實務工作者也可以連結先前團體聚會的意見、話題和關注事項，讓成員可以看到那些事物是過去曾經分享而與現在有關的（Dyer & Vriend，1975）。一個成員可能談四或五個生命

中獨立的事件，卻沒有意識到這些事有怎樣的相關。藉著把這些獨立的片段建立關係，團體領導者可以幫助成員把他們個人的困惑集中在一起，且變得有意義。

治療師也可以連結團體成員正在努力奮鬥的特殊主題，例如與權威形象的衝突、害怕冒險、過度的罪惡感。對於團體領導者而言，發現這些連結不是一個簡單的工作，那表示要將看起來沒有相關的片刻和片段連在一起，以團體成員可以瞭解的方式使它們有關連。接下來是團體領導者鼓勵成員檢查他在團體中的語言型態的例子。

你是否已經注意到，你的發言中常出現生氣這個字？兩個星期以前，你說過對這個方案你有多生氣。上週，你說你對你的督導生氣，也氣你的教授。在幾分鐘前，你說你對我生氣。這種型態你認為有何意義？

做此種連結需要一個團體領導者回憶成員曾說過什麼，並且從個人的轉變中，尋找有那些轉折的線索。就好像聽巴哈的 Brandenburg 協奏曲一樣，第一次聽只會覺得好聽，且沒有關連的片段；但聽了幾次同樣的音樂演奏之後，會突然領悟到有基本的主題或型態。這型態一直都在那裡，只是聽者未能融入，並意會其絕妙的配樂罷了。

摘　要

在團體工作中，摘要是指一個團體領導者簡明回顧團體成員討論的核心重點。一般而言，摘要是在聚會即將結束時，將相異的線索拉在一起的一個方法。在互動過程中，成員經常一心一意去聆聽細節，及分享他們的想法及感覺，而忽略了對於

整個事件的洞察。團體工作者藉由摘要，可以幫助成員瞭解聚會中發生了什麼事情，我們將在下面的例子向大家說明。

在這過去的九十分鐘，我們已經歷了許多主題，我們談過了保密性、成員從配偶得到的支持、為我們自己找時間、努力使別人快樂、對於我們正在做的工作覺得有信心。而在這些議題裡，有哪一個主題是你想在下一週更深入討論的？

摘要在聚會的中間階段也可以有所幫助，它提供成員一個機會，反應剛才發生什麼，在會議中團體領導者可以說：

到目前為止，我們已經討論過個人對醫院生氣的感覺，尤其是醫護人員感覺遲鈍，及有關探病時間的限制。我們剩下四十五分鐘，在我們進入其他主題之前，有無其他方面你關心的事情未說而想說的？

通常，成員不會記得團體以前所發生過的事情，除此之外，曾經缺席的成員可能會感到失落，沒有辦法瞭解團體中正在發生的事情。所以，有一些團體領導者在每一次團體開始時，會對之前的聚會作摘要，這裡是一個例子：

如果你們回想上個禮拜，我們在這兩個禮拜討論過團體結束。你們有些人說星期三晚上不會再被綁住，有一種解脫的感覺。有一些人對於團體結束覺得難過，是否有任何人想對這些說法作補充，或是分享上個禮拜有哪些事情對你特別有意義？

在開始階段，摘要有時可以提供團體領導者未完成事件的

一些線索。例如，團體成員可能談及他回家時經驗到的一些想法或感覺，或說他們對此特別團體話題的夢想，他們也可能提及他們過去有說或沒有說的挫折。

- **橋樑**

因為聚會間時間的距離，團體每個禮拜見一次面，在開始的時候經常會有一些困難。在團體開始時，對於上一次團體的重點的簡短摘要，可作為每一次聚會的橋樑。就好像在結束階段，可以被用來帶出對下一次聚會的想法或關心的事情一般。不論哪一個時間，摘要不是為了改寫之前已經討論過的事，而是要增進每一次聚會間的連續性。

分類化

在團體工作中，分類是指團體領導者打散團體成員的問題或關心的事，成為可以處理的單位。那是把無數成員在團體所提出的問題，再加以區別，並且轉成治療焦點的過程。領導者的目標，是幫助每一個成員解決問題，分類化的技巧讓任務或主題不致於過度複雜。

> 成員：兩個禮拜以前我非常挫折，我被解雇了。上週我出了個意外，現在我的車子正在車廠修理，那將花掉我兩千美元，而我沒有任何保險。比這些事更糟的是，今天早上我收到吉米老師打來的電話，說吉米又蹺課了。當他三點半從學校放學回家時，我將我這個月來所積壓的情緒，對他發了一頓脾氣。在我的生活裡，事情都攪在一起，使得我沒辦法有條理的思考。

> 團體領導者：在這麼短的時間內有好多事情發生。我並不

想要忽略任何問題，但是似乎你的生氣和對吉米的管
教符合這個團體的目的，以及上週我們所討論的主
題：當我們被情緒淹沒時，如何不對其他人遷怒？

分類化是對很多事情做挑選和整理的活動。首先，分類代
表每一個成員及整個團體可以控制要面對的任務和問題。第
二，給我們機會經由團體以現實的方式面對議題的焦點，減少
成員或團體領導者的無力感、無能為力及無能的感覺。第三，
分類化幫助團體帶領它的成員，一起集中能量在目標上。

重新架構

成員經常對他自己的問題和看法會很固執和僵化。從案主
的觀點，他認為他的問題解決方法非常有限。但是，從其他人
的觀點來看，卻有許多的可能性。

在某些情況下，案主可能期待成功，但卻拒絕所有不完
美，這樣的話他會錯誤判斷他的問題。Sarah 對她的問題有限
且錯誤的定義就是一個例子。Sarah，三十二歲，看起來很疲
倦，是五個孩子的母親，在參加一個婦女團體的第一次時，抱
怨生理上的疲倦及憂鬱。她說她不能瞭解她為什麼這麼累，以
前她是那樣強壯且充滿活力。當她被鼓勵談她的處境時，她提
到照顧她病弱母親的責任。她和她的先生因為失業而有經濟上
的問題。除此之外，兩個月前，是她在兩年內的第三次流產。

Sarah 根本不知道她的生活環境與她身體情況的關係，她
只是做她認為身為一個妻子、女兒及母親被期待要做的事。在
另一方面，當這個團體的成員聽到 Sarah 能做完這些事，都感
到非常驚訝。一個團體成員問她：「妳怎麼可以沒有更憂

鬱？」一個與 Sarah 同樣年紀的成員承認，如果是她，她可能會一直躺在床上不想起來。

　　藉由團體的幫助，團體領導者開始反應 Sarah 曾說過的話，強調每一個 Sarah 所試圖處理的問題，都已經足夠使人精疲力竭。Sarah 很快的瞭解，她對於一連串複雜及痛苦問題的感覺是正常的反應。她也開始可以在她每天規律的生活中，適度參加休閒的活動，如運動和給自己時間。

　　在其他的情況中，案主可能期待失敗，並且誤解自己的問題以符合這個期待。就好像一個案主扭曲事實，以符合他不適當的期待一般。例如，富蘭克林是一個四十一歲的男人，在婚姻中不快樂，並且害怕離婚。他認為離開他的太太可以獲得平靜，但他卻怕他的太太會虐待他們的小孩。富蘭克林因為自己一直留在婚姻中，認為自己是一個懦夫，而此種想法讓富蘭克林更加深自己的軟弱及無能的感覺。

　　團體領導者藉由提醒富蘭克林留在婚姻，以及保護孩子免於受到身體傷害的勇氣，幫助富蘭克林重新思考他的軟弱和堅強，儘管富蘭克林的反應是源於軟弱，經由領導者的重新架構，他的反應是需要堅強的勇氣來支撐的。

　　團體成員通常有一些特定的想法，植基於非現實的期待，以及對他問題的錯誤知覺，藉由重新架構問題，領導者可以提供案主一個新的觀點，以一個較創造性的態度，沒有限制的解決問題。在很短的時間內，案主開始以正常的狀況去看以前他認為是不正常的。

　　提供新意義的選擇，可以鼓勵成員從其他成員的幫助中，腦力激盪出好幾種不同的解釋。例如，團體領導者可以從某一特別生活情境的事實解釋，以及個人如何解釋這個經驗開始。

然後團體領導者邀請成員，提出對於這個情境的不同解釋。確認想法有不同的選擇方式後，經常可以鬆動、軟化個人的想法，並且至少瞭解對於情境的想法實際上可以有不同的角度。

重新架構是一個技巧，較不適用在團體早期，因為它要求成員以不同的方式去思考不好的經驗、情感的原因或來源。在作此區別思考之前，團體領導者與成員的關係和內容基礎必須先打好。實際上，不成熟的重新架構會使團體領導者變得遲鈍，個人的防衛心變得更堅定，使個人停留在安全但沒有效的方式中。

支　持

有時候個別的成員和大團體本身都需要團體領導者的支持。團體領導者可以有許多提供團體支持的方式。第一、他可以鼓勵成員，表達與團體主題有關的想法。團體領導者可以邀請團體成員提出意見和感覺，然後讓成員知道他的表達有被瞭解。第二、當成員面對發生在他內在或外在的困惑或危機時，團體領導者可以幫助團體成員。任何時候，當成員正冒險進入一個新及害怕的領域時，他不確定會發生什麼，這時團體領導者也可以提供支持。第三、團體領導者可以鼓勵團體成員自由討論他們的感覺，尤其是害怕的感覺，像害怕、生氣、受傷、憤怒、悲傷或恨。對很多案主來說，感覺和想法是相同的，他們沒有辦法區分感覺和想法的不同。

‧團體領導者扮演拯救者

團體領導者有一個共通的錯誤，在團體成員或團體有機會

自己經驗一個衝突或一些強烈感情之前，團體領導者就提供支持(Corey & Corey,1992)。雖然團體領導者的干預是出於好的動機，但卻可能破壞或阻止成員或團體經驗衝突和痛苦。例如，團體成員哭了，因為團體領導者面質她的缺席，她可能需要先經驗受傷，以及對團體領導者生氣的情緒，然後才可以思考她自己的行為。

　　對於一個團體領導者來說，看到個人或團體處於掙扎而堅持不去拯救，可能會很痛苦，因為他的助人衝動被勾起，極度想使事情按部就班、步入正軌。但是，不去解救才是最有效的策略，而這對團體領導者而言是很困難的。一般來說，在一個團體裡，成員努力完成某些事情和工作，或解決她們自己的問題，對於成員更有價值。他們自己做時，可能必須花比較多的時間，但為了有所學習和增加自信，忍受這些不舒服是值得的(Posthuma,1989)。

　　當團體成員開始嚴格地檢查她自己的行為時，成員會對完全誠實產生內在的抗拒。就好像沒有一個人是可以很容易就放棄過去生活中的支持一樣，這種抗拒是自然的。放棄一種行為，就好像嘗試一個冒險，即使放棄的行為是一個自我缺陷。每當我們要求成員誠實面對他自己行為的原因時，成員不是防衛地反抗，就是承認還有其他思考或行為的選擇。

　　對案主來說，承認有新的思考方式，或有其他行為的可能，意味著必須重新做一些在這之前他們認為是理所當然的事。案主可能會將這個經驗視同是拒絕他自己(Dyer & Vriend,1980)。案主可能認為「如果我變得不一樣，就必須承認以前的我是不好的」。團體領導者不斷要求成員檢查過去自己是一個怎麼樣的人，有哪些行為是無效的。這時候，團體領

導者的鼓勵、保證和支持，是幫助個人放棄自我防禦和自我缺陷的關鍵。

面　質

專業助人者對於衝突，通常會覺得不舒服，而且不願意面質他們的案主，然而不願意的理由並不清楚。可能有一部份與助人專業者個人的風格有關，也可能與許多助人專業者的形象需要有關。大部分人喜歡被認為是溫暖的、親切的、可愛的、照顧人的，不論何時都表現支持與關懷。但是，有很多作者觀察到，因為領導者不願意面質案主，已經使治療無效，也意味著案主的問題未被真正的處理(Douds，Berenson，Carkhuff，& Pierce，1967)。

面質是精神分析和非指導性治療的一部份。許多精神分析學者都強調面質的價值，認為面質可以把一個病人的潛意識浮現出來，是一個重要的治療策略。在對問題有所解釋和處理之前，病人必須面對他曾經逃避的事。Gendlin(1970)在發表案主中心論點的文章中，鼓勵臨床工作者超越案主的「經驗領域」，以治療師個人的架構去參考，面質案主個人的行為。Rogers(1970b)回想他自己專業發展的經驗，承認他願意開放的表達自己和自己的感覺，讓自己作為參考資料，但不是作一個指導者或一個強迫者。「如果我生氣，我會表達生氣，並說明在我自己內心裡發生了什麼，而不是對別人作評斷。」

面質這個字會使人聯想到敵對和攻擊。在一個治療情境裡，那會讓我們聯想到處於困難情境的情節，它不僅是治療的

規範，也是干預的主要形式。面質這個字眼內涵生氣、敵意、不舒服和攻擊，它使人聯想到被懲罰和對某些人的無情。

面質也是一種意識的行為，由團體領導者帶領案主或整個團體，與成員的長處、軟弱、盲點和資源直接接觸(Reid,1986)。面質可以用人性和感性的方式傳遞瞭解，同樣的，也意味著挑戰團體成員處理他們語言和非語言的行為。要做到這些，臨床工作者必須先明瞭他作面質的原因。實際上，面質是邀請成員為自己作檢查，讓他們可以看到自己，就像他人看到他們一樣。在團體進行期間，領導者對於案主在團體中及在團體外的活動，都期待能夠自我檢查和自我挑戰。

以團體或個人為焦點

團體領導者可以直接面質一個團體，或是一個或多個團體成員的行為。

(一)挑戰一個團體

對於一個團體的直接挑戰，經常是集中在團體的主題和過程上，尤其是團體的溝通型態、角色、抗拒和決策。領導者的目標是增進團體的互動，發展增進成員溝通的方法，並且提供成員事實驗證的環境。團體領導者必須幫助成員，維持以團體目的為中心的問題及主題為焦點。

下面是幾個團體經常討論的主題：

・工作的錯覺
・不願意做決定
・挑戰團體領導者的權威
・一個代罪羔羊的成員

・沒有能力作決定或解決問題

・對於受到限制的挫折感

・沒有感覺、冷漠

・分離和失落

在挑戰整個團體時，團體領導者強調的是過程。領導者使用面質和其他技巧，點出成員互動的特別型態，並且使成員更加親密。很多治療者認為，當成員之間可以相互影響的時候，把焦點放在團體是一個很好的時機。團體領導者可以面質阻止團體完全互動的障礙。一般而言，應將注意力放在此時此刻，而不是當時和哪裡，在團體成員之間而不是成員的內在。

（二）挑戰個人

在團體中挑戰個人，與傳統中兩個人對立所發生的情況相類似。團體領導者幫助成員檢查他的行為、溝通和想法，以及因目標對認知、情感和行為所帶來的改變。現實和團體最主要的差異，是團體遲早會發展成一個小社會，而在裡面成員誠實的自己多於假的自己。在團體中，成員之間的互動，與他們與環境中重要他人的互動愈來愈相似。

團體這個小社會對於實務工作者有兩個重要的好處，第一、提供直接看個人的行為的機會，而不是在事實發生後，由案主或某個人來描述已經發生的情況。第二、在團體中呈現一個干預的立即情境，對反覆出現的關係型態，直接作觀察及處理。一開始，可能是團體領導者挑戰團體成員的行為，然而當團體變得更自在，其他成員也可以開始挑戰成員的行為。當信任的氣氛增加，個人會願意冒險，表達痛苦的感受，並且嘗試新的和有效的行為。

團體領導者在面質團體成員時，需要判斷正確。團體領導者必須察覺每個人的能力，傾聽並適當的發揮團體領導者的挑戰技巧(Reid,1986)。如果一個成員正處於解組或困惑的時刻，進一步的挑戰會促使她解組，但如果運用在一個適當的時機，則可以使團體成員運用資源，突破個人現在的限制和想法。

團體領導者可能希望面質的個人行為包括：矛盾、扭曲、抗拒遊戲和障眼法。

面質矛盾

處理矛盾的意思是，面質說什麼和做什麼之間有什麼不同，什麼是被希望而什麼是真實的，他人對事情的想法是什麼，自己正在做什麼，表達的價值是什麼，真正的行為是什麼(Reid,1986)。有時候個人或團體可以完全瞭解行動、想法和價值間的不一致；有時候，這種瞭解似乎只有一點點。下面是一些案主或團體說和做之間有矛盾的例子。

- 一個案主說「我要諮商，我知道我需要它」，但這個人卻不參加聚會。
- 一個案主說「我要戒煙」，但五分鐘後又點了一枝雪茄。
- 好幾個團體成員說「這個團體對我很重要」，但團體中沒有人說話或分享感受。

面質被扭曲的事實

案主經常會扭曲事實，來符合自己的需要。他們可能以某種特定的方式，認同或定義他們自己，而從不挑戰這些想法。

團體治療對面質案主的扭曲特別有價值，尤其是對無助感和無力感的錯覺。

（一）無助感的錯覺

　　無助感是一種重複出現無法拒絕的感覺，經常是很多案主的經驗。Seligman(1975)曾經假設，習得的無助感與反應性的憂鬱是相互連結的，當一個人逐漸相信他的行為對於情境的結果沒有任何影響，也就產生了無助感。經驗到無助感的案主，普遍有三種想法。第一、他們相信他們的無助感反映出一個人沒有能力控制事情。第二、他們相信他們的無助感證明了他們在生活中的每一個層面都是完全的失敗。第三、他們相信他們的無助感將無止境的持續，不會因任何情境或時間的限制而有所改變。

　　Miller 女士是團體中一個三十八歲的成員，她談到當她兒子與鄰居、學校或警察有紛爭的時候，她如何解救她的兒子。她害怕 Kavin，尤其是他會說謊和偷竊。他的偷竊行為已經使得她必須戴著皮包上廁所，以避免他拿走她的錢。幾週以前，因他沒有出席法院公聽會，她被強迫罰了好幾千塊錢的保釋金。她說：「每一次我想要幫助他，就好像他在我臉上吐口水一樣。」

　　很明顯，她解救兒子的方式，是不會成功的，這時候團體領導者和其他的成員開始面質 Miller 女士的保護行為。一開始，她否認解救 Kavin，並且對團體生氣。幾次聚會之後，她作了角色扮演，在裡面她面對了 Kavin。接下來的聚會，她仍提及她嘗試幫助兒子，但是她也更積極努力幫助他面對他自己行為的結果。當她能不再過度保護她的兒子時，Miller 女士對自己的行為，從無助感轉變成較多的控制感，這對她不是一件

容易的事。帶著團體的支持和鼓勵,她有能力可以對 Kavin 採取較肯定的姿態。對於 Miller 女士,最主要的成就是拒絕讓 Kavin 留在她的公寓,並且不接受他密集的電話要求。

(二)無力感的主題

　　就好像無助感,無力感這個主題會貫穿團體和團體成員的生命。無力感是指一個人在某種程度上沒有能力運用技巧、知識、或物質的資源,個人無法有效表現社會的角色、價值,並得到個人的認同(Solomon,1976)。無力感特別盛行於黑人、西班牙和其他少數族群案主,也是精神疾病患者、老人和學生的特徵。

　　團體領導者一個主要的任務,是使團體成員有能力對她們在團體內及團體外的生活負責。要使團體成員有力量,領導者必須與他們分享他的領導權,並且接納他們是一個人,有他們自己天賦的尊嚴和真實的價值。如同社會工作者一般,我們承諾幫助每一個成員實現和使用自己創造的潛能,為了達到這個目的,我們努力創造有益的環境,幫助團體成長和成熟。

面質抗拒

　　在團體工作中,抗拒這個名詞指的是團體成員一部分的態度,也就是成員試圖保留心理障礙和自我挫折的行動方式,而形成成員與治療間的對抗。一般來說,在成員的溝通型態中,包括他或他的非語言訊息,可以看見成員的抗拒。例如,一個成員實際上將她的椅子與其他團體成員分開,或擺出一個他自己與其他成員保持距離的姿勢。個人拒絕分享感覺及想法,會影響其他成員,並且打擊團體的目的。所以,一個團體成員的抗拒,會影響其他團體成員及他自己的治療。

團體領導者如何處理成員的退縮，有賴於領導者對成員的瞭解有多少、成員過去的團體經驗、成員的行為對其他成員特別的影響。團體領導者誘導退縮的案主說話，可能是一個適當的方法，或者團體領導者可能會決定等這個人退出團體。另一個可能的方式是團體領導者提醒成員有關團體先前同意的規則(Reid ,1986)。團體領導者可以說：

- 「丹尼斯，在這過去的三週裡，你一直與團體保持距離。我們曾經決議彼此應該要分享和開放，你正在違反你和其他人的決議。」
- 「只因為不說話的感覺較好，你一直讓自己沒能成為團體的一部份。與我們分享你對於團體的看法是什麼？」

團體領導者也可以鼓勵其他團體成員對退縮的成員給予回饋，作為帶領其進入團體的一種方式。團體領導者可以說：「很明顯的，丹尼斯現在的作法讓你們感到不舒服，告訴他，你們對他的行為有什麼感覺？」

壟斷者對於團體領導者和團體所呈現的是相似的問題。在沉默的時候，這種人以個人的經驗和消息填補沈默，但那可能並不適當。在團體早期階段，這種行為因可將成員身上的注意力轉移掉，所以其他的成員的感覺是舒服的。儘管壟斷者讓他們感到挫折，但其他成員總是無法清楚表達這些感覺，取而代之的是，他們感受到沈默的憤怒，把情緒放在心裡面，用非語言的線索表達他們的輕視和厭惡。

一個有用的干預方法是，領導者面質團體成員，那個時候在他們裡面發生了什麼。更特別的是，領導者可以鼓勵每一個

人說他經驗到什麼。整個團體也許可以發現，因為壟斷者的剝削，團體反而得到哪些好處。團體領導者可以說：「沒有蘇珊團體將會怎麼做?當沉默的時候，你們是否總是依賴她，以減少緊張。」

團體無精打采的其他重要的原因，可能是因害怕肯定、害怕傷害壟斷者或預期報復等原因。領導者可以對團體說：「蘇珊在剛剛的五分鐘裡，已經說了有關她與男友間的爭執。我看了一下我們的團體，我看到大家打呵欠、吃吃的笑，並且向外看著窗戶。告訴蘇珊你們在想什麼?」

一旦團體裡有壟斷者，對於團體可能會造成負向的影響。唯一改變他行為的方法是透過面質。因此，早一點找出壟獨者的行為，藉由整個團體的參與，創造一個較平衡的溝通模式是有必要的 (Trotzer,1977)。

· 工作要求

治療團體經常工作一段時間後就慢下來休息，聚會幾次之後，才再動起來開始工作，這種模式是很正常的，而且不會對團體造成問題。相反的，有一些團體停頓下來，不願意或無法突破表面化的模式，無法採取有意義的行動。有一種透過被動作掩護的工作錯覺，結果團體很少能夠有實質的投入、努力和期望上的改變。成員參加聚會，但只是被動的接受治療的過程。他們鼓勵別人嘗試新的行為，但自己的生活卻很少產生新的行為。他們抱怨他們不舒服，但卻繼續熟悉的自我毀滅模式。他們談有關生活中的事，卻很少作有意義的冒險。他們參與一些很好的討論，而這些討論卻與團體的目標無關。其它要注意的情況包括：

- 說一些滑稽的故事
- 讚美團體領導者的技巧和知識
- 從感性的主題中跳開話題
- 表現出無助和無力
- 焦點集中在團體外的經驗和人物
- 不願意挑戰其他人
- 詢問團體領導者他或她私人的生活和感情
- 沉默
- 責問團體領導者不敏銳或不夠關心

　　在某些情況下，被動是團體成員缺乏安全感，和害怕公開分享想法和感覺的一種表示，成員可能靜靜的觀察那些作自我表露者的危險下場。我們必須處理團體成員的抗拒，而不是攻擊他們；不是要求他們放棄抗拒，而是提供回饋，幫助成員更清楚的去看，並經驗他們的防衛和抗拒。

　　除非團體領導者成功的處理抗拒，否則團體將會停留在一個僵局，變成支離破碎或瓦解。採取反對者的姿態，對團體領導者沒有好處。相反的，團體領導者應該加入成員，提供成員支持，減少他的害怕，並且鼓勵成員探索為什麼會有逃避的想法和感覺。Bugental(1978)討論團體領導者處理抗拒的反應時，認為有三個主要的過程：團體領導者(1)盡量以沒有威脅的方式，把成員的注意力放在他所表現的行為上。(2)確認這個行為，並找出適當的前後關係。(3)邀請成員探索這個過程，也就是檢查他們正在作什麼，以及和為什麼如此作的原因。團體領導者的態度應該是沒有評斷的、好奇的，而不是批評的。

回到團體的目的和早期所訂的契約，也是有效處理抗拒的方法。這個探索的邀請，應該以一種支持的、非辯解的、沒有防衛的態度來作，以增強成員和團體領導者間的聯盟為目標，並且幫助成員從此經驗中成長。

面質心理遊戲和障眼法

「遊戲」這個字指的是一系列持續進行的互補性的溝通，進行一個已經定義好的可預期結果。遊戲和障眼法好像扭曲和抗拒，經常被團體成員用來逃避親密關係和投入。很清楚的，這些遊戲有負向的結果，例如防止某個案主發展深而有意義的人際關係。不幸的是，這樣會讓案主付出代價，而帶來不好的行為結果，包括控制其他的人、避免焦慮的方法、一種避開心理冒險的方法。對某些案主而言，遊戲是一種生活的方式，此類案主精打細算，選擇在那些適當的時機表達感情，只看到他們希望看到的、聽他們希望聽的。他們利用別人來滿足自己的目的，很少顧慮到他們對其他人的影響。

一種經常出現在團體的典型的模式是「是的，但是」的情境，團體的成員從團體領導者和其他成員那兒尋求建議，然後又拒絕他們幫助的協助。這裡是一個團體成員使用「是的，但是」的遊戲，你會聽到：

成員 A：「我不能決定要或不要……」

成員 B：「為什麼你不……」

成員 A：「是的，但是……」

團體領導者：「為什麼你不……」

成員 A：「是的，但是……」

這個連續的互動可以無限的持續下去，或直到參與者累了，而在挫折中放棄。通常，團體領導者和成員很快的會覺得挫折、受到阻撓和被打擊。如果這種狀態在聚會中重複出現，成員會不斷經驗到被騙和被套牢的感覺。一旦這情況確定以後，領導者必須以一種關心和負責的態度去面對。如果一個使用「是的、但是」的遊戲者沒有被挑戰，他或她的行為型態會被增強，並且這個人將繼續在團體內或團體外操縱其他的人。下面是團體領導者對一個成員 A 所作的面質：「我對正在發生的事情覺得不舒服。首先是你要求幫助，然後當別人給你建議時，你又對他們的建議打折扣。」。團體領導者另一種更有力的挑戰是：「你確定你需要建議嗎?我看到你要求幫助，然後再拒絕幫助。兩週前你做過同樣的事。」在這兩個例子，團體領導者以他或她自己提供回饋。「我對……不舒服」，「我看到……」，然後詳加敘述他或她所注意到，有關此成員的行為。領導者的意見必須與案主具體的行為有關，而不是對於案主這個人。事實上，盡可能將團體領導者和成員所觸動的經驗，以具體詳細的資料提供給成員是很重要的。

　　障眼法像遊戲一樣，有一些特徵。它們都提供讓案主從強烈的親密感和密切的人際關係中隱藏起來的一個管道。例如，案主以自我表露來偽裝親密和真實，是相當普遍的情形。以社會期待的行為，去掩飾內在心理真正所發生的，並未真正表達他的感情，表面看起來是真誠、率直、開放和有感動，但事實上，個人卻是相當不相信他自己與他人之間所發生的。這種案主對關係的看法，認為只有兩種選擇：控制或被控制。

・一個警告

　　有時候，對案主在某些沒有作的事情上，團體領導者會聯

合團體施予成員壓力。Stanford(1972)在一個會心團體的經驗是一個例子。當他已經努力對其他團體成員表現開放和誠實後，他仍被告知他是防衛和不誠實的。

> 他們對我不斷的攻擊，我瞭解到在團體不是什麼事都要開放。也許他們重視的不是開放（雖然他們不斷的告誡我要開放），我決定不一定對每一個成員都開放，而是表現他們認為要從我這邊得到的。

一旦 Stanford 採取偽裝的表面性開放，他會被其他的團體成員接受，並被認為是一個有價值的成員。諷刺的是，他的不誠實和虛假的行為，與團體希望帶給個人的經驗正好相反，而這種行為在過去卻一直被增強。如果我們忽略或給予肯定，就是允許一個成員繼續虛假開放，卻沒有受到任何挑戰，我們的沉默代表獎勵使用障眼法。相反的，如果我們向團體指出這個虛假的開放，面質有這些行為的特別成員，通常這些錯誤的行為很快就會停止。

語言的潛力

有些時候，團體領導者的面質沒有被聽到，或面質對團體或成員的行為影響非常小，團體或成員可能很容易忽略團體領導者的同理、無條件積極的尊重、高雅的的語言。在這個時候，團體領導者有點粗魯和有挑戰性的話是一個有用的震撼。

端視平常在團體裡所使用的語言，實務工作者說「我不買你的帳」或「我想你是在欺騙你自己」此種有力的挑戰，有時會有顯著的影響。團體領導者可以用一個比較隱密的方式，以嚴厲的評論做為面質的反應，例如「垃圾」、「骰子」、「胡

說」。儘管如此，領導者在使用這些特別而有情緒味道的話時，必須小心。如果過度使用，這些話將會很快就失去神奇的力量，而且使用這個方法，某些成員會因為沒有聽到隱含的訊息而不解，將會變得防衛和心理有疏離感。

・實務上的考慮・

1. 面質團體成員需要慢慢的，好讓他們可以理解說的是什麼。
2. 如果面質是與團體成員契約的一部份，那面質是合法的。
3. 面質如果太快，團體成員將認為面質是一種攻擊。
4. 只有在團體已經建立基本的信任和接納之下，才能使用面質。
5. 如果告知團體成員他的行為已經對其他成員造成影響，而不只是簡單對其特定行為方式給予標籤，將使成員受到挑戰時的抗拒和防衛減少。
6. 面質一個團體成員的強度，必定與此成員脆弱的程度和個人解組的程度成反比。

團體過程處理

在團體工作中，團體過程的處理，是指一個領導者對於在團體中某一時刻發生事情所做的語言反應。根據 Yalom(1975)的說法，在治療團體和會心團體這類經驗性團體中，團體過程的處理是非常獨特的特徵。

有很多社會認可的活動，個人可以在裡面表達感情、幫助他人、給予或接受建議、發現自己與他人的相似性。然而，對

於一個人而言，什麼時刻是此時此刻行為的核心？什麼是人與人之間立即性關係的本質呢？

Yalom 表示，成人之間批評的行為是社會行為的禁忌，它被認為是粗魯的、不適當的、震撼的、有侵犯性的或輕浮的，一般在激烈衝突的情境中可以觀察到。當它浮現出來時──即人們採取彼此批評的態度、姿勢、言語、或外表──這戰爭一定是劇烈的，而且可能不好幹旋的。

一個團體領導者處理的焦點，可能是團體內此時此刻單一的互動，或是個體或團體互動的總和。這些行為經常都被認為是立即性的。雖然如此，處理的過程經常都是團體領導者邀請成員探索此時此刻的關係。

團體的運作有兩個目的：第一、它可以引導領導者、成員或團體開放有關他自己的某些事情。主要的理由是因為認為將情感放在內心裡，尤其是負向的情感，將阻礙人與人之間的溝通，無法建立親密關係。第二、對發生在個別互動的某一層面，領導者可以使用團體處理的過程給予回饋。也就是說，領導者引導成員分享對互動的感覺，或是描述發生在互動過程中他所觀察到的事情。

團體領導者任何的決定，都應該以個人而非團體為焦點，相對的，他也必須考慮團體特殊的基本架構──目的、結構、目標、期限和成員(Levine,1991)。例如，在一個短期的危機團體中，如果成員的擔心是立即的危機，過度努力探索此時此刻的經驗是沒有用的。就好像是一個教育性的團體，成員參加團體的理由是獲得資訊，但卻將焦點放在分享彼此深入的情感上，同樣是很愚蠢的。另一個極端的例子是，如果是對於一個長期的、沒有時間限制的院外藥物濫用病人團體，未能處理此

時此刻的過程，團體成員將失去情緒成長的主要機會。

· **雙焦之分析觀點**

對於觀察過去和現在行為的前後關係，以及因週期性的行為模式所一再發生的事，團體領導者可以在很適當的位置做觀察。因為領導者不屬於團體討論當事人，他比成員有寬廣的角度，以收集那些對參與者不重要，但對受過訓練的臨床工作者卻是治療上重要關鍵的訊息。這個寬廣的診斷觀點，可以有機會看到現在和過去整個團體和個人的動力。

根據 Egan(1970)的說法，團體過程的處理是維持團體誠實的一個方法。團體領導者藉著停止和檢查團體中發生什麼事，來處理團體的過程。例如，一個團體領導者可以中止討論，然後問以下的問題：「好，到這裡我們已經做過什麼？現在正在做什麼？發生了什麼事？」此種問題鼓勵團體站在外面檢查自己。

對此時此刻的思考

社會團體領導者被訓練以歷史的方式做思考，很多診斷工作成為心靈考古的型態。為了蒐集需要的資料，團體領導者以上百種不同的方法，以確定過去發生過什麼，以及對現在有什麼影響。為了要進入此時此刻的思考模式，領導者必須從過去式轉移到現在式。不是問「過去是什麼？」，而是問「現在是什麼？」，關注的焦點是現在。團體領導者可以問「現在正在進行什麼？」、「我現在的感覺是什麼？」和「現在感覺不舒服，這感覺從哪裡來？」。

Yalom(1983)討論此時此刻的重要性時表示，團體領導者的任務是去疏通外在到內在、抽象到明確、非個人的到個人

的。如此，當團體成員開始抽象的抱怨時，例如「我太容易被恐嚇」，團體領導者必須找一個方法，將此抽象的話語轉換成與團體有關的事情，例如團體領導者可以說：「看一下今天這個房間，誰在這裡恐嚇你？」這個問題能找出團體領導者可以利用的線索。根據 Yalom 所說，團體領導者就是一位牧羊人，不斷在趕一群迷途的羊，那些離題和片片段段的事物，說一些生活中的過去事件，抽象和理性的討論就好像那些迷途的羊。

但是，此時此刻的焦點，需要團體領導者藉由傾聽現在的自己和自己內在的經驗，來思考此時此刻，時間久了，便會成為一種精緻和諧的指引方向。團體領導者們有時候可以很快就覺察到自己的情緒反應——生氣、受傷、害怕、傷心、焦慮或失望。有時候他們卻可能並沒有特別的感覺，但直覺告訴他，有一些事是不一致的。有一些在意識上有反應之前的內在心理的警訊是很重要的反應。

在這些時刻，團體領導者面對的是治療不可能發生的事。這時候，我們必須注意自己的心情和感覺，同時察覺每一個成員和整個團體正在發生什麼。我們的注意力從我們自己移到個體成員，再到整個團體，再回到我們自己。我們聽成員說什麼，觀察成員的臉部表情和其他非語言的線索，看其他團體成員的反應，到我們自己對這個人的反應，這個人對我們及其他成員的反應。

·內在的線索

透過真誠的同理，團體領導者進入另一個人的世界，與成員的經驗融合。他可以想想自己正在說什麼，也許必須忍耐自己的不舒服。如果在同理的過程中，一個內在心理發出警告，

他的身體姿勢可能會改變，他可能嘆氣和將手臂環抱住胸部，身體向前傾斜，或將背靠在椅子上。另一種線索是，當有一種不熟悉的厭煩感、挫折或生氣的感覺出現時，可能有些事是錯的，或團體領導者可能突然發現，最後的幾分鐘他沒有專心。

像這些的反應不是意外或隨機的，這是需要被關心的某些正在發生的事的線索。有些成員的言語和行為已經觸動了團體領導者的內在自我。在那個時刻，做反應之前，他必須先回想這個成員說了什麼和做了什麼。他可以利用這個反應作為進入自己內在心理的橋樑。如果他發現有些事與成員所做的互動有關，和團體分享可能會有幫助。在另一方面，如果是與自己有直接關係，但卻是團體以外的事情，那最好在發現後先放在一邊，等團體結束後再認真的處理。

・實務上的考慮・

1.以此時此刻來思考。
2.傾聽自己，信任自己的直覺。
3.問成員在這個團體裡他們正在想什麼。
4.經常處理在團體成員間和成員與你自己間正在發生的。
5.在任何時候，儘可能的將那裡和當時的焦點轉移到此時此刻。

一些特別的因素

團體領導者的特性、個人的特質、生命的哲學都是治療過程中的一部分。因此，團體領導者信任自己有足夠的自發性、

創造性和開放是很重要的。除此之外，我們必須尊重團體成員，珍視他們。我們必須關心他們，並且對他們有足夠的挑戰和面質。我們必須小心，唯有在適當的時候，才向團體成員表露我們自己。我們必須是有道德的，不作任何會傷害成員的事。我們必須幫助成員尋找解決問題的方法，並且必須增強成員對自己生活負責的力量。

幽默的力量

治療是嚴肅的事情。個人因為他們的害怕、生氣、挫折、悲傷和痛苦而前來尋求協助。他們提到無力感、無希望、死亡、自殺、憤怒和暴力。但是在一個治療性團體中，不是每一件事都是沉重和恐怖的，在悲傷中可以有愉悅、快樂和歡笑。Frankl(1962)在二次世界大戰期間，德國集中營的生活所作的觀察中寫道，在最悲慘的狀況下，這些犯人雖然每天活在痛苦中，幽默使他們能熬得過來。

Benjamin(1981)指出，幽默是治療過程的一部份，他觀察適當的使用幽默是有幫助的，就如同許多其他的引導或反應一樣。與諷刺、嘲笑、譏諷不同，幽默是源自於同理、傾聽、輕鬆、感人，反映一種對生命的積極看法。它是一種非常個人化和私人性的反應，沒有任何秘訣。

在團體中，有時候幽默使我們與團體成員自然而然的笑，而在其他時間，我們不自覺的引起團體的笑聲。我們也可以使用幽默，以一個有趣、適合情境話題的方式，減輕團體的緊張，放鬆團體的氣氛。

幽默不應該是做作的，也不是設計好的，而是自發和自然的。它甚至只是一個眉毛上揚、一個微笑、一個姿勢。當幽默

出現，它會使得團體成員感覺彼此緊密的在一起，使領導者在這個自然助人的關係中，建立出一個特別的連結和信任感。

在治療的過程中，幽默是一個有力的工具。誇張、矛盾、滑稽的情境、雙關語、開玩笑，可以幫助成員渡過難關、減少焦慮、促進凝聚力。它就好似一個社會的潤滑劑，可以挑起對一些事情共同的反應。

幽默有它的另一面，也可以是敵意、生氣和攻擊，並且被當作處理焦慮的一種防衛，犧牲別人。它可能傷害那些尋求幫助的人，導致高的抗拒和強烈的防衛。幽默應該是善意自然的，不是敵意而是民主的，不是要人感恩的而是真誠的、非強迫性的 (Wubbolding,1988)。

經過一段時間，團體會創造出屬於他們自己的笑話，可能會將焦點放在一個成員或領導者的特徵，這個人將成為玩笑的目標。

團體領導者將影響幽默的風格。如果團體領導者是自我解嘲的，可以輕鬆的說自己和笑自己 (但不是在治療的過程)，案主可能會嘗試讓自己受傷和冒險。但是，如果他們認為會被笑和諷刺，在分享之前，他們將會仔細的檢查自己的想法、經驗和念頭。

使用比喻

團體成員經常使用象徵式的語言，來描述他們所認為的自己、他人和他們的情境。「有時候我覺得好像是一個大門口的鞋擦童」、「我的生命就像是一個監牢，我想要衝出去」、「我覺得過去的我在繭裡面，現在我是一隻蝴蝶」。

治療師使用比喻有許多原因（McClure,1987）。第一、比

喻使團體領導者能夠核對團體發展的階段。第二、它提供有關成員認同的訊息。第三、比喻提供一個引導團體成員注意的方法，從以過去為中心的焦點，移到以現在為中心。第四、他提供讓團體過程產生創造性回饋的方法。象徵性的比喻可以增進領導者治療的範圍和力量，可以增加團體成員對這些解釋的開放程度。

比喻可以來自團體成員的自發性，也可以由團體領導者提出。在團體中，有一個成員說他自己像一個彈力球，在人與人之間跳來跳去，但卻未曾發展出任何真正的連結。其他幾個成員感受到他彈力球的聯想，很輕鬆的觀察到，當他們試圖與他發展友誼時，他就會跳開。彈力球這個字變成是成員用來描述某些人，沒有辦法發展或維持關係的代名詞。

在另一個團體，蘿絲是一個四十五歲的大學畢業生，含糊地抱怨，在生活中被人們以不同的方向拉扯。她說：「我的老師、我的孩子、我的先生和我的母親都在剝削我，我已經沒有東西可以給。」團體領導者抓到這個聯想，便要求不同的成員站起來，同時拉蘿絲的手臂和腳，並且大聲的說：「我需要你。」經過有趣的推拉一分鐘之後，蘿絲說那真的就是她生活中的感覺。情境再次重複出現，但是這一次蘿絲被指示要從這些拉扯她的手中掙脫，肯定的對每一個人說，她已經被拉扯得很累了，並且想要停止這些。蘿絲做了兩次，第一次她癡癡的笑，尤其是當她面對家人的時候。第二次，在她的眼中有淚水，聲音中有憤怒的情緒。

在整個團體處於某個掙扎的情境時，也可以運用比喻和象徵性的聯想，例如團體掙扎的主題、衝突，或是某些正常發展的課題。例如，一個大學畢業生的團體，在最後一次聚會前的

三個禮拜，也是畢業的前四週，開始討論有關對死亡的感覺。這打開了成員許多的話題，包括團體的結束、對關心的人說再見、離開大學、放棄學生的角色、找工作、搬離社區。這個討論對成員說明了在生命中的同一個時間，有可能會經歷多種的死亡。

團體治療以故事、類推和真實事件的形式，為成員提供沒有限制的比喻。有效的比喻是適合情境和適合團體的，以一種聽者可以接受的方法，加強訊息的特別層面。

信任自己

團體領導者的直覺——洞察、預感、沒有清楚的邏輯，但卻充滿訊息的思考能力——在治療過程中是相當有用的工具。好的團體領導者依賴直覺，即使他們並不認為自己是有直覺的(Confer, 1987)。雖然有關直覺和團體領導的研究很少，但大部分的團體領導者與案主已經不需要經過中間的步驟，就可以從得到結論中學習到某些事情。我們可以創造性的選擇一些組合材料或方法來解決困難。也許我們內心中對於某些案主的事，很明顯的會有一種不合乎邏輯或事實的感覺或想法。或是我們可能已經在適當的時刻選擇了合適的技術，因為似乎如此作是對的。

要從直覺中受益，我們必須學習信任自己，並且允許扮演「內在小孩」。我們也必須信任豐富隱藏的智慧和存在潛意識中的資料。當直覺出現時，我們必須做更多的冒險，打破某些規則，尋找一個以上的正確答案，忍受不確定，讓自己現在和以後看起來有點愚蠢，然後可以突破治療的規則。我們必須尋找認知和直覺的調和，知識可以幫助我們核對預感，並且提供

架構有系統的觀察成員的行為。

根據 Eichler 和 Halseth (1992)所述，團體領導者有許多方法可以發展他們的直覺，包括：

- ・學習放鬆和清楚自己的心。
- ・尋找安靜的時間。
- ・對於想像和夢給予注意。
- ・讓心靈可以沒有特定目標的自由活動。
- ・持續寫日記，並且記下預感、直覺和結果。
- ・信任你自己和你的內在線索。
- ・問你自己的內在現在該作什麼?

另一個建議是在團體情境使用歡笑和幽默。當團體領導者把問題看得太嚴肅，直覺就會被卡住。團體領導者必須融入團體，並且傾聽現在正在說什麼，而不是想下一步要怎麼做。集中精神於此刻正在進行的團體，而不是被內在的雜音所充滿，那就可以比較接近自己的直覺。

協同領導

協同領導或協同治療的定義非常多，在某些情況中，是指一個實務工作者，擔任掌控的領導者，而另一個領導者，也就是協同領導者則不那麼主動。有一種說法稱此為學徒模式，此種模式中，領導者比另一個領導者有經驗，第二個領導者則在聚會期間，觀察和嘗試做領導者。

一個較普遍的設計，尤其在社會工作中，是兩個實務工作

者在一個團體中分享領導權（Corey & Corey，1992；Levine,1991）。領導者彼此呼應，共同領導團體。Yalom(1995)明確地對有關協同領導者的設計做了描述，「在我的經驗中，一旦兩位治療者之間有地位不平等的狀況的存在，都是不適當的」(p.422)。

　　Mullan 和 Rosenbaum(1978)評估協同領導之間公平性的需要和競爭氣氛。這些作者指出，協同領導者必須接納彼此的情緒，瞭解彼此的方法，有相同的治療目標。根據 Mullan 和 Rosenbaum 的說法，協同領導者最重要的是情緒接納和相互尊重。沒有一個人可以去塑造對方，變得防衛，或將團體當作是競爭的場所。

　　根據 Napier 和 Gershenfeld(1989)的說法，事實上協同領導的關係很少是共同或平等的。即使協同領導者的表現是平等的，團體成員仍會較注意某一個領導者多於另一個。協同領導者之間的經驗層次、背景和領導風格的不同，使得團體成員大多沒有辦法對領導者有相同的想法。根據 Napier 和 Gershenfeld 所說，這些不同將影響個別領導者對於什麼是重要的、工作層次、責任感和他們在團體中看到什麼。

優　點

　　在個別諮商中，案主受到團體工作者所有的注意力。在一個六到十人的小團體中，團體領導者不易持續與每一個人做接觸。如果有兩個領導者，個人較不會在混亂的情況中被遺漏了，而且，不是每一個臨床工作者，都可以與每一個案主相處得很好。透過一個團體領導者彌補另一個團體領導者的弱點，

偏見、偏愛和弱點可以被減到最小。

因為有協同領導者，一個團體成員可以得到兩個領導者的照顧。如果一個領導者生病或放假，另一個可以補進去。如果一個領導者累了，沒有感覺，或覺得當天情況不好，另一個還會在那裡。面對某些特定的人口群，例如成人精神病患、具攻擊性的小孩、衝動的青少年，專業人員精力的耗損特別大，在那樣的團體，一個團體領導者可以注意某一個問題，例如一個成員走出去，或某一個成員失去控制，而另一個領導者則可以維持團體繼續進行。

協同領導者有許多其他的優點，尤其是對一個新開始帶團體的團體領導者，提供第二雙眼睛和耳朵，得以對團體有更完全和正確的看法，減少每一個領導者可能未覺察到的盲點。那也使團體領導者有機會在主動和被動的作法中得到緩衝的機會，如此，領導者可以彼此在主動的反應和觀察間做交替。

有時候，兩個領導者可以提供一個複製的雙親家庭（Shilkoff ,1983)。領導者可以提供一個有效干預、問題解決和衝突處理的模式，給成員模仿和認同。例如，團體成員可以有機會看到兩個工作人員處理衝突，但卻沒有互相傷害，他們就會明白，可以有不同意，但是也可以不被拒絕或不被傷害。尤其當協同團體領導者是不同性別時，其意義更特別，那可能是成員第一次看到一個男人和一個女人，面對發生在他們之間的衝突時，如何不需放棄他們個人的自我。

當一個團體領導者正注意單一個別成員時，尤其是成員有強烈情緒的時候，第二個團體領導者可以維持進行其他成員討論的事，並且客觀的跟隨這兩個方向的轉變。一個領導者可能經常會集中在一個一對一的互動，無法知道整個團體正在發生

什麼。在這個過程中，其他成員可能會覺得厭煩、生氣或挫折，有可能有不去注意新的發現。

當一個領導者受某一個成員所影響，反轉移的程度很明顯時，另一個協同領導的好處就呈現出來了(Corey & Corey,1992)。當領導者的客觀性已經被扭曲，他就沒有辦法有效的工作。此時，另一個團體領導者可以負起協助成員的責任。第二個團體領導者可以幫助他的協同領導者和團體成員探索他們的感覺，更開放的討論他們的議題。這第二個領導者可以像共鳴板一樣，檢查團體的客觀性，並且提供有用的回饋。

在一個組織內，例如一個醫院中，與其他專業分享團體領導權，如精神科醫師、物理師、護士、娛樂治療師，可以減少專業之間的問題。同事們彼此與病人從事直接的工作，經由這個展露，他們可以對於他們臨床的角色有全面性的瞭解。Lonergan(1982) 報告紐約某醫院的中風團體指出，社會團體領導者在協同領導團體中，感謝物理治療師及語言治療師的協助。這些特殊領域的專家使得失語症和部分癱瘓的病人，可以完全參與團體過程。在社會團體領導者、物理治療師及語言治療師的互動中，也澄清了這些專業同僚間原本對彼此功能的誤解。

缺　點

協同領導也有缺點。一個主要的缺點是，每一個團體領導者必須找一個可以共處的協同領導者，以基本的信任、尊重和喜歡的關係為基礎，一起舒適的工作。例如，有一些團體領導者是溫暖的、支持的、親切的。如果一個此種團體領導者與一個苛求的、敵視的人配對，兩個人可能會受到太多挫折，而變

得沒有效力。而且，因爲沒有兩個諮商員所採取的治療方式是一樣的，甚至，即使是原本共處的同事，也會自然的產生衝突、意見不同、誤解和錯誤的溝通。

有一些協同治療者之間會產生競爭和成爲對手關係。其中一方或雙方也許會企圖控制對方，希望成爲團體注意的核心 (Corey & Corey，1992)。因爲想要成爲主角，一個領導者可能會在聚會中積極的貶低他的協同領導者。協同領導者可能會攻擊團體和團體過程中的差異。例如，一個團體領導者會變得生氣，並且暗暗的過度壓抑另一個團體領導者對團體的努力。如此的協同領導關係對於團體會有負面的影響。

協同領導的另一個缺點，即兩個團體領導者領導一個團體實際上是浪費的。有些機構的行政主管更進一步的指出，協同領導是不合乎成本效益的。他們說因爲受過訓練的團體領導者不足，因此，把團體領導者分開來，由他們各自帶領一個團體是更有效率的。簡而言之，協同領導對於很多機構來說是奢侈而無法提供的。

· **協調**

協同領導有部分的花費是在作計畫時，協同領導者必須花時間協調他們的行爲。協同領導的協調工作包括協議在團體聚會前後一起討論他們的工作。團體後的報告尤其重要，包括什麼時候團體領導者可以討論此次聚會的主題、他們做了什麼，覺得什麼不好，對於其他每一個人表現的看法，對於他們自己在團體裡的角色和表現有何評論。

兩個領導者提供一個很好的機會對團體中的個人產生影響，可是爲了發生影響，協同領導者需要建立以信任和開放爲基礎的工作關係。最基本的層次是，每一個領導者必須支持另

一個團體領導者在團體中呈現的理念、冗長贅言和挑戰。下面的例子是一個領導者跟另一個領導者所做的挑戰，堅持團體成員回想他的行為。這個支持的協同領導者說：「當我的夥伴說你毀謗這個團體，你忽略她所說的，並且還繼續說下去，你剛剛聽到了什麼?」在此種情況，團體領導者必須小心不讓團體成員認為團體與領導者是兩個團隊，兩人想聯合起來去對付另一人。

・實務上的考慮・

1. 在計畫團體、選擇成員和開始團體上，協同領導者責任必須是相當的。
2. 在團體開始之前，協同領導者必須討論彼此的期待、限制、長處和弱點、過去的團體經驗和理論取向。
3. 協同領導者必須對「協同」這個字在團體領導權上的意義，有一個清楚的共識。
4. 協同領導者必須安排時間做團體前和團體後的討論。

摘　要

　　在這一章，我們檢查了許多可以帶給團體成員和團體改變的干預方法。團體領導者引導並促進團體互動，藉由綜合、摘要和分類化作融合，重新架構、支持、面質、和處理團體過程。團體領導者主動給予成員回饋、挑戰成員、連結成員此時此刻的關係。團體領導者也使用幽默和比喻促進成員的互動。

使用兩個領導者有好處有壞處。當團體領導者是可以共處和連結的時候，他們可以彼此支持和分擔領導的責任。因此，他們需要在每一次團體聚會之前、團體進行期間和團體之後，交換彼此的想法和理念。

第九章
建立團體

我喜愛萬花筒。從它的圓筒看過去，會看到很多巧妙安排的形狀和顏色。然後，把它轉一下，小小的彩色玻璃會形成一個新的、甚至是更特別的設計。

　　團體和萬花筒非常相似，有一個初始的互動、結構和領導模式。然後當一個改變發生，譬如是一個位置的轉變，或是成員的增加或流失，一個新的組合型態就會出現。

　　我曾經與一個團體一起工作，第一次到第四次似乎都沒什麼進展。成員自我表露的內容聽起來有些表面，且以領導者為溝通中心，成員之間要有所互動似乎很困難。

　　這個團體受到了阻塞，我覺得有一股強大的壓力在影響這個情境。首先，我嘗試用不同的活動去增加團體中的互動。然後，我直接對成員不夠投入團體提出挑戰，並且希望得到一些使團體充滿活力的反應。但是，成員唯一的反應是他們在團體中沒有安全感，並且感覺彼此間有距離。

　　很清楚的，有一部份的問題與團體使用的房間有關。我們在教堂的休息室聚會，那裡感覺有一點沉悶，當你坐在有厚坐墊的高腳椅裡時，你會覺得要站起來很困難。而且這個房間的隱密性低，門沒有辦法關起來，一次的聚會中至少會有人經過一到兩次，打斷了團體的討論。

　　因此，團體決定移到較隱密和親切的地下室裡。哪裡的椅子可能會硬一點，房間會冷一點，但它將是完全屬於我們的。這個房間鋪有地毯，所以我們希望可以坐在地毯上，另外透過大的窗戶可以遠遠的看到樹林，讓人感到一種空氣的清新和明亮。

之後，團體的互動有了戲劇性的改變，讓我非常高興。成員們對我有較多直接的意見，彼此互相開始交談，明顯的自我表露和分享變得更為真誠和主動，也會有一些肢體的接觸，甚至會有擁抱。

雖然移到另一個房間只是一個相當小的改變，但是對於成員卻有特別的意義。這個房間提供成員較多的隱私，也可以說是屬於他們自己的空間。沒有沉重的椅子的阻隔障礙，成員可以實際地肩併肩圍成一個圓圈。房間的改變就好像是旋轉萬花筒的一樣——小小的改變卻擴展出另一組的顏色及型態；基本上裡面的紙片是一樣的，它們只是以一個獨特且不同的鑲工方式重新作組合。

在本章中，我將討論一個有效團體的計畫要素。在團體前的準備階段期間，實務工作者面臨多方面的選擇，這些選擇可能會對團體有正向或負向的影響。為了減少問題，增進達成團體目的可能性，瞭解這些選擇和影響是很重要的。

我將在這書中回答以下的問題：建立團體時應該考慮的因素是什麼？討論的主題包括決定團體的目的、組成、大小和期限，以及獲得機構行政上的認可。

規劃過程

很多團體因為在概念階段缺乏仔細的思考和規劃，所以沒有成功。雖然他們的領導者很努力，卻因為沒有仔細思考案主的需要、聚會的環境、贊助機構的期待，及領導者本身的目

標，最後面臨失敗的結果。同樣的，他們沒有考慮到團體結構一些實務操作上的問題，例如，誰將會參加這個團體？團體將在什麼地方和什麼時候聚會？因此規劃不能只是聽天由命的，它需要深思熟慮、合理、合邏輯。

團體計畫書

　　一個詳細的設計對規劃團體非常有用。此種計畫書視團體為一個整體，幫助團體領導者釐清團體的立論基礎，考慮團體可能的成員、贊助團體的機構、團體領導者的工作和團體聚會的環境。它是一個基礎規劃，指出團體將採取的方向，也為領導者達成所設定的目標提供一個合理模式。因此，設計書越明確越好。

　　下面是在設計團體時通常涵蓋的問題：

- 團體最主要的焦點是什麼？是教育、成長、相互分享或行為改變？
- 團體的目的是什麼？團體領導者希望達到什麼？
- 團體將服務哪些人口群？什麼是此人口群不合適的需要？
- 團體將由一個或兩個領導者帶領？誰將帶領這個團體？
- 團體將包含哪些成員？如何選擇成員？
- 為了達到團體的目的，多少成員人數較好？
- 成員將需要準備些什麼？
- 在團體裡將提出什麼主題或話題？
- 團體將在哪裡舉行聚會？
- 在團體第一次聚會之前需要通知誰——督導、會議主

席、理事、守衛？
- 團體開始需要建立什麼基本規則？
- 團體領導者的角色是什麼？

這些問題需要被慎重的思考，並且儘可能誠實而明確的回答（請見附錄 D）。

目　的

一個團體的目的是團體最根本的目標和存在的原因。團體目的有很多的來源，包括贊助的機構、被指派領導團體的團體領導者，以及機構案主的需要。一般來說，團體的目的是由團體領導者和其他機構的團體工作者一起共同提出案主個別需求之後所決定。團體的目的必須建立在組織的體制內，包含它本身的規則、目的和任務。當機構決定設立一個團體以滿足案主的需求時，機構開始將個別案主的需求轉換成一個團體的目的。

當一個團體的形成是建立在案主實際的需要時，必須確定每個人加入團體的理由是相似的，並且與機構和團體領導者的目標一致。相似的動機會在團體治療的過程中發展成為對團體的承諾。這三個目標形成的主要組合——機構的、團體領導者的、團體成員的——變成不只是團體主要的重心，也是團體運作的活力來源。

一個清楚且反映適當期待的團體目的，提供團體成員發展連結和達到團體目標的基礎（Levine，1991）。如果一個團體的

目的不清楚，或如果機構、團體領導者和案主間對目標有不同的期待，團體將因人際關係間的衝突而瀕臨瓦解。一段時間後，此種衝突將使團體的主要能量枯竭，並且減少成員和整個團體達到目標的可能。一個具有清楚和一致性目的的團體，比一個目標不清楚和不一致的團體，有較高的獨立性、主動性、合作和凝聚力。

・目的的陳述

　　一個簡短的團體目的陳述包括：團體為什麼聚會、將如何進行它的工作，以及參與者將被期待些什麼等資料。經由設計，目的的說明以自然、清楚及概括性的方式提供給成員，可以讓潛在成員瞭解團體對他有哪些好處。下面是一些目的說明的例子。

　　・團體將以單親父母的問題為重點，提供養育小孩原則的資料。將邀請參與者分享他們與小孩相處上的問題，並從其他團體成員那兒得到回饋。

　　・這個團體是為父母離婚的小孩所成立。透過同輩之間的支持，鼓勵成員討論他們關心的事，發展適當的適應技巧，使他們能夠處理因父母離異所帶來的失落情緒，並可以痊癒。

　　・這個團體是為精神科病房中，新的住院病人所成立的。討論的重點是醫院生活的介紹，以減少不必要的壓力。成員可以提出他個人的問題，也可以從工作人員和成員身上得到建議。

　　・這個團體是為了脊椎受傷的新住院病人所設，會播放一個有關脊椎受傷病人的錄影帶，包含如何適應失去能

力的調適經驗，以及有一個完整的復健方案。錄影帶放映之後，會由一位受過訓練的領導者及曾經脊椎受傷的病人一起協助大家討論。

·這個團體將提供一個支持的系統給癌細胞已轉移的癌症末期病人。鼓勵團體成員探索他們對疾病的感覺、他們與家人的關係和他們的治療。也將提供使用藥物和控制疼痛的自我催眠訓練。

·這個團體將透過會議提供血液透析病人、家屬，以及治療團隊討論病人問題的機會，以及討論如何一起努力解決問題。

評估需要

一旦團體的一般目的已經決定，團體的下一步是確認需要提供案主那些幫助。這個初始的評估並不包含各方面的評估，例如建立成員目標或簽訂個別契約(Toseland & Rivas,1995)，而是藉此初始的評估幫助團體領導者再一次過濾團體的目的，也重新篩選潛在的成員。

實務工作者不應只為了要扮演一個專業者的角色而去帶團體。一個團體應該只有在團體領導者已經做了基本的背景調查，決定案主的問題是什麼，以及確定案主可以透過團體得到有效的治療後，才可以被提出。

在規劃一個特別的團體時，實務工作者有各種的訊息來源——他自己的個案量、他們的同事、其他專業的機構——幫助他決定此團體是否有足夠的利益。善加利用這些訊息來源，

以使案主的需要和問題有全盤性的概念是很重要的。

問題的延伸

　　有關案主需求的資料，最明顯的來源可能是機構現在和過去的個案量，例如，有些機構的案主因為他們本身的疾病，而必須面對某些問題。例如，在精神醫療院所的病人，在出院後經常有適應社區生活的困難，他們很多的問題都是可以預期的，例如，金錢處理、找房子或服藥。為了使案主更容易適應這個過渡期，減少再住院的可能性，機構已經發展出出院前病人團體。

　　案主面對生命轉變時會產生問題，不論是正向或負向的，都可能是團體的焦點。結婚、為人父母、開始入學、從學校畢業、換工作、退休和搬家通常都交雜著喜悅與痛苦、快樂和悲傷、期待和失望。當一個人需要支持的時候，也是一個危機事件，例如在一個重要的開刀之前或之後。一連串的意外、一個攻擊（包括強暴或近親通姦）、死亡或離婚，也都可能導致危機。

　　共同的環境壓力來源是產生團體的一個基礎(Gitterman，1986)。例如，智障兒的母親可以孩子教養為主題相互支持。她們可以藉由一起工作，建立相互之間共有的資源，也可以挑戰不負責任的機構代表。除此之外，團體可以組織起來，以社會行動為重心，幫助消費者與提供這些服務的組織做有效的交易。團體成員對環境的控制能力和主宰能力獲得改善，是團體的另一種收穫。

　　人可能由於在一起生活經驗到關係和溝通的問題而產生團體的需求。個人生活在許多自然存在的單位中——學生在教

室、病人在病房、病人在復健方案——會逐漸發展出不適應和失功能的行為型態,使得他們無法達到個人目標。例如,在一個精神病房裡的病人,可能因與人緊密的接觸,而在很多人際間的壓力中努力奮鬥,那也是他們被帶進醫院的原因,以及特別需要處理的困難議題。

評估個人成為潛在成員的一個重要考慮因素,就是這些潛在成員是否向團體領導者表達在其他團體中有無法滿足的需求或任務(Toseland & Rivas,1995)?潛在成員是真正感覺需要這個團體,或是因為對專業者有興趣而來參加?共同的想法和期待將使團體更有凝聚力,並增加團體成員對團體功能的滿足感。意思是說,相對於一個支離破碎的團體,面對有共同想法和期待的團體,團體領導者花在處理干擾和抗拒的時間會較少。

初期的不情願

一個團體的潛在成員可能覺得不需要這個團體,在此種情況下,團體領導者必須以團體的潛能及價值去說服他們。在醫院裡面,病人經常會不想處理他們的問題,而比較喜歡被獨自留在醫院中。另一種典型的非自願情境是,服刑中或受監護的人被要求參加團體。他們伴隨的態度是「治療我,我不怕你」。對於此種個案,不論他採取什麼方式,團體領導者都必須準備面對抗拒,有規劃的克服它。

一個團體的潛在成員,對於團體可能有很多錯誤的解釋。他們可能覺得團體治療是次等的治療,因為團體分享時間不是個別時間,而認為他們的經驗被看輕。他們可能害怕被團體中其他的人污染,有時候那些可能的潛在成員被邀請參加團體時會說:「如果我聽他們的,我只會病得更嚴重。」或是「我還

要從他們那聽到哪些抱怨？我自己的問題已經夠多了。」

願意聽和瞭解潛在成員所溝通的想法和感覺，是一個團體領導者最有效的方法。與潛在成員接觸時，團體領導者最主要的目標是建立情感連結和形成工作聯盟。意思是說，聽這個人的生氣、挫折、害怕和期待，瞭解對這個人什麼是重要的，對他的煩惱表現真誠的關心，並且傳遞每個人是有價值的、將被尊重和有尊嚴對待的訊息。

在一個報告中，Breton(1985)寫道，將案主以有動機和沒有動機做分類，是一種錯誤解釋的行為，對於與人接觸通常是沒有幫助。

> 沒有一種人是沒有動機的。可能有人的動機是不做任何事，或有動機不冒任何險，或故意遠離有意義的關係，但是，他們的行為是有目的的，受他們所認為的特殊結果或目標所引導，所以目標行為是有動機的行為。

所有服務的實際和潛在使用者是決定者，他可以尋求或可以不尋求團體領導者的服務、接受或不接受團體領導者提供的服務，對於努力使他們進入改變過程的企圖，可以予以反應或不予以反應。

團體的組成

團體將包含哪些人？將排除哪些人？不是每一個潛在成員都適合這個獨特的團體。首先是先決定這個潛在成員的需要是否在這個規劃的團體中最能被滿足，還是有其他團體或是個別

或家族治療的其他方式，更能滿足他的需要是非常重要的。雖然有許多理論提供成員篩選的標準，但團體的組成並不容易瞭解。

個別的會談

　　個別會談儘管耗時，但卻是決定一個潛在成員是否適合此一團體最好的方法，並且也為個人參與團體作準備。原因是：第一、個別的接觸使團體領導者有機會搜集有關此潛在成員的資料，決定其是否適合團體將呈現的類型，包括這個人是否要加入團體？此人與其他有可能參加的成員有哪些相似和不同的地方？有什麼因素可能會阻礙他來參加團體？例如他可能需要一個娃娃車、缺乏交通工具、時間有限制，或有其他相衝突的活動。

　　第二、個別會談可以使團體領導者和成員在第一次聚會之前，有機會討論團體的目標和成員的期待。這是談一些重要主題的時間，例如談團體領導者的角色、保密、成員的害怕、聚會期間有可能會發生的事等。成員認識團體領導者這個人，會使團體的開始較為容易。參加者也許互不相識，但是他們將認識團體領導者。個別會談也可以使團體領導者的工作較容易，確定團體成員都不是陌生人，團體領導者至少對每一個成員有一些認識。

　　對某些團體而言，篩選工作是不需要做的。例如，一個教育取向的團體可以開放給任何有興趣的人，其組成可能不是一個重要的因素。相反的，一個以治療取向的團體，就有必要評估每一個人的適當性，幫助團體領導者確定每個成員可以得到幫助。更重要的是，不會有成員會受到傷害。在團體中，每一

個團體成員將影響團體，同樣的，也將受到團體所影響。

社會情感能力

在決定什麼樣的潛在成員適合參加團體時，團體領導者需要考慮案主的社會情感層次。一個案主的現實感越好，越可能從團體得到好處。很多在臨床機構接受諮商的案主，既沒有一個正向的自我概念，也沒有能力接觸社會情境，而這些限制也可能是他被轉介到團體的原因。

在以口語為取向的治療團體中，一個案主的溝通能力是最基本的。在篩選的會談裡，團體領導者可以嘗試回答下面的問題：這個案主可以分享感覺嗎？這個案主是否可以沒有防衛的討論他的問題，或不指責別人？這個案主是否能忍受挫折？通常，有一些退縮的病人會被放在一個非常主動說話的團體裡面，希望利用此種轉換鼓勵他們說話 (Levine,1965)；但是，通常退縮病人的問題在此種團體裡會更嚴重。所以，建議將退縮病人放在有相似溝通能力的團體中。

根據 Levine(1991)的說法，將成員放在有相同社會情感能力的團體中是比較好的。慢性精神分裂症的團體成員，在以慢性精神分裂症為範圍的團體中，比在與其他慢性精神病患、混合性的慢性病人團體，或急性精神病人的團體中表現好。一個在社會情感功能上有心理症的人通常不容易相處，並且容易被慢性精神病患所驚嚇而無法合作。

規劃團體時，治療的設備也需要被考慮。某些成員的行為幾乎一定會被團體所排斥(Kadis, Krasner, Weiner, Winick, & Foulkes,1974)。例如一個有心理性的呼吸急促困難的案主，在一個住院病人的機構中，因為團體知道機構可以提供可用的設

備，因此此種案主將較可能被團體接受，然而對院外病人團體將有困難接受。儘管如此，一個院內的機構，不應將他的精力只限於幫助那些天天接觸的病人身上。

禁止事項

有哪些人是不能與小團體一起工作的？這個問題的答案相當複雜，可能最好的答案是模稜兩可的。它包括的因素如團體的目的、團體大小，團體工作將深入個人心理的程度、有多少可運用的人力、個人的社會情感狀態和其他團體成員。另外也要考慮個人的行為是否會對其他團體成員造成傷害，或對團體目標有負向的影響。很清楚的，某些團體成員無法忍受吵雜的環境，無法忍受與許多人坐在同一個房間內。有一些人非常脆弱，無法忍受在團體受到傷害。有些人是情緒化的，對挑戰他們的人會傷害他人身體，一旦他們進入團體，很快就會破壞團體的安全感。

雖然特別的診斷分類不一定有用，在一個人被放入團體之前，某些行為特質和特徵應該被列入考慮。下面是一些不適合參加團體的例子，這個人是：

・處於躁症的病人或極端不安的人，需要低刺激的環境。
・處於極度不安的狀態，無法坐在房間或參加任何正在進行的活動。
・對於環境相當多疑和過度小心的人。
・一個極端習於使用否認防衛，而無法接受別人任何建議的人。
・具有相當長時間反社會行為問題的人。

．沒有意願花時間、努力、金錢，定期參加團體的人。

．在面臨人際關係困難或挫折情境時，會有嚴重呼吸困難或自我毀滅行為的人。

．有暴力行為歷史的人。

這些需注意的禁止特徵並不適用於原來為某些案主所用心設計的機構，例如精神病院和復健中心。通常這些機構的方案，對於要如何處理這些案主的問題，都已經做了很好的準備。

並不是說有這些行為特質或狀況的人，無法從團體中獲益，而是他們的行為和心理功能可能不適合某一個特別的團體。事實上，有些特質和情況是很適合以小團體來處理的。因此，在將一個可能的成員放入團體之前，團體領導者最好要考慮幾個基本的問題：在這個時候，團體對於這個人是否合適？更明確的是，團體對這個人將有什麼影響？這個人將會對團體有何影響？

性別的組合

團體領導者在規劃團體時，必須考慮性別的組合。一個團體性別的組合與團體的功能和結果有很大的關連(Aries,1973: Carlock & Martin, 1977; Martin & Shanahan, 1983)。Aries 研究全部男性、全部女性或男女混合的團體發現，團體性別組合不同，男性和女性在團體裡分享自己的層面也有所不同。男性在全部都是男性的團體中，傾向集中在競爭和地位的話題。女性在全部女性的團體中，傾向於表達對彼此間的關心，討論她們自己、她們的家庭和她們在團體外的關係。

在一個男女性別都有的團體中，Aries 發現不同性別間的互動多於同性別成員之間的互動，氣氛較單一性別的團體緊張和充滿興奮。女性在男女兩性的團體較在單一女性的團體表現被動，由男性發動團體，並且讓男性參與團體的互動次數多於自己。

在他們的研究中，Carlock 和 Martin 發現，一個女性在女性團體中，表達對團體氣氛不滿意，並且有某種程度的緊張，缺乏親密和興奮感。然而，這些團體經驗對於所有參與團體者是最大的收穫。

Carlock 和 Martin 認爲如果團體的目的集中在性別角色和性別之間的關係，團體應該包括兩種性別的成員。但是，他們也警告帶領男女混合團體的領導者，應爲成員可能演變成高程度的緊張狀態有所準備，並且應小心掉入傳統性別角色模式中。另一方面，如果領導者希望幫助女性討論人際關係的主題，例如自我接納、發現個人的潛能和選擇、認識自己的害怕和逃避，Carlock 和 Martin 建議以女性單一性別來組成團體。

種族的組合

一個團體應該有多少黑人？有多少白人？這個問題沒有一個明確的答案，也沒有很多實際的證據支持團體領導者規劃團體時有何特別的指導原則。根據 Davis(1979)的說法，當黑人和白人同屬於一個團體時，黑人和白人對於種族的動力是很敏感的，因此，種族因素在團體組成時必須被列入考慮。在此種種族混合的團體中，白人將比黑人經驗到較高的焦慮(Davis, 1984: Proctor & Davis, 1989)。

在團體中，一個團體領導者可能面臨白人或黑人中佔較多

數者的抗拒，每一個種族的成員傾向於只對自己同種族的人提供真實情感的報告。Davis(1980)指出，白人可能是因爲心理上害怕成爲少數民族，或數量上比不上他人，不願意有太多的黑人。

當團體的方向是完成一個任務，而不是檢查他們彼此之間的關係時，不同種族的問題可能會減少；而如果一個團體是要增加親密感，團體領導者則需要花較多的時間和努力去處理與種族關係有關的感覺。當這個團體的親密度增加，團體成員的種族獨特性也會增加。

・實務上的考慮・

1.在第一次團體聚會之前有個別的會談。
2.選擇不同的成員，但也不能差異太大。
3.相信你的直覺，評估那些人在這個團體會做得好或做得不好。
4.團體的組成應該依據團體的種類和目標。

組織團體

在第一次聚會之前，藉由某種特定的方式，對團體的結果會有相當的影響力。除了決定哪一個成員應被排除或加入，我們還必須平衡成員的相似性和相異性，決定對新成員是封閉或開放，選擇團體大小，設立時間的限制或是團體要無限期的進行下去。團體領導者嘗試將這些考慮因素放在一個光譜的系列之上，不只是看其最極端的狀況，而是以一個更詳細的方式檢

查這些變項，也要儘可能的將這些考慮因素加以排列組合。

同質性或異質性的團體

同質...............異質

過去的知識告訴我們，要使一個團體能夠生存下去，團體應該兼具同質性和異質性。雖然說的容易，對於團體領導者而言，卻有一些邏輯上的問題。第一、什麼是判定團體應該有多少同質性的標準？第二、什麼是決定團體應該有多少異質性的標準？下面是一個團體領導者經常在決定團體同質性、異質性時經常考慮的特性：

- 性別——單一性別或兩種性別？
- 年齡——相同年齡或有大範圍的年齡層？
- 婚姻狀況——結婚、單身或混合？
- 智力程度—— 一個窄的或寬的智力範圍？
- 教育—— 一個教育程度，例如只有大學畢業生或是混合的學歷程度？
- 社經地位——相同的社會階層或是散落不同的社會階層？
- 自我強度——相同的忍受力和相近的問題處理能力？或是某個大範圍程度的信心和適應能力？
- 問題——成員真正要處理的問題是相似的或是不相同的？

(一)同質性的團體

有時候，某種特別的同質性是規劃團體時的基本要素。但是，同質性經常是一個很自然的限制。舉例來說，團體領導者

可能為受虐的配偶、酗酒者、性虐待的小孩、單親父母，或臨終病人做團體規劃，但是每一個團體中，團體領導者可能必須允許參與者中有其他不同的成分。

在兒童團體，年齡的同質性經常是考慮的因素，就好像在以認同為主題的自主團體裡，性別同質性是一個考慮因素一樣。但是，在某個類型的團體中，有可能同樣存在許多的異質性。

無疑的，高度的同質性團體有許多好處。高同質性團體的成員較快認同他人，也覺得較舒服，尤其是在團體早期階段。他們的共通性促使他們彼此的認同，並且增進團體發展凝聚力，因此，團體成員可以較快的進入工作階段。

另一方面，高同質性的團體也有一些明顯的缺點。此種團體認為他們彼此瞭解，不會像高異質性團體一樣，對使用同一方法的成員提出挑戰或施壓，而治療也將因而比較容易停留在表面的層次(Flapan & Fenchel,1987)。另外因為同質性的變化較少，討論的主題對於成員可能不會那麼有趣。他們可能也因此較沒有機會作現實的考驗。例如，一個藥癮的團體或問題兒童，在一個高同質性的團體，可能比在一個高異質性的團體得到較多不適當的支持。

(二)異質性的團體

具有不同生活經驗、專業層次和適應模式的人參與團體，會增加團體趣味和促進團體過程。這些不同提供不同角度的觀點給團體成員，並且可以有不同的意見組合。不同重點的意見和批評性的刺激，可以挑戰成員從不同的角度檢查他們的問題，對他們的問題更積極的做一些努力。Bach (1954)寫道，異質性提供機會讓成員學習與不同的人建立關係。Glatzer (1956)

指出具有較多不同人格特質的團體，治療轉變較快，也有較多的支持與同情。

儘管如此，異質性團體也有它明顯的缺點，最明顯的是成員可能沒有辦法彼此建立關係，成員需要較長的時間才能揭露他的問題和彼此建立連結，在一開始時有較多的防衛和抗拒，也因為這些早期的挫折，讓成員可能離開團體。在團體成員間也可能會有較多次團體，或以種族、教育、社經地位或性別為基礎，認同其他人。

Bertcher 和 Maple(1974)認為，成員描述性屬性上有較多同質性，例如年齡、職業、婚姻狀態，而行為屬性具高異質性，例如攻擊性、憂鬱或虐待，團體將會更有效率。共通的描述性屬性促成互動和和睦相處，另一方面，異質性的行為屬性增加成員對其他成員有建設性的反應。

臨床工作者必須在相異和相似性間尋找出一個平衡。團體應該有足夠的差異以引起成員的興趣；有足夠的相似性讓成員感覺到舒服，並能有所認同。對此有兩個重要規則——豪豬原則和諾亞的方舟原則。

團體組成的豪豬原則認為，在成員的相似和相異性之間有一個微妙的平衡。就好像森林裡的豪豬在大風雪期間，牠們可以緊密的聚在一起取暖，但卻不會刺到彼此而造成死亡。

團體成員應該有相似性，但是如果相似性太多，會使團體無法繼續。另一方面，如果成員不同點太多，團體將無法發揮功能。

聖經上寫道，當諾亞為方舟選擇動物時，他每一種至少選擇兩個。方舟原則建議在組成團體時，團體領導者應該小心地不讓一個成員成為一個特別的種族、性別或生活型態。例如，

如果一個團體由男女所組成，那至少應有兩個女人和兩個男人。如果這個團體將有黑人和白人，那至少要有兩個白人及兩個黑人。

簡而言之，同質性或異質性不只是一個概念，對於某些特殊的問題或目標，同質性可能有它的價值，但是，太多的相同點會使得團體成員抗拒努力，不願修正他們的行為。太多或太少的壓力，可能是因為有過多的焦慮或過多的同情。

在組成團體時，領導者也需考慮每一個人會如何與別人互動，以及個人將如何影響整個團體。這個案主是否會壟斷團體？這個案主是否相當有攻擊性？是否會成為代罪羔羊？有時候回答這些問題是很容易的，但有些時候，領導者必須相信自己的直覺。

Luchins(1964)引述他個人擔任團體治療師的經驗寫道，混合團體有它的價值，不用擔心同質與異質性。當團體實際運作中，會發現有些成員雖然團體領導者已經盡全力去整合他們，但他們還是不適合團體，這是一種例外的情形。

團體的問題不只是異質性或同質性的選擇，還包含如何發展一個具有功能的團體。組織團體或有效發揮團體功能不一定需要一致的症狀、興趣、意見、社會或人格特徵。

任何治療的標準，與治療類型、治療師的種類、所給的時間和地點的掌握有關。對一個臨床工作者有效的，對另一個團體領導者可能是災害。如何成功的運用標準，與領導者所欲改變的案主、案主的行為與人格特質、以及領導者所希望的目標程度有關。

開放或封閉的團體

開放團體?............封閉團體

團體領導者必須決定對於新的成員，團體是開放或封閉的。開放性的團體維持一定的大小，成員離開時領導者可以安排其他成員取代。一個封閉性團體，團體從開始到結束都是相同的成員在一起。

(一)封閉性團體

因為封閉性團體對團體成員有一些限制，成員之間會有較多的凝聚力、連結和認同。並且因為參與者已經參與一段時間，彼此相互認識，信任的問題較少。相反的，在開放性團體，一個新成員會改變舊成員已有的人際關係，形成一個新的情境，而舊有的成員必須重新適應。

Dinkmeyer 和 Muro (1971)建議青少年和成人應採取封閉性的諮商團體。他們覺得為了較有效率，團體必須經歷一段相當長的過程，新的成員不但會限制團體的持續性，並且會阻礙它的凝聚力，引入一個新成員將強迫團體放棄舊有的基礎。此外，如果此新成員沒有團體經驗，他會將團體的工作帶離此時此地，阻礙團體成長。對團體領導者來說，他必須花額外的時間，幫助新成員進入團體真正的工作。

使用封閉性團體的形式有一些缺點，封閉性團體可能因成員的離開而結束。舉例來說，如果成員流失，沒有其他成員取代，團體可能因此無法持續下去。另一個問題是，並不是每一個成員都適合親密性高的團體，親密可能是具威脅性的，有一些成員會激烈或暗中抗拒親密。

(二)開放性團體

開放性團體有許多不同模式(Henry, 1988)。第一種是進出模式，最主要的特徵是，成員可以彈性的參與或不參與團體。成員被選擇和進入團體的標準非常寬，成員希望以不定期的方式來參加團體。

第二種是取代模式，其特徵是有一個固定的成員上限，團體的大小維持在符合團體目的的數目，團體領導者選擇所有的成員，調整過程中成員的進出狀況。當一個成員離開，團體領導者可以選定某一個人去填補他的位置。

重組模式是第三種組合，此種模式的團體成員以一段時間為契約。在這段期間，新成員不能加入，但舊成員可以離開。在契約結束階段，一個新的團體形成，重組團體包含一些新的成員和一些舊的成員。

比起有期限的封閉性團體，無限期的開放性團體最主要的好處是團體可以有持續的成員流動。如果某一成員離開團體，一個新成員可以很快遞補這個空缺。從經濟的觀點來看，無限期開放性團體的意義是，其讓成員自由的加入團體，而不須等到團體重組。在醫院中經常可以發現開放性的團體，例如，從醫院回到社區的出院前病人團體，團體成員是流動性的。

另一個無限期開放式團體的好處是，當成員有需要的時候，可以加入團體，並且也可以選擇留多久。這對需要緊急和暫時性幫助的案主特別有價值，例如正經歷危機的人(Aguilera & Messick, 1982；Klein, 1972)，此種案主沒有多餘的時間可以等新團體組成，一個無限期開放的團體，可以提供成員長時間和立即的幫助。

團體大小

小團體．．．．．．．．．．．．．．大團體

就像同質性和異質性一樣，小和大是相對的名詞。重點在多少人的集合可以成為一個小團體或是一個大團體。一個很實際的問題是：以什麼標準來分別大團體或小團體？團體大小沒有一個最理想的數字。實務工作者將以團體目的和自己舒服的層次作為設定團體大小的主要根據。如果是為了傳遞訊息，很少有個人的討論或人際關係互動有限，成員可能可以以百計。可是，如果期望每一個人有參與，並且強調親密的關係，一個五到十二個人的小團體是較理想的。

團體越小，越需要成員的投入和親密，也使團體領導者較容易接近每一個成員。

一個團體最低的人數限制，是由團體實際上要有多少人才能有互動所決定(Yalom,1995)。當一個團體的大小降到四人或更少，團體的運作通常會停止，成員之間的互動消失，實務工作者會發現自己在團體中從事個別的治療。

一個較大的團體，處理成員問題的時間會變少。大的團體較容許成員隱藏起來，使個人有機會退縮或停止出席。在大的團體中，團體的結構變得較正式，較有可能形成幾個片段的次團體，越需要正式的領導型態(Klein,1972)。在大團體中，個人可以得到的注意較少，彼此互動的時間也較少。參加一個大團體的壓力較小，因為成員的缺席不似小團體般明顯(Toseland & Rivas, 1995)。

Gitterman 和 Shulman(1986)觀察小團體發現，小團體要求較多的參與投入和親密。害羞或憂慮的成員，或那些覺得不

夠自信的人，會覺得在小團體中壓力過大，團體的要求超過他們所能忍受。例如，一個中等大小的團體（大約七到九人）可以提供退化性精神分裂症患者所需的人際關係空間，而不會像在小團體中那樣容易受到傷害(p.66)。對於提供不同價值的資源或建立夥伴聯盟的機會，小團體均會有所不足。

很少有一個學者共同同意理想的團體大小。Klein(1972)寫道，若假設成員會固定參與，五到七人通常是被引用的理想大小。Yalom(1995)認為是七人，但也說五到十人是可以接受的範圍。Gouwens(1964)認為一個團體不應該多於十二人，不可少於八人。「如果病人是退化和退縮的，為了減輕每一個成員在團體進行過程中必須承擔的責任，團體應該大一點」(p.54)。

成員有時候會缺席是可以預期的，而在團體過程中也有成員會中途離開。在決定團體大小和選擇成員時，這些現實狀況都必須被列入考慮。如果有一個或兩個成員無法來參加，至少有八個成員作緩衝。有一些額外的潛在成員在手上，對團體領導者也是有益的，如果原被考慮的成員中途離開，仍有足夠的個案。

一個治療取向的團體，如果要有效的發揮功能，每一個成員必須能夠覺得討論他們的感覺是安全的、能與他人作有意義的互動，並且獲得回饋。在組成一個團體大小時，一個團體領導者必須考慮每一個案主的成熟度、給予的能力，以及能夠專注的時間。

期　限

時間限制…………持續的

一個團體應該真正運作多久？再一次的，沒有一個答案適合每一個團體。團體領導者有很多種選擇，每一種選擇都有它的好處和壞處。比較極端的是有時間限制的團體，它有一個清楚的聚會次數，例如聚會十五次或二十次，有一個明訂的開始和結束日期。

一個有時間限制的團體，它的好處是有明確的時間長度，可以增進工作的有效性。如果團體成員知道團體不會永遠持續下去，他們對達成目標會感覺有較多的壓力。實際上，在一個有時間限制的團體，如果團體領導者的工作有錯誤，團體可以結束，或是重新組成，而不需要不清楚的持續下去。

有時間限制的團體，其最基本的壞處是團體達成目標的時間不夠。有些團體，成員歷經早期的抗拒，到結束階段才開始分享重要的想法和觀念。有些團體，成員因對於時間限制一直有焦慮，因而無法在時間限制下完成目標，甚至最後一事無成。

一個持續性團體的主要好處是，其讓每個成員有適當的時間深入處理自己的問題，而團體領導者也有足夠的時間對面臨生命中重要改變的成員，提供所需要的支持和挑戰。不是每個人在十二或十六次的團體都可以改變生命，許多團體成員在離開團體到外面的世界之前，需要有較多的時間在團體中作模擬情境的練習。而一個持續性團體的缺點是成員會依賴團體，並且比有時間限制的團體生產力少。

對於有時間限制的團體，二十次的聚會是理想的。雖然一

個二十次團體聚會的團體，通常並不被認為是一個長期性的團體，但其可提供足夠的時間，讓團體發展信任感和凝聚力。大約在第十六次聚會的時候，團體領導者可以要求成員決定，團體結束之後他們是否希望繼續參加團體，並且鼓勵那些參加團體二十週的成員，清楚說出在重新所組的二十週的團體裡，他們希望達到什麼。

為了幫助每個成員決定要作什麼，可以邀請其他成員提供意見。通常，這個回饋會鼓勵一個人繼續參加團體。例如，Ben 是一位三十歲的牧師，一開始他很清楚的決定，團體治療對他已經足夠，他不計劃再參加另一個二十週的團體。但是，其他成員的意見讓 Ben 感到很驚訝，並且讓他重新思考他的決定。一個小心觀察的成員說：「你應該是最後停止參加的人，你才剛開始工作。」，另一個人告訴他：「這是自從我們團體開始以來，你所說過最愚蠢的話，你真的需要這個團體。」因為這些評論和回饋，Ben 決定繼續加入接下來的團體。

如果大部分的成員選擇繼續，團體會有兩週的休息，然後再開始繼續。如果有許多二十次聚會的成員離開，重組的團體將由前團體的畢業生，加上新成員所組成。此種組合有一個好處，它鼓勵個別成員和整個團體檢查他們的進步，以及瞭解達到目標所需要的改變。有時間限制團體的領導者，需儘可能幫助成員很快的在團體過程中主動的參與，也就是說，他們必須記得時間的限制，儘可能建設性的運用每一次的聚會。

在某些社會工作機構中，會很習慣的將團體的結束，規劃在某一個主要節日或假期之前。例如在學校機構，經常在學期結束之前結束團體。在其他的情況，團體結束於一個假期之前的那個禮拜，例如聖誕節、復活節或新年。在作一個有時間限

制的團體規劃時，最好也應將這個假日對於個別成員及其家人的重要情緒列入考慮。假日，例如聖誕節和感恩節，通常會帶來失望、壓力和寂寞。假期可能重新燃起痛苦的記憶，引發在今年其他時間並未出現的失功能行為。可能因重新記起許多過去失落的經驗，憂鬱感又活躍起來。

除了特別的假期之外，潛在成員最有興趣的是，在這特別假期前增加幾次聚會的次數。此種作法讓團體領導者有機會作事前的指導，也就是在問題發生，或問題發展成真實情境之前先作思考。因此，在團體的支持之下，成員可以思考因假期所產生的壓力，有哪些問題解決以及面對壓力的策略，以減少因壓力所帶來的不舒服。然後，一旦假期結束，成員可再一次藉由團體的幫助，評估其真正採取的因應策略，發展更好的方法去處理或避免未來的問題。

另一種有時間限制團體的選擇是，小型馬拉松團體，成員參加一個為期六到八小時的團體。Frey (1987) 描述，針對強姦犯所使用的小型馬拉松團體指出，一個小型馬拉松團體比一個每個禮拜見一次面的團體，在帶領和觀察團體過程上有較多的彈性。因為成員連續在一起一段時間，他們的防衛性降低，比以前更願意承認他們的行為。

幾天過去，因為在這一個延長的時段，每個人都是團體的焦點，在這期間他詳細說明他近親相姦的行為，而這個犯人身上過去未曾見過的強烈感情也在這個時候出現。男士們開始承認他們自己防衛性的語言，並支持彼此的誠實。團體凝聚力開始發展，每個男人有超越自己先前能力的表現，並表露他的行為和感情。

小型馬拉松團體可以作爲單一治療團體，或與其他型態的團體聯合使用。Frey (1987) 討論她與強姦犯的經驗指出，小型馬拉松團體之後，還需要八到十二週的每週團體聚會。

聚會的長度和次數

團體的聚會應該持續多久？團體一個禮拜應該聚會一次以上嗎？理想的團體次數和每一次聚會時間應該多久，這些問題仍未有定論。挫折忍受力和能夠專注的時間，經常是團體領導者使用的標準，尤其是對小孩和功能有限的成人。對於這些案主，團體持續一個小時或更久會引起很多焦慮，使得大部分團體領導者的時間將花在行爲的處理和設限上。因此，雖然是一星期一個小時的聚會，每一個禮拜最好分成兩次三十分鐘的聚會。

在某些機構，例如精神病院或日間治療中心，團體成員每個禮拜都會改變，持續參加聚會的機會很少，幾乎每一次聚會都有一個或更多的新成員。根據 Yalom(1983) 的說法，團體領導者唯一合理的解決辦法，是盡可能密集的舉辦聚會。也就是說，如果團體領導者的時間許可，每一個禮拜舉辦七次的聚會。藉著增加團體次數，團體領導者可以確保有一些穩定的核心成員，幫助團體提供持續、安全和信任的氣氛。

對功能高的成人，一個半小時或兩個小時的聚會是正常的，如此可以讓每個人有足夠的時間分享，但不會感到疲倦。Dinkmeyer 和 Muro(1971)指出，此種團體成員一旦形成，因爲他們知道團體對他們的好處，將會自己採取主動發起更多的聚會，並且希望有所行動和成長。

有一個經常被提出來的問題，那就是團體已經有設定正式

結束的時間，是否還可以有額外的時間繼續作討論。有時候，團體在只剩下十五分鐘時才進入重要的主題，團體是否要繼續討論。其他的情況是，團體已經做了許多事，只是單純的需要更多時間而已。Luchins(1964)認為，在前一個例子，團體的此種模式應該被指出來，聚會應該在指定的時間結束。而後面這個例子，Luchins 說，這個團體應該可以延長時間，或當時間許可時再回來討論。通常，一旦成員變得更有組織，他們會更有效的處理他們的問題，並且準時結束。

·實務上的考慮·

1.有那些人有相似的人格特質，但有不同的適應技巧、生活經驗和專長，藉著成員的選擇，尋求一個平衡。
2.對某些人而言，一直坐在相同的椅子上是很難受的，團體應該為成員提供站起來和四處移動的機會。
3.成員專注力的長短會影響團體時間的長短。
4.如果團體人數有限制，記住，如果一個成員離開就有一個成員加入。

物理環境的安排

團體聚會的物理環境，對於成員的行為有很大的影響。嚴格來說，大部分的社會機構是為了個別的諮商所建的，團體領導者找一個對團體發展有利而非有害的空間並不容易。但是對於某些必須在組織所提供的空間或家具下工作的團體領導者而言，物理環境的安排似乎變得不那麼重要，只是他必須在所有可用的空間架構下，努力營造最好的環境。

Flapan 和 Fenchel (1987) 認為有四個有關物理環境的因

素，會影響成員之間的互動，那就是隱密、親密、舒適和專注。成員有安全感是重要的，外面的人不能聽到裡面發生什麼，不能突然進入這個房間，團體不能使用像通道般的環境。如果沒有干擾的噪音或視野景觀，可以增進團體的注意力。溫度應該保持在一個舒服的程度，如果一個房間太冷或太熱，將對團體的互動有負向的影響。有一個團體成員分享他的經驗，他說：「我覺得房間的設備讓我覺得非常舒服，雖然我記得有點冷，但它化解了我的焦慮，有幾次我發現我不確定我是因為冷得發抖，還是緊張得發抖。」

房間太大會破壞團體的親密感，導致行為管理上的問題。Foulkes 和 Anthony (1957)描述了一個潛伏期兒童團體的小房間。

> 經過這幾年之後，我非常清楚與這個年齡層的兒童在一個大房間工作的缺點。大房間使孩子分散各處，離開治療師，沒有辦法解釋，團體領導者必須靠片斷的活動去吸引他們。另外大房間容易造成許多次團體，小房間可以使成員必須與治療師保持密切的治療關係。

相對的，一個太小的房間也可能會有麻煩，例如，小房間會引起某些成員的驚慌和焦慮，因為如果他們的私人空間被侵犯，他們將被強迫與他們不認識的人建立親密關係。

桌子可以提供每一個成員休息、喝杯咖啡或茶的地方，同時，也是讓成員和團體領導者隱藏在後面的屏障。例如，對某些案主而言，在開始的時候，他們非常害怕，他們需要一個地方躲起來。Muro 和 Freeman(1968)寫道，在一個團體裡，沒有一個桌子會對團體造成明顯的阻礙，因為那會讓許多穿洋裝

的女性成員不能舒服的坐下來，並且對於正在進行的事情無法集中精神。

　　柔軟的、有椅墊的椅子和躺椅，雖然舒服，卻可能會被小孩當作跳床跳來跳去。同樣的，黑板、電視、有把手的椅子和窗戶，可能發出與我一起玩的潛在訊息。一般而言，團體的椅子應該以團體領導者和成員可以看到其他成員的方式來安排，如果有使用桌子，圓桌會比方桌好。

食物的使用

　　團體聚會期間食物的使用，是一個最不常被列入考慮的治療方向。提供茶點是一種製造輕鬆、親密氣氛，非常根深柢固的傳統方式。從心理分析的觀點來看，很多案主會將食物與愛和關懷作連結。

　　在團體聚會時有茶點是否合適呢？有些團體領導者，不同意團體治療變成咖啡式的閒聊，也不同意有點心。如果有點心，治療者也會很明確的區分點心時間和治療時間。而有一些人認為，提供茶、咖啡、餅乾等點心很重要，可傳遞出場地是安全、舒服的訊息給成員，此種團體領導者會將食物放在成員容易取得的地方，鼓勵每個成員有需要的時候可以拿取。

　　在帶領兒童團體時，食物有其特別的價值。因為聚會經常是在兒童放學後舉行，團體成員會很累而且沒有精力。食物可以提高他們的精力，並且可以當作是一種正向的增強物。儘管如此，團體領導者提供食物或多糖的飲料時仍需要小心，以免潛在的糖份刺激成員，造成活動過度。

　　O'Brian(1977)在他帶領精神分裂症病人團體時，他觀察到食物是刺激退縮成員間互動一個很好的方法。

我們有一個團體，是由一些非常退縮、無法與人有言語互動的成員所組成，他們被鼓勵去分擔醫院中一次共同進食的時間，每個人負責不同部分的工作。一開始，治療師必須幫忙組織這些病人，但稍後他們已經可以自己做。

根據 O'Brian 的說法，成員輪流分擔責任，他們對於自己在食物上的貢獻非常得意，並且開始與他人分享他們的感情。最後，他們可以有語言的表達，並且互相討論有關食物以外的話題。

機構的認可

在發展團體時，贊助機構的認可是絕對必要的，尤其是在學校、診所和醫院。除非機構適當的認可，否則團體註定要失敗，而且不只是需要垂直的認可，也需要水平的認可。垂直的認可是指從管理者或具有法律力量和地位的行政主管中，獲得同意和支持。在一個法院系統，這個人可能是法官，在學校是校長，在醫院是醫院的院長。

為了瞭解和獲得機構的認可，團體領導者必須分析有那些組織和人際關係的力量，會鼓勵或限制團體的發展。因為這些環境的力量和其他因素，會影響整個組織的過程，團體領導者必須評價環境中的任何特徵，及其可能對團體發展造成的影響。

Lonergan(1982)觀察出在一個綜合醫院裡，兩個治療團體的失敗，她得到的結論是因為沒有適當的分析醫院的醫療階級制度。在這兩個案例中，她得到醫院主管的同意，因此她認為主管的同意將會下達給參與的同仁。她發現很快且很明顯的，

醫院的主管不是真正部門的領導者，真正的權利來源和領導權在參與的醫師身上，而參與的醫師堅持結束團體。

平行的認可指的是，同事和其他領域成員的同意。沒有這些認可，團體可能會被暗中傷害或破壞。例如，團體領導者為機構案主計劃一個團體，然而從同事那兒卻收不到任何轉介的個案，或者一個治療師可能收到一張轉介單，但卻發現此個案未被通知有此轉介，因此沒有在團體中出現。

有時候，其他專業的成員可能會成為敵人而非支持者，經常這是源於彼此勢力範圍的爭奪，而案主被擺在中間。其他的情況中，此種問題有可能是因不同專業間的同事缺乏溝通所致。例如，在一個大的榮民醫院中，團體領導者抱怨，每一次舉辦團體的時候，護士就會進來，並且找一些病人離開聚會去吃藥或作物理治療，或與醫師作治療。後來分析這個情形發現，不是護士對團體有敵意，而是他們對團體的目的有誤解。護士有他們的責任，並且以有效率的方法完成被賦予的任務，更重要的是，她們並未被告知在團體進行時不要帶病人出去。

不只是主管、其他工作人員或其他專業的成員有權力，其他沒有受過治療訓練的人員也有權力。例如秘書分配房間，或是警衛排椅子和清潔建築物，也會對團體有一些影響。在一個機構裡面，下午五點以後最有權力的人是鎖門的人。因為團體領導者忘記告知留守的同仁晚上將有聚會，當團體領導者瘋狂的找人開門時，許多團體成員已經站在機構的階梯上面了。

摘　要

　　對於一個團體而言，規劃非常重要。團體領導者可以從檢查機構案主的需要開始，然後決定團體治療是否能符合案主的需要。除此之外，機構和實務工作者個人的團體目標，必須被清楚的描述和認識。藉由與每一個潛在成員進行個人篩選會談，以決定那些潛在成員適合參加團體，或者是很有幫助的，並且可以提供成員有關團體目標、內容和方向等事。

　　團體領導者藉著設立和調整團體狀況來影響團體，另一方面也影響團體成員。這些狀況包括團體的目的、組成、大小、聚會的長短、成員的型態、期限，和團體進行的場地設備。另外，團體領導者持續將團體的計劃告知其他工作同事及機構主管是絕對必要的。

第十章
團體工作的開始階段

第十章　團體工作的開始階段　321

我喜歡對那些沒有經驗的團體領導者說，一旦他們已經帶領過五六個團體，團體開始的聚會會變得非常容易，他們只會覺得有一點焦慮，甚至有時根本就不會焦慮。

　　他們還是會去找一些其他人給予建議。坦白說，在第一次聚會時，我還是會有點擔心，就好像是第一次在班級上課一樣，有一點緊張。

　　在成員到達的前一個小時，我很難坐下來，我會喝比較多的咖啡，並且感覺到一股莫名的焦慮。團體組成的懷疑和問題開始會纏著我。這個人會出現嗎？他們會與其他人建立關係嗎？我是否忘記些什麼事了？我可以在團體中做我自己，不用一些安全的面具，將真實的我隱藏起來嗎？

　　當我想得越清楚，我會告訴我自己，要放鬆不要擔心。有一個積極的思想會進入我的身體告訴我，這不只是一場說話的戰爭，最重要的是真實。我曾經帶過幾次很糟糕的團體，沒有成員出現，個人與他人無法建立關係，似乎在這些團體裡，每一件事情都是錯的，但是這幾個團體是例外。

　　當每個人說完他是誰，而我也說明了團體的方向後，我的焦慮通常會消失。雖然我經常會與成員分享我的不舒服，但我懷疑他們是否真的相信我，他們處在自己的焦慮裡面，要他們暸解團體工作者與他們感受相同是有困難的，因為團體工作者看起來是如此安心。

　　在這一章，我將談及團體工作的開始階段，並且探索增進和阻礙團體開始聚會期間成功的因素。我將回答這個問題：團

體工作者如何增進團體第一次聚會的有效性？

聚集在一起

　　一個團體開始聚會的前十五分鐘，是很重要的。有兩個原因，第一、他們會對此次聚會打分數。接下來的一個小時也是如此。一組陌生人，第一次一起聚會，將開始分享他們的想法、理念、經驗和感情，他們將被要求去冒險，突破他們感覺舒服的行為模式。第二、在團體進行的前十五分鐘，將在未來的幾週或幾個月繼續下去。這些共同使用會議室的陌生人，將跨出建立團體凝聚力的第一步，作有意義的自我表露，期待彼此誠實和適當的回饋。

　　對任何一個從未參加過臨床取向團體的人，很多團體的規則、期待和活動都可能是新鮮而陌生的。在一開始，團體成員笨手笨腳，有許多不確定的焦慮和期待。第一次的聚會充滿著一種開始的感覺，成員對於將經歷對他們有影響的經歷充滿希望。他們也經歷到害怕和對未知的焦慮。這些個人的聚集，還不能算是一個真正的團體，但已經準備開始揭開是否能成為一個團體的答案(Smalley, 1967)。

　　整個團體，成員會不斷的讚美團體工作者和其他的團體成員，團體工作者表現出力量和權威，團體工作者被當作是決定團體內行為可以接受或不可以接受的仲裁者，成員的心裡有著許多對團體工作者的疑問。

　　‧什麼是這個團體工作者真正的樣子？

- 這個團體工作者是否會喜歡我？
- 如果我說錯話，這個團體工作者會不會笑我？
- 如果我被攻擊，這個團體工作者會不會保護我？
- 這個團體工作者會不會尊重我和我的感覺？

　　直到團體成員瞭解實務工作者的操作，並且能夠解讀團體工作者的語言和非語言行為的意義，否則他將不斷的測試團體工作者，保持他們的防衛機轉，直到確定在這個團體裡是安全的為止。

　　團體成員也不斷的估量每一個其他成員的長處和弱點。每一個案主問他們自己的問題就像：

- 其他的團體成員是否會傷害我？
- 其他的成員是否病得比我還嚴重？
- 我可以信任其他團體成員嗎？
- 其他成員會支持我或同情我，還是會攻擊我或威脅我？

　　團體成員可能會疑惑其他與我有相同掙扎困難的人，是否有能力幫助我。如果成員中的某些人與團體工作者有個別的諮商，他們可能會相互競爭。現在，他們必須與其他的成員分享這個對他們來說是有特別意義的人。

開　始

　　不論成員對於預期會發生的已經準備得有多好，第一次聚會不只會有興奮還有焦慮。一旦門被關起來，聚會開始，團體

成員會直接向團體工作者這邊看。在這個嶄新的情境中，他們尋找結構，很緊張的笑，小聲有禮的說話。第一次聚會的開始充滿猶豫，笨拙的姿勢、先前問過的問題重複的出現。在團體開始的階段，案主被他們自己所佔據，無法關心團體，他們與其他成員的接觸相當有限。

對於這個具有特別意義的開始，團體工作者的敏感度，如何減低焦慮，增進個人對團體的認同，都是關鍵的因素。如此做的一個方法是使不明白的明白。首先，必須將團體進行前會談所說的訊息重複說明，然後重新檢查一次團體的目的、團體的目標和期待，團體成員的意義是什麼，團體工作者是怎樣的人，團體工作者在團體聚會時將做些什麼。

我們鼓勵成員藉著表達他們的希望、意願、害怕和關心來參與團體。成員越快進入團體的行動，可以越快直接致力於情境的處理，而不是保護自己不受到情境的影響。我們的責任是幫助個人找到一個適當的位置，有感情的加入團體，成為主動的參與者。

Smalley(1967)寫道，社會工作師需要瞭解，在開始的時候不能過份強調承諾和問題。團體工作者允許成員停留在團體開始階段是很重要的，讓不可避免的笨拙和試探自然的存在，而不是催促在第一次就努力解決所有的問題。團體開始的目標是增進彼此的共識，讓團體工作者和成員可以一起開始朝向一個共同的目的工作。為了幫助成員視他們自己為一個團體，團體領導者可以解釋團體的規則，分析每一個規則的要素，讓它變成容易管理的指導原則，讓成員可以很快的直接運用。

根據 Shulman(1992)所述，團體工作者應該設計第一次聚會的團體結構，完成下列這些特別的目標：

· 成員互相自我介紹。

· 做一個簡要、簡單開放性的陳述，澄清贊助此團體的機構或財政援助的團體，同時也讓成員們提出他們覺得緊急的主題或關心的事情。

· 邀請成員提出有關他們對於自己需要的想法，比較其與機構對於所能提供治療的看法是否相符，並給予回饋。

· 澄清團體工作者的角色，及團體工作者在團體運作的方法。

· 直接處理會阻礙團體有效發揮功能的任何障礙。

· 鼓勵以成員之間的互動，取代只是團體領導者和每個成員之間的討論。

· 發展一個成員可以感覺到安全和支持的文化。

· 幫助成員為他們自己和團體的未來發展一個試驗性的計畫。

· 澄清機構和成員相互間的期待。

· 對於下一步得到一些共識。

· 鼓勵成員對於團體的有效與否提供誠實的回饋。

　　這些目標有許多可以很快完成，然而有一些目標是相互依賴的，並且是同時發生。例如鼓勵誠實地對團體有效與否給予回饋，需要許多次的聚會。

強調相似性

　　如果團體工作者幫助成員發現他們的共通點，也就是發覺他們生命經驗、困難、關心、感情和對情境反應方式中的任何相似點，團體初期的曖昧不明將會減少。團體工作者可以讓成員說他們的名字，描述他們希望從團體獲得什麼、達成什麼目的，團體工作者邀請成員分享他們的感覺，尤其是這個時刻的感覺——不安、興奮、可怕或快樂——也是有效的方法。

　　發現其他人對於團體有相同的感覺，對成員是一種支持。在團體的初始階段，一個害怕和不安的案主，當他聽到其他團體成員也感受到可怕的時候，會發現到自己的勇氣。他學習到其他人也對他們自己感覺沒有自信和對團體工作者期待的不清楚。不論是種族、性別、職業或任何其他個人特質有所不同，成員都開始學習，他們所有正經歷的，與其他成員正經歷的是相似的。產生此種普遍性的感覺時，團體的凝聚力也開始存在。矛盾的是，當成員說出他們的焦慮和不信任時，團體的成員就可以開始建立基本的真誠和信任。

　　一個名叫馬格麗特的案主分享團體早期的經驗時寫道：

　　　　在第一次聚會的時候，我認為有一件對我很有意義的事，就是當我們所有的人都可以向領導者或彼此問問題，並且說出我們的焦慮和害怕。當我們討論過那些先前我對團體關心的期待、規則和保密等問題後，我開始覺得比較舒服。即使在第一次聚會我沒有說得很多，但其他成員的

分享，對我有很多的意義。我從羅勃和林達分享對團體開始的感覺中得到很多。

團體工作者可以用很多方法邀請成員分享，最普遍的方法是以圓形的方式，每個人包括團體工作者，都要說他的名字和一些他自己的事。即使是比較喜歡保持沈默，但因為每一個人都會輪到，每個人都被強迫要說。通常，不論如何，在準備要說什麼的時候，成員會非常不安，他們不會去聽別人說些什麼。事實上，圓形的方式，與自由說話和自發性的理念相違背，團體工作者應儘可能敏銳傾聽他人，提供溫暖彈性的氣氛，以合乎成員的需要(Benjamin,1987)。

團體領導者可以對整個團體問問題，而不是把焦點放在單一個人身上。團體工作者可以問團體「你們可以給自己一個名字，並且描述什麼是你與其他團體成員不同的地方？」在前面幾次的聚會，長時間的沈默會使成員感到挫折和威脅，可能因而決定不再參加團體。但是藉著使用開放和直接的問題，團體工作者可以鼓勵任何人回答，不會將壓力放在某一特別的成員身上。

計畫性的配對，是另一個團體工作者可以用的介紹活動。團體工作者可以將成員配對，由團體工作者提供建議，要求他們彼此談一些有關他們自己的事。五或十分鐘之後，團體工作者再邀請他們回到大團體，請成員向其他成員介紹他的夥伴。

一開始，團體成員經常不需要領導者的督促就會開始互動。有些人會談他為什麼來參加團體，以及他希望從團體得到什麼。有些人會說他現在的感覺是什麼，例如他們的緊張、生氣、焦慮、害怕或自我察覺。有時候，不以輪流和公式化的方

式作爲聚會的開始是有用的。團體工作者可以傾聽，不干擾成員說話，然後逐漸邀請其他成員加入團體的討論。藉著坐在較後面的位置，團體工作者可以瞭解每一個成員，觀察團體發展的過程，並且對進行中的互動作概括性的描述。

有一個原理是，一旦一個成員曾經說了一些事，不論那是多麼一般化或簡單，這個人第二次或第三次再說話將會比較容易。有一個推論是，要一個人說話所花的時間越長，他最後會說話的困難越大。如果團體分享有困難，團體工作者可以提出問題，然後邀請成員回答他們曾經說過或做過什麼。在第一次聚會期間，臨床工作者的彈性非常重要，既不可以僵硬沉默的坐著，也不可以接掌團體，成爲互動的導演(Flapan & Fenchel, 1987)。

重複的與成員回頭作檢查，瞭解你是否使用與團體相同的語言，對團體是有幫助的。你不應該強迫成員使用你熟悉的話和概念，而是你應該接近他們。團體工作者建立一組術語、字眼和表達，對於描述抽象的諮商工作是有幫助的。相似的，每一個團體經過一段時間後，會建立它自己的術語和語法，增加凝聚力的感覺。但是心理學的專業術語對新成員是一種障礙，尤其是對那些正處於焦慮和困惑的成員。如果新成員在團體已經成立一段時間後才加入，對他們來說，那好像團體工作者和成員在作演講。雖然太多術語可能會阻礙治療過程，但是有些術語和相關概念的教導，可以促進團體過程。給成員一個機會去學習和使用這些概念和語言，對他們來說是舒服的。共用的語彙是團體工作者和成員連結的一個重要管道。

・實務上的考慮・

1.鼓勵成員分享他們對團體的想法、感覺和期待。
2.團體開始不要太快，即使是團體成員已經準備好要前進。
3.在開始聚會期間，鼓勵每一個成員分享一些他們自己的事。
4.當有懷疑時，把成員的焦點放在他們的感覺上。

同情的距離

　　成員在團體中分享片面的、單方面的訊息是很典型的。例如，一個男性成員，很生動詳細的描述他與雇主間的爭執，他生氣的說，他的雇主沒有感情，是尖銳的批評者，並且非常粗魯。他描述在工作中所經歷的痛苦和難堪，他如何抵抗差別待遇。團體中其他人也深深被他所感動，並且認同他的經驗，因此對於他的雇主非常生氣，他們認為此成員應該辭職找另一個工作。

　　雖然在大部分的時候，成員分享的訊息可能是正確的，但是很自然的，個人分享的訊息有時會有偏見和資料不完整。這時候，在團體中很少有人會去查證事情的真實性，但因為只有講故事的一部份，這位成員在情境中的語言和非語言表現如何，從來沒有完全弄清楚。更深入的說，我們可能在不知不覺中，融合了我們自己的需要與成員的需要，失去分辨的能力，無力運用自己的專業。

　　面對此種狀況，我們處在非常危險的處境，雖然稍後我們可能發現成員所說的有很多扭曲和不正確，但仍須接受大部分

成員所描述的事情有其價值。對案主批評性的問題，可能會造成他的防衛，並且使得他以後不敢作自我表露。這個時候，團體工作者的頭腦和心必須同時並用，頭腦必須保持開放，不直接做結論，並且願意忍受曖昧不明和矛盾，直到事實浮現出來。同時，團體工作者的心必須與成員的感覺有所共鳴，尤其是他們的痛苦。這是在兩條平行線間不斷交替的內在過程——同理和認知——那是一個專業社會工作者與一個好的傾聽者間的不同。

建立支持

Kellerman(1979)觀察發現，爲了維持團體穩定的張力程度，團體一定要有明確的領導權，清楚界定的規則、開放的溝通管道、一個已經建立好的控制階層、有效的事實驗証和低的自我迷戀。一個非結構取向的團體領導，很難具備這些。領導者必須一直是很積極的，也必須增強成員嘗試新角色的想法、催化團體互動、鼓勵成員分享訊息，增加對現實的測試，並且增強人際關係的敏感度。

有一些作者 (Jacobs，Harvill，& Masson，1994) 提醒治療師不要在團體第一次聚會裡舉辦小型的演講，例如以基本的規則、會議時間、聚會的次數爲題作開場。因爲成員是焦慮的，所以很少能聽到這些說明。團體工作者另一個共通的錯誤是，當成員對於團體開始仍有不安，還沒有互相接觸時，就開始問他們的期待。

團體領導者的獨白應該限制在短短的幾分鐘內。如果沒有限制，團體成員會覺得他們好像是在教室聽老師與他們說話。團體工作者必須停止，然後邀請參與者說他們自己的行爲和問

題。雖然團體工作者可以把任何事都想得很清楚，但不是所有的成員都可以做到。除此之外，團體成員提出的問題或想法可能和剛剛在說的事情完全沒有相關，這時候，團體工作者必須決定如何回答，以及用什麼方式反應。團體工作者的目標應該是讓成員相信，縱使在這個時候他們並沒有得到所有問題的答案，但是他們已經聽到他說的。

　　過度的團體結構和領導活動，會造成團體的依賴，這在團體早期特別明顯。在團體規範尚未建立之前，在每一個團體發展的早期，團體成員會去尋找有關團體和團體工作者型態的線索。例如，當討論暫停的時候，如果團體工作者會指定某個人發言，很明顯的，團體將很少有人會自動提出訊息。成員也會期待團體工作者提供討論的話題，解決衝突、提供建議、面質任何主觀的行為。成員會問很多的問題，希望由團體工作者引導成員達到期待，並且依賴他的問題傳遞訊息。總而言之，成員將期待團體工作者來引導團體工作。

團體契約

　　不論團體工作者在先前的會談中，如何清楚的向案主說明團體的目的，團體成員還是對團體的目的、團體工作者的角色、成員自己的角色有一些問題。一旦在團體聚會期間澄清了這幾個主題，成員會比較容易作選擇和作適當的反應。相反的，如果團體的目標依然曖昧不清，個人將需要花額外的精力來決定他們如何行動，以及什麼是他們的界線。

　　在團體工作，契約這個字被認為是澄清團體目標、澄清領

導者和成員的角色，並請案主對這些事提供回饋(Schwartz, 1976)。在一般性的層次，契約與提供團體的機構目標有關，而團體的目的、成員的需求，及對立即性危機的感覺是契約的基礎。在較特別的層次，契約釐清團體工作者的角色、成員之間有的相互需要和期望、領導者和成員的期待及義務。

契約可以是一個團體成員和團體工作者之間的，可以是成員之間的，可以是一個成員與這個團體之間的契約(Garvin, 1981)。例如成員可以與團體工作者訂定要在團體中更自我肯定，或出席每一次聚會的契約。同樣的，成員可以和另一個成員約定不叫彼此的名字，或不欺負另一個成員。除此之外，成員可以和整個團體約定在聚會期間做更多自我表露，或更主動的尋找任務。

在團體初期的聚會期間，團體工作者無可避免的必須重複說明有關團體目的、程序和團體規則的基本資料。這些資料不應讓成員感到驚訝，除非是沒有篩選會談，否則應該在個別會談時已經討論過。如果沒有篩選會談，在第一次的聚會討論這些訊息特別重要，並且必須在第二次聚會時作重複的說明。團體開始時，成員常常會心不在焉，所以他們沒辦法理解團體的目的、他們個別的角色、團體工作者的角色，以及他們將被有些什麼期待。如果這些沒有在團體的早期弄清楚，他們將會不斷的出現，並且阻礙團體的進步。

解釋團體工作者的角色

團體成員應該對領導者的角色有明確的資料，不需要猜測。再一次的，這些訊息已經在團體前的會談提過，而在團體初期要再提一次。不論團體工作者的角色是促進者、治療者或

老師，成員清楚團體工作者的角色是有益處的。下面的例子告訴我們，在每一個情境中，團體工作者如何澄清自己的角色。

(1)在我們作更深入的討論之前，讓我向你們解釋我的催化者角色。我的工作是幫助你們達到團體的目標，幫助你們更好的適應離婚生活。我將鼓勵你們每個人分享你的想法、感覺和關心的事。我將會要求你們更密切和更詳細的檢查你們在團體內和團體外的行為。

現在，我首先必須告訴你們，我不曾離婚。我已經與許多離過婚的人一起工作。我不會給你們建議，而將有賴於其他人分享他們曾經為自己做的。

(2)身為這個團體的治療者，我會要求你們討論，當你還是小孩時，你曾遭遇的性暴力經驗。我知道這不是很容易，但我也知道，如果你想要解決過去發生的事，你必須將它開放的說出來。我們將討論這些與現在和未來有關的過去。我也期待我自己是誠實和開放的。同樣的，我希望你可以自由和開放，如果在某些時候你覺得我不誠實，請你告訴我。

有時候，我可能必須立即將團體拉回主題，尤其是當我們已經跳離目標時。我也會將團體停在某些特別的點上，要求你們感受在團體裡正發生什麼。

(3)在這個團體裡面，我的主要角色是老師。在每一次團體的前半個小時，我們將談有關教養小孩的問題，然後我會放影片並且討論人類的發展階段。在這之後，我將請你們提問題，並嘗試回答一些你們正面臨的問題。我也會邀請你分享在教養小孩上，你曾經做過的事情。

團體開始階段是解釋協同領導者角色的一個適當時機，也

是討論一個特別技術或模式的時間，例如團體工作者使用的溝通分析或行為矯正的方法。

　　事實上團體工作者應該強調他不是一個團體的成員。身為治療者，我們的角色是幫助成員在這個助人的環境中，對他們自己工作。當成員挑戰領導者的權威時，團體領導者不會講述他們的責任，而應以行為來證實他的可信度(Dyer & Vriend, 1975)。

澄清案主的角色

　　許多沒有團體經驗的成員，不知道團體對他們的期待是什麼。他們關心和疑惑的問題如下：

・我們要自我表露嗎？如果要，是多少呢？

・可以反對團體工作者嗎？

・如果我感覺不喜歡說話會怎麼樣？

・聚會將會是怎麼樣？

・我可以說我真正的感覺嗎？

　　Egan(1970)提到會心團體的契約，他主張將主要的條例逐字詳細的寫出來。要求成員讀這些契約，然後決定他是否要參與這次的團體。Egan 認為，文字契約內容主要包括以下事項：團體目標、團體領導權、團體經驗的本質、目前有關的規則、情緒的表達、核心的互動方式，例如自我表露、傾聽、支持和面質。根據 Egan 的說法，契約既是一個刺激也是一個保護，幫助成員朝向密集的互動。

·實務上的考慮·

1.不要給成員過多的資訊。
2.將成員的角色、團體工作者的角色、團體的目的弄清楚。
3.準備把團體前會談時已經向成員說的再說一次。
4.調和自己的焦慮和不舒服。

目標取向的實務工作

　　團體領導者應該幫助每一個團體成員建立真實和可達成的個人目標，使成員有努力的方向，每個人對於團體結束時的目標描述應有所不同。根據 Locke 和 Latham (1984) 所說，有許多理由支持建立問題處理的目標。設定目標有下列幾項功能：(1)可以強調成員的關注點和行動，並且提供成員投入努力的方向。(2)動員成員的能量和努力。(3)增加成員的持續性，使成員的努力可以更持久。(4)使成員有動機採取行動，不會傾向採取沒目標的行為。

　　某些成員很容易在團體前的會談，就建立清楚和真實的目標。一個相當清楚問題的人，可以清楚的表達他的期望，確認達到他目標的策略。例如，茱麗今年二十二歲，是一位非常胖的大學生，正考慮參加治療團體，在她的會談中，她非常清楚參加團體的理由。

　　　　我過重和不快樂——並且我知道為什麼。肥胖使我與
　　男人保持距離，肥胖讓我感覺很累。我很寂寞，並且在浪

費我的生命。我要減輕體重，開始交一些男朋友。當我減輕體重之前，我會很害怕，然後繼續瘋狂的吃，這一次我需要許多支持。

可是，茱麗是一個例外。從來沒有諮商經驗的案主，不熟悉團體治療。一個非志願參加的人，對於建立適當目標可能有困難。當此種情形發生時，比較實際的方法是團體工作者最好不要強迫他們，可以鼓勵團體成員參加幾次聚會之後，再決定團體如何對他們是最有幫助。

讓案主自然的產生目標是有益的。團體成員可以透過一個聯合的探尋、同理和挑戰澄清問題，並且更清楚的瞭解，對於他們的問題他們要怎麼做。當成員透過真誠的回饋，瞭解他們自己，他們可以更清楚知道他們真正要從團體得到什麼。

很典型的，在團體開始階段，案主不清楚他們希望完成的。他們說，他們要感覺更好、更享受生活和更快樂。這些敘述，根據 Egan(1990)所說，是一種宣言而不是目標，那是一種案主想要對問題情境做一些努力的指標。然而，要成為目標，有關希望改變的敘述，必須更明確和更具體。

發展可達成的目標

為了使目標有效，目標必須是明確的、實在的、可達成的、可測量的和能證實的。

(一)以明確的字眼定義

目標的結果需要作詳細的描述。例如，目標陳述可以是：在兩個月內我將減輕八磅，或是到下個禮拜五，我將申請完五個工作。這些目標將希望的結果定義出來，如此每個人對於要

完成的改變很清楚(Nelsen,1981)。

(二)眞實的和可達成的

目標必須是真實的，並且是在團體存在期間可被達成的。團體成員描述的目標，經常不是不實在就是野心過大，阻礙了他們自己的努力。例如一個男士決定進法律學校，但卻缺乏經濟或學術的資源。最後當他沒有辦法達到他的目標時，他會覺得挫折並且變得憂鬱。在設定目標之前，團體成員必須思考他可以達到目標的能力、他可以運用的資源、可能阻擋他完成目標的環境限制。

(三)可測量和可證實的

目標必須以團體成員在他自己方案中，可以測量的方式來描述。團體工作者可以鼓勵案主回答這個基本的問題：「我如何知道，我是否已經達到我的目標？」

當每一個成員的目標形成時，他們就要公開在團體分享。如此可以讓成員更深入去檢查目標的正負向結果。負向結果的例子包括：當選擇不喝酒或使用藥物時會失去朋友、向異性問某些資料後會被拒絕，或在工作上表現自我肯定後會被炒魷魚。

注意事項

在強調設立目標的重要性時，加入這項警告很重要。團體工作者必須小心團體不要變成被目標所統治(與目標取向不同)，失去了團體豐富和自由的經驗。爲了達成目標，持續的緊張和修正達成目標的技術，會使個別的成員和整個團體受到傷害(Langer, 1989)。沒有一個生命或團體是完全乾淨不會犯錯的。Eisner(1979)寫道，我們許多最有生產力的活動，是從探

險或遊戲中得來。活動的努力不是為了完成一個目標，而是一個具有放任、迷惑和好奇的行動(p.100)。

基本的規則

　　一個團體的限制，可能是針對某個特定團體，也可能是贊助機構、贊助團體的一般規則。這些限制在團體前的會談曾被說明，並且在第一次聚會時，被當作向團體成員介紹的內容，也就是說，規則被再一次的重複，並且被成員測試和經驗。基本的規則包括：出缺席的期待、聚會期間可否抽煙和吃東西、成員的權力和責任。許多團體也設立進一步的規則，禁止對其他的成員有肢體攻擊和發洩行為。

　　最普遍的團體規則是保密。然而，進入治療的案主相信臨床團體工作者，不相信其他團體成員。因此，除非當成員瞭解到，當他們準備好，以及相信團體會尊敬他們的隱私權，否則他們不需要冒險分享私人的資料時，那是再一次的保證。

　　大部分的團體工作者期望，不論團體中發生什麼，成員應該留在團體中。有一些團體工作者覺得，團體成員不應該與團體外的任何人，包括他的配偶，分享在團體討論的資料(Pierrakos,1978)。有些其他的團體工作者不提保密性，因為他們認為，如果成員要破壞這個規則，他將不會在乎團體工作者或其他團體成員的警告(Luchins, 1964)。

　　保密有它的限制，尤其是小孩和青少年、假釋者的團體和精神病醫院或診所的非志願性病人團體。例如，如果團體的資料將被列入成員的記錄或病歷，應該告知成員，甚至是在團體

開始之前。我們身為一位團體工作者，清楚說明我們可以做到多少保密性是很基本的，然後我們的案主可以自己決定，在團體中他將做多少的自我表露。

贊助機構對於保密性的期望，可能與團體工作者的期望不同。一個由在州立監獄工作的學生所組成的男囚犯團體，在第三次聚會之後，團體分享的資料很明顯的被傳到監獄行政人員處，成員抱怨因為他們在團體裡所說的話而被處罰。這些男性指責彼此，對於團體工作者洩密感到憤怒。幾週之後，在團體房間裡發現有一個監聽的設計，團體聚會已經被監獄行政人員監督了。

形成團體規範

形成團體規範是團體工作者的責任，但團體規範大部分在團體的概念、誕生和早期階段就已經形成，並且持續整個團體的生命歷程。我們在團體概念期和聚會前，也就是和團體成員接觸時，探索他們的期待、澄清目標和方向、討論過程的細節和回答問題時決定規範。當我們對有關於自我表露、冒險、情感表達、出席、準時、保密性等作明確的說明時，也在形成團體規範。當我們說明這些規則背後的理由，徵求成員支持時，也在建立規範。當我們向他們解釋，身為團體領導者的我們做些什麼的時候，也在形成團體規範。

之後，我們藉著重複我們在團體聚會前所說過的，形成團體規範，所以每個成員可以聽到同樣的訊息兩次。在接下來幾次的聚會中，當我們加強我們曾經說明過的好行為時，規範也被形成。例如，對於成員概括性的描述，我們可以請他改變他的說法，那就是以較個人性的「我的陳述」和「我覺得」的字

眼，取代共通性的「我們」和「我們感覺」的陳述。當成員很模糊的談論其他成員時，團體工作者應鼓勵他以較直接的方式來表達。

成員：（對團體說）當我坐在這裡，聽菲力說他不去找工作的原因時，我覺得挫折得想要尖叫。

團體工作者：不是向團體說你對菲力有多挫折，把你的椅子轉過去，直接告訴他你的感覺。

成員：（格格的笑）好的，菲力，當你坐在那邊一個禮拜接一個禮拜的解釋為什麼你找不到工作時，我真想尖叫，你讓我感覺很挫折。

我們也藉著非語言的行為，暗中形成團體規範。點頭、微笑、往前傾、直接看案主的眼睛，以及問開放性的問題，都可以正向增強案主的行為。同樣的，忽略一個行為，轉向另一個成員、抬眉毛、皺眉和問封閉性的問題，也會減少或消滅不好的行為。例如，如果成員不斷地看著團體工作者，而沒有聽團體成員說話，團體工作者可以有意的不和他有眼神接觸。如果一個成員正在閒談，而聚會已經接近結束，團體工作者可以看他的手錶，暗示成員時間的重要。

塑造團體成員行為的另一個方式是具體化，以及示範在團體內和團體外很好的行為和原則。總而言之，就是以一致的言語和行為做模範。當我們特別強調某個價值，但卻沒有去執行時，對於任何一個成員所作的評論，我們必須沒有防衛的傾聽和支持，即使那是負向的，並且是與我們私人有關的。即使在某些方法上我們做錯了，公開和誠實認錯很重要，這不只表示對案主的尊重，也表示犯錯並無損於個人的價值和自尊。

當我們對功能性和治療性的規範作過清楚詳細的確認和增強後，成員將適應這些規範，並堅持每個人都有責任。當有新成員進來時，成員也會傳遞這些規範。保羅曾經在兒童時期被哥哥性虐待，當他在團體聚會剩下五分鐘的時候，宣佈他將在這接下來的幾天中面質施虐者。當這一點被明顯的呈現出來。當時，其他人都啞口無言。我使他同意直到団體進一步的討論之前，不作任何魯莽的事。在接下來的聚會裡，我們談到他面質這個行兇者的計畫和可能的細節。除此之外，我也探索了前幾次聚會的過程，尤其是團體結束時保羅的宣佈。有關這些都被視爲是「治療的關鍵」。幾週之後，保羅在聚會結束時做了另一個宣佈，再度讓成員覺得疑惑，但這一次成員面質他的行動，並且要求他開誠布公的解釋他行爲的關鍵，保羅害羞的作了說明。有趣的是，兩個月後，一個新成員福瑞德，在聚會結束時也做了一個令人驚訝的宣佈，團體大笑，保羅也是，他稱福瑞德是「新保羅的關鍵治療」，然後爲他解釋團體反應的原因。

不同文化和不同種族的案主

　　種族和文化的不同是重要的人際關係因素，對於成員和領導者意義深遠。大部分的實務工作者是白人，但很多他們的案主卻不是白人。治療團體的過程反應歐洲人和美國人個人主義、獨立、競爭和成就的價值，這與某些文化強調謙卑、謙虛和間接溝通的價值觀不同。團體工作者對少數民族案主的感覺遲鈍，可能會對團體的組成、溝通和過程有負向的影響。如果

被諮商的案主覺得這個專業助人者感覺遲鈍而且冒失，認為治療過程是一種過度的侵犯，而提早離開團體時，這是一個較不好的結果。因此，讓案主有足夠的舒適感，覺得種族和文化的不同被瞭解，表現正向意圖、瞭解和信任，是治療中一件必要的事。

缺乏信任

在助人關係的早期，文化和種族差異造成的價值觀衝突而導致的治療問題，通常不會被發現和注意。有時候，問題乃出於團體工作者本身的示範，在團體裡面種族、民族、文化的不同被暗中忽略。此種模式會影響成員某些重要的認同，也會干擾團體工作者處理種族問題，因為他使得實務工作者無法發問，而案主沒辦法表露，造成治療關係的緊張。

在其他的狀況，問題源於團體工作者忽略了民族的優越感，以及對案主的文化缺乏瞭解，也許不瞭解文化對團體成員思想、情緒和行為影響的獨特性和深度。與不同種族和文化的人一起工作的關鍵，在於對文化模式的意義有敏感度，包括與權威人士的關係、自我表露、面質、溝通型態、眼神接觸、碰觸和輪流對話等。

少數民族中的個人，會害怕助人者隱藏對他們的種族或文化有不良的想法(Proctor, & Davis, 1994)，這些害怕來自於少數民族的團體成員，在生活中每天細微的創傷。案主會密切觀察團體工作者的行為，小心地傾聽團體工作者的話，然後區別負向的感覺或態度，他們不清楚助人者是否瞭解或接受他們真實的社會，他們可能也對團體工作者是否能解決他們的問題感到懷疑。

信任感的發展，是與少數民族案主工作的重點。Edwards
和 Edwards(1980)提到有關與美國土著的工作經驗，認為約三
到六個月，團體工作者可以被傳統的印地安社區所接受。社會
工作師快速的輪換，是一個必須小心的原因。另一個原因是要
一個少數民族的案主，對過去曾經被他們認為是壓迫者的人給
予信任是有困難的。Edwards(1982)提出疑問：「我們如何能
期待被壓迫者向壓迫者做自我表露呢？」

專業價值與文化價值

專業的價值可能與民族的和少數團體的價值觀衝突。在團
體工作中，團體工作者會本能地創造一個對某個主題可以開放
和自由交換感覺和想法的環境。這個價值觀與亞洲國家在社會
互動中強調要謙卑、謙遜的價值觀相反。這個謙卑謙遜的價值
觀經常以謙恭的行為來表達，而不過於注意個人或個人關心的
事。對於一個亞裔的美國人來說，強調自我的表達，是一種不
舒服而且和過去習慣相反的經驗(Leong, 1992)。

同樣的，以傳統部落方式養育的道地美國人，因為他們被
期待瞭解自己的長處，並不覺得自己有誇大的時候，要他們做
內省和談論自己會有困難。Edwards 和 Edwards(1980)寫道：

> 美國印地安人相信，人們應該有能力瞭解另一個人，
> 不需要仔細的解釋一個人的感覺或問題。因此，印地安案
> 主經常期望專業工作者能夠瞭解他，不須他用嘴巴詳細的
> 說出來。(p.501)

關於「幫助」的內涵有許多不同的意義(Whittaker &
Tracey, 1989)。例如，因為開始階段信任的程度不夠，要優勢

文化的團體工作者和少數民族團體之間作自我表露可能有困難。對於西班牙和葡萄牙拉丁民族來說，面質或矛盾的意念可能會被視為是一種個人的攻擊行為。亞裔的美國人可能視面質和直接的挑戰是一種無禮和不接納 (Ho，1976)。反映、接觸感情或要求覺察可能是不適當或侵犯他人的(LeVine ＆ Padilla, 1980)。即使對尋求幫忙也可能有不同的看法。西太平洋的美國人可能認為要求幫助是一個丟臉的過程，他們可能非常不願意表露私人的問題。

少數民族案主的個別化

跨文化和跨種族的幫助，對於團體工作者是一個可怕的挑戰，因為治療情境的發展與案主的其他生活情境，在本質上有所不同。如果可能的話，在組織團體時，團體工作者應該避免只有一個少數民族的成員(見第九章)，因為此種組合可能會阻礙團體的溝通和凝聚力。基於團體的目的，案主若覺得不同顏色或文化的人勝過自己，經常會不願意自我表露和作有意義的冒險。

種族和文化的不同應該是可被瞭解的，此訊息傳達出團體工作者的敏感度、種族，和文化對於治療過程有潛在的重要性。下面的說明可能會有幫助：

團體工作者：你認為我是白人而你不是白人會影響我們一起工作嗎？

或是

團體工作者：在團體進行時，如果你在意種族或文化的不

同，請隨時在團體討論將它提出來。

團體工作者有能力和有意願討論種族和文化等敏感話題的訊息，應由團體工作者主動向案主傳遞。團體工作者必須承認，他們自己的社會現況可能與不同種族和文化的案主不同。

根據團體的目的和目標，有不同民族、種族、文化背景的協同領導者可能會有幫助。尤其，如果預期成員之間會有種族敵意和自我表露的限制時，協同領導特別有用。雖然沒有很多研究證實，不同的領導者背景是有利的，但成員至少可以覺得有一個領導者瞭解他們。

團體諮商的一個重要過程，是改變個別成員彼此的互動方式。成員可以經由成員協助他們更加誠實的面對自己，以及更瞭解和接納自己的感情來達成改變。你可以要求團體成員說出有關其種族或文化特有的信仰。你也可以幫助成員藉由其他成員所表達的感覺，來確認他的感覺，然後成員可以同意或不同意這個感覺(Johnson, Torres, Coleman, & Smith, 1995)。

我們有時候可以組織團體，讓少數民族的成員覺得舒服而不會覺得被忽視、削弱或挑戰。我們以亞裔美國人的團體做例子，Leogn(1992)認為，團體工作者可以把少數民族當作文化資料的提供者，例如，不是問他們：「當媽媽死時你的感覺如何？」而是問：「你的家庭成員如何處理死亡和悲傷？」

可以定期與少數民族成員舉辦個別會議，來瞭解團體成員的個別經驗，而不是強迫他們違背他們的文化價值系統。

・實 務 上 的 考 慮・

1.對於正與你工作的少數民族的社會及政治層面有所瞭解。

2.當文化或種族的不同很明顯時，不避諱進行討論。

3.在團體的同一時間，有一個以上的少數民族成員。

4.記住以白人文化為基礎瞭解的臨床工作，不適用於不同種族和不同民族的個人。

5.絕對不能認為一個人的民族認同，告訴你所有有關他的文化價值和行為模式。

團體工作者的態度

當領導者邀請某人加入團體時，團體領導者自己對團體的態度，經常已經被很巧妙的表達出來。如果身為一個團體領導者，對於團體感覺矛盾，從非語言的訊息裡就會透露出來。我們可能表現出憂慮或缺乏熱誠，「我們要你來」的訊息可能非常微弱，潛在成員會覺得沒有意願參加團體。

如果我們對團體沒有熱忱，成員也不可能有熱忱。結果團體可能是沉悶的、散漫和無聊的。熱誠的意思是對於存在、或在團體中對團體的經驗有強烈的興趣和興奮。Posthuma(1989)描述，當一個團體領導者有熱忱時所發生的：

> 很多團體成員，會因為他們的疾病或生活情境的力量，使他們失去興趣、驅力和生命的活力。團體工作者的熱忱可以傳染，並使成員更有活力的行為和互動。如果他們熱忱的擁抱他們的角色，而不只是完成他們的行動，領導的治療師也較可能從團體中得到個人的滿足。(p.95)

如果我們認為團體工作是一個較沒有希望的治療方法，是

因為不能提供此一特定的個案個別治療，才同意使用團體工作的話，我們是不可能成功的。案主對於團體工作者所傳遞有關治療過程，以及有關他們的訊息特別敏感，他們會很快抓到團體工作者對於治療或案主懷疑的態度，或是團體工作者缺乏信心的部分。

出席的期待

在機構裡，對於團體出席率的期待需要讓案主清楚。團體工作者可以說：「我相信這個團體是重要的，而且我們要你參加。」但團體工作者的責任不只是保證成員出席，團體工作者可能還需要檢查他的案主有沒有再回到他的家。甚至需要與案主走到聚會的房間，幫他找到一個椅子坐下來。對機構的團體工作者而言，期待案主有一個中到高水準的動機、熱忱和做決定的能力，可能是不合乎現實的。

另一方面，有些治療者相信，當一個醫院或精神科的病人進入醫院尋求幫助時，就表示病人已經同意與醫院所提供的計劃合作。根據 Lonergan(1982)的說法，工作人員不需要像討論病人的抽血檢查或照 X 光一樣，對病人參與團體的意願做一系列的討論。Lonergan 主張，病人已經聲明他前來醫院求助的意願，專業工作者應該發展治療計劃，除非病人提出對於計劃反對的理由時才須進行討論。

對於非志願性病人的期望是，「我會去這個聚會，但我不說話」。領導者可以告訴這個非志願者「你不需要說話，聽一下就可以了」。此種反應通常可以避免病人雖然參加團體，卻完全抗拒，並完全刁難團體工作者。

在團體開始階段和接下來的團體聚會，團體工作者的注意

力必須持續分開，介於整個團體和團體個別成員身上。雙焦觀點（bi-focal perspective）的意思是，團體工作者必須與每一個成員連結，但也融合在團體的過程中。對於有些沒有團體經驗的領導者而言，維持雙向的關注焦點似乎是不太可能的工作。因為那要與八位或更多的成員維持關係，另外必須保持與團體主軸、角色、話題和動力的軌跡接觸。

這個挑戰的困難是多重的，如果實務工作者沒有在團體概念階段與團體成員有事先的個別會談，團體工作者將以成員與成員的關係為代價，花費過度的精力來建立團體工作者與成員的關係。

信任感的建立

團體開始階段非常強調要建立團體信任感。但是，信任氣氛的發展大，部分受團體工作者的態度和工作所影響。如果團體工作者對於團體的目的、目標和團體結構已經仔細的思考，成員會對他產生信任感。同樣的，花適當的時間在團體發展的概念階段，並且告知成員準則、責任和期待，成員也會有被重視的感覺。

開始階段的信任也可以來自成員認為團體有結構（Anderson, 1984）。就好像是第一次進入一個沒有開燈的房間，四處摸索燈的開關，成員也在尋找在團體裡，可以如何做和應該如何做的線索。他們摸索他們所熟悉的任何結構——一個角色、一個規範、一個主張的地位或力量、一個同意符號、尊敬，或控制——任何與團體如何被結構，以及與團體如何發揮

功能有關的主題。

　　團體成員期待領導者解答他們的問題，減低他們曖昧不清的感覺。在特殊的情況下，他們期待領導者的認可(Anderson,1984)。團體開始時，很多溝通都直接朝向團體領導者。同時，他們小心仔細的觀察團體領導者對於期待和獎賞的反應，成員明顯地傾向於表現過去得到權威支持的行為。

　　案主剛加入一個治療團體，會將團體的情境歸類成班級的特徵。他們內在的想法是，他們將被告知一些事，會有一些知識呈現給他們。除此之外，治療團體這個字眼對案主暗示團體工作者是權威，而團體成員是服從者的角色。成員參加了幾次聚會之後，才會真正明瞭治療團體和班級的不同，也才會開始瞭解他們不只是被動無力的觀察者，而是擁有許多力量的積極參與者。

　　Corey 和 Corey(1992)寫道，示範是教導成員最有效的方法。經驗到團體工作者是一個關懷者，成員會調整其行為和態度，直到與工作者的行為相似，這些行為包括：

- ·信任團體的過程。
- ·對於團體對他們生活做改變的能力有信心。
- ·非防衛性的、尊重的傾聽。
- ·接受團體成員，並且不強迫以團體的價值作為他們自己的價值。
- ·自己願意做適當的自我表露。

　　除非團體工作者表露自己，否則團體成員會對領導者產生神話和類似父母形象的非凡領導力的期待，而這些期待在團體外的世界是不真實，以及不可能複製的。但是，在團體裡，我

們有機會可以呈現如何處理各種發生於團體中的個人危機：一個成員的攻擊。我們自己在處理此種面質的誠實態度和強度，會透露出許多我們的自我。經由觀察領導者，學習期待什麼，成員可以在自己冒險時更自由。

在團體中，發展和維持團體的信任感不只是團體工作者的責任，也與成員在團體過程中的投入程度有關。有些個人不願意冒險，並且會以表面的事務和別人分享。有些成員會被動的等待團體工作者帶他們發生奇蹟式的改變，而他們自己不需做任何的工作。

結束開始的聚會

第一次團體聚會的結束，對團體的發展是一個重要的時刻，是一個做摘要、整合團體所發生過的，以及為未來聚會做計劃的時刻，也是成員反映他們的經驗，分享想法和感覺的時刻，也是將還不清楚的事情提出來的時刻。團體不再是一個抽象的事，而是一個實體。

團體成員經常對於開始聚會會出現正向的反應，然後選擇不再參加接下來的聚會。可能的原因很多，有些成員認為團體不能符合他的需要；也有一些人覺得團體工作者或其他成員遲鈍且不關心他人；案主可能覺得團體的期待超過他可能達成的。另外可能有人只是覺得厭煩，並且覺得諮商是浪費時間。不管任何理由，團體工作者對每個成員所關心的議題有相當的敏感度是很重要的，並且在開始聚會期間，可以公開而誠實的表達出來。

第一次團體聚會的結束，應該要有充裕的時間。團體工作者最好在十到十五分鐘前讓成員知道還有多少時間。摘要是開始結束過程的一個有效方法。團體工作者接下來可以鼓勵成員表達在聚會中，他們喜歡和不喜歡什麼，團體結束時，團體工作者也可以指定家庭作業，並且鼓勵成員分享對於接下來聚會的希望和期待。

摘　要

團體治療的開始階段，是團體生命的重要時段。團體成員一起參加第一次的聚會，分享感覺、討論契約、建立目標、學習指導原則，以及達成與個人有關的主題任務。團體工作者的主要任務，是促進開放和誠實的溝通，並且建立信任的氣氛。

開始階段為未來團體的發展建立風格，團體工作者是一位有能力幫助成員設立目標，並發展有意義工作環境的人，他也幫助團體為進入中期和末期階段的治療建立良好的基礎。

團體創造信任感主要由團體工作者的態度和工作決定。團體工作者必須對團體中少數民族案主的需要特別敏銳。價值觀的不同，經常會導致被動、保守、不信任，和部份團體成員的抗拒，團體應公開討論這些不同。最後，聚會結束的開始時間，是成員和團體工作者對團體目前發生的一切給予評價的時間，也是對未來他們可以如何更有效的聚會作反映的時間。

第十一章
方案活動

在任何團體活動中，團體領導者的態度都是一個重要的要素。大學二年級時，我在緬因州的一個營地擔任游泳教練，我和小朋友一樣，擔心早上的游泳池水太冷而且太凍。

在一個很涼爽的早晨，打扮得很像佛洛依德和虎克船長組合的營地主任，把我包得很溫暖的汗衫及毛巾弄濕，並企圖讓發抖的露營者將我打濕。因為我做的每一個動作和承諾，都讓男孩有不下水的藉口。看了五分鐘我的教學方式後，主任將我帶到旁邊，給我上了一課難忘的團體心理治療課程。

「首先，他們需要一個模範，」他說：「所以，把你的汗衫脫掉，到水裡面去。第二，你的話都是錯的，這個水不冷，同時空氣也不凍，只是會讓人感覺有精神和精力充沛。」然後他將他的手臂放在我的肩上，輕聲的說：「第三、如果你真的喜歡你所做的，用你的行動表現出來，否則我將炒你魷魚。」我馬上跳入水裡。

回憶起來，我不記得空氣和水真的有變得比較溫暖，但我記得有較多的孩童學會如何游泳。

在這一章裡，我將討論在臨床機構所使用的活動，並且回答這個問題：什麼是團體領導者增進團體凝聚力和促進團體成長的活動，也討論一些適合在其他機構使用的活動，例如精神醫療院所。

說與做

　　對於一般的社會人士和沒有經驗的團體領導者來說，團體治療是指孩童和成人坐成一個圓圈，討論他們的生命經驗，分享他們的感覺和解決問題。領導者被認為是一個很像父母的人，具有智慧，瞭解案主的問題，透過解釋，提供安全的建議給成員。雖然此種說法不完全是不正確的，但團體治療還有許多可用的形式。

　　事實上，在臨床的社會工作實務中，這種做法只適合少數的案主，並不適合語言發展有障礙的孩童，也不適合所有年齡層的人。因為對孩童的發展而言，最重要的生命經驗集中在遊戲上，而許多人因為要將他們正在想的、感覺的和經驗的變成語言說出來也有困難。另外也不適合有攻擊性的人、不適合發洩型的青少年，因為他們通常不喜歡表露自己，並且特別抗拒對成人坦白。

　　任何一個人協助沒有語言表達的孩童或成人，經常會覺得很痛苦。傳統以說話為主的治療，可能會增加個人的挫折、疏遠和不完整感。個人可能想討好團體領導者，但卻沒有溝通的內容、感覺和適當的語言表達能力，結果案主和團體領導者都很挫折。團體中可以使用的活動數量和種類是無限的，範圍從主動到被動，從語言到非語言，從觀察到碰觸，從簡單的孩童活動，到高層次的認知互動。一個活動可能只是需要幾分鐘的時間，也可能花掉一整個團體聚會的時間。下面是在臨床機構普遍使用的活動類型。

- 遊戲
- 藝術和手工藝
- 戲劇、木偶和故事
- 角色扮演
- 烹調
- 旅行
- 音樂、唱歌、歌唱遊戲
- 運動
- 結構性的遊戲

　　實務工作者具備一些想像和機智，可以調整任何這些活動，以符合團體特殊的需要。

　　將說和做分開是絕對錯誤的二分法，最後的結果也一定不佳。活動會影響個人的內心和人際關係的層次，而內心和人際關係的動力也影響著活動。活動是一個工具，透過它可以建立關係，滿足成員的需要和興趣(Middleman, 1980)。

活動的目的

　　活動可能是一個治療團體主要的重心，也可能是次要的重心（Heap，1977）。團體領導者如果假設學習乃透過行動而發生，他將以活動作為團體主要的重心，例如，Middleman (1968,1980) 認為，有一些活動本身幾乎就是學習的工具。理由是：第一、活動提供個人學習的機會，而且經驗自己是一個有創造力和表達能力的人。活動提供挑戰，鼓勵個人成長和經

由適應環境，證實自己的自我認同。第二、透過行動和行為，個人可以比沒有活動學習得更好。第三、經由喚醒個人所有的感覺，刺激並達到認知學習的效果。第四、對某些人非語言的溝通，比語言的溝通更有效。

當團體領導者可以利用活動提供一個情境，讓人們彼此分享時，活動就成為團體互動的次要焦點，例如，一個沒有安全感的團體成員，無法清楚表達的個人，可以透過團體討論的方式，一起面對被困擾或有威脅的共同問題。藉由運用某些活動，例如手工藝、戲劇或遊戲，團體領導者建立成員間的橋樑，讓成員可以一起工作，然而仍可保有某些空間和距離。當活動增進了人際關係的熟悉度和安全感後，這些活動的重要性可能就慢慢消失了(Heap，1977)。

以分析的方法來看，成員可透過分享性的活動來達到相互幫助的效果。Shulman(1992)列出了以下幾種分享活動可能適用的情況。

(1)人性的接觸——用以滿足基本人性社會互動的需要。

(2)資料蒐集——活動設計幫助成員取得更多達成任務的核心資料(例如青少年藉由一系列到企業界或工業界的旅行，蒐集進入職場工作的資料)。

(3)暖身練習——發展和練習特殊生命階段任務所需要的有關技巧。

(4)真實情境的模擬——所設計的活動用來創造成員間相互的影響，以便能幫助成員彼此建立正向的人際關係。

(5)入口——活動可以成為進入難以啟口討論領域的入口

處(例如，藉由孩童演出他們自己創造的角色和情境，
透露他們對被父母遺棄的看法)。

活動可以作為評估個人、團體動力和決定團體過程的工
具。在討論方案活動如何使用在治療的環境上時，
Whittaker(1974)觀察到，雖然有許多關於孩童內在的心理資
料，但是有關孩童在團體情境中功能表現的資料卻非常缺乏。
沒有這些背景資料，團體領導者可能知道一個孩童的學習缺
陷，但他卻不知道孩童如何擁有樂趣、競爭或妥協。

不論我們認為團體活動是主要或次要的焦點，我們必須不
斷使用活動，以增進團體互動和成員的成長。因此，我們必須
選擇與成員需要、能力和興趣有關的活動。

從案主所在開始

臨床實務工作的一個基本前提，就是每個案主的治療過
程，必須建立在他的需要和目標上。換言之，團體領導者應該
蒐集有關個人的事實資料，並評估資料，以形成一個能滿足案
主需要的行動計畫。在建立案主行動計畫的過程中，團體領導
者也應將案主納入，由團體領導者和案主一起形成治療的聯
盟。但是，團體形成的目的，經常是滿足其他人的需要，而不
是案主的需要。實際上，許多計畫並未針對個人的需要，給予
慎重的考慮。

選擇活動

為了確認團體治療方案是以每個成員為目標,領導者必須選擇符合每個成員適當治療目標的活動。經過了這幾年,為了滿足每個團體成員及整個團體的特別需要,已經發展出評價方案合適性的一些模式。Gump 和 Sutton-Smith(1955)指出,團體領導者必須注意下面這些變項:活動所需要的技巧程度、活動引發競爭的程度、活動所需要或容許的身體接觸次數、活動刺激遊戲者相互依賴的程度、活動對於團體成員衝動反應的容許程度,活動中對參與者可用的獎勵和處罰,以及活動的回饋會延遲多久。

延伸以上所說的,Vinter(1967)發展了一個選擇活動的分析架構,考慮身體所需的空間、所需要的行為和反應的種類。Vinter 的原理是,每一個活動需要一組參與者特別的行為模式,因此,不同的活動會引起參與者不同的行為模式。他認為,這些行為模式是由活動的本質所控制或決定,並且與參與者獨特的人格特徵有關。Vinter 主張,這些行為模式對於參與者個人和團體有重要的影響。透過活動的選擇和運用,他覺得團體領導者可以幫助每一個案主和團體達到或修正他們的行為模式。

根據 Vinter 所說,每一個活動有六個相關的層面。

(1)這個活動的規範如何?也就是進行這個活動將依賴一組規則,或其他指引的程度有多少?例如,西洋象棋有許多的規則,是一個相當高規範程度的活動。相反的,游泳的規則相當少。有一些孩童和成人對於做一些高結構和規則取向的活動有

困難，有一些孩童和成人則是對有嚴格結構規則的西洋棋活動操作有困難，然而從事游泳活動則沒有困難。

(2)在這個活動裡，參與者的行為和互動是由誰來控制或控制些什麼？控制可能是由另一個人來做——團體的領導者、另一個團體成員、裁判、一個團隊的主將。這個人可以決定如何操作這個活動，並且在任何時刻加入團體。活動的控制有一些是外在的，屬於活動實際執行不能改變的部分，有一些控制是內在的，主要控制參與者的態度和意圖。

Middleman (1968)用一個領導者所寫的一個十幾歲女生的團體，參加萬聖節舞會的行為紀錄，來說明內在和外在的控制——一個活動幫助案主團體管理他們的衝動行為。

因為我聲音沙啞，而且女孩們那晚相當激動，當我宣佈下一個我們要玩的遊戲叫做「巫婆打獵」時，沒有人聽到規則，但仍開始進行遊戲。這個遊戲的方式是女孩們隨著音樂走路，然後圍成一個圓圈，當音樂停止時，她們必須去房間裡找出巫婆、南瓜和貓頭鷹。就在這個時候，有事情發生了，當我正在給指示的時候，有好多個女孩找到這些藏起來的東西。我告訴她們，因為她們現在找到這些，已經破壞了這個遊戲的樂趣，當時她們說，她們希望再正確的玩一次。因此，她們全部出去房間，我再藏一次東西。當她們再進入這個房間時，她們遵守規則，並且很規矩的玩了一次這個遊戲。

(3)活動需要或允許何種肢體運動?此一活動可能是全身性的，例如足球；或可能只是肢體的某一部份，例如橋牌或團體討論。活動中會有那些自由和限制？有那些強制的規定和肢體

障礙？成員在活動中可以自由的運動，或是只能作有限制的活動？

在與一些有情緒障礙的男孩們討論他們的工作時，Redl 和 Wineman(1957)觀察到他們在經歷學校過長期挫折的負向活動後，有許多焦慮和暴躁的情緒，因此有滿腔的攻擊衝動，而無法控制。如果這一次，我們安排給他們的活動對他們有相同的要求，混亂、充滿攻擊行為所衍生的後續問題，將是無可避免的……所以，我們安排在我們自己家中做許多尋找和跑步等活動，也有翻觔斗的遊戲，在提供保護性的環境下，讓成員發洩累積的衝動。如果我們替這些年輕人安排被動的活動，例如看一次足球比賽，就容易會發生不幸的事情。

(4)完成一個活動需要多少的技巧和能力?在這種情況下，進行一項活動不等於要有傑出表現，參與才是最重要的。有一些活動，例如捉迷藏或唱歌，不需要參與的技巧。有一些活動，例如表演大部分的樂器或爬山，則需要特殊的技巧或能力。

計劃活動時，團體領導者需要正確判斷，完成一個活動將需要的團體成員，以及團體成員有沒有可能成功地做完這個活動。舉例來說，團體領導者必須考慮，有手眼協調能力不好的兒童團體，是否可以享受剪紙遊戲的樂趣，或在一條線上塗顏色。如果只有少數的成員可以做得到，團體領導者必須重新設計活動，讓所有的團體成員都有可能經驗到某些成功的經驗。

鉛筆寫字或蠟筆塗顏色的活動，傾向要求參與者有嚴謹的運動控制能力。這些活動較沒有彈性且費力，因為參與者必須有相當好的能力，才能夠以鉛筆或蠟筆畫出直線。水彩畫有較寬大的刷子，雖然鼓勵自由的運筆和大範圍的運動，但水彩畫

較難控制，因為水彩會流動而且會暈開。此種自由流動的原料，可能會造成參與者的焦慮和不安全感，對於沒有受過訓練的參與者，會有較多的限制(Klein,1972)。

(5)這個活動中，參與者之間需要或可以有多少互動？活動的變化越廣，參與者需要或可以互動的質和量也越多。例如，五個孩童圍坐在一個圓桌剪紙，每一個孩童有他自己的紙和剪刀，他們就不需有任何的互動。相反的，如果他們只有三把剪刀，每一個孩子將需要有某種程度的互動，才能完成他的任務。如果團體領導者的目標是鼓勵溝通、問題解決和互動，團體領導者可以限制剪刀的數目，或透過座位的安排來達成目標。

(6)這個活動可以有什麼獎勵?獎勵有多豐富？所有的活動都可以帶來某種程度的滿足，這些滿足可能是參與活動就有的，例如，有能力做某事或製造某些東西，或可能是附帶的獎勵，例如，參與者創造出一個有用或有吸引力的東西。在活動中，動機很小或沒有動機的團體成員，可能因團體領導者立即和豐富的特別獎勵，而引誘他參與活動。這些特別的獎勵包括團體領導者的讚美、其他團體成員的認可，或其它成功的象徵。

· 想一些想像不到的事

活動和運動有如魔鬼般，可能在最重要的關頭發生差錯。例如，真空管在電影放映時燒掉了；邀請的講員在最後一刻取消課程；會議室突然不能使用；機構的卡車擠滿了孩童，所有的燃料卻都用光了；或是電視錄影帶、錄音機壞掉等等。很明顯的，沒有辦法完全計劃每一個人或使每一件事完全符合計畫。然而，一個團體領導者最好預期所有可能會發生的問題，

並且有一個腹案。當有需要的時候，可以取代原有的計劃。

・實務上的考慮・

1. 任何的團體活動中，記住，你自己的熱情是一項重要的資產。
2. 如果你將使用設備，例如投影機、電視、錄放影機或錄音機，事先測試它並且準備另一個機器備用。
3. 當活動正進行得很好，成員正在享受他們自己時，而活動卻結束。
4. 活動開始之前，需先經嚴格的測試。
5. 如果需要的話準備在活動中可以替換的活動，也就是準備一個可替代的活動。

活動和技巧的誤用

團體裡面若是充滿矛盾或是缺乏結構，可能會引起團體成員的不舒服。同樣的，也可能使一個沒有經驗的團體領導者感到苦惱。無限期的衝突，可能會導致團體抗拒而瓦解，讓團體中的團體領導者產生緊急的感覺。在這些時候，團體領導者會渴望有解決這些問題的技巧、活動或竅門。

雖然擁有一組的工具，可以讓人感到安心，然而錯誤的使用這些工具卻可能破壞、粉飾某些情境，阻礙團體的發展。一個太依賴技巧的領導者，不是提供達到目的的方法，而是將技巧變成了目的。依賴技巧會導致技術化、包裝化、失去獨特性，與社會工作的基本價值相反。

一個活動結束的產物，可能結束活動的生命，也瓦解了一個治療的方案。根據 Shapiro(1978)所說，完成活動不會比處理因活動所產生的行為和感覺重要。團體領導者很容易變成以技巧為中心，也就是與過程取向相反。付出所有代價，只求完成一個活動，或只遵守特定的規則，而違背團體領導的特殊目標。團體領導者過度強調結果，可能會使那些技巧層次很低、自我受過傷的案主，產生不必要的內在壓力。

在使用一個活動之前，團體領導者應該考慮下面幾個要素：

(1)時間性——團體領導者需要知道現在的團體過程，自然地導入一個活動，而不是將活動添加在團體上。

(2)適當性——進行一個新的活動時，可能需要團體成員新行為的配合。但是，這些新的行為不應該太新，使得成員過於驚訝或受到打擊，而且不應違背團體規範。一個在護理之家的老年婦女團體，老人們過去一向習慣於坐著的活動，但卻即興安排一個需要很多肢體運動的活動，就是不當使用活動的一個例子。

(3)同意——活動應該容許自由的參加。如果一個團體成員選擇不參與這個活動，他或她的決定應該被尊重。

(4)安全性——團體成員需要被保護不受到傷害。活動可能很容易失去控制，並且導致參與者受到身體或情緒上的傷害。

團體領導者在活動中的調整

在一個團體活動中，團體領導者投入多少，將依團體成員的社會情感程度，以及團體目的而定。對很多團體來說，團體成員被視爲應對團體計劃和活動的執行負全部責任。團體領導者的角色是使能者、參與觀察者或建議者。在某些成員有興趣但卻缺乏團體經驗，或是成員退縮、非常具攻擊性、或脫離現實的團體裡，團體領導者的角色是較主動的。例如，有情緒的、肢體的、有智力限制的個人，可能需要團體領導者在團體過程中，持續的協助才能完成團體活動。在孩童或有發展障礙、精神病、嚴重障礙、退縮或攻擊性的案主團體中，團體領導者必然是團體活動的基本中心。此種團體的長期目標，是幫助團體減少以團體領導者爲中心的取向，增加以團體爲中心取向，使成員對於計劃、問題解決和執行活動擔負越來越多的責任。

在某些情境中，團體領導者可以計劃一個連續性的活動，以建立團體的目標。團體領導者可以率先引導這些活動，監督這些活動對於成員的影響和團體的進度，當成員的興趣減弱或消失時，團體領導者再介紹另一個新的活動(Henry, 1992)。

Sussman(1974)曾經提出以有肢體殘疾，包括視網膜病變、耳聾、腦性麻痺、癲癇和邊緣性智能障礙病人的治療團體的例子，說明團體一個不好的開始。

團體中有這麼多特殊人格的人，以爭先恐後急躁和殘

酷的行為，必須小心地處理，以避免爆炸性的突發事件發生。此外還有成員完全冷漠卻要求團體工作者要有耐心和溫和的督促；沒有關聯和語無倫次的喋喋不休，阻礙了活動的進行。此時的團體充滿了分歧的、不同語言和不同文化基礎的溝通型態，使團體無法有效的溝通，更不用提另外其他一大堆的困難了。(p.77)

但是 Sussman 也報告了這個團體的進步，團體成員要求每一次聚會有更多的時間。在進行第十七次聚會時，他們已經變得較主動參與團體，而領導者不再那麼主動。成員不再那麼需要刺激，他們的自發性急速增加。「他們會率先開始公開討論，而不是等團體領導者去做。他們也會進行完全屬於他們自己的角色扮演、指派角色、角色互換和安排場景。」(p.81)

在成員有能力做計劃、解決問題、延緩滿足、適度討論他們的感覺和有效面對現實時，團體領導者的角色將不再那麼重要。參與者渴望參與，並且有能力對於團體活動的開始和執行負起責任。若能如此，團體領導者的角色將變成使能者、催化溝通互動和相互幫助者。

技巧訓練

團體技巧訓練包含教導性和經驗性的學習。除了其他治療的目標外，養成參與者及社會均期待的行為，也是團體技巧訓練的目標之一。在高功能的團體中，生活技巧的種類包括做決策、溝通和自我肯定訓練。

對於一些有嚴重困擾的個人，可能是教導基本的技巧，例如確認他們個人的衛生、搭乘汽車、在餐廳吃飯或洗他們自己的衣服。對於幫助案主建立個人基本的生活尊嚴，不失去做人的權利和責任，團體工作是一個有效的方法。

　　不論功能如何，在團體治療裡，案主可以學習新的行為，幫助他們開始、發展和維持關係，也可以修正任何會增加自己社會疏離的行為。

　　有些特殊的活動，可以成為案主每天例行工作的一部份。Dickerson(1981)在與一個智障成人俱樂部一起工作的時候，她使用活動當作教導成員的方法，結構化每一個成員的生活方式。例如，她運用手工藝讓每一個案主有機會創造適合自己年齡的目標，這個目標需要四個階段完成。Dickerson 的目的是要教每一個案主有耐心，尤其是等待獎勵的時候。她利用準備進餐的活動，讓案主有機會做計劃，做準備和為他們的朋友準備午餐，另外也改善他們照顧自己的能力，與他人有社交上的互動。

　　Dickerson 也讓案主做佈置。當他們將會議室以私人的方式佈置時，他們的歸屬感增加。她發起購物的活動，幫助案主學習運用社區中的不同商店，並且練習使用金錢。她介紹桌上遊戲，讓案主知道他們自己可以單獨，或與一兩個人玩簡單的遊戲。透過這些遊戲的介紹，團體領導者教導案主學習接受簡單的規則，並且接受輪流參與活動。Dickerson 也引進會話，教導社交行為，例如開始一個對話、接受稱讚、給一個稱讚和接受或拒絕約會。

　　因為在團體中，技巧訓練是高度結構化的，它所達成的特定目標也最顯著。通常，技巧訓練會有一個達成目標的時間限

制，並且在一次到一次的聚會中，不斷增加技巧的難度。團體領導者安排每一次的聚會和活動內容，主動帶領團體活動，幫助達成團體所同意的目標。

角色扮演

角色扮演是一種在團體中經常使用的介入方法，技巧訓練是它們的目標。角色扮演這個字眼涵蓋了廣泛的技巧範圍，目的是：(1)問題和衝突的解決；(2)學習和獲得一些新的行為模式。

（一）角色扮演的使用

在團體工作中，角色扮演時常被運用(Etcheverry, Siporin, & Toseland, 1986)。這些運用包括：

評估——團體領導者可以用角色扮演，讓案主示範或說明某些事，以提供客觀的描述性資料。透過角色扮演的情境，資料可以用具體的、私人性的和有意義的情緒性字眼呈現出來。例如，如果一個團體成員重新演出，她覺得必須為一個孩童的死負責，就是一個角色扮演的案例。

激勵——藉著參與者在角色扮演中的肢體活動，團體成員可以將焦點放在他個人關心的問題和行為上。因此可以給參與者一些感官上的影響，刺激他作反應。

瞭解——藉著以過去不習慣的方式演出一個角色，團體成員可以得到自我瞭解和洞察。

做決定——角色扮演可以鼓勵團體成員作明確的選擇，對於事實或行動計劃得到結論。

行為改變——角色扮演可以提供成員區分不想要的行為，以及獲得和練習新行為。

（二）角色扮演的方法

一般而言，在一個治療團體中，角色扮演以一種開放的、非結構的態度進行，有彈性的允許成員有自發性和學習角色扮演的程序。

行為的預演——團體成員扮演他自己的角色的技巧，對評估目標和行為的預演很有幫助。除此之外，它可以催化團體成員瞭解他的感覺、思考過程和行為。它的程序包括團體成員在相當安全的氣氛下，練習新學到的行為。透過激勵，成員可以操作新的行為，並且從團體領導者和其他成員處得到意見。團體要開始軟化一個行為，團體領導者可以說：「湯米，你對你的老師生氣，讓我們看看是否可以替你想出一些方法，讓他知道你的感覺。你要誰演你的老師？」

角色互換——團體成員可以扮演某個他生活中的重要他人，如配偶、父母、雇主或是老師。如此可以讓成員體驗從他人的角度看事情的特殊情境。這個技巧對於教導同理心特別有幫助(Etcheverry, Siporin, & Toseland, 1986)。也可以在團體中兩個成員有衝突時，或是傾聽彼此和開放溝通上有困難時使用。在此種案例中，治療師可以說：「泰德，我想嘗試某些事，你當茱麗，並且表現她的觀點，茱麗你做泰德，呈現她的觀點，你們每個人使用對方的話和姿勢。」

雕塑——雕塑的方式是這個成員正在創作一幅畫，好像團

體成員直接被雕塑，或是將他自己和他的家庭，或其他特別的人放在團體中。

(三)角色扮演可能的困難

在治療的團體中，不適當的運用角色扮演是有破壞性的(Etcheverry, Siporin, & Toseland, 1986)。可能的問題包括如下：

(1)在成員尚未準備好，或成員有能力自我表露或參與團體之前，就鼓勵成員做角色扮演。

(2)在分配角色、計劃、執行和結束角色扮演時，團體領導者的指導過多或過少。

(3)沒有保護和支持主角或其他演員。

(4)未能適當的使用程序，達到需要的目標。(p,121)

自我肯定訓練

在技巧取向的團體中，自我肯定是一個經常被教導的重要技巧。在一系列的步驟中，團體成員被教導為他們自己大聲地說某些事或做某些事，冒不受他人贊成的險。自我肯定的行為包括在人際關係互動中，誠實且直接的表達正負向的感覺。不自我肯定的例子包括否認自己的權力、無法接受讚美、害怕大聲說話、很少有眼神接觸、使用不適當的臉部表情(例如在生氣或沮喪時微笑)，以及表現不自我肯定的身體姿勢(例如離開和保持過多的距離)(Galinsky, Schopler,Safier, & Gambrill, 1978)。

社會工作團體是學習自我肯定技巧的一個理想媒介。Galinsky、Schopler、Ssfier 和 Gambrill (1978)成功地使用此種

技巧的報告中指出，對於需要學習如何獲得權力、資源、服務、訊息以及適應人際關係互動方法的案主，自我肯定訓練是一個特別有幫助的方法。

自我肯定訓練基本的要素如下：

教育——首先團體領導者檢查攻擊和自我肯定之間的不同，並且要求成員定義與他們生活有關真正的自我肯定目標。在團體成員變得自我肯定之前，這個人必須先接受自我肯定行為是正確的觀念。在團體成員變得自我肯定之前，這個人也必須能瞭解，因為不自我肯定所付出的情緒代價。

示範——在團體互動及角色扮演的刺激情境中，團體領導者擔任團體的模範。當成員觀察團體領導者的自我肯定行為時，他們自己也學到這些技巧，最後成員也成為彼此的模範。

角色扮演——行為的預演是自我肯定訓練的基本工具。這個技巧包括，成員在一個已經發生或預期將會發生情境上的某些困難作角色扮演。其他的成員和團體領導者擔任教練，並扮演在這個情境的其他重要他人。一開始，只是練習一些屬於低困難程度的情境。當團體進步之後，成員將練習更有挑戰性的情境。

家庭作業——在團體聚會與聚會之間，團體領導者鼓勵團體成員練習他們在團體中學習到的自我肯定技巧。然後在每一次團體聚會開始時，團體領導者要求每一個成員發表一個真正自我肯定的經驗。

催化團體過程

　　一個團體的領導者需具備促進團體成員真誠的分享想法和感覺的有效方法。繞圈發言或配對一對一的方式，被認為是幫助成員集中注意力、建立舒服感和深入團體層次的一個方法。

繞圈發言

　　繞圈發言是一個活動，每一個成員均被要求對一個特定的問題輪流做反應，這個方式對於蒐集資料，以及增加成員參與特別有助益。也可以用於使成員集中注意力、深入團體強度、建立舒服及安全感、增進團體凝聚力，以及找出在團體中安靜的成員(Duffy, 1994; Jacobs, Harvill, & Masson, 1994)。

(一)對結束句做繞圈發言

　　開始輪流填空一個句子，團體領導者提出一個未完成的句子，然後要求團體成員將這個漏掉的字或段落填滿。例如團體領導者可以藉著要求每一個成員輪流使用一個字或句子完成一個句子。

- 在這個非常的時刻，我感覺………
- 今天所發生對我最壞的事是………
- 今天所發生對我最好的事是………
- 在我生命中最讓我感到擔心的事是………
- 我想改變我自己的一件事是………
- 我自己最喜歡我自己的一件事是………

限制每一個成員只用一個字或一個句子，以鼓勵成員把話簡潔說出。

(二)對投入程度做繞圈發言

有時候，當團體領導者很明顯的發現，成員沒有活力，或還沒有辦法集中注意力在現在的主題時，團體領導者可以讓成員對投入程度做繞圈發言，將已經發生或特別壓抑團體成員思考他們正經驗到什麼的分裂現象浮出表面。運用此種方式，團體領導者可以對每一個成員說：「以零到一百分計，這個時刻在這個房間，你有多少百分比在這裡？如果你有一部份在別的地方，與我們分享它，告訴我們你有多少在哪裡。」

在一個支持性的婦女團體裡，我發現有一個參與者在聚會開始的前三十分鐘，處在一種不平常的安靜和沉思中。當我問她這個時刻她有多少精神在這個聚會中，她尷尬的回答說她有20%，另外有 80%的她與十歲生病獨自在家的兒子一起。我問她是否可以在聚會期間集中精神，她回答說如果她可以打電話回家，確定她的兒子沒事就可以。在打了電話之後，這名團體成員明顯的比較放鬆，並且可以完全的參與在團體之中。

(三)對聚會中成員的角色做繞圈發言

在聚會結束的時候，團體領導者可以讓成員輪流對成員在聚會中的角色發表看法，幫助成員清楚評價他們在聚會中的角色。帶入這種繞圈發言，團體領導者可以說：「請每一個人描述一下，今天在聚會中你的角色？」或是「簡單描述你在聚會的投入情形。」

此種繞圈發言的一個變化方式，是團體領導者可以要求每一個成員，描述坐在他或她旁邊者的角色。在這個情境中，團體領導者可以說：「請你們每個人描述坐在你左邊的人，他在

今天聚會裡的投入和貢獻。」

這個活動可以被當成是打開成員視野的方法，讓成員學習到他所表現的方式，與別人的期待有非常大的不同。領導者在開始使用這活動時必須謹慎，也必須注意成員在聚會中實際發生狀況的描述，只是反應個人的觀點。

配對

配對是兩個團體成員變成一組，去討論一個主題或解決一個問題的活動。使用配對的主要好處是——尤其是在一個相當大的團體——提供機會，讓成員在團體中，彼此能有更親密的瞭解。根據 Jacob、Harvill 和 Masson (1994)所說，配對活動有助於成員對團體發展舒服的感覺，它可以使成員感到溫暖、幫助團體成員處理資訊、幫助團體結束一個話題、讓特定的成員在一起、增進成員互動、改變團體型態和提供團體領導者思考的時間。

在一個團體的早期階段，當成員感覺不舒服時，配對可以製造較私人性的經驗，個人不須要和八個或更多的人說話，每一個成員可以與另一個人說話，而不會非常不舒服。使用配對會有一個結果，也就是當成員回到團體時，通常焦慮的感覺會減少。

配對活動可以在任何地方進行二到二十分鐘。如果所給的時間太短，成員會抱怨：「我們才剛開始就要結束。」相反的，如果時間太長，成員會覺得無聊，並且跳開原有的話題。

引出感覺

　　某些活動有助於把成員強烈且無法用言語表達的情感帶到表面來。因為此種活動的焦點是活動的本身，而不是個人，參與者會更有意願分享在活動中的感覺。

　　對案主而言，詩是一個沒有威脅感，可以表達感覺的工具。團體領導者可以用別人寫好的詩，朗頌個別成員們所寫的詩，或讓團體成員共同集體創作詩來帶領活動。Mazza 和 Price (1985)描述他們在大學生的短期治療中使用詩和音樂的經驗，在他們的報告中指出，詩和音樂可以刺激團體互動，並且對於治療人際關係方面的憂鬱很有幫助。例如，利用一首由 Stephen Crane 所寫的詩，「如果我將擺脫這件破外套」刺激團體成員討論他們對悲傷和失望的感覺。相同的方法，當成員分享他不舒服的感覺時，以寂寞、憂鬱和生氣為主題的流行音樂，可以被用來當作是一個媒介。

　　團體領導者可以建議每一個成員提出幾行詩，領導者或任何一個成員可以分享他對此首詩主題的看法，鼓勵成員共同研究他們自己的詩。一旦成員完成自己的詩，團體領導者可以邀請每個成員分享這首詩對他的意義。

結構性的活動

　　結構性的活動是指團體遵循某些特別組合的次序，經歷一個短期志願性的團體經驗。其中，每一個活動的組合程序原理不同，但活動的目的幾乎都相同，就是以某些方法加速團體過

程。例如在團體聚會初始階段，有些團體領導者會使用結構性的活動，以迴避團體開始的猶豫和緊張。有時候，結構性的活動可以幫助團體成員很快的進入內在，接觸被壓抑的感情，認識他不曾知道的他自己，或他的身體。結構性的活動包括如下：

· 盲人信任走路
· 逐步的放鬆
· 幻想的引導
· 家庭雕塑
· 優點轟炸
· 道德上的兩難

　　結構性的活動是工具而不是目的。活動可能將事實擴大呈現，也可以鼓勵探索事實的方向。但是如果團體工作者變得過度關心活動的事實，活動本身變成目的時，將會失去團體過程真正的重要性。

在一個制度化機構內的活動

　　制度化的機構，很自然就產生一個團體的網絡：生活、工作、治療、教育和休閒的團體，除此之外，還有一個由整個機構構成的公共團體。不論這個機構是一個精神病院，或兒童機構，案主所生活的共同團體，有它自己的領導權、權威來源、文化和溝通方法。

　　但是這個共同團體不像其他的共同團體，它是一個為曾經

遭受困擾及困擾中的個人所成立的治療中心。自然而然的，他們的疾病和問題已經反映出他們的人際關係可能是負向和破壞性的。

院內治療可以將案主每天的生活安排，以及案主的治療方案相結合。考慮案主被帶來機構的原因，以二十四小時為基礎，讓案主學習適應與其他人一起生活。每天現實的生活變成案主成長、社會化和治療的機會。

在組織內的團體工作，例如醫院內的實務工作者，其獨立程度與一般社會機構不同。由一個家庭服務機構所贊助的治療團體，強迫團體目標的形成要符合機構的一般指導原則。在一個醫院裡面，團體的目標可能受每個成員的治療需要和意願而嚴格限制。在這裡，團體領導者是治療團隊的一個成員，團體領導者影響其他成員，也被其他團隊成員所影響，例如病人的物理治療師、心理師、助理治療者和護士。

團體生活是案主的一個基本生活經驗，暫時代替案主基本的家庭生活，以家庭為基礎的地板、家具、房間和牆壁，以及每天一起生活的經驗領域，包括同輩、工作人員，以及機構這個大社區環境。團體生活提供案主自我成長的基本內容，根據Maier(1965)所說，團體是自我發展的市場。

非正式的病人團體

團體領導者經常是正式團體的領導者，但是有時候他也處理非正式的團體。例如，約有二十五位病人住在一個病房，他們對於和誰住沒有很多的選擇，但是他們可以選擇與誰一起休閒。基於互相接近，以及彼此自由選擇人際關係的共識，他們可以發展成小的、非正式的團體。

非正式的團體有多種的功能，可以對於有相似經驗的案主提供支持、對於有關如住院、治療中沒有進步、創痛的生活經驗，或因出院焦慮增加的案主，提供安心的保證，並且當生活似乎沒有好轉時，給予案主鼓勵。

　　在這種團體中，當案主覺得不安全的時候，會提供一個安全感的假象，例如在一個精神科病房，六個長期住院的病人花許多時間在一起，變成一個非正式的團體。當有兩個新成員住進病房時，一個是明顯的精神病，另一個是極端的妄想症，這個六人團體開始嘲笑和欺負新病人，以「病人」和「智障」叫他們。

　　像上面所描述的非正式團體，都具有高度的破壞性，病人的行為需要被公開的處理。身為社會工作者，我們是唯一可以用個人或團體的方式處理這個病人的人。與一個非正式的病人團體建立關係，以及與一個病人建立關係的過程是相似的。一旦關係建立，我們就可以要求病人開放身分，並要求讓其他成員加入。我們可以鼓勵非正式的團體成員進行討論，而不是發洩他們的感情。而且我們可以指導他們進行方案，增加他們的自尊和滿足感。

病人生活管理會議

　　社區會議經常是由所有的工作人員，以及所有住在某一特定區域的住院病人所參加。在這些會議中，團體對在一起生活的問題達成協議。一個攻擊性病人的干擾行為、憂鬱症患者的自殺陰影、不乾淨的洗手間、引不起食慾的食物、一個住在這個單位的工作同仁或病人，都有可能是社區的問題。社區或病房會議是維持和開放溝通網絡的重要關鍵。

在一個以治療模式為基礎的精神病院，有兩個青少女在休閒區，毆打了一個大家都喜歡的護士，並且拿了她的鑰匙離開醫院。雖然這一層樓的每個病人都知道這件事，然而很少人在病人間、工作人員間、工作人員和病人間公開討論這件事。工作人員和病人的關係逐漸緊張，病人可以感覺到非常強烈的生氣氣氛，沒有人可以談論這件事。

　　在社區會議中，團體領導者提出一個有關居住區氣氛的問題。在一段沉默之後，病人開始表達對這兩個離開醫院女孩的生氣，他們說他們害怕工作人員藉著剝奪他們的權力和責任，來報復他們。團體領導者鼓勵病人和這名護士說出他們的感覺。會議進行中，護理人員分享他們的生氣、挫折和害怕被傷害的感覺。討論之後，護理人員和病人的不安明顯降低，此層樓的生活也恢復正常。一個禮拜之後，當這兩個女孩回到醫院時，有許多病人強調要告訴女孩們，他們對她們的攻擊行為有多麼生氣(Reid,1968)。

　　大醫院有由所有病房代表所組成的病人會議。病人代表被他們所居住的病房推舉出來，代表他們的病房出席病人會議。護理、飲食服務、社會工作和附屬的治療領域，也推舉資深代表，參與病人的顧問會議。

　　Harlow(1964)討論單位聚會的情緒與醫院氣氛的關係時，他觀察到：

　　　當病人的注意力轉向抱怨瑣碎且一般的事務，例如對於食物的厭煩，或工作人員沒有敲門的事時，經常是有一兩件事情會發生……不是病人逃避討論在團體生活中感到困擾的主題，就是他們對工作人員有不安，以及他們的安

全感受到威脅。在這個會議中，病人認為權威人士的討論會影響他們每天的生活方針，這種情況通常發生在每一次聚會，當病人想要與會議中的其他成員建立工作關係時。

總括而言，病人會議提供每一個病人代表有機會經驗三種關係，包括與其他成員代表的關係、與醫院工作人員的關係、與成員代表所代表的病人之間的關係。

工作團體

團體活動提供住院病人許多好處，這些好處是呈現自我模式、有機會做社會參與和行為回饋、增進自尊、有機會學習新的知識和技巧、補救社會教育的不足、提供社會認可(Towey, Sears, William, Kaufman, & Cunningham, 1966)。

一個私人精神醫療院所的住院病人團體，被問到是否有可能組織一個公開演說的團體時，為了澄清進一步的想法，團體領導者和病人拜訪了州立醫院的一個公開演說俱樂部。他們以行動去瞭解一個相似的團體，並且學習如何運作此俱樂部。

當此公開演說俱樂部開始發展時，成員不斷希望團體領導者帶領這個俱樂部，並且帶進新成員。但是團體領導者拒絕他們，並且清楚地說明他會幫助他們，但不會為他們工作。成員花了幾次聚會，猶豫是否要堅持團體的形式，或應該像其他俱樂部一樣，轉換成屬於自己的形式。這段時間，有一個成員整理出一個演講者的指導手冊，可以用來評估和選擇演講的主題。為了讓演講者知道他還有多少時間，另一個成員做了時間卡。有兩個成員開始透過醫院張掛標誌，招募新的俱樂部成員。

聚會期間，每個成員都有說話和做角色扮演的機會，例如，當時間管理者或評估者。每一次聚會開始的時候，擔任主席的病人提出一個話題，而其他成員以不超過兩分鐘的時間發表看法。然後在每一次聚會結束時，參與者討論演講的內容、型態和呈現的方法。

一開始，評估別人是不容易的，尤其是對新成員。當信任和凝聚力增加時，成員就有能力指出另一個人在想法和說法上的不一致，有時候也可以指出自己的不一致。庫克先生是一個寂寞、體重過重的三十六歲男人，否認他自己的疾病有一段很長的時間，在團體成立不久之後加入團體。成員很快的開始批評他的說法，說他做太多的歸納，並且從一個點跳到另一個點，沒有任何邏輯關連。一開始，庫克先生防衛的否認這些評論，視這些是有敵意的攻擊。但是，慢慢的，他開始瞭解雖然這些是負向的評論，但沒有一個是出於要傷害他的。他瞭解團體成員的觀察只是代表他們的興趣，並且為了幫助他成為一個更好的演說者(Reid,1968)。

團體的光譜

在治療的機構中，例如精神病院，團體領導者帶領團體必須符合機構的傳統理論及取向，才能使團體有效進行(Griffin-Shelly & Trachenberg,1985)。這些問題中，最困難的是團體成員的異質性。精神病院通常是由很多不同診斷的病人所組成，例如憂鬱症、戀癖症、酒癮、性異常、邊緣型人格和精神病。即使在這些不同種類的診斷中，病人的功能也不盡相同。因

此，團體治療的層次傾向停留在病人最低的功能層次。

　　不論病人的功能是低的、中的或高的，治療機構的團體可以以任何層次的病人功能為基礎。一般來說，住院式的機構較常舉辦低和中等層次的團體。

　　低層次的團體包括自我中心、非常固執、和有時候沒有語言表達的病患。低功能病人的團體目標，包括學習接受結構、改善現實感、傾聽、集中在某個事情上幾分鐘、建立自我、發展生活技巧和打斷精神疾病的想法。

　　和低層次的團體成員比起來，中等層次的團體較抽象、一般化，和開放的談論他們的感情和過去經驗。中等層次的團體集中在價值澄清、處理家庭關係、自我肯定、討論感情。中等層次的團體結構較少，成員負較多責任。

　　高層次的團體通常是為那些有充分特權，並可以從一個密集式團體治療獲益的病人所設計。這些病人有抽象思考的能力、說話的技巧和可以使用問題解決取向。

　　在很多醫院，尤其是州立機構中，一旦病人痊癒到一個程度，行為和症狀不再有干擾，甚至在他們還未準備好，就被送回社區，對一個團體領導者而言，如此做有很多理由會讓其感到挫折。第一、病人快速的輪換，使得大部分的醫院團體無法建立凝聚力和連結。第二、較健康的病人通常在他們可以對較不健康的病人有貢獻之前，即被迫離開團體。因此，雖然團體領導者可以期待有高層次的團體，但在一個醫院裡，有某些事是臨床工作者不一定有很多機會可以做到的。

　　適合低層次和中等層次的活動是不一樣的(Griffin-Shelley & Trachtenberg, 1985; Griffin-Shelley & Wendel, 1988)。低層次的團體活動可以包括傾聽平靜的音樂、進行一個動態的活動、

畫圖、學習基本的衛生和照顧技巧、煮菜和學習如何適應社會福利系統。中等層次的團體活動，可以包括寫劇本、寫短的故事或詩，準備申請工作，做選擇，吃或煮營養的食物，平衡預算和支票簿，以及尋找和照顧一個公寓。

團體工作與同僚成員

在住院式的治療機構中，臨床工作者的焦點也許是發展每一種同僚成為工作團體，使他的成員可以一起行動，完成共同的目標。根據 Bunker 和 Wijnberg(1988)所述，工作成員間的凝聚力，在人性的服務機構中特別重要。因為支離破碎的選擇、隔離和疏離，會傷害每一個團體領導者的個別表現和合作能力。支離破碎尤其具有破壞性和打擊士氣，並且剝奪工作人員幫助彼此的機會，限制同事之間能夠彼此給予情緒支持。簡而言之，發展工作團隊和共同使用每一個工作團隊的資源，可以減少治療和組織可能的災害。

對於提供健康照顧的專業者，疾病、痛苦、關係結束、死亡和悲傷都會引發嚴重的慢性焦慮，處理的方法是專業者和機構必須建立一個嚴密的抵抗團隊。Barber(1985)描述一個癌症病房的護理人員，每兩個月舉辦一次的支持性團體，向別人提出自己的個案，可以幫助工作人員處理問題的能力。他指出這些工作人員不僅獲得團體的支持，也幫助他們解決問題。經過一段時間，根據報告，這個支持團體不只在工作同仁間有相當的滿足和建設性的互動，在工作人員和病人之間，工作人員和機構之間，也有同樣的結果。

在這個支持團體的早期階段，團體領導者的角色是諮詢者—— 一個解釋主要概念、描述角色指引和提供支持的人。當這個團體逐漸進行，領導者的角色變成是一個問問題、催化討論、和維持討論焦點的人。

經過一段時間，一個有凝聚力的團體自然可以包容不同的知識、不同的經驗和想法，並且可以建設性的運用這些不同。有能力提供別人支持，尊重差異、解決問題、從別人的經驗中學習，是一個自我覺察和有能力的工作團體的特徵。

摘　要

在這一章，我們討論了團體工作使用的活動。有許多非語言的活動可以在團體中使用。活動可以集中在一個活動的完成，但更應該集中注意力在完成活動所發生的過程上。活動不應只是機會性的選擇，團體領導者應該選擇對於達成特別治療目標有幫助的活動。團體領導者必須避免誤用活動，因而掩飾某些情境，阻礙團體的發展。

團體領導者參與活動的質和量，由團體成員的自我強度來決定。一般而言，低社會情感程度的成員，團體領導者需要較多的活動。技巧訓練對於低功能和高功能的成員特別有益，而角色扮演和自我肯定訓練是其中兩種特別有用的活動。在住院式的治療中心，例如精神病院，社會工作者經常與病人的自治團體、工作團體、工作人員團體、非正式的病人團體一起工作。在這些情境裡，提供一個團體的分析，來反應病患人口群的異質性非常有用。

第十二章
團體工作中期階段

我讀研究所一年級時，曾經在一個兒童村擔任團體領導者，團體有八個情緒障礙的青春前期男孩。每個禮拜為了尋找有趣和適合治療目標的活動，我都覺得很痛苦，因為手工藝的方案、游泳和踢球都好像已經有點過時了。

　　我的同事米爾是二年級的研究生，他在一個猶太社區工作，他建議我讓團體做冰淇淋，因為一個禮拜前他曾經與一些青少年成功地作過這個活動。雖然我以前未曾做過冰淇淋，有點不願意，但米爾告訴我那非常簡單。

　　當我向成員提起這個想法時，他們非常著迷。這個想法很快地擴大，所談的內容從切開香蕉蓋上藍　開始，到巧克力調味料、堅果和打奶油。這可能是大家第一次都同意的方案。

　　聚會這天，我蒐集了所有的原料，還有鹽、三種雞尾酒、手工操作的冰淇淋製造機。當時，班上有人警告我，在團體做一個活動前要嚴格作測試。不幸地，當時我沒有時間，米爾說：「漢克，只要放手去做，不會出什麼差錯的？」

　　男孩們從作裝飾開始。首先他們比賽看誰可以彎得最快，然後他們比賽看誰彎得最長。不可思議的是，他們把香蕉切半當作是比賽的獎品。但這些男孩很快就累了，而且覺得無聊。突然有一個男孩大喊：「讓我們吃吧！」這個時候，那個冰淇淋製造機的蓋子，被隨隨便便地扯開了。

　　乳汁的液體與我們開始時沒有兩樣，讓成員們非常驚訝，原想用鹽覆蓋的冰塊，也流滿了整個桌面。

　　要我承認活動失敗需要一段頗長的過程，我提議玩一

些跑步的遊戲，但成員的反應冷淡。十分鐘內，他們又開始打開罐頭，但發現那些白色的奶類製品還是依然只是液體。

挫折感不斷的持續，很快地，他們將手放到巧克力醬裡面，並且開始香蕉大戰。有一個男孩將手放入打好的奶油，並且將它塗在團體待罪羔羊的臉上。

成員感到失望，並且開始離開團體。有一些人回去小木屋看電視，有些人玩壘球。有三個男孩在村裡遊蕩惡作劇，最後打破四個窗戶。相反的，我被留下來與三桶尚未做好的奶油、半罐巧克力醬、奶油、藍莓和一推壓扁的香蕉在一起。

從這個經驗我學到兩個教訓：規則一、如果你對活動不確定，必須嚴格作測試。規則二、學習忍受不確定。

在這一章，我談的是團體的中期階段。在這段時間，凝聚力開始出現、團體也比較穩定，開始執行許多治療的工作。這裡我將回答以下的問題：一旦團體已經越過治療的開始階段，團體領導者如何面對團體成員的需要，並且幫助團體達到它的目標？

維持主題

當每個團體成員對於其他成員、團體領導者、團體過程的信任感增加時，團體的中期或成人期階段開始發展。從兒童期試驗性的投入，到有較多情感的承諾，有一個非常清楚的轉

變。成員會彼此傾聽、提供支持，並且彼此分享。總而言之，這個時候團體發展出與「我」相對的「我們」的感覺，並且展現出較多凝聚力和合作精神。

　　儘管如此，對於一般的團體，成人階段仍然不一定都是順利的，經常會有衝突、不舒服和焦慮。對於團體和它的目的有很多問題，甚至是隱含性的，如同有個成員所說的：「再告訴我一次，我們需要做什麼？」以及「我不知道我是否已經信任你，可以告訴你我現在真正的感覺。」對於團體領導者而言，這也是一個複雜的考驗，將會決定團體領導者的可信度和能力。

　　這時候，團體內的生產力全面的增加，成員希望認同其他人的目標和關心之事，並且認為必須為自己的改變負責任。他們嘗試做更多的冒險，而且比以前更行為取向。他們較有可能做真誠的自我表露，經常表達強烈的感情。成員也可能更直接彼此說話，而不是向團體領導者說話。他們覺得比較安全，因此比較不關心其他人及團體領導者的期待。

　　在團體中開始發展一個共同的經驗，雖然在幾天或幾週前，每個人還是陌生人，現在有一條明顯的線將他們連在一起。因為他們逐漸瞭解，並且對抗團體外的世界，表露感情、想法和經驗，也漸認識對方配偶的名字、孩子和朋友，並且與有關的地點和事件連結起來。

　　雖然衝突仍然是團體的一部份，但已經不再像團體早期一樣，對團體的存在有所威脅。相對的，團體成員現在視衝突是正常的事件，他們已經開始在團體裡運用順應和整合的方式處理衝突。成員可以表達生氣和痛苦，也可以一起擁抱和歡笑。他們在處理爭辯時會有緊急的感覺，但不是覺得緊張，運用扭

曲和防衛阻礙解決他們的爭論。

工作中和非工作中的團體

工作中和非工作中的團體，在治療的中期階段是不一樣的。當成員開始接受他們自己時，一個工作中的團體開始發展治療的態度，此種團體的成員有較多互動的方法，比起非工作中的團體，成員不會覺得緊張。

在比較團體的類型上，Corey 和 Corey(1992)描述了許多特別的差異。一個工作中的團體，對於其他成員和團體領導者有信任感，有冒險的意願和有意義的分享此時此刻反應。目標是清楚和特定的，由成員和團體領導者決定。領導功能由團體共同分擔，因此成員感覺到有一股力量存在。團體凝聚力高，成員覺得彼此和與團體領導者之間有緊密的情感連結。當成員之間或成員與團體領導者之間發生衝突時，衝突會被瞭解、討論和解決，自由的給予回饋並且沒有防衛的接受回饋。

在一個工作中的團體，個人和文化的差異受到尊重。在團體中強調情感和想法的整合，會表露和抒發情緒，以及有興趣發掘各種有意義的情緒經驗。成員覺得建設性的改變是有可能的，因此，有一種充滿希望的感覺。溝通是清楚和直接的，團體會用團體以外的時間，處理在團體裡提出的問題。

根據 Corey 和 Corey(1992)描述，一個非工作中的團體與工作中的團體是不同的。非工作中團體開始的特徵，是困惑、抽象和概括性的目標。由一股未表達的敵意可以證明，團體有一些不信任感存在，成員覺得被排斥或無法認同其他人。一個

非工作中的團體，以彼時彼地為溝通焦點，忽視否認或逃避團體中任何衝突或負向的感覺。團體成員與其他成員覺得有距離，而沒有感覺到親密或同理。些微的回饋也被防衛性的拒絕，成員感到無助、被欺騙和被犧牲。團體中的溝通是不清楚和間接的。

在非工作階段的團體裡，面質是一種敵對和攻擊，會使得被面質的成員感到被評斷和被拒絕。成員因他們個人的困難而指責他人，不希望為改變付出行動。成員和領導者對抗，彼此使用權力控制對方。獎勵順從，貶低個別差異。團體的動力主要依賴團體成員的情緒宣洩經驗，但成員卻不努力去瞭解他們的團體經驗。當團體沒有聚會時，成員很少會想到團體。

溝通型態

藉由注意成員的笑和話語，團體領導者逐漸瞭解成員的感覺、想法和態度。團體領導者自己的溝通型態，是影響成員自我覺察和行為的一個方式，並且提供有效傳送和接受訊息的示範。

應該，不應該和必須

有許多成員經常收到的訊息都是應該、不應該和必須：「我應該找一個工作」、「我不應該如此感覺」、「我必須喜歡我的生活，並且停止抱怨」。這些人經常對其他人也直接用相同評斷性的話：「你應該……」，「你不應該……」和「你必須……」。

成員需要聽他們自己如何使用這些話，以及在他們的評論裡傳送出什麼訊息。這些話代表成員自己的無力感而不是選擇，對於成員使用上更有功能的句子包括：「我選擇……」、「我要……」和「我將……」。

閒　談

不討論不在團體中的人是一個人人都知道的團體原則（Pam and Kemker,1993）。這個原則的另一個說法是，不允許成員假設那個人不在團體中而去談論他。很典型的，這種閒談包括某些成員藉由提及領導者或以第三人稱為名來批評他人。當這種情形發生時，團體領導者必須引導說話者直接向批評的對象表達。一開始，這個成員可能僅同意以第三人稱不加修飾的向其他人表達，而同時觀察領導者的反應。

過度的推論

無論何時，一個人以一個例子為前提，來解釋所有例子的說法，就是一個錯誤的假設。團體成員經常會做錯誤的假設，也就是廣泛而又不正確的推論，包括人物、地點及時間的推論，例如：

人物
- 「所有的男人都是這樣。」
- 「女人只喜歡那樣。」
- 「每個人都做這樣的事。」
- 「沒有人曾經像那樣做事。」

地點

- 「我所到的任何地方，人們都會注意我。」
- 「在醫院裡我沒有辦法找到有人是在乎的。」

時間

- 「這總是發生在我身上。」
- 「那永遠都不會發生。」

身為治療者，我們必須鼓勵每個人檢查他們的語言，確定他們的話和意思之間的一致性，而且重新檢查他們的基本假設。所有的男人都是一個特定的方式嗎？成員走到哪裡，人們都會看著他，是真的嗎？有某些事都不會發生，是真的嗎？

為某一個人說話

有時候團體成員會為另一位成員說話。例如，一個成員插嘴說：「約翰真正想要說的是……」或「約翰的意思是……」。如果這種情形重複發生，會產生許多結果。第一、最開始說話的人被這個解釋者視為是一個沒有能力溝通的人。第二、這個解釋者對於正在進行的互動有不安的情緒，想要避免未來某些型態的問題。第三、最開始的發言是不清楚的，需要進一步的解釋。

領導者面對這個問題，可以直接對最先說話者或解釋者做處理。說話者需要處理的是表達的能力，學習用他人可以瞭解的方式傳遞溝通的訊息。他可能不只在這個團體裡有溝通上的困難，也許和團體外的其他人溝通也有困難，如朋友和家庭成員，這也經常是他到團體來尋求幫助的原因。如果是這樣的個案，團體成員可以為他自己設立一個在團體內和團體外說話更

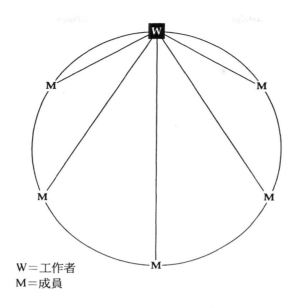

W＝工作者
M＝成員

圖 12-1　團體在早期階段中溝通型態的特性

清楚的目標，並且不讓其他的人替他說。這個成員可以分享他的目標，並且請其他團體成員幫助他做更清楚的溝通，但不是為他說話。

　　對解釋者需要處理的是解救別人的需要。團體領導者可以問這個解釋者：「當他們在說話的時候，你好像時常會去解救他們？」團體領導者可以面質解釋者他認為自己真正瞭解其他成員的感覺和想法的假設，這是有一個有用的方法。

集中注意力在團體領導者身上

　　在團體開始階段中，成員傾向把他們的注意力直接放在團體領導者身上，而不是其他成員身上（見圖 **12-1**）。因為團體領導者在團體中的特殊角色，這是很自然的現象。這個特殊

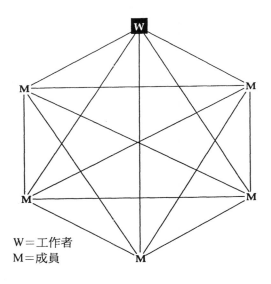

W＝工作者
M＝成員

圖 12-2 團體發展較成熟階段中溝通型態的特性

有兩個主要的來源：(1)團體領導者發起團體的活動，以及開始團體的過程。(2)贊助這個團體的機構，及社區賦予團體領導者的權威(Vinter, 1974)。

　　如果團體成員對團體不熟悉，或是曾經接受個別諮商，他們會認爲團體領導者是治療的主要來源。通常，團體領導者需要把團體的注意力從自己身上移開，如此就沒有一個人是團體的重心，團體變成是一個整體（見**圖 12-2**）。如果這在團體發展早期沒有做好，團體成員將變得依賴領導者，期待他並且認爲他應該爲團體負大部分的責任。

　　當一個團體逐漸進步，團體領導者可以將問題重心直接送回給團體成員。例如，透過一個口語的反應，再一次注意一個成員的問題，「法蘭克提的是一個好的問題，你們會如何回答

法蘭克所問的問題？」或「我認為你們之中的某些人，可以像我一樣回答這個問題。」或者，你可以藉由點出溝通型態而給團體回饋，並且提出每個成員可以運用的知識和訊息。你可以說：「你們每個人已經證明，你們可以和我一樣回答那個問題，約翰你的想法是什麼？」

換言之，團體領導者慢慢的放掉在團體中的專家角色，是增進團體互動的方法。團體領導者很敏銳的觀察團體成員非語言的線索，就可以很容易指出團體成員的疑問。例如，有一個人點頭或搖頭、扮鬼臉、笑、轉動眼珠子、兩臂交叉、將椅子拉到後面，或對其他成員使眼色，你都可以運用這個訊息與成員連結在一起。你可以說：「法蘭克，當你說這個問題時，我看到好幾個成員在微笑，好像他們有答案。讓我們把它找出來。」

特別的問題

每次的團體聚會都是不一樣的。這一週，團體成員可能是充滿活力、興奮、有洞察力的，並且對別人的需要很敏銳。下一週，成員可能看起來無精打采、散漫、遲鈍、封閉、敵意和無法溝通。在有些聚會中，每個人都做分享，然而在其他團體聚會中，雖然只是讓他們分享感覺，卻變得非常困難。團體領導者沒有辦法預測從這一週到那一週會發生什麼，所以團體領導者需要為不可預期的事情作準備，並且很有彈性。

每一個團體生命週期都會出現問題情境和障礙。透過事先的思考，團體領導者可以找出幾種反應的方法。團體領導者無法避免某些情況的發生，例如一個成員的無理取鬧或離開聚會，然而，團體領導者卻有能力控制他們自己的反應方式。

在團體聚會期間，團體領導者應該問自己這個問題：藉著他們的行動，每一個團體成員和團體想要表達的是什麼？散漫和沈默是團體成員兩種共通的溝通模式。每一個模式有它自己造成挫折的方法，因此，看一下這個模式背後的目的和意義，對於團體工作是有幫助的。

漫談和不相關的訊息

團體經常會有一個或更多的成員漫談一些對於其他成員不是很重要的事情。成員漫談的方式可能是做表白、演講和裝模作樣的說話，而這些不相關的意見，阻止了其他成員努力於個人目標的工作，而且逐漸破壞團體的能力。漫談者可能把話題岔開去說故事，並且重複而冗長地談那些成員不熟悉的人或歷史。

當有成員開始岔開話題，對於繼續進行團體覺得有壓力的團體領導者，可能會有一種輕鬆的感覺，因為團體將不會有很多痛苦的沉默。而其他的參與者，不會無禮的要求從領導者那裡得到線索，他們將會順從的傾聽。當他們在聽的時候，他們會開始困惑，不知是否也被期待要說這些細節。沒多久，團體領導者和成員會覺得無聊，團體進入一種外表上每個人認為有幫助，然而私下卻認為團體沒有真正價值的狀態。

一個漫談的成員，使用語言做為控制團體及壟斷團體的方式。即使一個漫談者表面上會透露他自己重要的部分，但他不是意識上就是潛意識裡想控制團體對他的影響(Dinkmeyer & Muro, 1971)。只要這個人說話，他就抓住團體的注意力，限制團體的討論，減少面質其他團體成員的可能性。

團體領導者必須願意面質壟斷者，否則他的行為將會持續

下去，而其他成員會縮回到自己私人的世界。建立一個處理與團體資料和工作無關的團體規範，也就是說應該如何指出哪些是不適合團體目標的資料，這對於團體領導者是重要的。如此做時，團體領導者可以對壟斷者說：「鮑伯，我覺得有點困惑，你說的重點是什麼？」或是「這個和剛才我們所討論的有多少關聯？」

其他成員對於這外來的資料明顯感覺不舒服，就是團體團體領導者有用的資源。例如，團體領導者可以轉向一個成員說「約翰，當鮑伯在說的時候，你看起來有點不耐煩。你在想什麼？」或團體領導者可以對這個壟斷者說「稍微停一下，鮑伯，看一下這個房間，你從其他的成員那兒，得到那些非語言的訊息？」

團體中的沉默

團體領導者面對團體中的沉默可能是挫折的。那表示團體沒有進展或團體成員正在抗拒。這些年來，團體領導者被建議要「忍耐到底」，讓成員自己對沉默做反應，說出他們個人的不舒服。儘管如此，對於團體領導者和成員來說，沉默超過兩分鐘會產生不必要的焦慮。

通常，不成熟和極端焦慮的成員最後會打破沉默。因為他們覺得苦惱及不舒服，所以他們會如此做。但是他們也帶著憤怒，覺得被團體領導者和其他成員犧牲。

假定團體沉默的意義不是成員缺乏合作意願，就是成員集體共謀反抗領導者，這是團體領導者錯誤的想法。一個團體的沉默可能有許多不同的意義，它可能代表這段時間成員正在思考一些剛剛討論的團體經驗，可能是剛剛透露的事情仍覺得不

好意思，所以沉默，或不知道說什麼，所以選擇不說話。

　　在團體開始階段，成員的沉默可能是出於困惑，以及不清楚他們被期待什麼。有些成員可能被頻繁的個人互動、情感表達或痛苦的自我表露所震驚。其他成員可能害怕被嘲笑而不敢說話。

　　除此之外，在聚會開始階段，成員可能因心理還沒有準備好，所以經常保持沉默。一個開始的活動，例如對接續上一次討論主題或上一個人的話語，可以帶動一些討論。鼓勵成員回想上次聚會，描述一些重點，找出未完成的事來，都是一個有效開始討論的方法。

　　有一些團體成員相當安靜，當他們被問到沉默的原因時，他們會說他們的反應一直都是這個方式，他們從看和聽別人來學習，而不是說話。領導者有必要鼓勵這些成員討論他們在團體中的沉默，尤其是當他們與其他成員分享感覺和想法時的不舒服。

　　一個團體成員的沉默，可能是成員對團體過程抗拒的徵兆。有一些成員拒絕參與，藉著說話展現他們的力量，因而忽視團體所定的目的。如果團體領導者選擇維持沉默，可能因此形成團體成員和團體領導者間的競爭或冷漠，誰也不願意先放棄。這種情況在青少年的團體中特別明顯，他們可能覺得需要以一個「誰擁有權力」的遊戲來打倒團體領導者。

　　團體領導者並非只有一個方法處理團體的沉默。團體領導者可以選一個成員，要求他對團體的沉默表示意見。例如，團體領導者可以說：「珊蒂，團體現在是沉默的，你對於現在有什麼想法？」團體領導者也可以直接對整個團體說：「你們都相當的安靜，發生了什麼事情？」或是「已經沉默一段時間

了，它們的意義是什麼？」

　　總而言之，團體的沉默可以是建設性，也可以是非建設性的，當團體成員正在處理他們所說的或所做的事的時候，團體的沉默是建設性的。當成員沉默是因為他們覺得困惑、生氣、害怕或抗拒時，團體的沉默是非建設性的。

・實務上的考慮・

1.問自己：我是否被團體的沉默所困擾？
2.問自己：團體的成員是否被這沉默所困擾？
3.問自己：團體成員沒有真正在參與嗎？
4.問自己：允許成員繼續沉默有什麼好處？
5.問自己：團體的沉默是建設性還是非建設性的？

不對等的參與

　　團體領導者可能試圖盡量讓每一個成員有一樣多的參與，但有些人自然會分享比較多他們的想法和感覺，有些人會說的比較少。有一些人會很熱誠的說所有他認為對團體有幫助的事；然而，也有些人緊繃著臉、心情不好；有些人小心地等著，看災難是否會降臨到那些比他們先說話的人身上(Kottler, 1994)。那些真誠分享痛苦經驗和情緒的人，當他們看到其他人沒有相對如此做時，會產生憤怒。相同的，比較小心和保留的成員，也會生氣那些佔有大部分時間的人，埋怨並且認為如果給他們更多的時間，他們就會說的比較多。

　　在團體早期的聚會以及之後，第一層次的技巧是有用和適當的，可以對於團體的分享提供明確的限制和指引。限制成員冗長的發言，鼓勵說話時間少的成員說話是一個方式，團體領

導者可以說：「每個人在三分鐘內說兩件上次團體聚會中發生的好的與不好的事情。」

　　當成員快速的表達或沒有彼此傾聽時，團體領導者可以採取結構性的討論。例如團體領導者可以使用美國土著的說話棒，或其他物件，以控制小團體的討論及鼓勵傾聽。在團體期間，說話棒從一個人傳到另一個人，任何人拿到說話棒才能說話，每一個人被規定要傾聽和注意說話的人。這保證每一個人都有說話的機會，而且別他人也會傾聽。

　　當團體有進步，透過指出說話較少者，以及鼓勵較冗長發言的成員區辨他們要說的是什麼，可以更直接的處理不對等參與的問題。

團體的轉移反應

　　嚴格的說，轉移指的是一個人對治療師產生的幻想及感情投射。佛洛依德稱這是在心理治療過程中，一種特別的、反覆無常的力量。精神病理學家 Joseph Breuer 說，當他發現他的病人對他產生強烈感情時，會感到非常震驚。佛洛依德坐離他病人視線之外，以減少他自己表現的姿勢或反應影響病人。

　　在這幾年，轉移被稱爲是一個人將他的感情、想像和行爲，從一個人的身上轉移或投射到另一個人身上。根據 Sands(1983)的說法，轉移更一般性的意思是指，將一個人生活經驗中的感情、想像和行爲，應用到完全不正確的新情境。比較輕微的情況時，轉移只是一個簡單的錯誤，例如將某一個人誤認爲是另一個人。比較極端明顯的情況中，轉移是一個主要

的錯誤，例如對於某一個人的看法和反應，與這個人真正是誰已經完全脫離了。

　　使用心理社會取向的領導者，比起使用較古典心理學派取向的領導者，較少引起轉移反應。造成此種情形有許多原因，第一、心理社會治療方案較強調目前的情形，對於過去的討論有所限制，包括案主與他父母親的關係。第二、對於夢和幻想的討論較有限，也限制自由聯想。第三、團體領導者立即主動的處理案主非現實的想法。

　　然而，轉移反應在心理社會取向的團體工作中，依然是經常發生，而且會影響案主的治療。例如，一個團體成員沒有明顯理由，卻對團體領導者生氣，當我們嚴格檢查這個反應時，會發現團體領導者明顯的代表成員過去的一個重要他人，例如老師或跋扈的父親。每當案主過去的情緒反應被案主不正確的轉移到團體領導者的身上時，轉移就發生了。團體領導者可以運用此轉移反應，把案主的心理動力概念化，幫助案主處理在治療關係中的衝突。

視轉移為一個每天發生的事件

　　就某種程度而言，在人類關係中，轉移是一個一般性的經驗。我們都會系統的以先前的學習為基礎，錯誤的想像其他的人，然後再過度歸納新的情境。根據 Jung(1968)所說：「任何事情都可能是一個投射事件……所有無意識的活動內容都有投射的傾向。……即使是動物也會轉移。」(p.158)

　　在團體早期階段中，成員可能覺得需要將團體領導者視為擁有超人的特質 (Yalom, 1995)。團體領導者的話比所有成員的話更有份量及有智慧。同樣的，其他成員的機智貢獻被忽略

或扭曲。團體領導者的錯誤、過失或缺席都被視為是深思熟慮的技巧，或是為了刺激或引導團體更好的方法。團體成員認為，每個團體領導者都有很高深的技術，可以預測和控制團體所有的事。

當團體領導者坦承對於情境感到困惑或無知時，也會被成員當作是技術的一部份，也是經過設計，企圖對團體有所影響的反應。這些投射是不正確和扭曲的，成員看到的是他們自己對於團體領導者的想像，而不是他們真正所覺知到的團體領導者。

認為團體成員對團體領導者的所有感覺，都只是簡單的轉移現象是不正確的。團體成員可能愛上這個團體領導者，而不只是喜歡，或完全享受團體領導者的幽默感。同樣的，一個團體成員可能是真的對於團體領導者的無理或不敏銳的評論感到生氣。團體成員的感情或生氣，不能只被視為是因成員過去生活中的情境，而產生的非理性反應。

造成團體成員投射的來源，不只限於他孩提時代接受愛的對象或某些人。任何人或任何事都可以是一個人轉移經驗的來源。就好像任何人都可能是被轉移的對象一樣。在一個新的關係中，對於另一個人知道得越少，越有可能將其想像的生活放到他的身上。直到誤解浮現出來及被討論，否則案主與此生活中新人物的真實關係，將一直被扭曲(Sands, 1983)。

運用轉移反應

在團體工作中，轉移不只是案主對於團體領導者的投射，成員也可能把自己現在或過去聯想到的人的特質，賦予在其他成員的身上，然後以非現實的或不適當的行為，對待這個團體

的成員。

　　對於團體成員轉移的性質和內容，團體領導者的風格是一個重要的因素。權威型的領導者可能會引起成員的情感轉移，把團體領導者視爲父母，而將其他成員視爲手足。領導者促進團體成員間密集的互動，減少扮演突出的角色，比較少引發轉移的反應。儘管如此，任何一個團體領導者所處的位置，都較有可能使他成爲團體成員轉移的目標。

　　團體成員能夠瞭解轉移的本質是很重要的，尤其是成員與團體領導者的關係。例如，珍是一個二十五歲的大學畢業生，在一個短期的成長團體裡，前六次聚會期間，珍與其他人保持疏遠，對於她自己私人的事情表露得相當少。當團體領導者面質她的投入不多時，她立即變得很生氣，並且指責團體領導者不夠敏銳，其他成員知道她在防衛。下面的段落是取自珍的日記：

　　　　我不相信我真正做到了，直到我們討論了在前幾次聚會之後，我曾經有多生氣。在那兩次缺席的時間裡，我的確想了很多那次聚會的事，我可以把一些事連在一起。我發現當他說我的投入只有 40%，並說那只像是一個小孩的努力時，我對領導者的反應很無禮。因為他讓我回憶起許多有關我父親的事，以及他讓我變成一個小孩子。

　　當珍可以談她對她父親的生氣時，有關她父親及她之間關係的特性也就浮現出來。她說她的無力感，以及她因害怕被處罰而抗拒生氣。

　　一個團體成員從解決他與團體領導者的轉移關係中，露出理解和改變的曙光，這對於成員瞭解和改變與父母親，以及與

其他權威人士的關係，這是很重要的一步。藉著感受到滋養、接納、支持和團體領導者的同理，成員可以自由的發展自主性，得到補償性的經驗，而這些經驗可以代替成員在兒童時代所經歷的扭曲關係。

對團體成員把對過去關係的情緒反應轉移到現在的關係情境的現象，團體領導者必須有所警覺，最有效的方法是檢查不同成員對於團體領導者，以及對於每一個的情境有什麼想法和反應。團體領導者可以要求一個似乎有情感轉移反應的成員，表達他在這個時刻裡的感覺，接下來的問題是，團體領導者對於直接指向自己的轉移反應，他自己正在作什麼反應。當轉移的對象是其他的成員的時候，團體領導者可以使用下列相似的問題。

· 現在你對我是什麼感覺？
· 當你想到團體時，對於我，你有那些感受？
· 你認為現在我對你的想法是什麼？
· 你認為在這個情境，我期待你怎麼做？

這幾個此時此地的問題，可以很自然地讓成員的轉移反應顯現出來，並且讓團體領導者和成員將此反應作為團體治療過程的一部份。以同樣的方法，探索其他成員的反應，可以對其他需要在團體中處理的轉移反應，提供一個新的示範。

團體成員的反應不能老是被認為是不合理的。很多時候，一個情緒的反應雖然不符合目前的情境，但如果把它放在個人的歷史脈絡上時卻是有意義的。換句話說，真實的生活事件會合理的引起個人的感覺，雖然當時是矛盾的，但最後總是會發現，成員的轉移反應是有意義的(Teyber, 1992)。

·實務上的考慮·

1. 成員間的互動和相處不應該只是以表面的價值來看待。
2. 當發生扭曲時，團體領導者必須給成員回饋，讓他們瞭解自己正在做什麼。
3. 讓成員思考，現在的行為是真實的，還是過去經驗的產物。
4. 不認為所有直接對團體領導者的轉移都是負向的。團體領導者有可能真的做錯了，而成員的生氣是適當的。
5. 成員過去曾與父母、老師或雇主有衝突，將有可能將團體領導者認為是另一個權威的代表。

處理衝突：一個不焦慮的態度

　　在團體中，衝突是無可避免的，沒有衝突的團體是一個死的團體。無論我們如何適當或失當的處理衝突，都將影響個人和團體動力。衝突不處理會導致團體秩序的混亂，及成員生活的緊繃。潛在的衝突造成冷漠或被動攻擊的行為。事實上，所有的成員都可能是因為在生活中有某種形式的衝突，所以前來治療。他們透過情緒或心理的症狀，例如憂鬱、過度的生氣等等，表達他們內在或外在呈現出與社會、法律、家庭或其他生活系統的掙扎。相同的，參與夥伴之間分享相同的空間、時間和領導者，他們經驗彼此間和與團體領導者間的衝突。

　　很少人，包括實務工作者，會對於衝突感到舒服。大部分的人會試圖避免衝突，希望衝突離開，因為衝突會產生焦慮。大部分的人傾向只要衝突浮現出來，就把它消滅或壓抑它。身

爲社會工作者，我們可能過度溫暖和友善，無法直接面質，並且很快就去撫平它。或是我們對於導致較多差異、代罪羔羊、或發洩的情境不做任何反應，另一個極端的反應是團體領導者過度挑戰成員，並將挑戰當作是一種控制的方式，団體領導者這樣的反應是因爲他相信最好的防衛是攻擊。

對於衝突，我們很自然的會以解決衝突的角度來思考，一個較具功能性的思考架構是衝突管理。解決衝突是一種絕對的，並呈現一種穩定的狀態。因爲在團體裡面，大部分的衝突導因於人際關係的風格，任何人均不能被期待解決衝突。雖然單一的問題可能被解決，但衝突的原因仍然存在，而潛在的衝突也可能繼續下去，因此，治療的目標變成是製造一個團體的環境，讓衝突可以被提出來被瞭解，並且轉變爲團體成員正向成長的經驗。要完成這個工作，我們必須保持一個沒有焦慮的態度，尤其是當成員覺得受傷、聲音提高、被說壞話、被扭曲事實、成員過早離開聚會，感覺苦惱的時候。

(一)避免助長輸贏的情境

輸贏的情境是以競爭爲基礎，會導致輸的人失去動機，降低團體凝聚力，使團體的問題更嚴重。當輸贏的衝突升高，經常會有強烈的爭吵，例如生氣的語調、諷刺和吶喊，並且失掉個人對於事情的主要觀點。爲了避免衝突變成此種狀態，團體領導者可以：(1)指出主角間共通的立足點機；(2)將問題分點說明；(3)讓主要衝突的雙方可辯論彼此的立場。

(二)澄清和解釋過程

在爭議情境中，溝通的線會變得混亂，對於語言和非語言線索的錯誤解釋，會導致有困惑、生氣、焦慮和受傷的感覺。團體領導者藉由儘快讓雙方對衝突有一個共同的定義，而能有

效的處理衝突。除此之外，團體領導者可以和參與衝突者再重新回顧引起衝突的事件，尤其是語言和非語言的行爲。團體領導者可以幫助成員將問題分類，把問題分成幾個處理的部分，並且澄清彼此同意和不同意的範圍。團體領導者也可以讓其他成員分享他們的觀察以及看法。

(三)與整個團體維持關係

在衝突期間，團體領導者必須注意整個團體的需要。如此，團體領導者幫助成員更清楚的瞭解問題，而不是只注意發生在雙方互動間的衝突是很重要的。成員可以看到團體中的衝突不只是兩個人的事，也會直接或間接的影響團體中的每一個人。整個團體越瞭解解決衝突的利害關係，可用來解決衝突的資源將越多。藉著把其他成員納入衝突中，領導者可以引導出更爲中立的意見。

(四)設立標準和基本規則

爲了以結構的方式處理衝突，團體需要有一個結構和彼此同意的規範，保護成員免於傷害、虐待和尷尬。這是成員可以依靠的一些規則，並且定義團體中可以忍受的行爲範圍。

這些規則最好在團體一開始的時候，以一個實際的方式作界定。對於很多團體而言，規則的概念只有意義上的限制，直到衝突發生時，說話聲音提高，個人彼此說對方的壞話的時候，規則才開始對團體成員有意義。

團體領導者應該爲團體建立一個規範，不論成員的感覺如何，他都必須留在聚會的房間裡。如果一個成員對團體領導者生氣而離開房間，團體的問題將沒有辦法解決。這個行爲將使團體領導者不管是與團體留在一起，或是去追這個成員，都處於爲難的位置。如果生氣的成員離開團體，應鼓勵他儘可能很

快的回到團體，並且談論這個議題。

有關解決衝突的團體規範包括：

· 生氣是可以的。
· 不能有攻擊或說壞話。
· 即使你生氣，仍要留在這個房間。

(五)保持冷靜

有時候團體成員的生氣和挫折會直接針對團體領導者。當此種情況發生，團體領導者應該保持冷靜。團體領導者保持冷靜可以傳遞出有控制力的訊息，不論團體中出現什麼，不會有災難的事情發生。通常，我們如果變得防衛或道歉，成員的不舒服會增加。如果因為焦慮，過快介入團體的過程，可能傳遞出在乎、不贊成或防衛的訊息，或是更糟的是傳達出沒有我們的幫助，成員就沒有能力處理問題的訊息。如果能保持冷靜，我們可以有時間來觀察和收集資料，並且有機會決定事實是什麼，是否有什麼事要做。在這時刻裡，最好是做幾個深呼吸，瞭解這是過程中無可避免的，重複告訴自己「這些都會過去的」。

鼓勵衝突

有時候團體領導者會有意的刺激或促使團體發生衝突。Forman(1967)討論他在一個社區中心與老年人一起工作的觀察發現，團體成員經常會變得過份依賴機構的協助，放棄他們自己的某些責任和力量。

這些年，機構已經接受處理團體書信的責任。團體領

導者的企圖，是想讓成員瞭解，即使成員有能力作這些工作，但這個工作還是失敗的。最後，為了製造一個危機情境，在一個俱樂部方案結束後，團體領導者拒絕允許機構的工作同仁為團體寫「謝謝你」的通知函。經過了許多的爭論、辯論和討論後，團體負起了這個責任。

團體領導者製造這個危機的結果有兩種：(1)團體成員發現他們有能力一起負起一個團體的責任；(2)為團體成員建立一個有意義的團體角色——成員同意負起團體的責任。

在另外一個情況中，當有一個派系嘲笑、言語侮辱和拒絕某一個成員的說法或問題時，相同的，團體領導者應該說出這個成員的問題，表示重視這個成員不同的意見，並且表示尊重每一個成員提出問題的權力。此外，團體領導者也對於這個派系權力結構的敵意提供保護，以鼓勵較多團體成員在團體中採取更主動的角色。結果，許多俱樂部的成員內化這個新的、更開放的討論與決策模式，也開始為這個權力結構，設立屬於他們自己的限制。

衝突和院內病人的團體

很明顯的，許多精神醫療院所的院內病人有處理生氣的問題。他們不是以破壞性的方式表達生氣，就是他們很害怕生氣，所以他們壓抑生氣，並且遭受壓抑的惡果，例如心身症、自我厭惡和憂鬱。根據 Yalom(1983)所述，一個小的院內病人治療團體，不能也不應該處理病人過度的憤怒。Yalom 說，臨床工作者不能認為，既然在團體中有許多病人有生氣的問題，就應該鼓勵個人表達生氣，並且在治療團體中處理。相對的，

臨床工作者的目標應該是快速的消除案主的生氣，而非挑起衝突。住院病人團體的治療師不應該假裝團體沒有任何生氣存在，治療師的任務應是儘快的幫助每一個病人，找到一個不會破壞團體安全氣氛，而又合時宜的處理生氣的方法。

角色和行為模式

團體成員表現的行為模式，不只是滿足他們個人的需要，也是執行不同的團體功能。在一個治療團體裡，要區分團體成員在團體內所特別扮演的功能，以及瞭解個人的行為模式特徵是不容易的。為了不使事情變得更複雜，團體經常順應成員表現的個人行為，滿足特別的團體功能(Rutan & Stone, 1984)。

有一些團體的角色催化成員探索他的感情或重要課題，來增進團體處理問題的效果。這些角色有一被指定名稱，例如：鼓勵者、守門員、調和者和標準設定者。這些角色的功能是增強和維持團體。雖然如此，還有另一組團體角色是非功能性的，例如花花公子、阻擋者、自我表白者、攻擊者，都是非功能性的角色，有時候會傷害團體，破壞團體正嘗試在作的工作(Benne & Sheats,1948)。

對於幫助團體成員調整感覺，進一步發揮團體功能，成員瞭解這兩種團體的角色是重要的。團體可能依賴某個團體成員執行這些功能，或可能依賴許多個人而只扮演一種角色。例如，在一個有強烈情感的團體情境中，有兩個可以調整他們的感情強度的方法—— 一個藉著開玩笑，另一個則使用分散注意力的方式。

每一個成員進入一個團體，都帶著他在另外一個生活情境中具有某種程度成功使用的特別角色劇本。然而，一個團體成員也常常以過去生活中，引起困難的角色在團體中繼續扮演。如果這個成員扮演那個角色有困難，而那個角色又是目前成員明顯想要扮演的角色，團體領導者就有機會可以介入，處理成員的需要和潛意識的衝突。

接下來是對於一些在團體中常見的個人角色的描述。這些說明只是一些透過環境力量、內在團體過程和個人動力的相互作用，而呈現的一些角色型態。

討好者

討好者以迎合別人的方式說話，很少表示不同意，並且總是試圖取悅別人。他們說得好像他們從不為自己做任何事。他們需要別人的贊同。Bandler、Grinder 和 Satir (1976) 以「好好先生」 描述討好者，表現得好像是糖漿和犧牲者。

一個扮演此種角色的成員，對於其他人的需要很敏感，結果，這個成員經常被其他人利用，但是他討厭被利用，但卻因自我懷疑而不敢表達。此種案主通常開放的談他自己的問題，並且讓其他人感覺很親近，因為他雖然不是與所有的成員相同，卻似乎與大部分的人都有相同的問題(Ohlsen, 1970)。此種成員經常被幫助處理他的問題，除了一個他最需要被幫助的問題外──被其他人所控制。而這個問題，成員卻從未公開的提出來討論。

助理治療師

助理治療師傾向於接管團體領導者的功能。扮演此種角色

的案主會問一些引導性的問題、分析行為，並且總是準備做解釋。根據 Kadis、Krasner、Weiner、Winick 和 Foulkes（1974）的說法，這個模式可能源於案主迎合自己，希望得到團體領導者支持的需要，或是案主與團體領導者有強烈的競爭，希望藉著表現自己更有自信和有幫助性，以破壞團體領導者的可信度。

小丑

我們可能會發現，依靠某個成員提供一個快速的短篇笑話、雙關語或惡作劇，在一個小團體裡是很平常的。這個小丑或講笑話的人通常與團體有共生的關係，團體需要他扮演這個角色，而這個小丑需要扮演這個角色。

在一些特別的情境裡，包括壓力、焦慮或威脅，丑角的行為可以幫助團體逃避一個問題或解除危機（Heap，1977）。例如，焦慮經常發生在一個新的社會情境中，在這裡參與者都是陌生人。可能因一個人講一個有關此情境的笑話，團體的緊張就可以解除。對於此笑話的反應——笑，可以使參與者經由分享這第一個正向經驗，轉移他們的緊張和不舒服。相對的，丑角因為引起團體的注意受到獎勵，開始建立他在團體的地位。

代罪羔羊

代罪羔羊是一種防衛機轉，表示成員投射他們自己的焦慮或病理在某一個其他成員的身上（Balgopal & Vassil，1983；Coser，1956）。他們的投射目標可能是針對其他成員的具體特徵，尤其是害怕的或被注意的特徵。團體成員可能認定或攻擊一個代罪羔羊，只因為他希望將注意的焦點從他們身上移開，

或只是因為他們發現，代罪羔羊的話或行為令人不安。

　　常常一個團體成員會因為他的行為偏離團體規範，而被指定為代罪羔羊。這個代罪羔羊可能不知道他的非語言行為引起團體的反應。有時候，一個代罪羔羊要有適當的學習是有困難的。有時候，代罪羔羊唯一的「罪」，只是因為他是一個新成員。

理智者

　　不去想感覺是理智者最喜愛的娛樂。一個理智者在團體可能有很多種偽裝的方法。案主可能藉著提出很多不同的問題，不斷澄清，以及想要幫助其他團體成員整理他們的生活。案主可能提出一些任何人都不太關心，或只是很少或根本沒有明顯情緒吸引他們的事情。案主可能以一個「我覺得」的句子開頭，然而以想法或觀點結束，而不是以感覺結束。而且案主可能花很多團體的時間在談論書本和理論，而不談情緒和個人的經驗。

一個沉默和／或退縮的成員

　　團體裡沉默和退縮的成員可能是同一個人，或可能是很多不同的個人，因為不同的理由不說話 (Ohlsen，1970)。有一些安靜的成員相當投入與其他團員的互動，只是說話量較少，而其他成員擔任他的代言人。這些沉默的成員經常在團體早期就已經公開他們的問題，因此不會被認為是多疑的。一個沒有經驗的團體領導者，可能經常會因為一個成員的一般性沉默，而覺得成員不夠投入。儘管如此，沉默的成員雖然不會過度投入，卻經常是非常投入的，在他們的內在，可能正進行許多的

活動。

　　退縮的成員比沉默的成員傾向於有較多的負向自我形象。
當被點名的時候，退縮的成員會覺得他們已經被劃上污點，並
且無法清楚表達他們的感覺。與沉默的成員比較，對於是否藉
由諮商可以得到幫助，退縮的成員比較沒有信心。

一個負向的成員

　　負向成員是一個經常抱怨團體，並且對團體領導者或其他
成員提出反對意見的人。如果團體是強迫性的，可能會有超過
一個以上的反對者，與其他人一同加入團體，並且表現負向的
行為。一個負向成員的潛在目標包括：打擊團體領導者的信
心、其他成員的不規則行為、機構政策、基本規則、公平性等
等。負向成員的一種極端型態，是一個人不斷的對其他成員挑
戰和戰鬥，似乎每一個時候都要打仗。此種有害的態度和行
為，與維持正向尊重的態度相反，因此負向成員對於團體領導
者可能特別麻煩。

　　有時候案主會認為他們可以在團體中自由的行動，以及自
由表達他們真正的希望。當面對某些團體的行為規範時，他們
會變得很生氣，期待所有都是可以被接受的，什麼都不需要被
打分數。如果這個成員有肢體攻擊的歷史，團體不能有暴力的
規則必須被說得很清楚。

　　很多時候，當團體逐漸發展，成員看到團體的價值，或是
當負向成員瞭解到其他的成員厭惡他的行為時，成員的否定論
會消失。儘管如此，有時候不論我們怎麼做，成員還是會停留
在負向的態度。尤其是當我們覺得團體不夠安全的時候，如何
避免與負向成員有所衝突，又同時可以與他保持一個治療的關

係，將是一個特別的挑戰。如果我們覺得被威脅，必須忍耐這些感覺，並且在團體外與督導或同輩討論。如果不處理這些感覺，我們使團體成為有幫助的努力，將會被生氣和防衛淹沒。再一次的，當我們面對負向成員時，我們的任務是保持同理的態度，並且維持積極的治療聯盟，以發現探索內在個人動力的方法。

社會隔離者

社會隔離者是一個存在但卻不與他人接觸的人。這個在團體中缺乏同盟的人，可能是與他人相處的能力有限制。真正的隔離是被忽略，貢獻不被注意，不被要求提供意見(Hartford，1971)。一個社會隔離的人，一般不會變成團體的代罪羔羊，如果變成代罪羔羊，這個社會隔離者會開始受到注意，雖然是負向的注意。

解救者

任何時候，當團體裡有眼淚或有面質的時候，解救者就會很快的幫助其他團體成員。解救者不能忍受看到別人有任何痛苦，不論是生理的或心理的，甚至這個痛苦對個案本身是有益的。Egan (1970) 使用紅的十字路口這個名詞寫道：當一個成員在團體裡受到面質的時候，解救行為經常發生。在此種情境下，不論被面質者實際上是否贊成他自己的行為，解救者對被面質者的行為可能是贊同的。解救者可能試圖合理化被面質者的罪惡感或責任，他可能會提醒其他成員，他們也做過相似的行為，因此，不應該傷害這個正在受苦的成員。

解救者與相信團體面質卻干涉面質過程的成員是不同的，

在這個特別的情況下，解救已經變成是不負責任、負向和沒有
益處的。

有益的角色

不是每一個團體成員的行為模式或使用的角色，都是自我
毀滅或病態的。對於團體領導者而言，區分那些角色是有用
的、適合團體的，而那些角色是破壞性和使人不舒服的是很重
要的。一個角色可能對於引導團體邁向整體發展有幫助，但卻
可能對某一個特別的成員是壓制的，或是有反效果。除此之
外，一個特別的角色可能是健康和有功能的，但是如果過於極
端，可能會變成是病態及失功能的。

・實務上的考慮・

1. 當評估一個人在團體裡的角色時，不只考慮行為對個人的意
   義，也應考慮對整個團體的意義。
2. 敏感於你自己對每一個成員的個人反應。
3. 鼓勵成員找出在團體裡的行為模式，以及此行為扮演的功
   能。

一個行動取向

團體成員在團體內有生產力是不夠的。一個治療方案的成
功或失敗，將由每一個團體成員在團體外生活的改變來決定，
尤其是在工作、遊戲和愛人的能力上的改變。如果團體成員在
團體外沒有確實的改變，以及有更多的完整性，團體的治療並

沒有成功。

當案主努力在團體外的生活有所進步時，他們會發現自己卡在一個情境，沒有辦法向前，也害怕退後。此種情境導致內在的分離或內戰，帶著自我懷疑、自我鞭笞和自我背叛的感覺。案主知道如何提升生活——減少體重、不再喝酒、找一個工作、放棄藥物——他瞭解這些選擇充滿危險和冒險，但因為害怕和焦慮，案主從做決定中退縮，停留在破壞性的情境中，持續安全、舒服而自我傷害的行為。

團體領導者不斷的挑戰案主，希望擴展他們的舒服範圍。有時候案主不願意冒險是與他的情緒的疾病有關；但是，更典型的是因為案主瞭解，他們必須放棄某些無益的樂趣。此種案主沒有精神疾病，但對生活不用心，過著退縮的生活。這類案主的生活是自暴自棄、順從，並且順服在親密、愛和熱情裡面。

增進團體成員的力量

在團體成員的生命裡，作有意義的改變須要努力，如果成員自己沒有行為上的行動，沒有任何事情會發生。物理學上對於慣性定律的描述是：除非有某些事情發生使它移動，否則一個物體會停留在靜止狀態。許多案主在心理的慣性中也蒙受痛苦，但是因為許多原因，他們是靜止的，他們既不能動，也不願意動。

如果案主留在慣性的狀態，他的生命就會變成是自我挫敗的循環。例如，安琪是一個被丈夫傷害的女人，她選擇留在家裡，因為她沒有別的地方可以去。她的低自尊使她無法申請到一個工作，或是回到學校接受職業訓練。因為害怕她丈夫再打

她，安琪變得被動，結果導致低自尊和缺乏自信。

　　經過幫助，安琪克服她的慣性。因為牧師的推薦，安琪加入一個社區心理衛生機構所贊助的女性治療團體。在這個團體，一開始她很少說話，然而，在每一次的聚會裡，安琪說的話越來越多。她得到信心，自我價值感逐漸增加，並且對她自己有較好的感覺。她去應徵一個中國快餐店的工作，薪水很少，但她的老闆喜歡她的工作，所以在一個月後給她加薪。有了這些額外的錢，安琪讓專業理髮師幫她設計髮型，也買了新的衣服。她的朋友對於她的轉變感到興奮，並且告訴她現在的她非常漂亮。增加了對自己的自信後，安琪可以比較自我肯定的與她先生相處。有一個晚上，她的先生生氣她的行為，威脅要傷害她，結果安琪站起來，並且告訴她先生，如果他再傷害她，她將與他離婚。

作行動前的選擇

　　案主超越慣性的動作可能是在非常小的一步。對於安琪來說，第一步是加入治療團體，參與聚會。她分享的越多，與她先生討論她的問題也就越容易。但是對於每一個案主，以安琪為例，在治療方案裡討論問題，只做結論是不夠的，成員必須開始對她的情況作行動之前的選擇，最後的分析，也就是個人替她需要為自己做什麼下決定。

　　對於行動前的選擇做出一個承諾，意思是說，案主必須開始應用他所學的，將他的計劃化為行動。那也代表超越「我喜歡……」和「我要……」的句子，而轉為「我將……」的句子。案主真正做出承諾是特別震撼的時刻，因為未來可能的危險不再是遙遠的，而是立即在接近自己。例如，讓安琪覺得非

常恐怖的事是，因為有兩個不同種類的冒險，第一、安琪害怕應徵快餐店的工作，因為她覺得她不可能被錄用，而且她覺得被拒絕會使她受傷的自我形象更為低微。在安琪的想法裡，不去應徵任何事是比較安全的，因為她就不會被拒絕。第二、安琪覺得害怕，因為如果她有工作，那就表示晚餐的時間她會不在家，而安琪預料如果她不在家作晚餐，她的先生將會很憤怒。不顧她的害怕，安琪選擇去找工作，並且得到工作。除了她的成功，她也感到因不忠誠的痛苦，好像她背叛她的先生一樣。

中國有一句古話說「好的開始是成功的一半」，即使一個案主決定做某些事，他可能會經驗到幾乎使人麻痺的懷疑和害怕。如同 Haussmann 和 Halseth（1983)所發現，在他們與憂鬱女性工作的團體裡，當參與者冒險分享她的家庭和私人秘密之後，緊接著的聚會特徵，經常是焦慮和退縮。

學習的轉化

團體成員需要對團體達到的收穫作整理，並且經由有意識的行動，轉化到團體過程以外的情境。學習的轉化不是碰運氣，而是一個仔細思考的方法，讓團體成為一個指標、支持和方向。透過學習的轉化，個人因應的努力被激發，因應的能力被增強。在有意義的活動中得到成功的經驗，可以改善適應技巧、增進個人幸福，並鼓勵作進一步的冒險。

學習轉化的機會包含成員日常的生活，以安琪為例子，透過在團體裡得到的，把它應用在每天的生活當中。這乃透過一

系列相互關連的行動步驟所產生，包括：

- ·定義問題
- ·蒐集成員和團體領導者的意見
- ·檢查不同的選擇和做決定
- ·計畫行動步驟
- ·實際應用到真實生活情境
- ·評估結果

定義問題

當成員的問題很複雜，而且是多樣化的時候，首先必須清楚定義成員特別關心的主題，努力解決那些沒有出現的問題是沒有效的，而關心成員對別人的反應和行動可能是有效的。複雜的問題需要被分類，並且變成可以處理的主題。團體不應因其他成員過去曾經有相似的問題，或因感覺被強迫把焦點指向他們自己，而突然轉移主題。團體領導者可以對安琪說：「妳正努力面對許多棘手的主題——例如妳的先生控制妳，以及妳是否要找一個工作，什麼對妳現在最重要？」

最後成員必須決定他自己的優先順序。當成員做出似乎是自我毀滅性的選擇時，或是團體領導者認為成員的選擇會破壞他自己最深層次的目標時，是最棘手的時候。

成員和團體領導者的回饋

討論了一些基本的問題後，成員和團體領導者可以對這個成員提出回饋。因為成員不一定會真的聽到回饋，團體領導者必須確定他聽到什麼。例如：

團體領導者：安琪，妳已經從其他成員和我這邊收到很多回饋，告訴我們妳聽到哪些事情。

或是

團體領導者：安琪，成員們現在給妳許多很好的回饋，但我不認為妳有真的聽到。妳可以保持沈默，不需要對每一個回饋做反應，但當他們告訴妳，他們聽到妳說什麼的時候，用行動對他們做反應。

團體領導者必須小心，不要引導團體，使得整個過程都在討論說過什麼和沒有說過什麼。

檢查選擇和做選擇

大部分的問題情境，可以有無數的的選擇，但是在壓力下的案主，可能因為心理的因素，對於可以採取的策略和選擇看法相當有限。當選擇對於案主和其他成員變得很清楚的時候，那些有效的選擇就會對於他們自己的行為、感覺和生活事件產生影響力。

至少要求成員確認三個可能的選擇，是團體領導者經常採取的策略。

當個人排出他的選擇之後，團體領導者可以請其他的成員提出他們的建議。然後團體領導者可以對清單加入可能的選擇。列清單、檢查和分析選擇應該儘可能是一個相互合作的過程。例如：

團體領導者：安琪，很清楚的，一個工作現在對妳真的很重要。讓我們一起來想想，有什麼選擇可以讓妳有工

作，並且當孩子放學回家時妳也可以在家裡。到目前為止，妳已經想到些什麼？

安琪：以前我想過這個，但是我能夠想到的，就是當侍者或是路口的警衛。也許我可以在麥當勞賣漢堡。

團體領導者：你們已經聽過安琪的想法，其他人有什麼想法？

Jim：妳是否有想過到妳孩子的學校申請擔任遊戲場的管理員？

Fran：過去妳曾經告訴我，妳想要在一個牙醫師的辦公室工作，這個工作現在怎麼樣，安琪？

無論如何，最好的選擇是個人自己真正的選擇，並且是可實行和真實的。

行動步驟的計畫

有了團體的幫助，成員需要發展一個真正的短期計畫，去處理這些問題。有兩個有用的問題是：你將要去做什麼？以及什麼時候（明天，在這兩個禮拜）你將會去做？幫助成員有行動步驟，你必須考慮到成員的準備和環境的支持，同時考慮案主內在的適應機轉和冒險的意願。

團體領導者：在還沒有真正申請工作之前，在現在和下一次聚會之間，妳可以做些什麼，去找到這個領域可能有的工作？

安琪：我猜我可以從報紙的求職版列出工作的清單，或者我可能會打電話去問是否有任何工作的機會。

團體領導者：選一個或兩個，只是它們必須是實在可行

的。

將行為應用到生活情境

對於成員最困難的一步，是跨越承諾做某些事情，並且為他自己採取行動。很多案主渴望開始行動方案，但是一旦面對他自己的障礙就會放棄，例如動機微弱，或不希望環境中有障礙(Egan,1990)。

一旦計畫已經形成，練習執行未來情境中的行為或工作，對於成員會有好處。行為的預演或角色扮演可以幫助減少焦慮，並且增加個人對於處理情境的自信。預演行為的一個好處是，提供成員在一個受保護的環境、沒有失敗危險的場合下，有機會嘗試新的行為。

評價行為的結果

評價的基礎工作是重新回顧過去，瞭解成員所採取的步驟發生些什麼。透過評價過程，案主，例如安琪，從她的失敗和成功經驗中學習成長。例如，一個安琪的會談，因為對雇主有所失禮，造成失敗的經驗，情境的角色扮演，可以讓她學習做不同的反應。成員和團體領導者透過示範、教導和回饋，提供安琪建議，以及可以選擇的行為方式。

安琪：你們不會相信這個會談有多差。他給我一杯咖啡，我竟把它打翻在桌上。我非常尷尬，然後我忘記要說我想在這個學校工作。

團體領導者：聽起來好像是一個很糟糕的會談。我知道去想這個並不好玩，但是我們可以來看看發生些什麼，

也許甚至可以來演演看。

下一個步驟是將發生於團體外，案主真實的生活情況重新呈現，來作練習。

團體領導者：安琪，下週妳有另一次會談，從這一次的會談中，妳學到哪兩件事，而下一次會談中，妳會怎樣做得不一樣？

當團體成員開始感受到他們自己內在的資源和力量，為他們自己做選擇，嘗試駕馭自己生活的時候，鼓勵和支持是基本的材料。與社會環境的氣氛相同是團體工作的特色，也是對成員健康最具治療性的影響。

一些建議

第一、從團體一開始，對每個人及團體都必須採取行動取向。這個取向的重點是，它強調從治療過程所達到的收穫，必須被轉化到個人團體外的生活。成員必須確認他要從團體得到什麼，並且自己有清楚相關的短期目標和長期目標。

第二、行動步驟會從成員到成員有所轉變。有些人需要小的步驟和很好的事先練習。有些人，行動步驟可以很大，而且需要的時間不多。通常，案主的情緒困擾越大，行為的目標應該越小，而且愈需要在團體裡面練習。

第三、感覺，尤其是生氣，需要被確定和處理。當有信任、支持和安全的氣氛時，成員可以對那些影響他們生活的人，自由表達傷心、害怕、憤怒和生氣。成員需要被鼓勵去信任和分類這些感覺，當適當的時候，直接對那個人表達。

第四、不論是正向或負向的結果，都需要在團體裡討論。任何成員設立的行動目標，結果必須在團體裡有所討論，並且評價要做什麼或不要做什麼。你可以用這個作為根據，評估哪些是已經成功的，哪些是沒有成功的。

‧實務上的考慮‧

1. 鼓勵成員積極的參與團體過程，而不是當一個被動的接受者。
2. 在治療上，成員必須以他們自己的速度工作。
3. 成員的情緒，如生氣和挫折，可能會變成一種聯盟。
4. 相信成員能力的持久和增加，源自於他們個人的努力。
5. 在團體聚會結束階段，要求成員分享一些他正帶回家的想法或洞察。

家庭作業

對於成員在做了某些突破或發現後，給成員一個指定的任務或家庭作業，是非常有效的。這個家庭作業的目的，是幫助成員在聚會間，能對他的目標有所思考或工作，並且練習他在團體內所學到的新行為。下一次聚會時，每個成員可以與其他的團體成員討論他已經完成的指定任務或家庭作業。家庭作業的完成及結果，提供成員有機會在生活的某些方面獲得成功，並且與其他的團體成員分享。

團體領導者可以提供一個以上完成家庭作業的方法。一個方法是建議每一個成員以在團體聚會中所學的為基礎，選定一個合理的任務。另一個方法是團體領導者以成員在團體中所掙扎的某些事情為基礎，指定成員一個任務。

家庭作業可以有很多種形式。例如，團體領導者可以要求成員寫下一些事情，例如一個一般性的自傳，或是針對某一個特殊主題的自傳，或是與一個不同性別成員的關係，或是團體領導者可以邀請成員與一個陌生人說話，或是完成與此成員生活情境有關的某些特別任務。

非預期的結果

參加團體的經驗對某些人來說，可能是一種情緒性的傷害。雖然團體的危險已經被知道好多年了，但 Lieberman、Yalom 和 Miles(1973)對於會心團體的研究，將此種傷害描述得最深入。在提到團體的意外災害時，他描述一個人在團體治療八個月後，比在參加治療前在心理上更痛苦，使用越來越多的非適應性防衛機轉，作者的結論認為，有許多參加者因參加團體帶來情緒的問題。這些作者發現在十七個會心團體的研究裡，有將近 8％的成員有意外的傷害，有另外 8％的成員經驗到某些負向的改變。

成員的特徵

有心理問題病史的團體成員，較有可能經驗到團體負向的結果。團體的型態決定團體可以接受的病理程度。例如，一個狀況不穩定成員的行為，可能在會心團體裡會成為很明顯的偏差行為，相同的行為在心理治療團體裡則可能被接受(Galinsky & Schopler, 1977)。一個團體成員的一些個人特質，可以預測這個成員的困境，包括不適當的防衛機轉、對這個團體缺乏吸

引力、沒有辦法瞭解團體真正的期待。

團體領導者無法為團體成員排除所有的心理風險，但是他們可以在團體前的會談中挑出可能的問題，並且在開始聚會前採取行動。例如，一個團體領導者可以將一個潛在成員放到另一個團體，或是安排這個案主接受個別治療而不是團體治療。團體領導者也可以在團體契約中詳加敘述領導者的責任，而成員可以正確的描述在團體探索中，他的限制是什麼。

人際關係

在團體內的人際關係可能是痛苦的，可能有代罪羔羊、破壞性的面質、成員間傷害性的社交，也可能缺乏團體結構，很少或沒有澄清團體規範。可能在團體成員還沒準備好以前，就強迫要求參與者接受某些規範，並且鼓勵對於成員防衛的事情進行攻擊。

如果要完成團體的工作，且團體的參與者可以被保護，不會受到破壞性的壓力，團體成員和團體的領導者都必須知道他們的責任、角色、團體內的規則和管理行為的指導原則。必須避免強迫性或高壓式的策略，並且容許在團體裡有個人的差異存在 (Galinsky & Schopler, 1977)。

領導風格

在一個有高意外比率的團體，領導者的特徵是有魅力、受的訓練不足、不具個人性的，和沒有能力作問題診斷。最有效的領導者採取的激勵的方法相當和緩，並且對人有高程度的關懷(Lieberman，Yalom，& Miles，1973)。團體領導者應該關心在他們的團體裡，每個人發生些什麼，應該運用發展好的評估

技巧，採取溫和的取向。他們應該受過訓練且具有理論背景，以使團體經驗對成員有意義 (Galinsky & Schopler, 1977)。

·實務上的考慮·

1. 鼓勵成員公開討論他們的感覺，尤其是在團體內，或是因這個團體而感覺到的生氣和罪惡感。
2. 確定成員清楚團體的指導原則和目標。
3. 對於團體的組成必須小心注意，尤其需避免將極端不同的人放在一個團體。
4. 建立團體規範，增進個別成員間的支持，並且容許在團體內有個別的差異存在。
5. 如果在團體裡團體成員無法被保護，就幫助這個人離開團體。

摘　要

　　團體工作的中期階段是一個實踐、親密和分享的時間。和團體早期階段作比較，成員間有更多的相互探索、整合和凝聚力。在團體內生產力增加，成員比過去更認真實行他們所認定的目標。衝突的威脅性較少，在過度衝突之前，成員已經發展出處理不同意見的方法。

　　鼓勵團體成員分析和重新思考他所使用的語言模式，是團體領導者影響團體成員自我覺察和行動的一個方法。在團體治療中期階段，團體領導者處理某些團體或成員損害團體目的的行為很重要，這些行為包括過度的沈默和壟斷團體。團體領導

者採取行動取向，不斷增強團體成員的力量，擴展超越他們舒
服的範圍。

第十三章
團體工作的結束階段

團體的結束對於團體領導者和成員可能是痛苦的。幾年前，我帶領一個由牧師組成的自我實現團體，所有的團體成員都是男性，一開始，他們不願意分享想法和感覺，不是談別人的事，就是一副虛假的態度。然而當團體有進展後，個人開始冒險、願意表達愉快、挫折、生氣和痛苦的感覺，每個人以自己的方法分享生命中的悲劇和喜劇，有笑聲有淚水、生氣和關懷、同意和不同意。雖然有時候會有衝突的時刻，但也有溫柔和平靜的時刻。

　　最後一次的聚會充滿感傷和焦慮。有一些成員變得退縮而很少說話，但也有些人公開表達他們的失落，也有一些人因為以後星期二下午將是自由的，可以追求自己的興趣或與家人相處，而有輕鬆的感覺。

　　有一位牧師提到他對說再見有困難，並且因他知道最後終會結束，而傾向逃避親密關係。這個分享在團體中得到共鳴，有好多成員分享當他們離開已經有感情的教會時，非常痛苦。

　　我提到對於團體結束我自己複雜的感覺，我已經開始期待並享受每一個禮拜與成員的聚會，但是雖然喜歡成員，我還是必須去做生命中一些其他的事情。我將會很想念這一個半小時在一起的時間，尤其是真誠的關心、信任和接納的感覺。

　　即使以後我們有時候還會在一些聚會或工作場合碰面，那將絕對不會與此相同。對於這個團體的結束我也感到傷心，然而仍須對我所關心的人說再見。

　　有時候我會懷疑，案主是否知道他們真正豐富了我們的生命，對於臨床工作者，這個幫助的過程是一種教育、

一個冒險，以及一面鏡子。

在這一章，我們將討論團體工作過程的最後階段，並且集中焦點在結束和評價上。我們將會提及兩個問題：(1)如何成功的結束一個團體？(2)如何知道一個團體是否對他的成員有幫助？

雖然這一章是本書的最後一章，卻有一些煩人的似是而非的論點。邏輯上來說，結束和評價發生在團體過程結束的時候。結束和評價根源於團體的開始階段，然而，不論如何，屬於治療過程開始階段的，不能被留到結束階段做討論。事實上，團體在團體前的會談及團體最初的聚會即開始邁向結束。評價是持續進行的，並且是整個治療經驗中的一部份。之所以放在最後一章來談，主要是為了作者和讀者的方便。

結　束

團體工作有一個開始、一個中期階段和一個結束階段，每一個階段有其自己的動力和特徵。這三個階段，結束也許是最少被瞭解，也經常是團體領導者和團體成員覺得最困難的階段。因為成員知道這是一個特別的經驗，他們曾經是這個共同體的一部份，可是現在他們曾經幫助創造的這個共同體將很快就要消失。在結束階段，成員經歷現在的不舒服，也觸及過去的不舒服。

結束是一個對在團體期間已經變成重要他人的人說再見的時間。團體成員雖然可能已經分享痛苦、傷心、生氣和挫折，

但卻不但無法減少失落的感覺，反而使他們的分離變得更困難。就好像在團體開始時，心理上會有一種誕生的感覺，結束時，也會感受到有某種程度的死亡和分離的感覺。

然而，結束可能是受歡迎和甚至被希望的。結束也帶來一種完成、自由、移入新情境的感覺。團體的結束，意味不需要在特定的時間，在一個特定的地點做某些事；表示不需與那些引起壓力和不舒服的人繼續相處。儘管如此，團體成員感覺到傷心和解脫交雜的矛盾。

哀傷過程

團體結束階段成員的哀傷經驗，可以與個人哀悼一個朋友或親人死亡的悲傷經驗相連結。因為團體成員和團體領導者經常建立親密的依附和連結，當團體結束時，個人必須處理終止這些連結的悲傷情感，通過這個悲傷過程，包括團體成員必須放棄這個團體，並以其他的事務來代替(Hess & Hess, 1984)。

團體接近結束時，成員可能會否認這個事實。他們可能忘記在最初的聚會所討論的特定結束日期。他們可能表達生氣，認為現在團體正真正發揮功能，而團體就要結束。也許有一些成員才剛開始認識團體的價值，並且看到自己正開始成長，他們可能對自己還沒有完成目標有罪惡感，或他們可能後悔曾經透露某些特別的訊息。

團體成員經常與團體領導者討價還價，希望能夠延長團體。他們可能會說：「我們才剛開始在一起成為一個團體，怎麼可以現在結束呢？」成員可能覺得憂鬱，因為在團體發生的，將不可能再重新來過。最後，無論如何，成員會到達悲傷過程的最後一個步驟——接受。他們將瞭解他們的失落，並且

開始積極思考一旦團體結束會發生什麼。

　　個別成員和整個團體如何處理團體結束，有賴於一些因素，例如這個團體已經存在多久，以及在團體中建立的連結有多少。成員參與一個短期開放性的團體，相較於那些參加長期團體的成員而言，對於團體結束較沒有困難。當團體成員已經發展緊密連結及有意義的關係時，要結束團體非常不易。

反應的變數

　　一個團體必須小心，不能認定所有團體成員都會像連鎖反應般經驗或表達他們的悲傷，或認為所有的成員將以一樣的強度，在同一個時間，對團體的結束作反應。例如，一個或兩個成員可能整一個星期都處在結束的感覺，在接下來的這週才真正完全的接受。而其他成員可能在一次的聚會期間，就已經完全經歷這些感覺。

　　團體結束可能導致成員某些心理的反應，使他們聯想到離開其他的地方或其他的人。結束會使成員過去埋藏在潛意識下的失落經驗浮現出來。這些痛苦的失落也許和說再見的經驗一樣，從未被適當的解決。成員可能都有一個被父母親、愛人或朋友留下，而他們沒有再回來的記憶。那個人可能曾經是一個所愛及關心的人，但是當他們離開後卻從來沒有寫信或也許從未說再見，成員可能有被人遺棄的感覺。所有這些失落，當成員準備對團體說再見時，都可能重新浮現出來。

團體結束的理由

　　團體會因為很多不同的原因結束。第一、因為團體中個別的成員和整個團體都已經達到他們的治療目標，所以團體結束，這是最理想的。成員可以期待滿足的完成任務，並且以他們自己的方式繼續進步。團體可以如此自然的結束，經常是因為成員在團體早期階段，就已經投入參與目標設定。

　　第二、團體結束可能是因為團體成員和團體領導者事先已經決定結束的時間。有時間限制的團體，通常有一個預期特定的結束時間，例如在十週之內、十次聚會之後，或在聖誕節前。實際上，此種型態的團體結束，也是治療過程走下坡的時刻，團體領導者和成員都希望不再需要團體。

　　第三、團體可能因為無法達到一個足夠整合的動力層次，適當的完成任務而作結束。此種情境可能源於團體成員缺乏興趣，或缺乏完成團體目的的實踐力。此種情境可能發生於贊助機構沒有興趣或沒有足夠資格的工作人員帶領團體。可能因為成員已經中輟，沒有適合的新成員可以代替他們的位置。

　　第四、一個團體可能因為適應內在或外在壓力的機轉變成非適應性，所以結束團體（ Johnson ，1974)。總而言之，團體已經到達一個對他的成員或其他的人是有傷害性的時刻，不但沒有幫助，團體已經變成是破壞性的。

　　不是所有團體都會死亡。在開放性的團體，參與者規律的面臨開始和結束，老的成員離開而新的成員進來。甚至當只有一個或兩個成員結束，一個開放性團體的動力，也會因他們的

離開受到影響。任何成員離開團體，同時也結束他在這個團體與他人已經建立的依附關係。

一個團體的結束

雖然一個團體可以在一個事先決定的日子結束，像有些有時間限制的團體一樣，但並不是所有的成員都可以準備好在那個時間停住，即使是有些成員已經達到他們的目標，卻仍有些人離達到目標還有一段距離。

(一)團體的反應

當團體結束的日子逼近，成員會經歷到不舒服和期待。就好像在團體早期階段，成員參加團體時感到焦慮一般，現在對於團體將分離和終止已經建立的連結，成員同樣感到焦慮。Garland、Jones 和 Kolodny (1973)討論團體成員對結束的反應指出，成員一方面運用許多對策控制結束，另一方面則去完成結束。

一個團體成員所使用的對策是否認，他們可以很簡單的只是忘記團體正在結束。他們可能投入群聚，換言之，他們可能更緊密的連結在一起，並且成為更有凝聚力的團體。他們也可能變得退化，或不知不覺的退步，經常表現的特徵是對團體領導者生氣，或變得更為依賴。他們可能表現出退化的行為，也就是使用團體早期發展階段的行為。在那種情況下，「我們仍然需要一個團體」的主題被明顯呈現出來，成員試圖以團體對他們仍然有需要，因為他們的問題還未被解決，來說服領導者。團體成員可能不斷重複敘述重點、重新修正或檢查過去的活動或事件。也許團體成員會選擇評價，將過去在團體中發生的事件或經驗，與現在正在進行中的事作比較。

團體成員另一個計策可能是使用逃避的方法，來面對團體結束的事實。在性質上，逃避可能是虛無主義，也或許是積極的。虛無主義採取的形式是在團體結束之前，從聚會中消失或終止參加團體。積極的逃避是一種較建設性的因應行為，例如發展團體外的新興趣或朋友，並且持續扮演一個團體成員。

(二)個人的反應

團體成員對於團體結束的反應有許多種方式。他們可能決定在最後一次聚會之前，先結束自己的參與，當作是控制焦慮的一種方法。雖然團體成員被迫結束，但他們實際上並沒有結束，他們變得十分依賴及辛苦，表現失功能或沒有生產力的行為，就好像在團體剛開始的階段一樣。隱藏在這些行為底下的是：「還不要結束團體，我的問題又回來了。」

Henry（1992）發現到團體成員變成過度的抱怨和服從，甚至提早來聚會，以向團體領導者表達他們對團體領導者，及重要的團體經驗的依戀，好像他們可以藉著作一個非常好的成員，來換取團體的延續。成員可能開始帶禮物來，邀請團體領導者吃晚餐，要求在團體結束之後繼續與團體領導者有社交性的往來，要求與團體領導者作朋友和提供家裡的地址，希望建立一個持續的關係。

(三)團體領導者的反應

團體領導者無法避免與成員分離以及團體結束的結果。領導者和案主同樣要經歷分離、失落和說再見，團體領導者也會產生回憶和感覺，而這些感覺可能會變成強有力的反情感轉移。團體領導者可能會找許多理由干擾一個成員的離開，來反應他自己分離的問題。相似的，團體領導者可能因結束引發自己大量強烈不舒服的情緒，因而不處理成員屬於結束部分的抗

拒和宣洩行爲 (Rutan & Stone , 1984)。

在一些成員提早結束的情況當中，一個團體領導者可能會有還沒有成功或被成員拒絕的感覺。在一個特別難處理的團體裡，團體領導者可能會害怕如果一個成員離開，其他人也會跟著走。在這種情況下，團體領導者很難處理失去控制的感受，及害怕別人對自己負向看法的擔心。

分離會引起團體成員的感覺，相同的，分離也會勾起團體領導者的感覺。團體領導者在助人互動中處理這些感覺的能力，有賴於團體領導者本身對於生活中分離的意義有正確的看法。因此，臨床工作者的分離經驗，以及對於案主的表現所反應的看法，也反映了臨床工作者在這方面的想法與感受。

（四）集中注意力在結束

一個有時間限制的團體，必須重複提醒團體成員注意團體的結束。在團體的開始階段，這是必要的工作。當團體到達中間階段時，結束變成一個主要的主題。成員抗拒結束對團體領導者是一個很自然的誘惑，可以讓團體領導者減少面對結束的重要。團體領導者必須在團體成員之前，保持團體結束的現實感，同時幫助團體繼續工作，直到成員最後一次走出聚會的房間。

當團體領導者幫助成員瞭解自己對結束過程的反應，死亡、離婚和畢業的比喻開始浮現並且被探索。幫助沒有固定參加團體的成員，瞭解他們的行爲，幫助對於說再見有共鳴的成員，走出自己未解決的悲傷歷史，並將他的失落化爲希望。

團體生命的最後階段也是關鍵的時刻，這個時候也是成員整合他們學習的時刻。團體成員討論他們的成就，也討論有何仍舊擔心的事。對個人和團體目標是否達到，及達到程度如

何，作一個真實的評估。

當團體到達尾聲，團體領導者讓每一個成員簡短摘要分享在這個團體裡對自己的想法、已經處理的主要課題、成就、衝突、轉變，和未完成的工作是有用的。緊接著每個成員的分享之後，邀請團體其他成員描述他們對這個人的想法和感覺，也是有幫助的。雖然給予和接受回饋早已經是團體固定的一部份，但最後的總結，經常被團體成員在團體結束之後保留。

由一個成員作結束

團體結束的模式可以像開始模式一樣，有許多不同的形式。有些成員會事先通知結束，有一些人會在一或兩次聚會後，就消失不再出現。有一些人提早停止參加團體，有些人當達到特定的目標後會離開團體。有很多時候，案主因為他們在團體已經做得精疲力竭，但在他們的生活裡仍然沒有一點點改變後，離開團體。

當案主提早在團體發展階段離開，他們的離開對其他團體成員會有一些影響。另一方面，如果這個團體已經是一個具凝聚力的團體，留在團體的成員可能會覺得又罪惡又羨慕。他們的罪惡感源於他們相信他們做了某些事使得成員離開。此種罪惡感的特徵說明如下：

．我們說了什傷害到他？
．我們可以做些什麼讓他繼續留在這個團體？
．我知道他不高興並且不說任何事。
．我希望我沒有逼迫他讓他如此難過。

團體成員的羨慕團體，與每個團體成員參與團體的矛盾

有關。雖然他們努力和出席，大部分成員仍希望有某些方法避免屬於這個團體，他們多少有點不想經驗成長的困難和痛苦的工作。因此，一個成員的離開，也代表某些其他成員也想如此做。這個感覺被留下來的成員所掩飾，反而他們會增加對團體的貢獻。越成熟的團體，團體領導者越可能幫助成員檢查這些罪惡感、羨慕和生氣。

（一）成員不滿意

個別的成員因為他們對自己的進步、對與其他成員或團體領導者之間的關係不滿意，所以離開團體。面對一個沒有告知就退縮的案主，團體領導者的問題是：接下來我應該花多少能量與此成員作接觸？他可能再回到團體的可能性如何？

團體領導者應該克服因案主未事先通知，及自己未事先發現並企圖努力而感到挫折和生氣。團體領導者可以邀請這個人回到最後一次的團體聚會，分享對於團體的想法和感覺。這個人經常在重新回到團體，談論他的挫折、失望或其他的感覺後，再加入團體，並且帶著更多的努力。

通常一個成員決定離開團體不是一個獨立事件。相反的，這個決定可能是一個長期的、不變的行為模式的延續，當他覺得被挑戰，或當別人不同意他時，就逃離現場的一種行為模式。如果這個個案是這樣，團體領導者必須幫助這個離開的成員檢查他的模式，不只是看現在這個情境，而是看過去所有所發生的情境。要如此做必須有相當的同理和機智，因為這可能會威脅到案主的自尊。有時候，整個過程只是案主一個無意識中的設計，為了考驗團體領導者或團體是否真的關心他，要他留下來。

根據 Rutan 和 Stone (1984)所說，只集中在案主的問題，

經常沒有辦法完全瞭解正在發生什麼，團體領導者需要將焦點放在案主和團體的情境上。團體領導者幫助案主，為何在這個特別時間離開團體感到奇怪，藉由瞭解離開團體這個決定的前後關係，不只案主可以透視他自己的行為，也可以知道在團體裡正發生什麼。如此，讓案主和團體領導者對於案主希望離開的原因，有一個更完整和動力關係的瞭解，也讓成員容易以有面子的方式留下來。

一個團體成員的提早離開，使得團體領導者或團體對成員個人決定的有限影響力，被真實的呈現出來。團體領導者可以認真的相信任何人都不應該離開團體，並且可以做任何努力傳達這些想法，然而案主仍然可能離開。

在贊同自我抉擇的原則下，身為社會工作者的我們必須記住，什麼對案主是對的，因為我們不是專家。我們只能幫助他考慮可能的選擇和結果，或是與案主分享我們的想法，不是直接指導他們的生活，而是提供額外訊息來源給他們考慮。

根據 Brenner (1982) 所述，一個臨床工作者從不知道何時是案主最後一次的聚會。任何一次的參加，是第一次也可能是最後一次，因此他有以下的建議：

> 你最好尊重案主喜歡來和喜歡離開的權利，那麼你將對許多來尋求幫助的人有持續的影響力。進一步的說，如果生活的壓力變得太大時，將因為你曾經向他們保證，如果他們希望他們可以再來，所以他們可能會考慮再來見你。

(二)完整的治療

在一個成功的團體治療方案中，團體領導者、結束中的成

員、和其他的團體成員，都可以看到準備離開團體的成員徵兆，因為團體已經幾乎達成它的治療目標了。他們可以看到成員學習轉化的證據，以及作更多有意義的冒險。他們聽到成員報告在團體外功能更好，他們也可以看到團體對成員已經變得不那麼重要，在成員的生活中，成員正在發展、維持和提供生活的新資源。一般而言，這個案主已經在團體一段時間，並且看過新的成員加入治療，和有改善的成員結束他們的治療。

團體領導者常常讓成員從結束的感覺中，經歷和學習的時間非常少。一個案主決定結束到真正離開的日期應該夠久，以讓案主和團體有足夠的時間瞭解，並詳細說明結束這件事。有一個粗略的指導原則是，對已經在團體裡有一年時間的案主，整個結束過程可能需要一個月的時間(Rutan & Stone, 1984)。

當個案接近團體結束時，照例會有一個評量或評估，看看這個即將離開的成員是否已經達到他的目標。團體領導者應該幫助案主瞭解什麼原因使他來到這個團體，以及他已經完成的事和他接下來要做的事。另外與成員分享結束團體之後的生活目標，對於成員也是重要的。

Levine (1991) 觀察一個成員的離開對團體的影響指出，一個扮演特殊角色的團體成員，比一個扮演其他角色的成員更讓人懷念。例如，一個團體成員曾經是討論的激勵者，或是一個焦慮的關注者，他們會非常讓人思念。無論如何，對於團體最具戲劇性的影響，是失去「團體的溫度調節器」。這個人會減低團體逐漸上升的焦慮。沒有這個人減輕他們的焦慮，團體成員現在對於充滿焦慮的事情，會越來越感到威脅。

・實務上的考慮・

1. 及早重新提醒每一個成員團體結束的日期。
2. 身為領導者，你可以對於一個即將結束的團體成員們，表露自己對於團體即將結束的感覺。
3. 讓團體成員以具體的字眼說出他們的感覺，及他們已經完成的事。
4. 對於未完成的事設定另外的時間。
5. 鼓勵離開的團體成員，分享他們將如何把在團體中所學的，運用到他們未來的問題上。

結果的評價 (Evaluation of outcome)

　　一般而言，助人的過程，尤其是結束，基本的工作是治療方案是否有效力及有效率，並且有無達到預期目標的評估。更明白的說，就是必須回答這些問題：誰受到這個團體的幫助最多？誰沒有從得到的經驗中受益？誰受到傷害？團體成員他們努力改變的行為達到何種程度？

　　雖然有少數的臨床工作者已經開始整合研究和團體工作，或對實務工作者如何使用系統化的研究，以及對評價工作的價值有所討論，但是有關評價的資訊仍然相當缺乏。傳統的團體工作教科書中，對於建立團體工作和研究之間橋樑的嘗試仍然相當少(Garvin, 1981; Glasser, Sarri, & Vinter, 1974; Toseland & Rivas, 1995)。

　　不論是對個人、家庭或團體工作，評估的概念對於大部分

的實務工作者都是痛苦的。一方面是團體領導者對於為了統計和實證的需要而評價他們的工作，感覺有壓迫感；另一方面是，實際上評價需要操作的工作很廣泛，而且需要大量的時間和精力，最後使得有系統的評價工作非常少。因此，我們假設研究和臨床社會工作的結合，實際上是不存在的。

事實雖然如此，然而團體領導者仍可以從執行他們團體工作的一個評價中，得到一些好處(Anderson, 1986)：

1.評價可以滿足團體領導者對於他們在團體工作上的某些介入，是否有效的好奇和專業的關心。
2.從評價中得到的資料，可以幫助團體領導者改善他的領導技巧。
3.評價可以向任何一個機構、基金來源或社會，證明此獨特團體或某一特別團體工作方法是有效的。
4.評價可以幫助團體領導者獲知團體成員和團體在完成目標上是否有進步。
5.評價可以讓成員和其他可能受到影響的人，表達對團體的滿意或不滿意。
6.評價給團體領導者擴展經驗的機會，讓團體領導者可以與其他有相似目的、相似情境的其他人，分享其使用的團體方法。

評價的方法

團體工作有許多蒐集資訊的取向，包括收集報告書、報告

和團體歷史、做直接的觀察、重新檢視團體聚會的錄音帶或錄影帶、和使用可靠的量表和測量。

在選擇評價方法時，一個基本的問題是評估方法所包含的客觀和主觀成份的程度如何。Corey 和 Corey (1992) 指出，有許多團體領導者較重視客觀評估，但卻缺乏足夠敏銳的工具辨識案主的改變。他們在團體之前和之後使用許多測驗和記錄，然而仍沒有一個適當的方法，以探測有關態度、信念、感覺和行為的細微改變。結果，他們仍必須依賴許多自我報告式的主觀測量方法。

報告書

一個被廣泛使用的評價測量，是手寫的或口語的自我評量報告，是團體成員和其他人，例如他的父母和老師，被要求針對某一個特殊現象回答一系列的問題。作為報告書的一部份，每一個回答者報告他或她自己的觀察。評價時問案主的問題可以包括：對於團體，你覺得滿意的是什麼？從這個團體中，你得到哪些改變？到目前為止，你有什麼改變？

接下來的陳述，是從一個自我實現團體的成員的日誌中所摘錄下來的：

> 有時候，我認為身為一個成癮的復原者，我太過於情緒化，我與所謂的正常人是不一樣的。參加這個團體之後，我瞭解到「我是好的，你是好的」，即使我們過去經驗和社會經濟階層不同，我們一起來，並且投入我們的感情。團體對我是一個真正的治癒時間。

另一個成員寫道：

我覺得我從這個團體學到很多，嘗試作更大範圍的冒險，而結果我對我自己和我自己的互動型態學到很多。我完全的享受這些經驗，並且感覺到與我的個別治療合而為一，團體幫助我更加的認識和接受我自己。

　　根據 Rogers (1970a)所說，一個自然主義的研究，重點在於對個人及團體成員們重要的團體經驗作深入調查。這些自我陳述式的報告，讓我們從成員個人的角度瞭解這個過程和結果。根據 Rogers 所說，這種現象學的研究型態，可能是提升瞭解這些精細未知領域最有利的方法(p.133)。

　　Corey 和 Corey (1992)使用「行為報告」的方式，得到成員主觀的報告，包括團體後的個別會談、追蹤聚會，和寄問卷給成員等方式。在團體開始前，成員被要求寫下他們的關心和對團體的期待。在治療方案期間，他們被鼓勵對於團體內和團體外的經驗持續做日誌。最後在團體結束之前，Corey 要成員填寫幾個行為報告，每一個成員重新計算在團體所發生的特殊事件，並且描述成員最喜歡和最不喜歡的經驗。

　　一旦團體結束，Corey 夫妻再一次的要求成員填寫行為報告，評價他們的經驗。在團體後的聚會期間，成員被要求填寫一個簡短的問卷，評估技巧的使用、團體領導者、團體對他們的影響，和他們因為參加團體而產生的改變程度。

　　讓成員直接談，是評估一個案主進步狀況最簡單和最直接的方法。但是這個取向卻隱藏有一些重要的陷阱。成員本身、成員之間及與團體領導者之間對此報告可能有不同的標準，而這個報告也容易受到許多無意識的、有意識或半意識動機的扭曲。

例如，基於對團體領導者的順從和禮貌，一個案主可能覺得職責所在，必須表達感謝和滿意。如果是這樣，「你的團體讓我變成一個新的人」，或是「團體所發生的事對我是如此特別，以至於無法用言語形容」，這些話會被不斷清楚的表達出來。雖然此種感謝的話，對於實務工作者的自我是好的，但有效性卻不高。

內容分析

從分析團體互動，一個團體領導者可以知道其他團體成員對一個特定成員的反應，以及瞭解一個案主對團體領導者和其他人的影響。此種內容分析被使用於研究團體領導者的介入、團體成員的期待，和初期的團體聚會中(Brown, 1971; Duehn & O'Conner,1972; Gentry, 1974, 1978)。

Gentry (1978)在討論使用錄音帶來做團體聚會的內容分析中指出，有兩個主要的概念必須事先決定：(1)分析或評分的單位；(2)分析的分類。分析或評分的單位是指對於錄音帶內容的分割，也就是將每一次聚會內容化為符號時一致的測量標準。例如，分析單位可以是一個成員或是領導者單一的語言行為，或是任何一個人的發言。

分析的分類指的是分類系統的計畫，為了符號化和計分，內容的單位被系統化的組織起來。一個分析的分類例子，可能是在團體聚會所討論的主題或話題。

過程分析

既然內容分析強調的是溝通中發生些什麼，過程分析強調的是溝通如何發生。分析的可能範圍包括：每個人多常說話，

在這個房間中，每一個人對每一個其他的人說話的頻率。團體運作，例如決策就可以透過此法被找出來，以及被加以描述。過程分析也可以用於檢查每次聚會沈默的次數和長度。

社會計量學

社會計量學是用以測量團體成員社會關係連結的一種技巧。它可以用以決定團體成員之間的互動模式，以及決定每一個成員被其他成員接受加入團體的程度。雖然是一個簡單的程序，卻提供一個完整的團體畫面，增進對團體功能運作有更深的瞭解。

使用此種評價方法，團體領導者可以針對一個特別的團體，考慮成員的年齡、社會情感層次，以及活動類型，發展一個手寫的問卷。這個測驗應該夠周延，而能涵蓋有關團體活動的問題，例如工作、遊戲、情緒支持和其他的活動。問題應該以成員描述他們喜歡其他成員的特點的方式來措辭。在每一個問題裡，個人被要求指出他們喜歡花時間與之在一起的成員的名字，經常是三個名字。

下面的問題是在一個社會計量學的測驗裡非常典型的問題：

團體領導者：列出三個你喜歡與他一起工作的成員。

遊戲：叫出三個你喜歡與他去打籃球的成員。

情緒支持：如果你傷心或覺得痛苦，哪三個成員你會想去找他？

社會活動：認定三個你想要當朋友的成員。

這類的問卷可以運用在某一次的團體中，或是在不同時間

裡個別團體成員的身上。雖然不是一個精密的方法，但是此種
測驗可以指出，哪一個成員是團體的最愛，哪一個團體成員很
少被選，哪幾個成員形成配對。從這些喜愛的名單，團體領導
者可以區分他們同輩之間所界定的次團體、被隔離者，和隱藏
的團體領導者。

　　雖然社會計量學的測量可以在任何團體的發展期使用，但
對團體初期和團體結束階段特別有意義。團體領導者蒐集這些
資料，可以對成員對他人感覺如何，以及經過一段時間後，他
們感覺的改變程度有一個簡單的測量。這些資料也可以與某些
現象，例如成員在團體的出席率、參與及團體的生產力相連
結。

　　一個更過程取向的社會計量形式是「主觀的」社會圖。社
會圖描繪出在團體聚會中，成員的座位安排，也呈現誰對誰說
話，和每次個人的談話時間。由 Bales (1950) 所發展的過程互
動分析量尺，是一個分析團體過程和任務的有效工具。因為要
同時領導團體及使用此工具有困難，無論如何，一個領導者若
要使用社會圖這個工具，必須有另一個觀察員。

　　有一些觀察提供的訊息素材，可以加以清楚的解釋和作結
論。有很多分析的結果可以被預測，並且應該與團體成員做檢
查，或一段時間後再重新決定它的正確性(Posthuma, 1989)。根
據 Heap (1977) 所說，社會圖的解釋，除了次團體的成員組成
和吸引力，及成員被隔離的比率和方向外，其餘的解釋都只是
推測。沒有使用其他補充的觀察和測驗，團體領導者不能對關
係的情感內容、關係的品質方向，或關係的原因解釋作推論。

測量的工具

正式的測量技巧包括，鼓勵治療過程中的團體成員對於治療過程提供開放性的回饋，以及選擇好的工具，以建立團體的治療過程和成員的行為之間的連結。理想上，一個正式測量的完成，應該是簡單而且容易評分的，並且在臨床上具有意義，且指出成員尚未分享的主題。一本很出色的權威書籍《臨床實務工作的測量》（ *Measures for Clinical Practice* ）（ Fisher & Corcoran，1994)，描述一系列測量的工具，用以評價大人和小孩案主的發展，以及社會工作介入方法的有效性。

有許多可用的自我評價工具，可以用來評價具有某些社會情感需要的團體成員。自我評價的測驗經常在團體開始之後立即給成員施測，並且在團體結束時再一次進行。對一些特別的問題，有一些共通使用的自我檢核表如下：Gambrill-Richey 的肯定檢核表（ Gambrill-Richey Assertion Inventory ）、由 Endler、Hunt 和 Rosenstein (1962) 所制訂的焦慮刺激反應檢核表（ S-R Inventory of Anxiousness ），這是對於具有攻擊性、不自我肯定、害羞，以及焦慮相關問題的案主所制訂的。

在臨床機構經常使用的評估量尺，是一般性的功能量表（ GAF ）。GAF 量尺包括九十個連續性的描述性問題，以十點做計分。這個量尺是多軸向精神疾病診斷分類（ DSM-IV ）系統的一部份，整合案主三個表現向度做基礎：社會關係，工作和休閒時間中日常生活功能的受損程度、症狀和現實感，以及自殺或暴力的可能性如何。

另一個自我評量的量表是 CORE 綜合測驗（ CORE Battery ），是由美國團體心理治療協會發展的一個評價工具

（MacKenzie & Dies, 1982)。它包括多種的測量方法，把主觀的評價與觀察的行為做比較，抽離出主觀和客觀的觀點。CORE綜合測驗（CORE Battery）也結合個別化的測量工具，來取得團體成員不同領域功能的資料。就像一個組合，或甚至是組合的一部份，都可以被操作者用來簡化評價的過程，以在案主理解力和實際要求時間間尋求妥協(Andersom, 1986)。

由 Hudson (1982) 發展出來的臨床測量方案，是一個創新的評價取向。這個紙筆的測量組合，是可重複使用的測量工具，經常被用來當作單一系統的研究工具。這個測量工具對於使用者和給分都很容易，這些測量包含團體成員的憂鬱、自尊、婚姻的不協調、性的衝突、親子關係、家庭裡的壓力、和同輩關係。

在團體研究中使用的許多自我評量工具使用上的一個問題，是它們與團體成員在聚會中的經驗經常是沒有關連的。更常見的是，團體領導者使用前測和後側的設計時，已經假設只要在團體聚會期間發生差異，就可以證明他們的介入是有效的（Dies & MacKennzie, 1983)。在治療機構裡面，以個別團體成員的個別經驗為立足點，以評價團體結果的方法，必須在治療的過程中不斷重複測量，而不是只在團體開始和結束的時候測量。如此可以讓團體成員將焦點維持在任務目標上，並且對每個案主的進步給予規則性的監督。

評量的量尺可以由團體領導者設計，以讓每一個成員感覺在團體活動中的經驗 (見附錄 A)，以及他們對團體的反應（見附錄 C）。此種量尺因為相當容易操作，且提供團體領導者有用而實際的資料，因此相當有價值。一個相對上對成員較不正式的評價方式是，當缺乏成員正式的評價工具時，每一次聚會

結束時，領導者可發給成員三乘五的卡片，然後要求他們誠實寫下他們在互動中印象深刻的事，或對於這次聚會的讚美。

另一個有用的量尺，是團體領導者自我評價——團體領導技巧量表（見附錄 B），測量的是團體領導者在團體中的行為。當重新檢查一個團體聚會的錄影帶或錄音帶時，此種類型的量尺特別有用。

單一主題的研究設計

單一主題研究設計，指的是從頭到尾重複在一個單一系統上收集資料。作為討論目標的這個系統，可以是一個個人，也可以是一個團體，它也可以是一個家庭、一個組織、一個社區，或一些其他的集合體。根據 Bloom 和 Fisher (1982) 所述，在使用單一主題設計上，有許多特別的步驟要遵行，包括：

- 問題說明：主要是詳加敘述實務工作者和案主同意需要被改變的問題。
- 測量問題：不論這個問題是想法、溝通型態、團體活動或感覺，都必須被測量。
- 重複的測量：單一系統研究的核心，是在一段時間內，重複的蒐集資料。
- 基準線：在介入開始以前，問題的資料就要被蒐集。在評估上，基準線是當實際的介入方案執行後，用以當作比較基礎的資料。

- 設計：蒐集資料的方法必須在事先就已經設定。
- 清楚定義介入的方式：介入的使用方式必須被詳細界定。介入方案和團體領導者所試圖改變的問題之間必須有邏輯關係。
- 資料分析：單一系統設計非常依賴資料中可見的改變的分析。

目標行為

　　身為團體工作者，我們的目標是要改變每一個團體成員某些層面的功能。也就是說，在我們介入之前和之後，我們決定要測量什麼，如此我們可以檢查介入的效果。目標表示我們想要帶給成員功能的任何改變，可以是一個治療的目標，也可以是朝向治療目標的指標(Nelsen, 1981)。例如，我們的目標可以是一個小孩每月的缺課次數，然後使用這個目標當作朝向治療目標的一個指標。

　　採取單一主題的研究設計時，我們的治療目標必須被明確和精準的描述，而且必須包括每一個目標將要達到的狀況。例如，我們可以說「直到他的治療結束，福瑞德一個禮拜將到學校五天，除非他生病」，或是「到治療方案結束，海特將可以在整個團體聚會裡，不再自言自語，或走到外面去」，實務工作者經常以無法定義且長期的整體性字眼或態度描述目標。

　　同樣的，目標經常以無法測量的方式被描述。因為他們非常廣泛，使得有效性非常少甚至沒有。下面是一些目標的說明。

- John 將會對自己感覺比較好。

・John 將會發展一個較好的自我意像。

・John 在這個團體將會更好的過下去。

・John 將有較多朋友。

　並非「John 將會對自己的感覺比較好」和「John 將會發展一個較好的自我意像」這幾個目標是不適當的，而是這些目標應該是非概括性，但卻是更精確的。實務工作者可以與 John 一起列出一個行為的清單，列出什麼時候他會覺得對他自己感覺比較好。例如一個約會的邀請、加入一個團體、更積極的談論自己。

中介的目標

　實務工作者和團體成員到達成員的目標中，需要有一些中途站。這些中途站是中介的目標，或直接可辨別的步驟，可以讓成員在朝向最後目標前進時遵循。例如，當一個小孩不去學校，一個長期的目標，可能是這個小孩每個上課日都去學校，；而一個中介的目標是每個禮拜有三天，這個小孩可以準時搭上校車到學校。

　一個與中介目標關係密切的目標型態，是促進性的目標，這些促進性的目標對於達到最後的目標是絕對需要的。例如，促進性的目標是成員繼續在團體中，在團體中分享他的感覺，在聚會中有表現建設性的行為，甚至在他生氣時，能繼續留在這個房間。

監　督

　團體領導者需要知道，團體成員的目標是否被完成，以及

他們的介入是否有幫助。團體領導者同時做這些事情的一個方法，是確保有某一個人正在評價個人或團體的行為。這個監管工作可以由團體領導者、團體成員或某一個人來做，使用的方法也有許多種。

（一）團體領導者擔任糾察隊

團體領導者可以只監督發生在團體內的行為，而且團體領導者處在測量這些改變最好的位置。團體領導者擔任監督者的一個好處是，監督的過程會被團體成員視為是治療的中心部分。也因此，領導者對於團體正在進行的改變，提供立即性的回饋是非常有用的。例如，如果一個成員的非適應的行為正在增加，適應的行為減少，團體領導者可以立即知道他所做的是無效的，可能是有害的，且需要改變。

（二）自我監督

自我監督與由團體領導者監督在本質上是相似的，但是自我監督、自我觀察或自我記錄可能更正確。以上這些用語是指，案主對他們自己的行為、思想和感覺作紀錄。自我監督有兩個過程步驟：(1)案主確認所發生的特定行為；(2)系統的紀錄他對此行為的觀察。一般來說，自我監督的紀錄是內在行為的次數，或將觀察的事件轉換成行為發生的次數，以圖或表來顯現結果，讓案主和團體領導者可以觀察到一段時間之後的變化。

（三）日記或日誌

日記或日誌是任何成員有組織的記錄他認為與問題有關連，且發生在團體外的事件或活動。這個設計的主要目的，是幫助成員系統和客觀的記下事情，避免日後向團體呈現訊息時有記憶上的扭曲。案主日記包括準備一個表格，抬頭列出團體

領導者所指定要蒐集的資料類別(Bloom & Fisher, 1982)。這個清單將隨著案主問題的性質而改變，但是一般包括是否有影響案主問題的事件或行為發生，也包括案主如何做反應。

(四)角色扮演

另一個團體領導者蒐集團體成員進步資料的方式是，在團體中的角色扮演(Rose, 1981)。為了節省團體的時間，團體領導者可以在團體之前，以配對或三人小組的方式，為後面的角色扮演做準備。每個次團體的一個成員，可以準備一個真實經驗的角色扮演，一個導演或其他次團體成員，則扮演重要他人的角色。最後，每一個配對或三人小組將向整個團體呈現情境。角色扮演經常與團體成員的日記同時使用，角色扮演幫助成員認定發生於團體之外的生活情境。

(五)前測／後測

一個簡單的前測及後測設計，是相當適合臨床實務工作的。例如，檢核清單是一個具有廣泛規範，以及實證支持的標準工具，例如 CORE Battery 的自我報告評量表就很容易使用。成員可以很容易完成此種檢核表，團體領導者也很容易計分(Anderson, 1986)。開始的評估可以使用前測，最後評價時則做後測。

摘　要

團體結束階段可以任何型態結束——出於計畫中或非計畫中的。當案主結束治療是因案主不再需要團體時，是最理想的因體結束狀況。計畫性的結束發生在當領導者判定成員已經有

足夠的進步，或是團體必須在設定的時間結束。非計畫中的結束則發生在成員提早離開團體。一般而言，治療方案的結束，不論是計畫或非計畫中的，對於團體領導者和成員都會產生正負向的感覺。當任何團體治療方案面臨結束，團體領導者和成員應該重新回顧，團體在他們的能力範圍所完成的事，及他們對未來問題的期待。除此之外，團體領導者也應該鼓勵成員因團體所帶來的失落而悲傷。

評價一個方案的結果，是團體結束過程的另一個部分。團體領導者應該評價過程的結果，以發現團體和成員的目標是否被實現。監督一個團體有許多資料蒐集的工具，包括報告書、內容分析和社會計量學。單一主題研究設計是測量每個成員改變程度的方法。如果有一個方法定期的評估在團體期間，成員在態度、關係和行為的改變，評價可以做得更精確。最後，團體領導者對自己實務工作和結果的評價，則是一個持續不斷的過程。

附　錄

附錄 A
團體成員自我評估表

使用下面的敘述對你自己在這次聚會的參與給予評分

1	2	3	4	5
大部分從不				幾乎總是

——1.我是這個團體一個主動和有貢獻的成員。

——2.我願意與其他成員有相稱的個人投入。

——3.我希望在團體裡嘗試新的行為。

——4.當感覺出現的時候我努力去表達我的感覺。

——5.我努力以我對他們的反應直接面質他人。

——6.我注意地傾聽他人，並且對他們直接作反應。

——7.我藉著給予回饋我所認為及我所感覺到的他們，分享我
　　對他人的看法。

——8.我要參加團體的聚會。

——9.我提供支持給其他成員而不是解救他們。

———10.我以沒有防衛的態度接受回饋。

———11.我注意我對團體領導者的反應,並分享我的反應。

———12.對於從這個團體我所得到和沒有得到的負責。

———13.我將我從團體所學的應用到團體外的生活中。

附錄 B
團體工作者自我評價——團體領導技巧量尺

使用下面的目錄評估你的團體領導技巧。讀每個句子並且圈選最適合你技巧層次或情境的答案。在每一個段落最後增加和評價另外的技巧。

　　在每個句子的開始加上,「在這個團體我……」

	需要作 更多	現在作 得很好	需要少 作一點
觀察			
確認緊張	——	——	——
注意誰對誰說話	——	——	——
注意誰正被遺漏了	——	——	——
瞭解對我的意見的反應	——	——	——
發現什麼時候團體逃避一個話題	——	——	——
確認夥伴的行為(角色)	——	——	——
注意非語言的行為	——	——	——

	需要作更多	現在作得很好	需要少作一點
溝通			
主動地參與(數量)	——	——	——
簡短地和簡要地說話	——	——	——
肯定的行為	——	——	——
主動地傾聽	——	——	——
拘泥於某個主題	——	——	——
中斷討論	——	——	——
從聚會到聚會的橋樑	——	——	——
說話前先思考	——	——	——
同理成員	——	——	——
使用重新架構	——	——	——
鼓勵用「我的訊息」	——	——	——
忍受情緒的情境			
面對衝突/生氣	——	——	——
容許沉默	——	——	——
忍受緊張	——	——	——
接受親密/感情	——	——	——
接受悲傷	——	——	——
對挑戰作反應	——	——	——
接受預期的冒險	——	——	——
表現沒有防衛性的	——	——	——
與成員的關係			
挑戰/面質個人	——	——	——
抽離對自己的注意力	——	——	——
使用隱喻	——	——	——
自發性的反應	——	——	——
嘲笑自己	——	——	——
創造一個安全的氣氛	——	——	——
分享控制	——	——	——
以此時此刻作反應	——	——	——

	需要作更多	現在作得很好	需要少作一點
自我表露			
以言語表達生氣	——	——	——
表現幽默	——	——	——
感謝的話語	——	——	——
隱藏感情	——	——	——
分享個人的經驗	——	——	——
一般的			
耐心的等待	——	——	——
邀請回饋	——	——	——
示範接納	——	——	——
對過程的評論	——	——	——
鼓勵成員採取行動	——	——	——

附錄 C
今天團體聚會的評價（成員）

下面是七個有關你對今天團體的滿意程度的敘述。使用這個量表，在下面這幾行填上適當的數字以表示你的看法。

    1.非常滿意

    2.滿意

    3.沒有任何或其他的感覺

    4.不滿意

    5.非常不滿意

我覺得：

1.——對於分享我個人主題的時間數量。

2.——對於領導者在團體中的投入。

3.——對於房間的舒適程度。

4.——對於在團體中的信任度。

5.——對於其他成員彼此的尊重程度。

6.──對於在團體期間的誠實度。

7.──對於在這個團體進行分享的程度。

其他任何你想要增加的?

附錄 D
團體計畫大綱

以下是為幫助你成功計劃一個團體所設計的大綱，儘可能詳細
明確的回答所有的問題。

1. 透過團體有哪些無法滿足的需求可以被滿足？
2. 這個團體的目的是什麼？（團體結束前，成員將可以達
   成的是什麼？）
3. 團體的結構將是如何？
   * 聚會的次數
   * 聚會的頻率
   * 聚會的時間長度
   * 聚會的地點
   * 團體的大小
4. 團體將如何組成？
   * 成員的年齡和性別
   * 成員的社會的／情緒的程度和能力

．成員相關的行為模式

5.將如何向成員說明團體？

6.什麼將是聚會一般的模式？

7.是否有機構或組織的政策會影響團體的發展？

8.需要進一步與哪些重要的人作接觸，詢求他們的贊同、建議和支持？

9.描述團體將操作的評價過程？

參考書目

Abramson, M. (1975). Group treatment of families of burn-injured patients. *Social Casework, 56*(4), 235–241.

Addams, J. (1909). *The spirit of youth and the city streets*. New York: Macmillan.

Aguilera, D., & Messick, J. (1982). *Crisis intervention: Theory and methodology* (4th ed.). St. Louis: C. V. Mosby.

Aldridge, G. (1953). Program in a camp for emotionally disturbed boys. *The Group, 16*(2), 13.

Anderson, J. (1984). *Counseling through group process*. New York: Springer.

Anderson, J. (1986). Integrating research and practice in social work with groups. *Social Work with Groups, 9*(3), 111–124.

Aries, E. (1973). *Interaction patterns and themes of male, female and mixed groups*. Unpublished doctoral dissertation, Harvard University, Cambridge, MA.

Bach, G. (1954). *Intensive group psychotherapy*. New York: Ronald Press.

Bach, G., & Goldberg, H. (1974). *Creative aggression*. Garden City, NY: Doubleday.

Baden-Powell, R. (1909). *Scouting for boys*. London.

Bales, R. (1950). *Interaction process analysis: A method for the study of small groups*. Reading, MA: Addison-Wesley.

Bales, R. (1970). *Personality and interpersonal behavior*. New York: Holt, Rinehart & Winston.

Balgopal, P., & Vassil, T. (1983). *Groups in social work: An ecological perspective*. New York: Macmillan.

Bandler, R., Grinder, J., & Satir, V. (1976). *Changing with families*. Palo Alto, CA: Science and Behavior Books.

Baratz, S., & Baratz, J. (1970). Early childhood intervention: The social science base of institutional racism. *Harvard Educational Review, 40*, 29–50.

Barber, W. (1985). Cancer ward staff group: An intervention designed to prevent disaster. *Small Group Behavior, 16*(3), 339–353.

Barker, R. (1991). *The social work dictionary* (2nd ed.). Silver Springs, MD: NASW.

Barnett, H. (1918). *Cannon Barnett, his life, work and friends*. London: John Murry.

Benjamin, A. (1981). *The helping interview* (3rd ed.). Boston: Houghton Mifflin.

Benjamin, A. (1987). *Behavior in small groups*. Boston: Houghton Mifflin.

Benne, K., & Sheats, P. (1948). Functional roles of group members. *Journal of Social Issues, 4*(2), 41–49.

Bennis, W., & Shepard, H. (1956). A theory of group development. *Human Relations, 9*(4).

Bertcher, H., & Maple, F. (1974). Elements and issues in group composition. In P. Glasser, R. Sarri, & R. Vinter (Eds.), *Individual change through small groups* (pp. 186–208). New York: Free Press.

Beukenkamp, C. (1952). Some observations made during group therapy. *Psychiatric Quarterly Supplement, 26*, 22–26.

Binfield, C. (1973). *George Williams and the Y.M.C.A.* London: Heinemann.

Bloch, D. (1978). *"So the witch won't eat me": Fantasy and the child's fear of infanticide.* Boston: Houghton Mifflin.

Bloch, S., & Crouch, E. (1985). *Therapeutic factors in group psychotherapy.* Oxford: Oxford University Press.

Bloom, M., & Fisher, J. (1982). *Evaluating practice: Guidelines for the accountable professional.* Englewood Cliffs, NJ: Prentice-Hall.

Bogardus, E. (1937). Ten standards for group work. *Sociology and Social Research, 21*, 176.

Bogardus, E. (1939). The philosophy of group work. *Sociology and Social Research, 23* (July / August), 567.

Bonner, H. (1965). *On being mindful of man.* Boston: Houghton Mifflin.

Boyd, N. (1935). Group work experiments in state institutions in Illinois. In *Proceedings of the National Conference of Social Work 1935* (pp. 339–352). Chicago: University of Chicago Press.

Braaten, L. (1975). Developmental phases of encounter groups and related intensive groups. *Interpersonal Development, 5*, 112–129.

Brenner, D. (1982). *The effective psychotherapist: Conclusions from practice and research.* New York: Pergamon Press.

Breton, M. (1985). Reaching and engaging people: Issues and practice principles. *Social Work with Groups, 8*(3), 7–21.

Breton, M. (October, 1990). *Clinical social work: Who is being empowered?* Paper presented at the 12th Symposium, Social Work with Groups, Miami, FL.

Brown, J., & Arevalo, R. (1979). Chicanos and social group work models. *Social Work with Groups, 2*(4), 331–342.

Brown, L. (1971). *Social workers' verbal acts and the development of mutual expectations with beginning client groups.* Unpublished doctoral dissertation, Columbia University, New York.

Brown, L. (1991). *Groups for growth and change.* New York: Longman.

Buchanan, D. (1975). Group therapy for kidney transplant patients. *International Journal of Psychiatry in Medicine, 6*(4), 523–531.

Bugental, J. (1978). *Psychotherapy and process.* Reading, MA: Addison-Wesley.

Bunker, D., & Wijnberg, M. (1988). *Supervision and performance: Managing professional work in human service organizations.* San Francisco: Jossey-Bass.

Burton, A. (1972). The therapist has a small pain. In A. Burton and Associates (Eds.), *Twelve therapists: How they live and actualize themselves.* San Francisco: Jossey-Bass.

Cameron, N. (1963). *Personality development and psychopathology: A dynamic approach.* Boston: Houghton Mifflin.

Carkhuff, R., & Berenson, B. (1967). *Beyond counseling and therapy.* New York: Holt, Rinehart & Winston.

Carkhuff, R., Kratochvil, D., & Friel, T. (1968). The effects of professional training: Communication and discrimination of facilitative conditions. *Journal of Counseling Psychology, 15*(1), 102–106.

Carlock, C., & Martin, P. (1977). Sex composition and the intensive group experience. *Social Work, 22*(1), 27–32.

Cartwright, R., & Lerner, B. (1963). Empathy, need to change and improvement with psychotherapy. *Journal of Consulting Psychology, 27*, 138–144.

Chekhov, A. (1964). Ward 6. In D. Magarshack, (Trans.), *Lady with lapdog and other stories* (pp. 131–186). London: Penguin. (Original work published 1892)

Clark, A. (1992). Defense mechanisms in group counseling. *Journal for Specialist in Group Work, 17*(3), 155–160.

Coelho, G., Hamburg, D., & Adams, J. (1974). *Coping and adaptation.* New York: Basic Books.

Cofer, D., & Nir, Y. (1976). Theme-focused group therapy on a pediatric ward. *International Journal of Psychiatry in Medicine, 6*(4), 541–550.

Colson, D., Allen, J., Coyne, L., Dexter, N., Jehl, N., Mayer, C., & Spohn, H. (1986). An anatomy of countertransference: Staff reactions to difficult psychiatric hospital patients. *Hospital and Community Psychiatry, 37,* 923–928.

Combs, A., & Avila, D. (1985). *Helping relationships: Basic concepts for the helping professions* Boston: Allyn & Bacon.

Compton, B., & Galaway, B. (1984). *Social work processes* (3rd ed.). Homewood, IL: Dorsey Press.

Conceptual Framework [Special Issue]. (1977), *Social Work, 22,* 338–444.

Confer, W. (1987). *Intuitive psychotherapy: The role of creative therapeutic intervention.* New York: Human Service Press.

Corey, G. (1995). *Theory and practice of group counseling* (5th ed.). Pacific Grove, CA Brooks/Cole.

Corey, G., Corey, M., Callanan, P., & Russell, M. (1992). *Group techniques* (2nd ed.). Pacific Grove, CA: Brooks/Cole.

Corey, M., & Corey, G. (1992). *Groups: Process and practice* (4th ed.). Pacific Grove, CA Brooks/Cole.

Corsini, R., & Rosenberg, B. (1955). Mechanism of group therapy: Processes and dynamics. *Journal of Abnormal and Social Psychology, 51,* 406–411.

Coser, L. (1956). *The functions of social conflict.* New York: Free Press.

Cournoyer, B. (1984). Basic communication skills for work with groups. In B. Compton & B. Galaway (Eds.), *Social work processes* (3rd ed.). Homewood, IL: Dorsey Press 294–303.

Cowger, C. (1979). Conflict and conflict management in working with groups. *Social Work with Groups, 2*(4), 309–320.

Cox, E. (1988). Empowerment of the low-income elderly through group work. *Social Work with Groups, 11*(4), 111–125.

Coyle, G. (1960). Group work in psychiatric settings: Its roots and branches. In *Use of groups in the psychiatric setting,* (pp. 12–45). New York: National Association of Social Workers.

Cozby, P. (1973). Self-disclosure: A literature review. *Psychological Bulletin, 79,* 73–91.

Crosby, C. (1978). A group experience for elderly, socially isolated widows. *Social Work with Groups, 1*(4), 345–354.

Cudney, M. (1975). *Eliminating self-defeating behaviors.* Kalamazoo, MI: Life Giving Enterprises.

Cumings, J., & Cumings, E. (1962). *Ego and milieu.* London: Tavistock Publications.

Danish, S., D'Augelli, A., & Brock, G. (1976). An evaluation of helping skills training Effects on helper's verbal responses. *Journal of Counseling Psychology, 23,* 259–266.

Davis, L. (1979). Racial composition of groups. *Social Work, 24,* 208–213.

Davis, L. (1980). Racial balance: A psychological issue. *Social Work with Groups, 3*(2), 75–85

Davis, L. (1984). Essential components of group work with black Americans. *Social Work with Groups, 7*(3), 97–109.

Davis, M., Sharfstein, S., & Owens, M. (1974). Separate and together: All black therapy group in the white hospital. *American Journal of Orthopsychiatry, 44,* 19–25.

Dickerson, M. (1981). *Social work practice with the mentally retarded.* New York: Free Press

Dies, R., & MacKenzie, K. (Eds.). (1983). Advances in group psychotherapy: Integrating research and practice. New York: International Universities Press.

Dinkmeyer, D., & Muro, J. (1971). *Group counseling: Theory and practice.* Itasca, IL: F. E Peacock.

Douds, J., Berenson, B., Carkhuff, R., & Pierce, R. (1967). In search of an honest experience: Confrontation in counseling and life. In R. Carkhuff & B. Berenson, *Beyond Counseling and Therapy* (pp. 170–179). New York: Holt, Rinehart & Winston.

Douglas, T. (1976). *Groupwork practice*. New York: International Universities Press.

Duehn, W., & O'Conner, R. (1972, November). *A study of client content expectancies as related to interactional process during short-term group counseling*. Paper presented at the First Southwest Regional Meeting of the American Orthopsychiatric Association, Galveston, TX.

Duffy, T. (1994). The check-in and other go-rounds in group work: Guidelines for use. *Social Work with Groups, 17*(1/2), 163–175.

Durkin, H. (1981). Foundations of autonomous living structures. In H. Durkin (Ed.), *Living groups: Group psychotherapy and general systems theory* (pp. 75–103). New York: Brunner/Mazel.

Dyer, W. & Vriend, J. (1975). *Counseling techniques that work: Application to individual and group counseling*. Washington DC: APGA Press.

Edwards, A. (1982). The consequences of error in selecting treatment for blacks. *Social Casework, 63*(7), 429–433.

Edwards, E., & Edwards, M. (1980). American Indians: Working with individuals and groups. *Social Casework, 61*, 498–506.

Egan, G. (1970). *Encounter: Group processes for interpersonal growth*. Pacific Grove, CA: Brooks/Cole.

Egan, G. (1982). *The skilled helper: A model for systematic helping and interpersonal relating* (2nd ed.). Pacific Grove, CA: Brooks/Cole.

Egan, G. (1990). *The skilled helper: A systematic approach to effective helping* (4th ed.). Pacific Grove, CA: Brooks/Cole.

Eichler, R., & Halseth, J. (1992). Intuition: Enhancing group work. *Social Work with Groups, 15*(1), 81–93.

Eisner, E. (1979). *The educational imagination: On the design and evaluation of school programs*. New York: Macmillan.

Ellis, A. (1973). Rational-emotive group therapy. In G. Gazda (Ed.), *Group Therapy and Counseling*. Springfield, IL: Charles C. Thomas.

Endler, N., Hunt, J., & Rosenstein, A. (1962). An S-R Inventory of Anxiousness. *Psychological Monographs, 76*(536).

Erickson, R. (1987). The question of casualties in inpatient small group psychotherapy. *Small Group Behavior, 18*(4), 443–457.

Erikson, E. (1959). *Identity and the life cycle*. New York: International Universities Press.

Etcheverry, R., Siporin, M., & Toseland, R. (1986). The uses and abuses of role-playing. In P. Glasser & N. Mayadas (Eds.), *Group workers at work: Theory and practice in the 80's* (pp. 116–130). Totowa, NJ: Rowman & Littlefield.

Ettin, M. (1986). Within the group's view: Clarifying dynamics through metaphoric and symbolic imagery. *Small Group Behavior, 17*(4), 407–426.

Falk, H. (October, 1990). *Group work with the severely mentally ill*. Paper presented at the 12th Symposium, Social Work with Groups, Miami, FL.

Fisher, J. (1978). *Effective casework practice: An eclectic approach*. New York: McGraw-Hill.

Fisher, J., & Corcoran, K. (1994). *Measures for clinical practice: A source book* (Vol. 2). New York: The Free Press.

Fisher, R. (1949). Contributions of group work in psychiatric hospitals. *The Group, 12*, 3–10.

Flapan, D., & Fenchel, G. (1987). *The developing ego and the emerging self in group therapy*. Northvale, NJ: Aronson.

Forman, M. (1967). Conflict, controversy, and confrontation in group work with older adults. *Social Work, 12*(1), 80–85.

Foulkes, S. (1964). *Therapeutic group analysis*. London: Allen and Unwin.

Foulkes, S., & Anthony, E. (1957). *Group psychotherapy: The psychoanalytic approach*. Baltimore: Penguin.

Frankl, V. (1962). *Man's search for meaning*. New York: Washington Square Press.

Freidman, W. (1989). *Practical group therapy: A guide for clinicians*. San Francisco: Jossey-Bass.

Frey, C. (1987). Minimarathon group sessions with incest offenders. *Social Work, 32*(6), 534–535.

Galinsky, M., & Schopler, J. (1977). Warning: Groups may be dangerous. *Social Work, 22*(2), 89–94.

Galinsky, M., Schopler, J., Safier, E., & Gambrill, E. (1978). Assertion training for public welfare clinics. *Social Work with Groups, 1*(4), 365–379.

Garland, J. (1985). The relationship between social group work and group therapy: Can a group therapist be a social group worker too? In Marvin Parnes (Ed.), *Innovations in Social Group Work*. New York: Haworth Press.

Garland, J., Jones, H., & Kolodny, R. (1973). A model for stages of development in social work groups. In S. Bernstein (Ed.), *Explorations in group work* (pp. 17–71). Boston Milford Press.

Garvin, C. (1981). *Contemporary group work*. Englewood Cliffs, NJ: Prentice Hall

Gendlin, E. (1970). A short summary and some long predictions. In J. Hart & T. Tomlinson (Eds.), *New directions in client-centered therapy*. Boston: Houghton Mifflin.

Gentry, M. (1974). *Initial group meetings—Concepts and findings for social work education and practice*. Paper presented at the Annual Program Meeting of the Council on Social Work Education, Atlanta.

Gentry, M. (1978). Tape recording group sessions: A practical research strategy. *Social Work with Groups, 1*(1) 95–102.

Gitterman, A. (1986). Developing a new group service: Strategies and skills In A Gitterman and L. Shulman (Eds.), *Mutual aid groups and the life cycle* (pp. 53–71) Itasca, IL: F. E. Peacock.

Gitterman, A., & Schaeffer, A. (1972). The white professional and the black client. *Social Casework, 53*(5), 280–291.

Gitterman, A., & Shulman, L. (Eds.). (1986). *Mutual aid groups and the life cycle*. Itasca, IL. F. E. Peacock.

Glasser, P., & Mayadas, N. (Eds.). (1986). *Group workers at work: Theory and practice in the '80s*. Totowa, NJ: Rowman & Littlefield.

Glasser, P., Sarri, R., & Vinter, R. (Eds.). (1974). *Individual change through small groups* New York: Free Press.

Glasser, W. (1977). Promoting client strength through positive addiction. *Canadian counsellor, 11*, 173–175.

Glassman, U., & Kates, L. (1983). Authority themes and worker-group transactions Additional dimensions to the stages of group development. *Social Work with Groups 6*(2), 33–52.

Glatzer, H. (1956). The relative effectiveness of clinically homogeneous and heterogeneous psychotherapy groups. *International Journal of Group Psychotherapy, 5*, 258–265

Goldberg, T. (October, 1991). *Group work and group treatment: A preliminary analysis*. Paper presented at the 13th Symposium, Social Work with Groups, Akron, OH.

Goldberg, T. (October, 1992). Beliefs and attitudes about "the group therapies" by group workers. Paper presented at the 14th Symposium, Social Work with Groups, Atlanta

Goldstein, E. (1995). *Ego psychology and social work practice*. New York: Free Press

Gordon, T. (1955). *Group-centered leadership*. Cambridge, MA: Riverside Press.

Gottesfeld, M., & Pharis, M. (1977). *Profiles in social work*. New York: Human Service Press

Goulding, R. (1975). The formation and beginning process of transactional analysis groups. In G. Gazda (Ed.), *Basic approaches to group psychotherapy* (pp. 234–264) Springfield, IL: Charles C Thomas.

Gouwens, D. (Ed.). (1964). *Social group work: A new dimension in V.A. social work.* Jefferson Barracks, MO: Veterans Administration Hospital.

Green, J. (1982). *Cultural awareness in the human services.* Englewood Cliffs, NJ: Prentice Hall.

Greenson, R. (1967). *The technique and practice of psychoanalysis.* New York: Universities International Press.

Greenspan, M. (1993). *A new approach to women and therapy.* New York: McGraw-Hill.

Griffin-Shelley, E., & Trachtenberg, J. (1985). Group psychotherapy with short-term inpatients. *Small Group Behavior, 16*(1), 97–104.

Griffin-Shelley, E., & Wendel, S. (1988). Group psychotherapy with long-term inpatients: Application of a model. *Small Group Behavior, 19*(3), 379–385.

Grinnell, R. (1985). *Social work research and evaluation* (2nd ed.). Itasca, IL: F. E. Peacock.

Grotjahn, M., Kline, F., & Friedmann, C. (Eds.). (1983). *Handbook of group therapy.* New York: Van Nostrand Reinhold.

Gump, P., & Sutton-Smith, B. (1955). The "it" role in children's games. In E. Averdon and B. Sutton-Smith (Eds.), *The study of games* (pp. 390–397). New York: Wiley.

Hansen, J. (1978). *Counseling process and procedures.* New York: Macmillan.

Hansen, J., Warner, R., & Smith, E. (1980). *Group counseling.* Boston: Houghton Mifflin.

Harlow, M. (1961). Group work in a psychiatric hospital. In R. Felix (Ed.), *Mental health and social welfare* (pp. 152–174). New York: Columbia University Press.

Harlow, M. (1964, February). *A system of groups in the hospital community: Dealing with the social functioning of the patient population.* Paper presented to the medical staff of the C. F. Menninger Memorial Hospital, Topeka, KS.

Hartford, M. (1971). *Groups in social work.* New York: Columbia University Press.

Hartmann, H. (1964). *Essays on ego psychology.* New York: International Universities Press.

Hartman, S. (1987). Therapeutic self-help group: A process of empowerment for women in abusive relationships. In C. Brody (Ed.), *Women's therapy groups: Paradigms of feminist treatment* (pp. 67–81). New York: Springer.

Hasenfeld, Y. (1987). Power in social work practice. *Social Service Review, 61*(3), 469–483.

Haussmann, M., & Halseth, J. (1983). Re-examining women's roles: A feminist group approach to decreasing depression in women. *Social Work with Groups, 6*(3/4), 105–115.

Heap, K. (1977). *Group theory for social workers: An introduction.* New York: Pergamon Press.

Henry, M. (1988). Revisiting open groups. *Groupwork, 1*(3), 215–228.

Henry, S. (1992). *Group skills in social work: A four-dimensional approach.* Itasca, IL: F. E. Peacock.

Hepworth, D., & Larsen, J. (1993). *Direct social work practice: Theory and skills* (2nd ed.). Pacific Grove, CA: Brooks/Cole.

Herrerias, C. (1991, January). *Guidelines for working with Hispanics.* Paper presented at the NIDA National Conference on Drug Abuse and Practice, Washington, DC.

Hess, H., & Hess, P. (1984). Termination in context. In B. Compton and B. Galaway (Eds.), *Social work processes* (3rd ed., pp. 559–570). Homewood, IL: Dorsey Press.

Hinckley, R., & Hermann, L. (1951). *Group treatment in psychotherapy: A report of experience.* Minneapolis: University of Minnesota Press.

Hirayama, H., & Vaugh, H. (1986). Reaching out to alienated, chronically ill black elderly through groups at inner-city primary health care centers. In P. Glasser & N. Mayadas (Eds.), *Group workers at work: Theory and practice in the '80s* (pp. 190–202). Totowa, NJ: Rowman & Littlefield.

Ho, M. (1976). Social work with Asian Americans. *Social Casework, 57,* 195–201.

Hudson, W. (1982). *The clinical measurement package: A field manual.* Homewood, IL: Dorsey Press.

Irving, A., Parsons, H., & Bellamy, D. (Eds.). (1995). *Neighbours: Three social settlements in downtown Toronto.* Toronto: Canadian Scholars' Press.

Jacobs, E., Harvill, R., & Masson, R. (1994). *Group counseling: Strategies and skills.* Pacific Grove, CA: Brooks/Cole.

Jahoda, M. (1958). *Current concepts of positive mental health.* New York: Basic Books.

James, B. (1989). *Treating traumatized children: New insights and creative interventions.* Lexington, MA: Lexington Books.

Johnson, C. (1974). Planning for termination of the group. In P. Glasser, R. Sarri, & R. Vinter (Eds.), *Individual change through small groups* (pp. 258–265). New York: Free Press.

Johnson, I., Torres, J., Coleman, V., & Smith, M. (1995). Issues and strategies in leading culturally diverse counseling groups. *Journal for Specialists in Group Work, 20*(3), 143–150.

Johnson, W. (1951). Being understanding and understood: Or how to find a wandering horse, *Etc., 7*(3) 178–179.

Jourard, S. (1968). *Disclosing man to himself.* New York: Van Nostrand.

Jourard, S. (1971). *The transparent self.* New York: Van Nostrand.

Jung, C. (1968). *Analytic psychology: Its theory and practice.* New York: Random House.

Kadis, A., Krasner, J., Weiner, M., Winick, C., & Foulkes, S. (1974). *Practicum of group psychotherapy* (2nd ed.). Hagerstown, MD: Harper & Row.

Kadushin, A. (1972). *The social work interview.* New York: Columbia University Press.

Kaplan, K. (1988). *Directive group therapy: Innovative mental health treatment.* Thorofare, NJ: Slack.

Kavanaugh, J. (1985). *Search: A guide for those who dare to ask of life everything good and beautiful.* New York: Harper & Row.

Kellerman, H. (1979). *Group psychotherapy and personality.* New York: Grune & Stratton.

Kiresuk, T., & Lund, S. (1975). Process and outcome measurement using goal attainment scaling. In J. Zusman & C. Wuster (Eds.), *Program evaluation: Alcohol, drug abuse, and mental health services* (pp. 28–30). Lexington, MA: Lexington Books.

Klein, A. (1972). *Effective groupwork: An introduction to principle and method.* New York: Association Press.

Konopka, G. (1978). The significance of social group work based on ethical values. *Social Work with Groups, 1*(2), 123–131.

Konopka, G. (1983). *Social group work: A helping process* (3rd ed.). Englewood Cliffs, NJ: Prentice Hall.

Konopka, G. (1993). *Social group work: A helping process* (3rd ed.). Englewood Cliffs, NJ: Prentice Hall.

Kopp, J. (1988). Self-monitoring: A literature review of research and practice. *Social Work Research & Abstracts, 24*(4), 8–15.

Kopp, S. (1972). *If you meet the buddha on the road, kill him.* New York: Bantam Books.

Kottler, J. (1983). *Pragmatic group leadership.* Pacific Grove, CA: Brooks/Cole.

Kottler, J. (1994). *Advanced group leadership.* Pacific Grove, CA: Brooks/Cole.

Kübler-Ross, E. (1969). *On death and dying.* New York: Macmillan.

Kübler-Ross, E., & Anderson, J. (1968). Psychotherapy with the least expected: Modified group therapy with blind clients. *Rehabilitation Literature, 29*(3), 73–76.

Kurland, R. (1978). Planning: The neglected component of group development. *Social Work with Groups, 1*(2), 173–178.

LaFrance, M., & Mayo, C. (1976). Racial differences in gaze behavior during conversation. *Journal of Personality and Social Psychology, 33*(5), 547–552.

Lang, N. (1972). A broad-range model of practice in the social work group. *Social Service Review, 46*, 76–89.

Lang, N. (1979a). A comparative examination of therapeutic use of groups in social work and in adjacent human service professions: Part I—The literature from 1955–1968. *Social Work with Groups, 2*(2), 101–115.

Lang, N. (1979b). A comparative examination of therapeutic uses of groups in social work and in adjacent human service professions: Part II—The literature from 1969–1978. *Social Work with Groups, 2*(3), 197–220.

Lang, R. (1973). *The technique of psychoanalytic psychotherapy*. New York: Aronson, p. 421.

Langer, E. (1989). *Mindfulness*. Reading, MA: Addison-Wesley.

Lawton, G. (1958). Neurotic interaction between counselor and counselee. *Journal of Counseling Psychology, 5*(3), 28–33.

Lazerson, J. (1992). Feminism and group psychotherapy: An ethical responsibility. *International Journal of Group Psychotherapy, 42*(4), 523–545.

Lee, J. (1915). *Play in education*. New York: MacMillan.

Leong, F. (1992). Guidelines for minimizing premature termination among Asian American clients in group counseling. *Journal for Specialists in Group Work, 17*(4), 218–228.

Lessner, N. (1974). The poem as catalyst in group counseling. *Personnel and Guidance Journal, 53*(2), 33–38.

Levine, B. (1965). Principles for developing an ego-supportive group treatment service. *Social Services Review, 39*, 422–432.

Levine, B. (1980). Co-leadership approaches to learning groupwork. *Social Work with Groups 3*(4), 35–38.

Levine, B. (1991). *Group psychotherapy*. Prospect Heights, IL: Waveland Press.

LeVine, E., & Padilla, A. (1980). *Crossing cultures in therapy: Pluralistic counseling for the Hispanic*. Pacific Grove, CA: Brooks/Cole.

Lewis, H., & Streitfeld, H. (1972). *Growth games*. New York: Bantam Books.

Lieberman, M. (1981). Group methods. In F. Kanfer & A. Goldstein (Eds.), *Helping people change* (pp. 61–83). New York: Pergamon Press.

Lieberman, M., Lakin, M., and Whitaker, D. (1968). The group as a unique context for therapy. *Psychotherapy: Theory Research and Practice* (Winter, 1968) 5(1), 29–35.

Lieberman, M., Yalom, I., & Miles, M. (1973). *Encounter groups: First facts*. New York: Basic Books.

Locke, E., & Latham, G. (1984). *Goal setting: A motivational technique that works*. Englewood Cliffs, NJ: Prentice Hall.

London, P. (1969). *Behavior control*. New York: Harper & Row.

Lonergan, E. (1982). *Group intervention: How to begin and maintain groups in medical and psychiatric settings*. New York: Aronson.

Lubell, D. (1986). Living with a lifeline: Peritoneal dialysis patients. In A. Gitterman & L. Shulman (Eds.), *Mutual aid groups and the life cycle* (pp. 283–296). Itasca, IL: F. E. Peacock.

Luchins, A. (1964). *Group therapy: A guide*. New York: Random House.

Lum, D. (1986). *Social work practice and people of color: A process-stage approach*. Pacific Grove, CA: Brooks/Cole.

MacKenzie, K. (1990). *Introduction to time limited group psychotherapy*. Washington, DC: American Psychiatric Press.

MacKenzie, K., & Dies, R. (1982). *The CORE Battery: Clinical outcome results*. New York: American Group Psychotherapy Association.

Mackey, R. (1985). *Ego psychology and clinical practice*. New York: Gardner Press.

Maeder, T. (1989, December). Wounded healers. *The Atlantic Monthly*, pp. 37–47.

Maier, H. (Ed.). (1965). *Group work as part of residential treatment*. New York: National Association of Social Workers.

Maloney, S. (1963). *Development of group work education in social work schools in the U.S.* Unpublished doctoral dissertation, Case Western Reserve University, Cleveland, OH.

Maltsberger, J., & Buie, D. (1974). Countertransference hate in the treatment of suicidal patients. *Archives of General Psychiatry, 30*(5), 625–633.

Maluccio, A. (1974). Action as a tool in casework practice. *Social Casework, 55*(1), 30–35.

Marshak, L. (1982). Group therapy with adolescents. In M. Seligman (Ed.), *Group psychotherapy and counseling with special populations* (pp. 185–214). Baltimore: University Park Press.

Martin, P., & Shanahan, K. (1983). Transcending the effects of sex composition in small groups. *Social Work with Groups, 6*(3/4), 19–32.

Maslow, A. (1954). *Motivation and personality.* New York: Harper Brothers.

Maslow, A. (1962). *Notes on unstructured groups at Lake Arrow Head.* Unpublished mimeograph.

Maslow, A. (1968). *Toward a psychology of being* (2nd ed.). Princeton, NJ: Van Nostrand

Mazza, N., & Price, B. (1985). When time counts: Poetry and music in short-term group treatment. *Social Work with Groups, 8*(2), 534–66.

McCarley, T. (1975). The psychotherapist's search for self renewal. *American Journal of psychiatry, 132*(3), 221–224.

McClellan, M. (1972). Crisis groups in special care areas. *Nursing clinics of North America 7*(2), 363–371.

McClure, B. (1987). Metaphoric illumination in groups. *Small Group Behavior, 18*(2), 179–187.

McMullin, R. (1986). *Handbook of cognitive therapy techniques.* New York: W. W. Norton

McNeely, R., & Badami, M. (1984). Interracial communication in school social work *Journal of Social Work, 29*(1) (January–February).

Mechanic, D. (1974). Social structure and personal adaptation: Some neglected dimensions. In G. Coelho, D. Hamburg, & J. Adams (Eds.), *Coping and adaptation* (pp 32–44). New York: Basic Books.

Menninger, K., & Holtzman, P. (1959). *Theory of psychoanalytic technique.* New York: Basic Books.

Middleman, R. (1968). *The non-verbal method in working with groups.* New York: Association Press.

Middleman, R. (1980). The use of program: Review and update. *Social Work with Groups 3*(3), 5–21.

Middleman, R., & Wood, G. (1990). From social group work to social work with groups *Social Work with Groups, 13*(3), 3–20.

Minahan, A. (Ed.). (1987). Encyclopedia of social work (18th ed., Vol. 2). Silver Springs, MD: National Association of Social Workers.

Moursund, J. (1992). *The process of counseling and therapy* (3rd ed.). Englewood Cliffs, NJ Prentice Hall.

Mullan, H., & Rosenbaum, M. (1978). *Group psychotherapy: Theory and practice.* New York Free Press.

Muro, J., & Freeman, S. (1968). *Readings in group counseling.* Scranton, PA: Internationa Textbook.

Murphy, L. (1962). *The widening world of childhood.* New York: Basic Books.

Murphy, L. (1974). Coping, vulnerability, and resilience in childhood. In G. Coelho, D Hamburg, & J. Adams (Eds.), *Coping and adaptation* (pp. 69–100). New York: Basic Books.

Nadelson, T. (1977). Borderline rage and the therapist's response. *American Journal o Psychiatry, 134*(7), 748–751.

Napier, R., & Gershenfeld, M. (1989). *Making groups work: A guide for group leaders* (4th ed. Boston: Houghton Mifflin.

National Association of Social Workers. (1984). *NASW standards for the practice of clinica social work.* Boston: Author.

Nelsen, J. (1981). Issues in single-subject research for nonbehaviorists. *Social Work Research & Abstracts, 17*(2), 31–37.

Nelsen, J. (1984). Intermediate treatment goals as variables in single-case research. *Socia Work Research & Abstracts, 20*(3), 3–10.

Nicholas, M. (1984). *Change in the context of group therapy.* New York: Brunner/Mazel

Northen, H. (1988). *Social work with groups* (3rd ed.). New York: Columbia Universit Press.

Nowinski, J. (1990). *Substance abuse in adolescents and young adults.* New York: Norton.

O'Brian, C. (1977). Group therapy of schizophrenia. *Current Psychiatric Therapies, 17,* 149–154.

Ohlsen, M. (1970). *Group counseling.* New York: Holt, Rinehart & Winston.

Oradei, D., & Waite, N. (1974). Group psychotherapy with stroke patients during the immediate recovery phase. *American Journal of Orthopsychiatry, 44*(33), 386–395.

Ormont, L. (1992). *The group therapy experience: From theory to practice.* New York: St. Martin's Press.

Page, R., & Berkow, D. (1994). *Creating contact, choosing relationship: The dynamics of unstructured group therapy.* San Francisco: Jossey-Bass.

Pam, A., & Kemker, S. (1993). The captive group: Guidelines for group therapist in the inpatient setting. *International Journal of Group Psychotherapy, 43*(4), 419–438.

Papell, C., & Rothman, B. (1966). Social group work models: Possession and heritage. *Journal of Education for Social Work, 2,* 66–77.

Papell, C., & Rothman, B. (1980). Relating the mainstream model of social work with groups to group psychotherapy and the structured group approach. *Social Work with Groups, 3*(2), 6.

Parker, S. (1958). Leadership patterns in a psychiatric ward. *Human Relations, 11,* 287–301.

Parloff, M. (1969). Discussion of accelerated interaction: A time limited approach based on the brief intensive group. *International Journal of Group Psychotherapy, 28,* 220–235.

Perlman, H. (1975). In quest of coping. *Social Casework, 56*(4), 213–225.

Perlman, H. (1979). *Relationship: The heart of helping people.* Chicago: University of Chicago Press.

Pernell, R. (1986). Old themes for a new world. In P. Glasser & N. Mayadas (Eds.), *Group workers at work: Theory and practice in the '80s* (pp. 11–21). Totowa, NJ: Rowman & Littlefield.

Pfeiffer, J., & Jones, J. (1975). *A handbook of structured experiences for human relations training* (Vols. 1–5). La Jolla, CA: University Associates.

Pierrakos, J. (1978). Core-energetic process in group therapy. In H. Mullan & M. Rosenbaum (Eds.), *Group psychotherapy: Theory and practice* (p. 256). New York: Free Press.

Pincus, A., & Minahan, A. (1973). *Social work practice: Model and method.* Itasca, IL: F. E. Peacock.

Pipes, R., & Davenport, D. (1990). *Introduction to psychotherapy: Common clinical wisdom.* Englewood Cliffs, NJ: Prentice Hall.

Polansky, N. (1991). *Integrated ego psychology* (2nd ed.). New York: Aldine de Gruyter.

Posthuma, B. (1989). *Small groups in therapy settings: Process and leadership.* Boston: College-Hill Press.

Power, P., & Rogers, S. (1979). Group counseling for multiple sclerosis patients: A preferred mode of treatment. In R. Lasky & A. Dell Orto (Eds.), *Group counseling and physical disability: A rehabilitation and health care perspective* (pp. 115–127). North Scituate, MA: Duxbury Press.

Prideaux, T. *We Meet Again* (poem).

Proctor, E., & Davis, L. (1994). The challenge of racial differences: Skills for clinical practice. *Social Work, 39*(3), 314–323.

Rappaport, R. (1982). Group therapy in prison. In M. Seligman (Ed.), *Group psychotherapy and counseling with special populations* (pp. 215–228). Baltimore: University Park Press.

Redl, F., & Wineman, D. (1951). *Children who hate.* Glencoe, IL: Free Press.

Redl, F., & Wineman, D. (1952). *Controls from within.* Glencoe, IL: Free Press.

Redl, F., & Wineman, D. (1957). *The aggressive child.* Glencoe, IL: Free Press.

Reid, K. (1968). Social group work enhances milieu therapy. *Hospital and community psychiatry, 9*(1) (January), 26–29.

Reid, K. (1977a). Nonrational dynamics of the client-worker interaction. *Social Casework, 58*(10), 600–606.

Reid, K. (1977b). Worker authenticity in group work. *Clinical social work journal, 5*(1), 3–16

Reid, K. (1980). Some common problems in working with adolescents. In R. Jones and C Pritchard (Eds.), *Social work with adolescents* (pp. 208–219). London: Routledge & Kegan Paul.

Reid, K. (1981). *From character building to social treatment: The history of the use of groups in social work.* Westport, CT: Greenwood Press.

Reid, K. (1986). The use of confrontation in group treatment: Attack or challenge. *Clinical Social Work Journal, 14*(3), 234–237.

Reid, K. (1988). "But I don't want to lead a group!" Some common problems of social workers leading groups. *Groupwork, 1*(2), 124–134.

Reik, T. (1956). *The search within: The inner experiences of a psychoanalyst.* New York: Farrar, Strauss, & Cudahy.

Richmond, M. (1930). Some steps in social treatment. *The long view.* New York: Russell Sage Foundation.

Roberts, R., & Northen, H. (Eds.). (1976). *Theories of social work with groups* New York Columbia University Press.

Rogers, C. (1961). *On becoming a person.* Boston: Houghton Mifflin.

Rogers, C. (1962). The interpersonal relationship: The core of guidance *Harvard Educational Review, 32*(4) (Fall), 416–429.

Rogers, C. (1963). The concept of the fully functioning person. *Psychotherapy. Theory research and practice, 1*(1), 17–26.

Rogers, C. (1970a). *Carl Rogers on encounter groups.* New York: Harper & Row.

Rogers, C. (1970b). Looking back and ahead: A conversation with Carl Rogers. An interview by Joseph Hart. In J. Hart & T. Tomlinson (Eds.), *New directions in client-centered therapy* (pp. 502–534). Boston: Houghton Mifflin.

Rose, S. (1972). *Treating children in groups.* San Francisco: Jossey-Bass.

Rose, S. (1977). *Group therapy: A behavioral approach.* Englewood Cliffs, NJ: Prentice Hall

Rose, S. (1981). Assessment in groups. *Social Work Research and Abstracts, 17*(1), 29–37

Rosenbaum, M. (Ed.). (1983). *Handbook of short-term therapy groups.* New York: McGraw Hill.

Rosenthal, Y., & Bandura, A. (1978). Psychological modeling: Theory and practice. In S Garfield & A. Bergin (Eds.), *Handbook of psychotherapy and behavior changes.* New York Wiley.

Rubin, T. (1970). *The angry book.* New York: Collier Books.

Rutan, J., & Stone, W. (1984). *Psychodynamic group psychotherapy.* Lexington, MA Collamore Press.

Sager, C., Braywood, T., & Waxenberg, B. (1970). *Black ghetto family in therapy: A laboratory experience.* New York: Grove Press.

Sands, R. (1983). Transference revisited. *Arete, 8*(2), 18–29.

Saretsky, T. (1977). *Active techniques and group psychotherapy.* New York: Aronson.

Sarri, R., & Galinsky, M. (1967). A conceptual framework for group development. In R Vinter (Ed.), *Readings in group work practice* (pp. 72–94). Ann Arbor, MI: Campus Publisher.

Schafer, R. (1983). *The analytic attitude.* New York: Basic Books.

Schein, J. (1982). Group techniques applied to deaf and hearing-impaired persons In M Seligman (Ed.), *Group psychotherapy and counseling with special populations* (pp 143–162). Baltimore: University Park Press.

Schutz, W. (1967). *Joy: Expanding human awareness.* New York: Grove Press.

Schwartz, W. (1961). The social worker in the group. In *New perspectives on services to groups* (p. 7). New York: National Association of Social Workers.

Schwartz, W. (1964). Analysis of papers presented on working definitions of group work practice, 1964. In M. Hartford (Ed.), *Working papers toward a frame of reference for social group work, 1959–1963* (pp. 56–61). New York: National Association of Social Workers.

Schwartz, W. (1976). Between client and system: The mediating function. In R. Roberts & H. Northen (Eds.), *Theories of social work with groups* (pp. 169–197). New York: Columbia University Press.

Schwartz, W., & Zalba, S. (Eds.). (1971). *The practice of group work*. New York: Columbia University Press.

Seligman, M. (1975). *Helplessness*. San Francisco: W. H. Freeman.

Seligman, M. (Ed.). (1982). *Group psychotherapy and counseling with special populations*. Baltimore: University Park Press.

Shapiro, J. (1978). *Methods of group psychotherapy and encounter: A tradition of innovation*. Itasca, IL: F. E. Peacock.

Shilkoff, D. (1983). The use of male-female co-leadership in an early adolescent girls' group. *Social Work with Groups, 6*(2), Summer, 67–80.

Shulman, L. (1992). *The skills of helping individuals and groups*. (3rd ed.). Itasca, IL: F. E. Peacock.

Simonson, N. (1976). The impact of therapist disclosure on patient disclosure. *Journal of Transpersonal Psychology, 23,* 3–6.

Slivkin, S. (1982). The group framework in the treatment of mentally retarded persons. In M. Seligman (Ed.), *Group psychotherapy and counseling with special populations* (pp. 228–243). Baltimore: University Park Press.

Smalley, R. (1967). *Theory for social work practice*. New York: Columbia University Press.

Solomon, B. (1976). *Black empowerment*. New York: Columbia University Press.

Stanford, G. (1972). Openness as manipulation. *Social Change*. National Training Laboratories for Applied Science (12).

Staples, L. (1990). Powerful ideas about empowerment. *Administration in Social Work, 14* (2), 29–42.

Stewart, P. (1964). Supreme Court Ruling: Concurring opinion in 6 to 3 ruling that over-turned ban on pornography. *Simpson's Contemporary Quotations* (1988), p. 7.

Stoller, F. (1969). A stage for trust. In A. Burton (Ed.), *Encounter: The theory and practice of encounter groups*. San Francisco: Jossey-Bass.

Strean, H. (1978). *Clinical social work: Theory and practice*. New York: Free Press.

Sussman, A. (1974). Group therapy with severely handicapped. *Journal of Rehabilitation of the Deaf, 8,* 122–126.

Teyber, E. (1992). *Interpersonal process in psychotherapy: A guide for clinical training* (2nd ed.). Pacific Grove, CA: Brooks/Cole.

Tilley, B. (1984). *Short-term counseling: A psychoanalytic approach*. New York: International Universities Press.

Tocqueville, A. de (1947). *Democracy in America*. H. Reeve (Trans.). H. Commager (Ed.). New York: Oxford University Press. (Original work published 1899.)

Toseland, R., & Rivas, R. (1995). *An introduction to group work practice* (2nd ed.). New York: Macmillan.

Towey, M., Sears, W., Williams, J., Kaufman, N., & Cunningham, M. (1966). Group activi-ties with psychiatric inpatients. *Social Work, 11* (January), 50–56.

Towle, C. (1954). *The learner in education for the professions*. Chicago: University of Chicago Press.

Trotzer, J. (1977). *The counselor and the group: Integrating training, theory, and practice*. Pacific Grove, CA: Brooks/Cole.

Truax, C., & Carkhuff, R. (1964). Concreteness: A neglected variable in research in psy-chotherapy. *Journal of Clinical Psychology, 20,* 264–267.

Truax, C., & Carkhuff, R. (1967). *Toward effective counseling and psychotherapy: Training and practice*. Chicago: Aldine-Atherton.

Tuckman, B. (1965). Developmental sequence in small groups. *Psychological Bulletin, 63,* 384–399.

Turner, F. (1978). *Psychosocial therapy*. New York: Free Press.

Vaillant, G. (1977). *Adaptation to life*. Boston: Little, Brown.

Vinter, R. (Ed.). (1967). *Readings in group work practice*. Ann Arbor, MI: Campus Publishers.

Vinter, R. (1974). The essential components of social group work practice. In P. Glasser, R. Sarri, & R. Vinter (Eds.), *Individual change through small groups* (pp. 9–33). New York: Free Press.

Vinter, R. (1974). Program activities: An analysis of their effects on participant behavior. In P. Glasser, R. Sarri, & R. Vinter (Eds.), *Individual change through small groups* (pp. 233–243). New York: Free Press.

Wasteneys, H. (1975). A history of the University Settlement in Toronto, 1910–1958: An exploration of the social objectives of the University Settlement, University of Toronto. Unpublished doctoral dissertation, University of Toronto.

Weick, A., Rapp, C., Sullivan, P., & Kisthardt, W. (1989). A strength perspective for social work practice. *Social Work, 34*(4), 350–354.

Weinberg, G. (1984). *The heart of psychotherapy*. New York: St. Martin's Press.

Weiner, I. (1975). *Principles of psychotherapy*. New York: Wiley.

Weiner, M. (1986). *Practical psychotherapy*. New York: Brunner/Mazel.

Western Reserve University, School of Applied Social Sciences. (1923). A training course in group service work (announcement).

Whitaker, D. (1994). *Using groups to help people*. London: Routledge.

White, R. (1974). Strategies of adaptation: An attempt at systematic description. In G. Coelho, D. Hamburg, & J. Adams (Eds.), *Coping and adaptation* (pp. 47–68). New York: Basic Books.

Whittaker, J. (1974). Program activities: Their selection and use in a therapeutic milieu. In P. Glasser, R. Sarri, & R. Vinter (Eds.), *Individual change through small groups*. New York: Free Press.

Whittaker, J., & Tracey, E. (1989). *Social treatment* (2nd ed.). New York: Aldine de Gruyter.

Williams, M. (1966). Limitations, fantasies, and security operations of beginning group psychotherapists. *International Journal of Psychotherapy, 16*(2), 150–162.

Wilson, G. (1941). *Group work and case work: Their relationship and practice*. New York: Family Welfare Association.

Wilson, G., & Ryland, G. (1949). *Social group work practice: The creative use of social process*. Cambridge, MA: Riverside Press.

Wodarski, J., & Harris, P. (1987). Adolescent suicide: A review of influences and the means of prevention. *Social Work, 32*, 477–483.

Woods, M., & Hollis, F. (1990). *Casework: A psychosocial approach* (4th ed.). New York: McGraw-Hill.

Wubbolding, R. (1988). *Using reality therapy*. New York: Harper & Row.

Yalom, I. (1983). *Inpatient group psychotherapy*. New York: Basic Books.

Yalom, I. (1995). *The theory and practice of group psychotherapy* (4th ed.). New York: Basic Books.

Youcha, I. (1976). Short-term in-patient group: Formation and beginnings. In H. Rabin & M. Rosenbaum (Eds.), *How to begin a psychotherapy group* (pp. 119–137). New York: Gordon and Breach.

社工叢書 4

社會團體工作

作　　　者／Kenneth E. Reid

譯　　　者／劉曉春．張意眞

出　版　者／揚智文化事業股份有限公司

發　行　人／葉忠賢

總　編　輯／孟　樊

責任編輯／賴筱彌

登　記　證／局版北市業字第 1117 號

地　　　址／台北縣深坑鄉北深路三段 260 號 8 樓

電　　　話／(02)8662-6826

傳　　　眞／(02)2664-7633

印　　　刷／偉勵彩色印刷股份有限公司

初版三刷／2009 年 2 月

定　　　價／新臺幣 550 元

I S B N：957-8446-47-0

E-Mail：tn605547@ms6.tisnet.net.tw

網　　　址：http://www.ycrc.com.tw

國家圖書館出版品預行編目資料

社會團體工作 / Kenneth E. Reid 原著 ;
　　劉曉春,張意真譯. -- 初版. --臺北市;
　　揚智文化,1997[民 86]
　　　面 ; 公分. -- (社工叢書;4)
　　譯自: Social work practice with groups:
　　a clinicial perspective, 2nd ed.

　　ISBN 957-8446-47-0 (平裝)

　　1. 社會團體工作

　　547.3　　　　　　　　　　86012448